科学文化经典译丛

科学巴别塔

西方科学语言史

SCIENTIFIC BABEL
HOW SCIENCE WAS DONE
BEFORE AND AFTER GLOBAL ENGLISH

[美]迈克尔·戈尔金 著
闫欣芳 张立和 译

中国科学技术出版社
·北京·

图书在版编目（CIP）数据

科学巴别塔：西方科学语言史 /（美）迈克尔·戈尔金著；闫欣芳，张立和译 . -- 北京：中国科学技术出版社，2022.1

（科学文化经典译丛）

书名原文：Scientific Babel: How Science Was Done Before and After Global English

ISBN 978-7-5046-9300-6

Ⅰ.①科… Ⅱ.①迈… ②闫… ③张… Ⅲ.①科学—语言史—西方国家 Ⅳ.① H0-091

中国版本图书馆 CIP 数据核字（2021）第 244945 号

SCIENTIFIC BABEL

Copyright © 2015, Michael D. Gordin

All rights reserved

本书中文版由 Michael D. Gordin 授权中国科学技术出版社出版。未经出版者书面许可，不得以任何方式复制或抄袭或节录本书内容

版权所有，侵权必究

北京市版权局著作权合同登记 图字：01-2021-6988

总 策 划	秦德继
策划编辑	周少敏　张建平　李惠兴　郭秋霞
责任编辑	郭秋霞　李惠兴
装帧设计	中文天地
责任校对	邓雪梅　吕传新
责任印制	马宇晨

出　　版	中国科学技术出版社
发　　行	中国科学技术出版社有限公司发行部
地　　址	北京市海淀区中关村南大街 16 号
邮　　编	100081
发行电话	010-62173865
传　　真	010-62173081
网　　址	http://www.cspbooks.com.cn

开　　本	710mm×1000mm　1/16
字　　数	430 千字
印　　张	30.25
版　　次	2022 年 1 月第 1 版
印　　次	2022 年 1 月第 1 次印刷
印　　刷	河北鑫兆源印刷有限公司
书　　号	ISBN 978-7-5046-9300-6 / H·88
定　　价	88.00 元

（凡购买本社图书，如有缺页、倒页、脱页者，本社发行部负责调换）

中文版序

《科学巴别塔》最初是用英文写成的,现在呈现在你面前的是中文版。我之所以用英语撰写此书,有几点原因,其中最明显的一点就是,英语是我的母语,因此我用英语来撰写我的研究发现更为容易。这些研究发现包含了六种语言的研究,且我在翻译中还使用了更多的语言。第二点就是,这本书按时间顺序记录了多语言的科学研究世界向单语言的科学研究世界的转变历程,最终,导致了自然科学领域绝大多数的精英交流都是用英语来进行。这些都会在此书中一一呈现,我在脚注中保留了多种语言的引文的原文,就是希望读者能够看到这种转变。随着本书内容的展开,非英文引文的数量不断减少,因为主导科学交流的其他语言(法语、德语、拉丁语和俄语)减少了。《科学巴别塔》以英文写成也可以看作是本书所描述的科学语言变化的历史轨迹的具体例证。

然而,我用英文写这本书的最重要的原因是,在当今自然科学研究中用单一语言(英语)进行交流,这给那些使用它的人,特别是那些只使用它的单语者带来了伦理困境。这种语言是世界上第三大通用语言(其母语者人数仅次于汉语普通话和西班牙语的使用者),而且与一个经济和军事上强大的国家相联系。这种将科学交流压缩成单一语言的做法可能提高了效率,但却明显降低了我们交流系统的公平性。所有英语非母语者必须投入大量的时间和精力来掌握这门语言,甚至需要达到非常精通的程度,而英语母语者则什么也不用做。我之所以向英语使用者们讲述科学巴别塔的故事，是因为我希望他们可以反思非英语母语者为了维持这个系统的运转而不断做出的牺牲。

有趣的是，这本书的读者还可以从中领会到别的东西，这并不令人意外。总的来说，英语国家的读者，包括专业的科学史家在内，都很欣赏这本书所描绘的历史叙事，但他们并不认为自己需要对过去或现在理解科学运转的方式做出任何改变。在我的研究中，每当我遇到两位来自不同国家的科学家相互交谈或通信时，我的第一个反应总是："他们使用了什么语言？这种交流是如何实现的？"我的这种想法似乎在多数讲英语的历史学家那里并不常见。

然而，英语非母语者对这本书的理解却大不相同。这本书讲述了他们在当今国际学术领域的经历，并认可了他们为了跟上英文出版物的最新进展而不断作出的努力。我经常收到来自欧洲大陆、拉丁美洲和亚洲的读者对于《科学巴别塔》的反馈，这也是为什么我非常感谢此书的译者能够将它翻译成如此出色的中文，从而使它能够接触到更广泛的读者群。

我特别高兴的是，在这本书的翻译过程中，本书译者闫欣芳一直与我保持联系并与我讨论相关问题，感谢闫欣芳与张立和两位译者完成了这项出色的工作，同时也要感谢清华大学科学史系杨舰教授和陆伊骊副教授在翻译过程中提供的帮助。我对此尤为感激，因为我相信这本书对中国读者来说还有另外两点意义，遗憾的是，由于我不懂中文，而未能将其纳入原书的写作中。

第一点与自然科学向全球英语转变的时间有关。尽管有人可能会认为这应该归因于19世纪的英国，或者冷战前几十年美国对世界大部分地区的霸权统治，但数据显示，英语在这一领域的腾飞始于20世纪70年代，当时俄语作为第二流行的科学语言开始衰落。

这一时间对于中国而言具有特殊的意义。正如我在《科学巴别塔》中所解释的那样，到了19世纪中叶，世界上大部分地区的科学交流基本上都是用英语、法语和德语进行，而这些语言的非母语者需要学习其中一种语言才能参与交流。(当然，这三种语言中的任何一种语言的母语者也必须学习其他两种语言，这样才能了解以这些语言写成的学术文献。) 这意味着，随着全球各国将其自然知识的传统适应于我们现在称之为"自然科学"的欧洲知识体系，他们必须进行调整，以适应这种特定的多语言环境。有时，殖民入侵是主要的推动力，比如印度；而在其他国家：比如日本或沙皇俄国，这种动力则更多地来自内部。尽管如此，每个国家都必须适应这个有限而又多语言的科学环境。

当然，尽管中国有着数千年科学技术研究的历史，但它融入这一全球科学交流体系的时间长达几个世纪，而且直到 20 世纪 70 年代末 80 年代初之前，它的影响都较为有限。早些时候，当中苏关系密切时，俄语是科学交流的一种重要媒介，但考虑到当时的经济形势，中国对科学的投入也较少。自 20 世纪 80 年代以来，中国已经成为国际科学网络中越来越重要的节点，而这种互动必然是通过英语进行的，在当时他们别无选择。与早些时候日本和俄国的情况相比（在这些国家，法语，特别是德语是需要学习的重要语言），中国的情况非常不同。因此，在中国，国际间科学交流主要使用英语的特征非常明显，我希望《科学巴别塔》能够帮助阐明这一点。

最后，同样重要的是，回顾一下中国悠久的自然知识的历史，汉语在整个亚洲（从韩国和日本到中亚，再到东南亚）一直都是科学交流的重要语言。在这些地方，同样出现了为了适应汉字，偶尔也需要适应汉语口语的压力，我在这本书中对此有所提及，其他历史研究也有类似的提法。

我希望全世界拥有不同语言能力的学者继续对这些主题展开研究，我也非常高兴，这本书现在将与中国读者见面。

迈克尔·戈尔金于普林斯顿大学

2021 年 12 月

目 录

中文版序 ·· I

导言　言说科学 ·· 1

第一章　近乎完美的过去 ·· 25
　　罗马人的科学语言 ·· 28
　　拉丁语是如何流行起来的 ·· 34
　　通用但并非全球化 ·· 39
　　如何与托贝恩·贝格曼交谈 ···································· 45
　　拉丁语的平凡 ·· 53

第二章　周期表中的语词问题 ·· 55
　　一个小错误 ·· 60
　　让他们读德语 ·· 70
　　所罗门的孩子 ·· 81

第三章　近代俄语中的化学名词命名 ·································· 86
　　近代俄语的形成 ·· 90

斯拉夫人的国际通用语 ·· 95
化学命名 ·· 103
教科书的翻译 ·· 108

第四章　语言乌托邦·· 115
辅助语的逻辑 ·· 119
沃拉普克语 ·· 125
希望重燃：世界语方案的提出 ·································· 130
辅助语代表团 ·· 143

第五章　伊多语的术士·· 145
代表：奥斯特瓦尔德 ·· 149
俄狄浦斯式的语言 ·· 155
为了科学的伊多语 ·· 165
实验的结束 ·· 173

第六章　世界大战的语言阴影 ·································· 176
德语为了科学，反之亦然 ·· 180
联合抵制 ·· 191
讲英语的美国 ·· 200
大重组 ·· 204

第七章　无法言说 ·· 206
希特勒的大清洗 ·· 209
德国人的"褐色化" ·· 214
失去母语 ·· 221

从来都不是抵制 · 231

第八章　陀思妥耶夫斯基机器 · 234

　　俄语科学的持续增长 · 238

　　苏联人如何阅读科学 · 242

　　发明"科学俄语" · 247

　　多斯特的神奇装置 · 251

　　没有赞助人 · 260

第九章　所有适合印刷的俄语 · 262

　　机器翻译淘金热 · 265

　　摘要期刊 · 270

　　零售、批发及福利翻译 · 273

　　机器翻译的退出 · 283

　　占领世界 · 287

第十章　铁幕 · 290

　　联邦德国的去纳粹化 · 294

　　民主德国的苏联化 · 297

　　德国《化学文摘》的努力 · 302

　　一步险棋：《贝尔斯坦有机化学手册》 · 306

　　诸神的黄昏 · 313

第十一章　英语化 · 316

　　英语的普及程度如何 · 318

　　英语何时变得不可或缺 · 322

英语化何以可能 …………………………………………… 330

这是好事吗 ……………………………………………… 334

结语　巴别塔之外 ……………………………………… 341

致谢 ………………………………………………………… 351

档案列表 …………………………………………………… 355

参考文献 …………………………………………………… 357

索引 ………………………………………………………… 444

译者后记 …………………………………………………… 470

导 言
言说科学

"我们为其他国家的学者提供了一个榜样,他们有理由相信,他们用自己的语言所写的东西会比用我们的语言写得更好。因此,英国效仿了我们;似乎已经成为拉丁语庇护所的德国,现在也开始不知不觉地放弃使用拉丁语:我毫不怀疑,瑞典人、丹麦人和俄国人不久也将追随他们的步伐,开始使用他们自己的语言写作。因此,在18世纪末之前,一位哲学家如果想要自学前人的发现,将必须记住7—8种不同的语言;而在他花了一生中最宝贵的时间掌握这些语言之后,还没开始自学就快要死去了。"①

——让·勒朗·达朗贝尔[1]

你能读懂这个句子,这件事平淡无奇,但也是相当大的成就。你阅读英语;但你可能会说它,也可能不说它。在某个时候,你学会了这种语言,要么是在孩童时期相对轻松地学会它,要么是在后来付出了很多努力才学会它(努力的多少很大程度上取决于你是谁,你是如何被教授的,以及你

---

① Les savants des autres nations à qui nous avons donné l'exemple, ont cru avec raison qu'il écriraient encore mieux dans leur langue que dans la nôtre. L'Angleterre nous a donc imités; l'Allemagne, où le latin semblait s'être réfugié, commence insensiblement à en perdre l'usage: je ne doute pas qu'elle ne soit bientôt suivie par les Suédois, les Danois et les Russes. Ainsi, avant la fin du XVIIIe siècle, un philosophe qui voudra s'instruire à fond des découvertes de ses prédécesseurs, sera contraint de charger sa mémoire de sept à huit langues différentes; et après avoir consumé à les apprendre le temps le plus précieux de sa vie, il mourra avant de commencer à s'instruire.

碰巧已经了解的其他语言）。本书是为两种类型的英语使用者所准备的，但从根本上讲，它不是一本关于英语的书。它是一部科学语言史，科学语言即一套用来生产和传播科学知识的语言。无论你是一位科学家，还是你的一生（到目前为止）都在有意回避科学，科学语言的历史都是你的世界的一个组成部分。这个故事的结尾是世界上有史以来最坚定的使用单一语言的国际共同体——我们称他们为科学家，今天，他们与国际同行交流所使用的唯一语言是英语。从历史上讲，陷入单语主义是一个非常奇怪的结果，因为在人类存在的大部分时间里，或多或少都是使用多种语言的。本书的目的不仅是要说明我们是如何走到这一步的，而且要说明我们目前的状况在过去看起来是多么反常。

为了以上两个目的，我引入了脚注，这也许看起来是本书最奇怪的一个特征。除了每章开篇处的题词外，正文中的每一处引文都是用英语所写。（正如你在本章所见，题词总是以其原始语言出现，并在第一条脚注中译出。）对于任何最初以英语以外的语言撰写的引文，我在可能的情况下，都追踪到了原始引文，并将其转载于页面底部，而在文中使用了我自己的英文译文。（当我无法做到这一点时，我便使用了其他译者的译文，并明确对其表示感谢。）我这样做不是因为我是一个完美的译者，而是因为我是一个不完美的译者。你可能确实会在某些翻译中发现错误，而这正是问题所在。每一部历史都有这些缺陷，而我想向读者们展示由于对语言的不甚了解所带来的摩擦以及他人语言的疏离性，从而使生动的翻译变得清晰可见。[2]过去并非只发生在英语中，尽管许多历史使它看起来像是如此。脚注也使历史轨迹变得清晰可见：随着本书的展开，脚注会变得越来越少；那是因为科学中的对话已经转变为以英语进行。（脚注也很有趣。试着读一下世界语，你可能会喜欢它！）同样，我的很多原始参考资料也以不完美的外文写出。除了印刷错误的情况外，我并未对它们糟糕的拼写和语法错误加以修饰，而是加上了一句学术界经常用的"原文如此"。当然，你也可以忽略脚注，完全用英语通读全文。事实上，今天大部分的科学文本都是这样书写的。

但之前并非总是这样：科学的语言曾经是多种多样的。这是一本关于科学语言的书，我使用的是这两个词汇最直接的含义。我当然不是说有些语言在本质上比其他语言"更科学"（尽管过去和现在都有不少人这样说，正如我们将看到的那样）。我对科学的定义相当狭隘，与现代英美用法一致，指的是通常被进一步明确规定为自然科学的东西。更准确地说，我关注的是相对较小的精英群体、专业科学家，该群体几个世纪以来一直从事国际交流，并至今在自然研究者中保持着最高的威望（我在这里排除了医学和某些应用科学，如农学，部分原因是这些从业者需要与非科学家的客户群进行交流，从而引出了非常复杂的普及问题，而这些问题仅是本书主要议题的补充。[3]）英语中的"科学"一词的狭隘性是独特的。而在其他语言，如法语（*science*）、德语（*Wissenschaft*）或俄语（наука，*nauka*）中，都使用这一术语来概括广义的学术——包括社会科学，通常也包括人文科学。[4]我遵循英语中的用法仅仅是出于概念的经济，尽管这些学科中语言的变化方式很有趣，并且它们表现出与"自然科学"相似的语言狭隘。自然科学（物理、生物、化学）更生动地展示了我正在研究的现象。[5]我之所以强调这些科学，是因为它们目前几乎完全使用英语，并且几十年来一直如此。如果你对生活在一个只有一种交流语言的世界，一个没有巴别塔的世界感兴趣，你应该向自然科学家们寻求帮助。他们来自那里。

从某种层面上讲，随着诸多的学者研究自然，然后努力使他们的同事相信宇宙的精细结构，科学语言的历史被记录在了学术出版物中。而与此同时，科学语言的历史也是一个由非正式通信、会议上友好的玩笑、关于科学基础设施改造的政府报告、新闻稿、对反犹主义的抨击，以及一个孤独的夜晚在实验室中的自言自语所组成的故事。本书涉及的主题从古罗马的诗歌到与外来文明交流的尝试，从19世纪的民族主义冲突到基于计算机的机器翻译的曙光。人物阵容包括当时最伟大的科学家以及（几乎）不知姓名的图书管理员、政治家和语言学家，以及为只有少部分人会说的人工语言的优点而疯狂辩护的人们——与之形成鲜明对比的是，在世界上最大的陆地帝国使一种语言标准化的尝试。这是一段私密又公开的历史，这一特征也适用于语言——一种我们所有人都强烈感受到，同时又与陌生人共享的东西。

  这是一条真理：科学活动是用一种语言进行交流的。我的意思不仅仅是说"用语词"；我的意思是：一种由一群言说者共同使用的、特定的语言。从理论上讲，人们可以用他想用的任何一种语言来进行科学思考，做科学实验，进行科学对话。但在实践中，科学活动并不是这样进行的。科学发现通常不会用伊博语①、孟加拉语或波兰语传播，至少在21世纪初不会，在19世纪初也不会。科学作为一种人类活动，总是在一组高度受限的语言中传播。如果我们选取精英科学这一范围较小的阶层，然后看看从有记录的历史开始到现在，它向国际研究者群体传播时所使用的主导语言，我们最终得到的名单会相当有限。以在我们现在称之为科学的世界生产中占据显著比例的语言为例，我们发现了（按字母顺序排列）：阿拉伯语、（古）汉语、丹麦语、荷兰语、英语、法语、德语、（古）希腊语、意大利语、日语、拉丁语、波斯语、俄语、梵语、瑞典语、叙利亚语和（奥斯曼）土耳其语。（我为那些被我排斥在边缘的语言道歉；即使你把它们包括进来，这份名单也不会显著增长。）在人类文化活动（如贸易、诗歌、政治，或者你能说出的任何一种活动）的领域中，没有哪一个领域像科学领域这样使用的语言如此有限。[6]因此，真理背后是一个极其重要的事实。本书是关于科学巴别塔中的个人经历的：科学家们是如何设法在这些有限而又丰富的语言中工作的，他们是如何希望征服它的，以及巴别塔是如何

---

① 译者注：尼日利亚东南部的伊博人使用的语言。

消失的。

每次你想说些什么，你想表达你内心的想法，确切地说出你的思考和感受。当然，这是一种理想；我们都经历过这种情况：笨拙的语言无法确切地表达头脑中的想法。[7]不过，对我们大多数人来说，在使用母语或者最熟练的语言时，我们离这个理想最近；从根本上说，这是一个以说者为中心的选择，我称之为身份认同。对于一个特定的说者而言，拥有多种不同的身份当然是可能的：用一种语言毫不费力地以父母的身份与孩子交谈，用另一种语言以妻子的身份与配偶交谈，用第三种语言在工作中以律师的身份交谈。尽管如此，在这种说话方式中，说话者注重的是在特定角色中表达自己的能力，但是，听众呢？在大多数讲话中，你会在心中有一些特定的接收者，真实的或者想象的，在场的或者不在场的。你希望对话者理解你所说的话，而这通过使用你的听众（或读者）最熟悉的语言，或者至少是你们共同擅长使用的一种语言（即语言学家所说的媒介语言）最容易实现。这个选择是以听众为中心的，我称之为交流。所有话语都在尽可能准确表达自己的同时，也在努力使他人正确地理解自己。[8]一种单一的语言内部存在着张力——关于这一点我不是很确定，即使是现在，我也在用一种语言来准确表达我的想法，该语言既是我的母语，也是我们已经建立的一种媒介语言——而当你在这种语言中添加语言障碍时，挑战会显著增大。

在这方面，科学话语与普通话语并无不同。今天，一种媒介语言的压倒性优势可能会给人一种印象，即科学自然趋向于交流而不是身份认同，因为人们需要向科学界的同行证明自己观点的正确性——事实上，今天的科学就是这样运转的，这有助于解释越来越少的语言趋向带来的压力。但并不一定会趋向于只有一种科学语言，因为有一段时间，欧洲的博物学家只有一种语言——拉丁语，而他们有意识地选择放弃了它。拉丁语仍然是一种交流的语言，但是后来加入了荷兰语、英语、瑞典语、意大利语和其他一些语言。在某种程度上，在一些特定的语言中，身份认同是被允许的。（我们也可以将其理解为与不同的、更具地方性的受众的交流，正如我们将看到的那样。）共同体在身份认同与交流之间的谱系上所处的位置在历史上是偶然的；不同的张力在不同的时间以不同的方式被容忍，但是它们并没有消失，即使科学交流是以一种语言进行的。事实上，身份认同和交流之间的张力是所有交流的普遍特征，在科学领域，这种特征以其突出的智识创造力（身份认同）和社会组织结构（交流）而被强烈地戏剧化了，这让我们看到创造力和社会组织结构如何在语言和语言选择的领域中相互作用。然而，这种两难的困境并不是对称的。如果你是一个英语母语者，你的身份语言就等于你的交流语言；你的负担会降至最低，你只需要说你想说的话——世界各地的人都说这种语言，而不用再为学一门外语而挣扎。[9]这是一项巨大的特权，而英语国家的人们大多对此视而不见。本书的一个目的就是将这种不对称性及其后果揭示出来。

英语在今天的科学中占据主导地位，我们甚至可以粗略地说出它所占的比重。过去几十年来，社会语言学家一直在收集世界上以不同语言出版的科学文献所占比例的数据，这些数据揭示了一种一致的模式。图0.1展示了几个显著的特征，本书的大部分章节——在关于拉丁语的介绍性章节之后——所跨越的时间与该图中绘制的时间段相同。在每一章中，我都将重点放在一种语言或一组语言上，以突出科学家们的生存体验，这些特征有的在上图中显示出来，有的则没有。从这张图最新近的结尾处开始一直往前看，我们可以揭示出这个基本被人忽视了的故事的一些要素。图中最明显和最惊人的方面是，英语从1910年的低点开始戏剧性地崛起。实际情况甚至比这张图中所显示的更具戏剧性，因为这些数据都是科学出版物的百分比——一张饼的一块，如果你愿意这样说的话，而这张饼并不是一成不变的。相反，科学出版物在这一时期呈爆炸式增长，这意味着，即使在1940—1970年，英语文献所占的比例看上去基本保持水平状态时，实际上

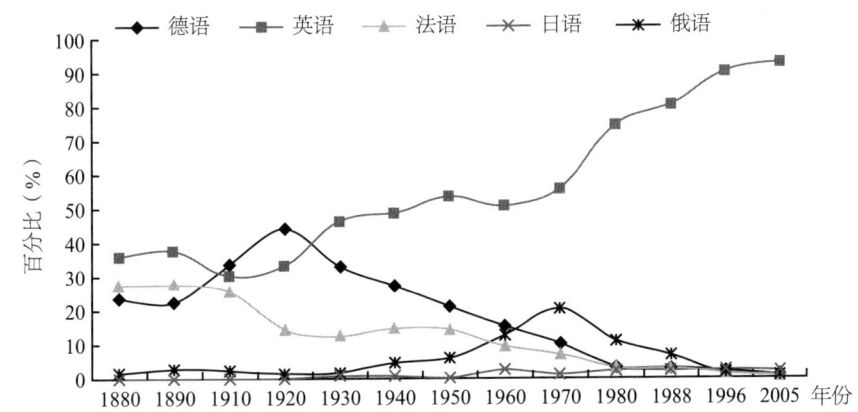

图0.1 1880—2005年科学发表所用语言图,根据各类语言的科学文献占全球科学文献的百分比绘制。参见: Ulrich Ammon, "Linguistic Inequality and Its Effects on Participation in Scientific Discourse and on Global Knowledge Accumulation—With a Closer Look at the Problems of the Second-Rank Language Communities," *Applied Linguistics Review* 3, no. 2(2012): 333-355, on 338.

英语文献的基数仍在呈指数级增长。[10]到了20世纪90年代,我们见证了在一个日益庞大的基础之上的显著上升:科学英语海啸之上的浪潮。在我看来,这是现代科学史上最广泛的一次变革,我们没有这方面的历史。本书将以此为结尾,用一系列章节聚焦全球科学英语现象,以及其他曾经占据主导地位的语言(主要是法语和德语)的使用者适应这一变化的方式。在此之前,将讲述冷战时期英语国家的人们如何面对科学俄语的迅猛发展——这是图中1935—1965年的另一个突出特征。

但是,再一看会发现,这张图最有趣的一个方面是,它在很大程度上与英语无关,以及科学语言的故事如何与全球化的轨迹相关联,但又并非亦步亦趋地追随全球化的轨迹。知识与权力是盟友;它们不是孪生兄弟。只需将目光向左扫过此图,就可以把英语的神话抛诸一旁,并让这些曲线的其他被遮蔽的方面(比如俄语的崛起)凸显出来。在俄语崛起之前的1910—1945年,此图的中心特征不再是英语,而是德语作为一种科学语言的显著兴衰。根据此图,德语是自1880年以来唯一一种超过英语的语言,在那个时代,一位科学家会有很好的理由认为,德语已经充分做好了主宰科学交流的准备。20世纪的故事，从全球化史的角度来看，是英语不断上升的故事，而从科学语言的角度来看，可以被更好地重新表述为德语衰落的故事。我们可以看到，这种衰落始于1933年纳粹政权出现之前，而本书的主要论点之一是，"一战"的后果在巩固科学德语的崩溃和英语的飞跃式上升中起到了主要作用。我们继续向左看，可以看到，在1880—1910年，科学出版物基本被3种语言——英语、法语和德语——所占据，三者所占比例基本相等，均徘徊在30%左右，我称之为"三巨头"。（在本书中，"三巨头"的存在只是作为一个事实来研究；我不打算追溯其出现的历史。）在整个20世纪，法语一直处于不断衰落的状态；人们得到的印象是（尽管缺乏数据），这种衰落在图中曲线显示的时间之前就开始了，而对于处在我们现代故事开始阶段的科学界的参与者来说，它似乎是稳定的。我对这个早期阶段的叙述有两种形式：一种是俄语的出现。俄语在19世纪末达到了一个小高峰，并成为第一种严重威胁到"三巨头"的稳定的新语言；另一种是补偿性的替代方案，即使用一种人工语言，如世界语，来取代多语言的科学交流系统（尽管从未广泛流行，但在小范围内仍然很有启发性）。而早在所有这些数据和变化之前，就有了拉丁语，这也是本书开篇所要谈及的话题。

尽管此图具有视觉上的力量，但本书的大部分内容都反对对它进行最直接的解读，即认为英语似乎是不可阻挡的崛起。该图背后隐藏着诸多的故事，将它们揭示出来是历史的任务。此外，还有一些事情需要注意。首先，我们必须小心，不要把图中的数据信息当作是绝对的真理。这些数据来自于摘要期刊，即提供每年的科学出版物摘要索引的期刊，这些索引有助于控制信息的雪崩。（摘要期刊的历史是本书的一个重要组成部分。）一位名叫角田实的日本文献学家从许多摘要期刊中搜集了很多出版物并统计了各类语言出版物所占的百分比（他选择用法语发表，但发表在了一本日本期刊上），之后，德国社会语言学家、当今研究科学语言问题的领军人物乌尔里希·阿蒙以曲线图的形式将这些信息绘制了出来,并随着新信息的出现不断更新。[11]然而,摘要期刊已经是全球科学成果的一种简化,因此,我们在这里看到的是摘要期刊选择囊括进来的那些期刊,而这种筛选显然会让结果偏向于占主导地位的语言。例如,2007年,巴西出版了5986种科技期刊,但只有17种在《科学引文索引》中收录,因此,大多数期刊并没有出现在此类数据中。[12]这显然影响了葡萄牙语科学文献的统计数据(尽管其中相当多的期刊可能以多种语言出版,或仅以英语出版)。摘要期刊虽然确实反映了精英科学家如何接触到其领域的前沿文献,但确实会产生一些失真,当我们观察这条曲线时,应该更多地获得一种定性的印象,而不是一个严密的结果。这种印象也是很难忽视的。

从以上内容可以明显看出,我是以一种特定但又相当日常的方式使用"语言"这个词汇的。我没有写过专业的语言学著作,但我也没有以文学的方式使用"语言"一词。在某种意义上,我们可以以隐喻的方式谈论"科学语言":它是一种科学家使用的不同于日常语言的专业术语;或者生物学家和地质学家"说着不同的语言";或者每个实验室都有自己独特的语言,外人很难理解。关于科学与语言的历史研究大多都涉及这种隐喻意义,其中有很多都极为严谨和迷人。然而,正是这种意义——我将称之为"话语",在这里并不是我要讨论的对象。[13]我所谓的语言是指英语、斯瓦希里语、韩语或俄语等这些基本形式的语言。更确切地说,我对人们在不同场合、不同时间、不同地点选择使用和不使用哪种语言感兴趣。我主要研究这些科学语言自1850年至今的历史(尽管我在本书开篇对拉丁语进行了必要的介绍),主要关注的地区是欧洲和北美,偶尔也会谈及世界其他地区。全部的故事显然要比这个故事大得多,并且可以将世界上所有有记录的历史囊括进来。我之所以把自己限制在这个较为狭窄的范围内是出于两个原因:智识和实践。首先,全球英语现象从那里开始,正如传播到世界其他地区(有时是强制的,有时不是)的现代科学的基本制度也是从那里开始。这是限制讨论范围的一个重要原因，以使本书的规模保持在可控的范围内。

第二个原因同样重要：我所了解的语言碰巧是这些起源于欧洲的语言，我无法基于自己不能阅读和理解的资料书写历史。这是对无知的坦承，在这样的书中，你不会经常遇到这样的事情，但是没有它，你将缺乏一个关键的部分来理解这本书以及任何关于科学语言问题的书。为了撰写这本书，我使用了英语、法语、德语、俄语、拉丁语、世界语及其衍生语言伊多语等方面的资料。[14]我不敢说我"了解"这些语言，因为语言能力总是一个相对的问题，而与一些语言相比（比如法语和德语），我更擅长另外一些语言（比如英语和俄语，两者都是我的母语），还有一些语言，比如拉丁语，是我为了撰写这本书而学的，并且这种学习仍在进行中。我写这段自白是为了说明几个要点，它们对后面的历史叙述有着重要影响。

首先，要知道一种语言是通过一个随着历史时间而变化的标准来衡量的。事实上，我所讨论的许多科学家都以3种或4种语言阅读和发表科学成果。难道这是一个消失了的多语言博物学家种族？当然不是。诚然，他们中的一些人在语言方面比其他人更有天赋，但他们中的大多数人都是通过词典和咨询那些更熟悉多种语言的人（就像我经常做的那样）来进行工作的。如今，科学家们希望他们的同行不仅在英语读写方面，而且在英语口语方面都能相对熟练。[15]熟练的标准已经提高；而需要掌握的语言数量却下降了。其次，我碰巧阅读这些语言，而不是其他语言。为了撰写这本书，我选择学习拉丁语。我希望我曾有时间和精力学习日语——日语在20世纪的科学语言史中扮演着重要角色，或者学习荷兰语——荷兰语在17世纪和18世纪处于中心地位，又或者学习意大利语——意大利语在19世纪初期继续占据着重要地位。如果我这样做了的话，你读到的故事将会是不同的。（令我尤其感到遗憾的是，在本书的叙述中对东亚的相对忽视。）少数现有的有关科学语言的研究是由那些不懂俄语的人所写的，他们的演绎看起来和我的完全不同,我更强调这种语言本身。我希望那些掌握多种语言,甚至那些对同一种语言有不同掌握程度的人们也能够讨论知识交流中的语言问题。我们需要更多的多元化论述。

由于语言上的引用偏见这一似乎颇为普遍的现象,有必要提前说明这些情况。学者们过多地引用以他们最熟悉的语言所写的文献,这些语言通常是他们的母语。根据1981年的一项研究结果,美国和印度期刊中英语文献的引用率为90%,这一比例比当时科学文献中英语资料的比例(约75%)还要高。因此,引文的质量甚至相对数量并不能解释一切。类似的,法国人对法语文献的引用率为29%,德国人对德语文献的引用率为22%,日本人对日语文献的引用率为25%,苏联学者对俄语文献的引用率为67%,上述比例都比这些文献在所有文献中所占的比例要高。(例如,中文文章仅在中国被引用。)[16]我也不例外——我的许多引文都是英语文献,而且我几乎没有引用超出我所掌握的主要语言范围之外的文献。你读到的学术研究总是受到学者语言能力的影响。承认这一点是诚实的。

这一点显得愈发重要,因为有一种非常普遍的观点认为翻译对科学来说并不重要,以至于一些研究根本没有提到语言障碍,或者认为"尽管发表所使用的语言是科学交流不可避免的一个特征,但它通常被视为背景噪音。"[17]或者,一种相似的观点认为,科学具有统一的内容,因而无需翻译。"事实上,科学文章有一个宝贵且有趣的特征——在所有不同类别的文章中,它几乎是唯一一种可以被翻译成除原始语言之外的所有语言的那类文章,而且翻译得不仅令人满意还非常完美。"[18]这类观点基于一种哲学假设,即科学主张代表未经过滤的世界,因此科学话语是一种"元语言",它在每一种语言中都只获得了部分的表达,但在所有语言中都同样正确。这种信念对于我们将在本书中遇到的许多科学家来说都至关重要,但是那些每天必须在不同的科学语言之间进行翻译的人们的经历,让这种观点变得复杂起来。对于他们而言,翻译一直是令人沮丧的一个来源,而且常常导致概念上的混乱。

　　这种元语言观念的力量来源于科学数学化的成功。[19]当我与科学家和人文学者讨论这项研究时，我经常被告知，没有必要关注科学写作所使用的语言，因为科学家们仅仅通过阅读方程式，就可以弄明白发生了什么。这在某些情况下可能是正确的，但并不适用于所有的情况。即使是像化学这样明显属于"硬"科学①的学科，其学术论文也包含了除化学公式和数学方程式之外的更多内容。你可以读到对于化学反应的描述，对于颜色和气味的分析，还有对方法的详细描述解释。这种内容的详细性是本书之所以重点关注化学的原因之一，化学既有数学公式，也有更具描述性的科学传统，因此可以揭示出这两种方法的优势和局限性。即使是在数学化程度很高的科学学科中，比如经典力学，仅仅一个方程式也永远无法告诉你需要知道的一切。试看一下这个简单的方程式：

$$M \propto WgT^2/l$$

　　这个方程式说了什么？如果没有更多的语境，你可以告诉我："M"与"T"的平方成正比，与"l"成反比，但这是什么意思呢？数学方程式是难以置信的强大工具，它经济地表达了详细的关系，并实现了在没有形式主义的情况下似乎不可能实现的惊人操作。但是它们也依赖于围绕在其周围的人类语言，这些语言告诉你这些变量代表什么。[20]如果没有语境，像上面这样的方程式作为一个科学论断而言，就既不是正确的，也不是错误的。

　　那么，上面那个表达式是什么意思呢？这个特殊的公式是印度裔美国天体物理学家苏布拉马尼扬·钱德拉塞卡对艾萨克·牛顿于1687年出版的《自然哲学的数学原理》（通常缩写为《原理》）第二卷中定理XIX中的命题

---

① 译者注：硬科学一般指自然科学和技术科学，比如物理学、化学、数学、天文学、地质学、生物学等，与政治学、经济学、社会学等"软科学"相对。

XXIV 所做的演绎。[21] 以下是《原理》中对它的表述：

"在振动中心与悬点距离相等的单摆中，物质的量是重量之比与真空中振动时间的平方比的一个复合比。"①[22]

上文中的公式是对这段文字的转写，并描述了摆的运动。但是，上述这段英文文字并不是牛顿写的，而是来自伯纳德·科恩和安妮·惠特曼于1999年翻译的英文版《自然哲学的数学原理》。（钱德拉塞卡使用了一个更早的译本。）牛顿实际上写的是：

"摆的物体的物质的量，它们的振动的中心离悬挂点的中心等距，按照来自重量之比和在真空中振动的时间的二次比的一个复合比。"②[23]

这和上面那个公式表达的是同一件事情吗？是，但也不是。我想说的是，将数学称为一种语言是朝着话语的方向迈出的一步，但是在任何情况下，它都不能克服语言障碍的问题。

数学家在他们的职业生涯中同样经历了身份认同与交流之间的紧张关系；语言障碍和翻译困难在历史上既不是偶然的，也不是与数学无关的，它们并没有因为形式主义这一安慰剂的出现而消失。今天的数学共同体和其他科学共同体一样，也因为（出版商、国际会议以及交流的迫切性）而

---

① "In simple pendulums whose centers of oscillation are equally distant from the center of suspension, the quantities of matter are in a ratio compounded of the ratio of the weights and the squared ratio of the times of oscillation in a vacuum."

② Quantitates materiae in corporibus funependulis, quorum centra oscillationum a centro suspensionis aequaliter distant, sunt in ratione composita ex ratione ponderum & ratione duplicata temporum oscillationum in vacuo. 这段话的中文译文采用了赵振江版《原理》的译法，参见：（英）牛顿著；赵振江译. 自然哲学的数学原理 [M]. 北京：商务印书馆，2017：367.

将使用的语言压缩至只有英语。但形式主义确实有所助益，因为这种转变与更具描述性的科学中的转变相比，没有那么全面和迅速，数学家们常常为他们能够阅读以其他语言（通常是欧洲语言）发表的论文而感到自豪。在19世纪末，德语主导了数学出版物，但并非完全如此，数学家们不仅要通过阅读，还要通过授课和与国际同行交流来掌握以多种语言发表的研究成果。[24]但是，即使是有语言天赋的数学家们也认识到，形式主义是一种消除科学巴别塔的重要工具。1909年，法国数学家亨利·庞加莱在当时的世界数学中心、德国大学城哥廷根作了一系列的讲座。在最后一次讲座中，他选择放弃使用德语：

"今天我不得不讲法语，我必须为此道歉。的确，在我之前的演讲中，我使用的是德语，并且是非常糟糕的德语：你知道，讲外语，就是想在跛脚的时候走路；你必须要有拐杖；到目前为止，我的拐杖一直都是数学公式，你无法想象，对于一个不擅外语的演讲者来说，它们提供了多大的帮助。——在今晚的演讲中，我不想使用公式，我没有了拐杖，这就是为什么我必须讲法语。"①[25]

我想他的大多数听众都明白这一点：语言已经融入到他们的科学训练中。学习如何应对多种语言是科学生活的一部分，哪怕只是以被动的方式（能够听和读，但不能说或写）。这一重担的（相对）平等性和流利程度都发生了变化；但问题依然存在。

---

① "Aujourd'hui, je suis obligé de parler français, et il faut que je m'en excuse. Il est vrai que dans mes précédentes conférences je me suis exprimé en allemand, en un très mauvais allemand: parler les langues étrangères, voyez-vous, c'est vouloir marcher lorsqu'on est boiteux; il est nécessaire d'avoir des béquilles; mes béquilles, c'étaient jusqu'ici les formules mathématiques et vous ne sauriez vous imaginer quel appui elles sont pour un orateur qui ne se sent pas très solide. —Dans la conférence de ce soir, je ne veux pas user de formules, je suis sans béquilles, et c'est pourquoi je dois parler français."

当今的情况提出了明显的公平问题,即非英语国家的人必须刻苦钻研英语并流利地使用它,而英语母语者则可以在没有这种教育重担的情况下进行科学研究。在我们的故事中,公平问题会经常出现。但除此之外,这种几乎完全由一种语言或者早些时期由一小部分语言占据主导地位的局面(阿尔巴尼亚语和祖鲁语甚至从来都不是科学的"次要语言"),对科学的内容有影响吗?换句话说,科学有一种特定的语言结构这件事重要吗?对于后一个问题有两种理解方式,一种是哲学上的,另一种是语用上的。

首先,我们来谈一下沃尔夫假说,它以兼职语言学家(全职是康涅狄格州的消防检查员)本杰明·李·沃尔夫的名字命名。他主张一种强烈的语言相对主义,认为我们用于思考的语言不仅形塑了我们对于现实的认知,而且在某种程度上决定了它们。[26] 1940年,沃尔夫在其母校麻省理工学院创办的《科技评论》上的系列文章中阐述了他的语言"相对论"的基本原则(对物理学领域阿尔伯特·爱因斯坦的相对论的认可),即"并非所有的观察者都会被相同的物理证据引向相同的宇宙图景,除非他们的语言背景相似,或者在某种程度上可以被'校准'"。他明确将这一极具影响力的观点置于科学家的背景下,认为人们对自然规律有相当大的共识并不奇怪,因为它们是由讲密切相关的语言的个人建立起来的,这些语言即法语、英语和德语,它们就像科学语言拉丁语一样,都是印欧语系的成员。沃尔夫认为一个人的母语提供了她看待世界的范畴,因此,讲不同语言的人有着不同的观念,比如讲拉丁语和霍皮语的人对时间有着不同的理解,从而产生不同的物理概念。告诉我你说的什么,我就会告诉你你在想什么。考虑到并不是所有的科学家都以印欧语系为母语——即使是在沃尔夫写这些文章的时候,那么,我们应该如何看待科学界的共识呢?不用担心,对于沃尔夫而言:"现代中国或土耳其科学家使用与西方科学家意义相同的术语来描述世界,这只意味着他们只是接收了整个西方的合理化体系,而不是从自己的观察位置上证实了这个体系。"[27] 沃尔夫的观点引起了极大的争议,其依据（例如，解析颜色的不同方式）也受到了强烈的质疑。[28]尽管如此，假如他的说法是正确的——即使是在有限的程度上，那么，人们可能会担心，科学语言的减少导致了概念广度的相应减少。我不知道这场争论的结果；我只注意到，这场争论本身是我们历史上一个新兴的部分，并且激发了许多科学家和知识分子的热情，我们将在后面的章节中遇见他们。

在接下来的篇章中，我们会反复看到一些科学家认为发表语言的选择有着重要的影响；这种说法是否可信在很大程度上取决于具体的情况，这就引出了科学语言的选择之所以重要的第二种方式。在英语几乎在全世界占据主导地位之前，选择用一种特定的语言发表总是有可能让人无法理解你的意思，因为你的同行无法（或者不愿）阅读这个作品。语言障碍可以理解为一种摩擦，无论它是否改变了科学的内容（正如沃尔夫所说的那样），毫无疑问，语言摩擦塑造了科学家在现实世界中的工作方式。在开始讲述拉丁语的变位①之前，了解这种现象在历史上是如何发挥作用的将很有助益，从而说明如果从科学语言的角度来看，科学史上有多少老生常谈的事件会呈现出不同的基调。本着这种精神，请允许我在这里简要介绍一个最典型的场景：18世纪末的化学革命。在科学史上，很少有比这个事件更经常从语言的视角来讨论的话题了，它讲的是：在18世纪最后几十年，法国人安托万·拉瓦锡建立了化学中的氧化学说，并推翻了英国人约瑟夫·普里斯特利的燃素说。这项研究充分使用了隐喻意义上的语言概念。[29]

化学革命的基本事件很适合这种分析。从1770年左右开始，普里斯特利和拉瓦锡都对占统治地位的燃烧理论感到不满，该理论认为燃烧是基于一种叫作燃素的物质。几十年来，燃烧被定义为燃素离开物质：当所有燃素都离开时，木头便停止燃烧；某些气体，特别是"固定空气"（我们现在

---

① 译者注：变位，英文为 conjugations，变位是指动词根据人称、数、性、时态、体、式的不同而产生的词形变化。变位是语法学中属于动词的特有范畴。

称之为二氧化碳），会让火焰熄灭，因为这些气体不能吸收更多的燃素。这是一个极好的定性理论，而且提供了一个关于酸度和颜色的理论，但它存在数量问题——燃烧后的物质似乎比其原材料还要重，这意味着燃素可能具有"负重量"。除此之外，还有化学操作中释放出的"空气"（拉瓦锡称之为"气体"）不断增加等方面的困难。普里斯特利试图改革燃素学说来解释这些异议；拉瓦锡则整个否定了这个学说。对他来说，燃烧不是燃素的释放，而是与一种来自周围空气的新气体的结合，他称之为"氧气"。鉴于每个人都听说过氧，而燃素只存在于科学史家的趣闻中，你可以猜到谁赢了。对拉瓦锡来说，这是方法的胜利，而这种方法不过是话语而已："因此，一种分析方法是一种语言，一种语言是一种分析方法，这两种表达在某种意义上是同义的。"①[30]如果我们通过追踪这场争论所使用的语言来考察这场争论，也就是说，讨论一个主要用法语工作的人和一个用英语撰写其重要作品的人之间的分歧，我们会学到什么？

在 18 世纪，法语常常被认为是包括自然哲学在内的智识生活的中心语言。[31]全欧洲的知识分子要么阅读法语，要么津津有味地阅读法语文献的方言译本，或者这两者都不行的话，就阅读法语文献的拉丁文译本。法语作为一种地方语言的兴起是一个漫长的过程，这一过程似乎可以追溯至 9 世纪之前，尽管古法语开始以巴黎方言为中心，逐渐达到近代标准并稳定下来，但只有在 12 世纪一直到 17 世纪——也就是太阳王②路易十四统治时期，一个不容改变的完美法语的强大神话才成为现实。[32]1685 年，路易

---

① "Ainsi une méthode analytique est une langue；une langue est une méthode analytique，et ces deux expressions sont，dans un certain sens，synonymes."

② 译者注："太阳王"指路易十四，法语为"le roi soleil"。《太阳王》是一部描述法王路易十四爱情与生活的音乐剧。

十四废除了南特敕令①，于是新教胡格诺派教徒散播欧洲各地，颇负声望的法语也随之散播开来。[33] 1714年的《拉斯塔特条约》②开始将法语奉为国际外交的主导语言，甚至在讲日耳曼语的神圣罗马帝国的诸侯国中也是如此，这一转变通过1763年签订的《胡贝图斯堡条约》③完成，当时法语文本优先于拉丁语文本。[34]这些著名的里程碑事件证明了这门巴黎语言的重要和威望。

法语在智识生活中无处不在，以至于柏林普鲁士科学院的工作语言使用了法语，而且，在宣传法语作为唯一适用于学术交流的语言方面，普鲁士科学院也发挥了核心作用，关于这一点最显著的体现是它于1783年举办的有奖征文比赛。比赛征集论文来回答以下问题（具有讽刺意味的是，这个问题最初是用拉丁语提出的，但最常用的是法语形式）：

是什么让法语成为通用的语言？
——为什么它值得拥有这一特权？
——可以认为它会一直如此吗？④ [35]

征文比赛的最终获奖者是里瓦罗尔伯爵和约翰·克里斯托夫·施瓦布

---

① 译者注：南特敕令：法国国王亨利四世在1598年4月13日签署颁布的一条敕令。这条敕令承认了法国国内胡格诺派的信仰自由，并在法律上享有和公民同等的权利。这条敕令也是世界近代史上第一份有关宗教宽容的敕令。但是，路易十四却在1685年颁布《枫丹白露敕令》，宣布基督新教为非法，南特敕令因此被废除。

② 译者注：《拉斯塔特条约》是1714年3月7日神圣罗马帝国皇帝查理六世与法兰西王国路易十四签订的西班牙王位继承战争讲和条约。

③ 译者注：1763年2月15日普鲁士与奥地利、萨克森在萨克森境内的胡贝图斯堡签订《胡贝图斯堡条约》，该条约与五天前签署的《巴黎条约》一起，标志着七年战争的结束。

④ "Qu'est-ce qui a rendu la langue française universelle?
—Pourquoi mérite-t-elle cette prérogative?
—Est-il à présumer qu'elle la conserve?"

二人。里瓦罗尔写了一篇文章,该文现在被誉为法语文章风格的丰碑,施瓦布在征文比赛中的回答最初是以德语提交的,但是流传更广的是1803年由丹尼斯·罗伯洛特翻译的法语译本。他们两人都呼应了长期以来启蒙运动的观点,即法语的主导地位不仅是巴黎政治权力的一种结果,也是法语清晰性的一种逻辑推衍的结果。[36]对于里瓦罗尔来说,

"我们的语言与古代语言和现代语言的区别在于句子的顺序和结构。句子的顺序必须总是直接的和清晰的。法语首先确定话语的主体,然后确定动词,也就是动作,最后确定这一动作的客体:这是常识。……法语语法是不易变更的。这种令人钦佩的清晰性是我们的语言的永恒基础。不清晰的语言不是法语;不清晰的语言依旧是英语、意大利语、希腊语或拉丁语。"①[37]

而对施瓦布来说,在向他的德国同胞发表讲话时,情况也很相似:

"因此,我要说:我们不仅不应该嫉妒那个法语帝国,而且还应该把我们的愿望和努力结合起来,从而使法语成为通用的语言。欧洲人之间在各个方面形成的广泛联系为他们提供了绝对必要的通用交流工具。拉丁语已经死了,它不可能成为这种通用工具。法国人的语言因其优点而成为这

---

① "Ce qui distingue notre langue des langues anciennes et modernes, c'est l'ordre et la construction de la phrase. Cet ordre doit toujours être direct et nécessairement clair. Le français nomme d'abord le sujet du discours, ensuite le verbe qui est l'action, et enfin l'objet de cette action: voilà ce qui constitue le sens commun. [...] [L]a syntaxe française est incorruptible. C'est de là que résulte cette admirable clarté, base éternelle de notre langue. *Ce qui n'est pas clair n'est pas français*; ce qui n'est pas clair est encore anglais, italien, grec ou latin."

种[工具]；因此，让它保持其通用性。"① [38]

这些引文与20世纪初关于德语和21世纪初关于英语的评论非常相似。对于母语者来说，没有哪种语言比他们自己的语言更明晰。从这些关于法语的普遍性的赞歌中很难猜到，在18世纪90年代的法国大革命期间，亨利·格雷瓜尔估计在法国89个部门中，法语只在其中15个部门占据主导地位，除法语外，法国也在使用德语、巴斯克语、布列塔尼语、欧西坦语、普罗旺斯语以及其他方言。事实上，大革命早期的一次伟大的运动是为了使法语在法国普及。[39]

在另一场革命，即化学革命发生的那一刻，法语同时被吹捧为一种通用的学术语言，但并不完全如此。我们知道普里斯特利对法语理解得相当好，他能够及时了解巴黎的反燃素论者用法语和拉丁语发表的出版物。（为了了解中欧的科学文献，普里斯特利还学习了拉丁语和希腊语，以及我们现在称之为德语的"高地荷兰语"。[40]）新的化学杂志《化学和物理年鉴》只接受以法语提交的论文，而这位英国人只能以这种形式阅读它。（早期的翻译工作因缺乏兴趣而失败了。[41]）我们也知道，尽管拉瓦锡在古典语言方面有着很好的基础，但他不懂英语。[42]作为一个以通用语言为母语的人，他认为没有必要学习海峡对岸那种笨拙的语言，因为在他的作品没有以英语出版的情况下，英国人必然会阅读以他的母语出版的作品。这种与语言的主导地位相伴而来的孤立性是一种常见的历史模式，我们会多次遇到它。

---

① "Je dis donc: non-seulement nous ne devons pas être jaloux de l'empire de la langue françoise, mais nous devons réunir nos vœux et nos efforts, pour qu'elle devienne universelle. Les liaisons étendues qui se sont formées de tous côtés, entre les Européens, leur rendent un instrument universel de communication absolument nécessaire. La langue latine est une langue morte, elle ne peut être cet instrument universel. C'est par son mérite que celle des François l'est devenu; qu'elle conserve donc son universalité."

尽管如此，拉瓦锡知道英国的"气动化学家们"正在发现新的"空气"，并且他们对燃素观念的修改对于他自己的燃烧理论来说至关重要。拉瓦锡是怎么知道英国人在做什么的？答案是：通过翻译和通晓多种语言的合作者。科学中的语言障碍在消失之前总是以同样的方式被克服。拉瓦锡通过德国人约翰·特奥多尔·埃勒1746年以法语发表在《柏林科学院回忆录》上的一篇关于元素的文章中了解到了史蒂芬·黑尔斯1727年以英语发表的气动化学实验。也就是说，在黑尔斯的文章发表了20年后，拉瓦锡才偶然发现了它。[43]拉瓦锡最终在著名法国博物学家布丰伯爵1735年的译本中读到了黑尔斯的作品。翻译会让事情变慢。不过，他很快了解到了普里斯特利的工作。他是从自称为情报员的巡回雇员那里听说的。让-亚森特·德·麦哲伦偶然发现普里斯特利的英文出版物中谈到，新发现了一种叫作"脱燃素气体"①的东西。脱燃素气体是一种非常有助于燃烧的令人振奋的气体，我们现在称之为氧气。德·麦哲伦很快用法语编写了一份长篇摘要，并与原文一起转寄给了皇家商务局局长特吕代纳·德·蒙蒂格尼，后者是一位业余科学家，他给了德·麦哲伦一些报酬，同时将这些笔记交给了拉瓦锡，拉瓦锡于1772年7月18日向法国科学院宣读了这项研究。普里斯特利作品的译本于次年出版。[44]1774年10月，普里斯特利本人前往法国旅行，1775年，他的《几种气体的实验和观察》由雅克·吉伯林翻译出版，其中包含了关于脱燃素气体的判决性实验。[45]拉瓦锡从来不需要改变他的母语。

普里斯特利的爱尔兰同事理查德·柯万在氧化学家面前为燃素说进行了辩护。柯万以传统的方式——即通过阅读那些法国人的法语原作——了解了他们的观点。1787年，他出版了《论燃素和酸的组成》②，这是那十年

---

① 译者注：也译作"脱燃素空气"。
② 译者注：全名为：*An essay on phlogiston, and the constitution of acids.*

来最精致的化学专著之一，也是为普里斯特利改进后的燃素说进行的最后一次重要辩护。拉瓦锡及其同伴不得不对此作出回应，但是如何回应呢？他们看不懂这部著作。于是，拉瓦锡便向他的妻子玛丽-安妮·皮埃雷特·波尔兹求助，后者正是出于这个目的而学习英语的。仅仅1年后，由波尔兹翻译的法文版《论燃素》就出版了，其中包含了由她的丈夫及其同事撰写的用于剖析和反驳柯万论点的大量注释和评论。（她得到了皮卡德夫人的帮助，此人是拉瓦锡的同事、化学家路易-贝尔纳·吉顿·德·莫尔沃的助手。[46]）波尔兹在一篇未署名的序言中指出，挑战是艰巨的：

"如果与柯万论战的法国化学家们推翻了他的异议，或许人们就会得出结论说：这些异议的提出是毫无根据的？正是考虑到这一点，我们决定翻译《论燃素》一书：我们试图根据语言的差异性将其逐字逐句地翻译并以最清晰、最精确的方式表达出来，用柯万先生的话说是：科学问题所要求的极度精确性需要在表达方式的选择上也极为严格。"①[47]

1789年，这一法文译本又被翻译成了英文，并附有反燃素论者的评论。[48]柯万并没有被说服，但他退出了这场论战。此后，普里斯特利成了他自己修订的燃素化学的唯一捍卫者，而拉瓦锡的学说及其化学命名法被翻译出来并在欧洲各地传播（尽管仍然存在许多语言障碍）。[49]

当然，化学革命的核心是燃烧的概念问题，在上述的简短故事中，没有什么可以反驳这一点。但如果我们注意到科学的巴别塔以及从英语翻译

---

① "Si les Chimistes François qu'il a combattus détruisent ses objections, peut-être sera-t-on en droit de conclurre qu'il n'y en a pas de solides à leur faire? C'est principalement d'après cette dernière considération, qu'on s'est déterminé à entreprendre la Traduction de l'Essai sur le Phlogistique: on s'est appliqué à la rendre aussi littérale que la différence des langues a pu le permettre, & à exprimer, de la manière la plus claire & la plus précise, les idées de M. Kirwan: l'extrême exactitude qu'exigent les matières scientifiques, oblige à la plus grande sévérité dans le choix des expressions."

成法语，而不是从法语翻译成英语的需要所带来的摩擦和不对称（这一切都发生在法语作为一种通用语言的文化地位既被视为理所当然却又并不稳固的时刻——即使在法国也是如此），我们就必须要关注时机、社会地位、文献检索工作和不同文化间的沟通障碍等问题。这样一些小的磕绊，回溯和反思是本书要讨论的核心问题，本书关注的不是大规模的人口和地缘政治变革，而是个体科学家们的职业生涯和看法，他们努力在一个多语言的世界中理解他人，同时也让他人理解自己。

上述故事是化学革命的缩影，通过阅读它也引出了最重要的那门科学，这门科学将在本书接下来的讨论中占据主导地位。为了驾驭从过去几个世纪的科学史中挑选出来的大量语言、翻译和反译的案例，我强调了化学科学，尽管我并未完全局限于此，当数学、植物学和物理学的故事可以用于阐释一些观点时，我也非常乐意引用它们。化学之所以为科学语言的世界提供了一个合适的入口，有3个原因。第一，正如我们刚刚所看到的，自18世纪近代化学开始建立以来，化学就和语言明显地交织在一起，这是因为化学是一门描述、分类和命名的科学，同时它也是一门关于试管、移液管和本生灯的科学。化学家们关心给事物取什么名称，以及如何使这些名称在人类的语言中协调一致。第二，化学有其自己的公式，它们建立于19世纪初，并且凸显了化学符号的普遍性和个体化学家的语言多样性之间的紧张关系。[50]第三是纯粹出于数字方面的考虑：化学是19—20世纪规模最大的一门科学，它涵盖了从生物制药到染料到武器再到量子理论的各个领域。科学的规模越大，其涵盖的范围就越广，科学的巴别塔就越明显。当然，在这些问题上还有其他的历史可以书写。而现在，我将从这里开始。

"这里"确切说来是哪里呢？本书的核心内容追溯了1850年前后英语、法语和德语三种语言形成稳固的三足鼎立之势的故事（至于这种局面如何形成，我并未讨论，这是另外一段历史），然后沿着科学语言图表（图0.1）中的时间轴一直向前，经过几十年，直至现在。书中的每一章都聚焦于一种主要的语言（俄语、世界语、伊多语、德语、英语），但也并非完全如此，因为如果我们不明白一种语言的使用者如何利用该语言与其竞争者进行对话，并根据其他语言的不足来形塑自己的语言，我们就无法理解任何一种语言的历史。某些角色跨越了几章的内容，而有些角色则只是简要地提及。一些情节或主题会在几章中都有所涉及，我在看起来最合适的地方对它们进行了阐述。在此过程中，每一章在思考科学语言时都提出了一个不同的中心问题：从翻译到出版，从计算机化到移民，从使一种新的科学语言标准化到试图保护一种古老的科学语言免遭灭绝。或许我们很难像倡导者那样对这些试图超越科学的巴别塔困境的实验充满希望，因为我们已经知道了它们的结果。然而，重要的是要强调，参与其中的人们并不知道事情将如何发展，他们只知道事情从哪里开始——从他们西方或欧洲的科学传统中开始。因此，本书将从他们认为应该开始的地方开始，即通用拉丁语的梦想。

第一章
近乎完美的过去

"我也没有忘记,希腊人令人难解的发现很难用拉丁文阐明,主要是因为,由于语言的贫乏和事物的新奇,人们必须创造许多新的词汇……"①

——卢克莱修[1]

从某种重要的意义上来说,所有的语言都是想象出来的。这可能听起来很荒谬:你每天都在使用语言;我现在就在使用语言把这些词汇按顺序排列起来,以便传达意思。哪里是虚构的?但我并没有说是"虚构的"("imaginary"),我说的是"想象出来的"("imagined")。我们称之为语言的东西——斯瓦希里语、蒙古语、泰语、英语,并不是存在于世界上的物体,就像一块特殊的石头或者一座特定的黄色隔板屋那样。在我们周围,语言在流动(口头的、书面的、手势的),我们用这些语言与他人交流。有时候,交流会失败。如果你不懂泰卢固语,而你的邻居用泰卢固语和你说话,那么你们相互之间的可理解度为零。如果你懂俄语,而你的邻居懂乌克兰语,那么你们相互之间的可理解度就相当大了。即使你们说的不是同一种语言,你们也在交流。如果你们两个都用英语,那么你们几乎可以完全理解对方。几乎,但不完全——这就是我所说的"想象出来"的本质所在。我们每个人都说我们自己的独特语言,我们自己的语汇库由我们自己

---

① Nec me animi fallit Graiorum obscura reperta difficile inlustrare Latinis versibus esse, multa novis verbis praesertim cum sit agendum propter egestatem linguae et rerum novitatem [...].

的语法组成。当我们自己的一套特定的语言规则与别人的规则相吻合时，我们称之为说同一种语言。这是一种想象出来的趋同。

荷兰或加拿大也可以说是在完全相同的意义上想象出来的。国家之间有边界，它有时是天然的屏障（连绵的山脉，一条深河），有时仅仅是一些公约，即由明确的约定或仅仅通过惯例划出的界限。但是，在加拿大和明尼苏达州之间的边缘地带，你站在哪一边上并不明显，除非有一位官方权威人士告诉你：这是马尼托巴省①。同样，在荷兰语和德语的概念边界上，存在着一系列的语言混合体，这些混合体通过正规教育被清除了。我们通常习惯性地，也是不可避免地，在语言之间划一条人为的线，并把它们分开。那个人在说英语，这个人说威尔士语；那个女人也在说英语，她刚从格拉斯哥过来（我们认为那里是英国的）。想象出来的语言同样真实，重要的是，它们如何被想象，由谁来想象。杰弗雷·乔叟②称之为"英语"的实体与莎士比亚、海明威或者你所谓的"英语"并不相同。

"科学语言"是进行科学研究时使用的一种特定语言的特定形式，或者是科学研究中使用的一套独特的语言。在这两种情况下，我们都在谈论想象出来的概念，本书的目标就是追溯这两种含义随时间而发生的历史变化及其特征：它们如何相互关联，如何分化，参与其中的语言如何增加或减少。由于这里讨论的是一部西方科学史，我们必须从最持久的科学语言的典型——拉丁语开始。几乎每一次，人们对科学语言做出论断时，他们想象的标准都是这种繁荣于两千多年前的地中海城邦的母语。

从近代早期（大约在15—18世纪）到现在，西方科学史中想象拉丁语的方式主要有两种。生活在被法语、荷兰语、德语和意大利语等多种学术

---

① 译者注：加拿大中南部的一个省。
② 译者注：杰弗雷·乔叟（Geoffrey Chaucer, 1343—1400），英国小说家、诗人，被公认为中世纪英国最伟大的诗人之一。

语言包围的世界里的人们，往往把拉丁语想象成一个失乐园，一个巴别塔降临前全世界团结一致的时刻，或者想象成一种人为的束缚，如果没有它，欧洲的情况会更好。然而，本书的读者并不生活在这样一个多语言的世界里；对你来说，科学几乎都是用英语进行的。英语的当代地位改变了我们对拉丁语的看法。如果你认为使用一种科学语言可以提高效率，增进理解，那么拒绝使用拉丁语就代表了人类的愚蠢；如果你哀叹失去了个性和异质性，那么我们又回到了失乐园，但这一次，我们的伊甸园是多语言的。[2]英语有时被称为"通用语"——这是一个有问题的范畴，它是根据文艺复兴时期地中海复杂的贸易洋泾浜语而命名，但是这并不完全正确，英语不是洋泾浜语，它的地位也不低，它（的科学形式）也不是多变的。英语不是今天的通用语；它是我们的拉丁语。[3]

　　本章有双重任务。一方面，我们将追溯自古罗马（共和国和帝国）以来的拉丁语，在一支学识渊博的队伍的帮助下探索其详细的历史，这支队伍对这一古老的语言有着详尽的研究。（在众多的科学语言中，没有一种语言的研究比拉丁语更为深入和完善，我非常感谢这些学者。）我们将看到，虽然拉丁语作为学术和自然哲学，也就是英语国家自19世纪初以来所谓"科学"的前身的通用语言，确实在一段时期内发挥了作用，但在其漫长的历史中，它发挥这一作用的时间相对较短。拉丁语的统治始于罗马灭亡后近千年，然后在3个世纪后衰落（但不是灭绝）。"科学拉丁语"不仅开始得晚，而且寿命也比你想象的要长。与之相比，我们的第二个故事是：在漫长的历史中，人们是如何想象、赞美和指责拉丁语的，尤其是他们是如何理解科学交流中普遍性的消失的。这一章是关于科学巴别塔的诞生的：不仅涉及大量用于研究的语言的起源问题，而且会谈到多语言的科学交流是一种巴别塔——困扰学术界的一个诅咒——这种观念的出现。我们通过想象拉丁语开始想象科学语言。

罗马人的科学语言

在现代英语世界里，不能假定读者懂拉丁语，甚至很少有人能忆起那些布满灰尘的被遗忘的教科书和在黑板上勤勉抄写的各种变格。因此，我们的故事必须从对拉丁语的语言特征进行一次有些抽象的考察开始，这足以理解拉丁语爱好者在其中看到的魅力，以及折磨两千年学童的痛苦和沮丧。很有可能，你在随意阅读和闲聊中会接触到一定数量的拉丁语，而且你也知道得足够多——即使你"不懂拉丁语"，也可以认出"ipso facto""cogito ergo sum""ecce homo"和"carpe diem"是拉丁语，甚至还可能知道这些短语的含义。这是一种不用学习就可以想象得到的语言，因为西方传统中充斥着这种语言。

拉丁语是印欧语系的一种语言，它是一种格语言，意思就是：名词和形容词通过其形式（通过屈折变化，在拉丁语中通过后缀表现出来）表明其语法功能，从而使词序比我们在英语中习惯的要自由得多（尽管有一般规律，比如更喜欢把动词置于句子或从句的末尾）。有时，一个名词是句子的主语，行为的实施者：动物吃苹果。在这里，"动物"是主格。有时，它又是行为的直接对象：男孩吃动物。在这里，"动物"是宾格。其他的关系也是有可能的，这些关系用不同的拉丁语格区分出来：属格（动物的苹果）、与格（男孩把苹果给了动物）和离格（多种可能：男孩和动物一起走；男孩从动物身边走开；男孩骑着动物去商店）。有时你甚至会看到一种呼格的用法（动物，过来！）。这一切似乎都相对简单，只需要你记住五种不同格的模式，这五种格支配着屈折变化。拉丁语词汇除了有五种不同的模式（即变格）外，还有三种性（阳性、阴性、中性），这三种性及其复数形式也都有不同的屈折变化。形容词在数、性和格上与名词一致，但有其自己的变格。然后是动词系统：拉丁语中有四类（或五类，取决于你如何计算）

不同的规则动词，每一类都有六个基本时态，其中被动语态的结尾完全不同——英语中的被动语态和许多时态都与助动词连用，比如分词、动名词、丰富的虚拟语气，等等。报告别人的讲话有着完全不同的语法形式，这取决于你所报告的是命令、问题还是（最糟糕的）陈述。它极其复杂，同时也极具魅力。

当然，它也在几百年的时间里作为一个城市的语言，在广阔的罗马帝国中——包括今天的法国、英国的部分地区（一段时间）、西班牙和葡萄牙、北非、埃及、中东的大部分地区、土耳其和巴尔干半岛在内，由参议员、奴隶、四岁的孩子和村里的文盲们所说。以一种极其复杂的结构给学生们留下深刻印象的拉丁语，就是普通的、日常的语言，它并不比英语母语者为名词挑选前缀时轻松选择"a""the"或者什么都不选更难掌握。[如果你试着列举定冠词和不定冠词的规则，你很容易会发现，这不是一件小事。那些不说带有冠词的语言（比如俄语）的人会感谢你。拉丁语也是没有冠词的。]欣赏拉丁语过去的平凡对于理解其作为古罗马的一种科学语言的地位至关重要。

拉丁语最初是意大利半岛罗马城周围地区的一种地方语言，是意大利语语系的一员。随着拉丁姆①周边的各种方言在新大都会的聚集，拉丁语逐渐成为一种复杂而灵活的语言。[4]到公元1世纪末时，拉丁语已经根除了除希腊语之外的意大利的所有其他本族语言，说希腊语的主要是来自希腊城邦的殖民者的后裔，他们居住在南部和附近的西西里岛上的城镇中。随着罗马共和国征服了新界，新界最终被并入帝国，拉丁语得以传播。凯尔特土著语言在伊伯尼亚半岛和高卢被消灭，最终，甚至北非的布匿语和柏柏尔语也被拉丁语取代。当然，"拉丁语"是被想象出来的。作为一种活的语言，古拉丁语展现出广泛的地域多样性，正如你在如此广阔的地理区域

---

① 译者注：拉丁文为：Latium。古地区名。古代拉丁人居住区，在古意大利首都罗马的东南部，今意大利中西部拉齐奥区。

所期望的那样。非洲拉丁语是最有特色的，但所有形式都有着些许不同的词汇甚至句法，今天，我们可以在拉丁语分化的后代，即罗马语族中追溯这种多变性。（罗曼语族包括加泰罗尼亚语、法语、意大利语、葡萄牙语、普罗旺斯语、罗马尼亚语、撒丁语、西班牙语，等等。）[5]本书中讨论的大多数语言都坚持遵循一种书面标准，因为这是一部学者的历史，他们喜欢这样的东西。拉丁语中最常见的标准是马库斯·图利乌斯·西塞罗的标准，马上就会有更多关于他的讨论。[6]

不过，首先，关于拉丁语传播的一些事情需要再仔细谈一下：拉丁语根除了除希腊语以外的所有意大利的语言。希腊语很特别。在整个地中海东部的人们同时使用拉丁语和希腊语，几个世纪以来，希腊语一直是除罗马官方行政部门以外的一切事务的媒介语言。不仅是在东方，在罗马本地，也是如此。从共和国的鼎盛时期到帝国的崩溃，罗马的精英们都会说两种语言，这表明上层社会对古希腊城邦的艺术和学问以及马其顿征服者亚历山大大帝的极大钦佩。在公元前4世纪，亚历山大大帝曾把希腊语传播到南部的埃及和东部的波斯边界。罗马皇帝克劳狄乌斯在元老院对讲希腊语的大使们讲希腊语，这预示着哈德良、安东尼努斯·皮乌斯和马库斯·奥雷利乌斯皇帝们的亲希腊主义，并且精英的孩子们从奴隶、私人教师和前往希腊的盛大旅行中学到了希腊语。希腊语是唯一一种如此受人尊敬的外语。[7]

希腊语在罗马帝国东部的特权地位代表了欧洲范围内研究时间持续最长的语言历史上的一个特殊阶段。作为一种媒介语言，它从未受到过严重威胁，尽管我们应该记住，这些地区的大多数人既不把希腊语，也不把拉丁语作为第一语言。（突然想到，亚拉姆语、科普特语和亚美尼亚语，以及其他许多语言，现在都已经消失了。）[8]希腊语的一种特殊变体叫作"希腊共通语"，这种语言对于行政管理和做学问来说是非常重要的。[9]古希腊语是一个由不同方言构成的集合体，比如荷马式的爱奥尼亚方言或索福克勒斯[①]的雅典式阿提卡方言，但到了柏拉图和亚里士多德时期，雅典的阿提卡方言成了主导，后来它又演变成了跨地区的"希腊共通语"。这是一种东罗马帝国的语言，它于公元212年正式形成，并演变成了中世纪的拜占庭希腊语。尽管东部并不缺少说拉丁语的地区，但毫不夸张地说，希腊语对拉丁语的影响远远大于拉丁语对希腊语的影响，而且在公元前146年罗马对科林斯的洗劫[②]所象征的2世纪关系恶化之后，更是如此。[10]"希腊共通语"将成为早期基督教的语言，但在此之前，在罗马共和国晚期和帝国早期，它长期以来一直是知识分子交流的语言。[11]

这意味着，它也是科学的语言。希腊语是哲学思辨（亚里士多德）、数学（欧几里得和阿基米德）、天文学（托勒密）和医学（无处不在的盖伦，以及传统上被统称为"希波克拉底"的作者群）的语言。这些学者用希腊语写作是不可否认的。同样无可辩驳的是，在这些说希腊语的（Hellenophone，从这一术语的最显著的意义上讲）学者中，有许多都是罗马人。想想托勒密和盖伦这两位2世纪的作者，他们的名字都是"克劳狄乌斯"，一个最罗马化的名字。尽管说拉丁语的人会不断哀叹希腊语在自然科学方面的优越性——就像卢克莱修在本章的题词中所做的那样，并用希腊语创作了他们大部分的自然哲学，但是，像一些人所做的那样，宣称"罗马帝国对纯粹的科学思辨完全不感兴趣，这是一个举世公认的事实"[12]，是不正确的。卢克莱修向我们说明了这种错误的根源：拉丁语经常被用来普及希腊作品，学习前沿的自然哲学，并将其展示给更广泛的、不那么精英的（因而不会双语的）罗马读者。宣称拉丁语不是一种科学语

---

① 译者注：索福克勒斯（Sophocles，约公元前496—前406），克罗诺斯人，雅典三大悲剧作家之一，代表作有《安提戈涅》和《俄狄浦斯王》。

② 译者注：公元前146年的科林斯战役，是罗马共和国与希腊科林斯城邦及其亚该亚同盟盟友之间的决定性交战，罗马人在战争之后彻底摧毁了科林斯。这场战役标志着希腊历史上罗马统治时期的开始。

言的做法，将科学普及排除在了科学活动之外，而且（更糟的是），它否认了罗马人擅长的"工程"也是自然知识的一个重要方面。[13]

它也忽视了成为一种科学语言的障碍。当罗马人开始思考物质的性质或宇宙的运动时，几个世纪以来，作者们一直在用希腊语阐述这些主题。科学语言不是天生的，而是经过大量的努力创造出来的。我们稍后将看到，要使德语或俄语能够"容纳"科学是多么困难，因此，值得注意的是，即使是科学语言的典范——拉丁语，在希腊语面前也面临着同样的障碍。西塞罗是拉丁语雄辩术的杰出典范，同时也是精通希腊学问的学者，他清楚地看到了这个难题。他说："我想用拉丁文来说明这个'关于不朽的哲学问题'，并不是因为通过希腊语和希腊教师无法理解哲学，而是我一直认为，我们的人民比希腊人更明智地发现了一切，或者在他们认为值得努力的时候，改进了他们从希腊人那里接受的东西。"①[14]

改进是一种努力的行动。例如，西塞罗遇到的拉丁语中没有一个词汇可以对应"muchness"（"许多"）这个抽象概念。与希腊语类似，他对普遍存在的疑问词"quantus"（多少）进行了一些语法操作，创造出了"quantitas"这个词，它是我们英语中的"quantity"（"数量"）的词根。必须有人创造出"quantity"这个词。与"眼睛"或者"树木"相比，它显然不是一个自明的概念，但是，如果没有它，科学是很难想象的。这种特殊的语言炼金术出现在西塞罗的《学院派》②一书中，西塞罗与好友阿提库斯和邻居马库斯·瓦罗在他的乡村庄园里进行了一段对话。这场邂逅始于西塞罗和阿提库斯诱导瓦罗谈论他的哲学著作，但要使用拉丁语讲述。瓦罗

---

① "hoc mihi Latinis litteris illustrandum putavi, non quia philosophia Graecis et litteris et doctoribus percipi non posset, sed meum semper iudicium fuit omnia nostros aut invenisse per se sapientius quam Graecos aut accepta ab illis fecisse meliora, quae quidem digna statuissent in quibus elaborarent."

② 译者注：*Academics*，又名 *On Academic Skepticism*（《学院派怀疑论》），该书是西塞罗试图在古罗马普及希腊哲学的五本书中的第二本。

承认，他以前从未想过要这么做，并援引了一个科学语言史中常见的进退两难的困境：

"因为当我看到哲学是用希腊语最详尽地阐述的时候，我认为我们这些被哲学研究所吸引的人——如果它们是从希腊学说中学习的，宁愿读希腊语也不愿读我们的语言；如果他们回避希腊人的技艺和教导，他们肯定不会关心这些主题，而没有希腊人的博学，这些主题也是无法理解的：因此，我不想写那些未受过教育的人无法理解、有学问的人也懒得读的东西。"①[15]

西塞罗只是在一定程度上承认这个说法有点道理。他反驳道："尽管你提出了一个可能的情况——要么是那些有学问的人实际上更喜欢读希腊语，要么是那些不懂希腊学问的人不会读希腊语，但现在请你告诉我：你已经充分证实了你的观点了吗？恰恰相反，事实上，不懂希腊语的人会读这些作品，而那些懂希腊语的人不会蔑视他们自己的语言。那些精通希腊语的人会阅读拉丁诗文，为什么就不会阅读拉丁哲学呢？"②[16] 瓦罗同意配合这一语言实验。阿提库斯甚至愿意再向瓦罗做出一些退让，他说："如果你找不到合适的拉丁词汇，可以随时使用希腊词汇。"③ 瓦罗则希望他不需要它们："你真的很善良；但我会努力用拉丁语讲述，某些特定的希腊词汇除外，

---

① "Nam cum philosophiam viderem diligentissime Graecis litteris explicatam, existimavi si qui de nostris eius studio tenerentur, si essent Graecis doctrinis eruditi, Graeca potius quam nostra lecturos; sin a Graecorum artibus et disciplinis abhorrerent, ne haec quidem curaturos quae sine eruditione Graeca intelligi non possunt: itaque ea nolui scribere quae nec indocti intellegere possent nec docti legere curarent."

② "Causam autem probabilem tu quidem adfers, aut enim Graeca legere malent qui erunt eruditi, aut ne haec quidem qui illa nesciunt; sed da mihi nunc—satisne probas? Immo vero et haec qui illa non poterunt et qui Graeca poterunt non contemnent sua. Quid enim causae est cur poëtas Latinos Graecis litteris eruditi legant philosophos non legant?"

③ "quin etiam Graecis licebit utare cum voles, si te Latina forte deficient."

例如'哲学''修辞学''物理学'或'辩证法'等,这些词汇现在在拉丁语中经常使用。"①[17]

到了共和国末期(大约西塞罗去世的时候),我们看到了拉丁语作为一种科学语言的形成。这是通过将外来概念直接翻译成本土方言来实现的——在这里,本土方言指的就是拉丁语。这种做法是成功的,因为奥卢斯·科尼利厄斯·塞尔苏斯在公元1世纪用拉丁语撰写了医学文本,并且(根据我们从幸存的文本中所知),他没有像西塞罗在一个多世纪前那样对此表示明确的歉意。同样,盖伦显然也读过一些拉丁语文本,即使他的全部作品都是用希腊语写的。[18]但是,仅是一些科学著作并不足以产生一种完整的科学语言。在罗马沦陷后的至少半个千年里,拉丁语并没有被任何主要的自然哲学流派作为一种科学语言广泛使用。对于罗马人及其后继者来说,还有其他科学语言,它们使拉丁语显得微不足道。

拉丁语是如何流行起来的

科学语言需要两个特征:它必须具有必要的灵活性,以适应不断变化的发现和理论;并且,科学家们(或者,在该英语术语在1833年被创制出来之前,叫作"自然哲学家")必须实际使用它。在古代晚期和中世纪早期——实际上,直到12世纪之前,拉丁语都不具备这两个特征。

它们甚至不再适用于希腊语。当君士坦丁堡(今天的伊斯坦布尔)于公元330年建立时,东方的拉丁语曾在这个管理和传播西方语言的中心短暂复兴。然而,在公元395年狄奥多西皇帝去世,帝国完全分裂之后,渗透到该地区的有限的拉丁语就完全消失了。[19]随后的拜占庭帝国延续了

---

① "Bene sane facis; sed enitar ut Latine loquar, nisi in huiusce modi verbis, ut philosophiam aut rhetoricam aut physicam aut dialecticam appellem, quibus ut aliis multis consuetudo iam utitur pro Latinis."

一千年，它被罗马东部占主导地位的希腊共通语在中世纪的一种变异语言所统治——另外还有一定数量的双语者，他们掌握了亚美尼亚语、阿拉伯语、斯拉夫语和其他语言，但没有在科学领域形成一种重要的研究传统。[20]因此，尽管中世纪的东方在阅读希腊共通语文本方面从来没有明显的语言障碍，但是我们并未发现他们对这些文本有很多的接触和了解。[21]

另一方面，事实证明，在讲拉丁语的中世纪西方，语言障碍是极其重要的，因为希腊语的知识——通常依赖于童年时期与母语人士的最初接触，在西方变得稀少，就像拉丁语在东方那样。[22]（在西西里岛，与希腊语的接触从未完全中断，但这是一个高度地方化的现象。[23]）在西欧习得希腊语的困难意味着受到查理曼大帝等人鼓励的学术研究——他曾把约克的阿尔昆带到宫廷，令其改革教育，恢复拉丁语作为牧师和礼拜语言的地位——在很大程度上局限于一套文本，这些文本要么最初是用拉丁语写的，要么是在古代晚期从希腊语翻译过来的。这些经典作品规模很小，说明拉丁语在西方对自然哲学的兴趣是有限的，它们包括：普林尼的《自然史》、奥卢斯·格利乌斯的《阿提卡之夜》、索里努斯的《奇异事实集》、马克罗比乌斯的《评西塞罗〈斯奇皮欧之梦〉》①、乌尔提亚努斯·卡佩拉的《墨丘利与语文学的联姻》，圣依西多禄的百科全书集，卡西迪乌斯就柏拉图《蒂迈欧篇》撰写的拉丁文评论和部分翻译，以及备受尊崇的博学家波爱修斯对亚里士多德和波里希的逻辑著作和欧几里得几何学的翻译。[24]其余的古典和当代学问都被拉丁语拒之门外，使得少数关心大自然如何运转的人难以获得。

问题出在自然哲学上，而不是拉丁语上。拉丁语是中世纪欧洲非常重要的语言，因为它在整个地区占主导地位的机构——天主教会中扮演着重要角色。大多数有文化的人都与教会有联系，并将他们的知识技能运用到

---

① 译者注：《斯奇皮欧之梦》（*Somnium Scipionis*）是西塞罗《论共和国》第六卷的结尾。

教会的领域，这意味着他们（至少有些人）懂拉丁语，以用于祈祷和工作，而对自然知识的奥秘却没有多少时间或耐心。罗马人接受基督教，以及拉丁西方保留帝国的语言用于宗教目的，这一点至关重要，而且，这是一个如此重要的事实，以至于我将认为它是理所当然的，因此不再对此进行详述，虽然它经常作为背景出现。

拉丁语在中世纪是一种奇怪的生物，它既没有活着，也没有死去。罗马溃亡后，除了文艺复兴时期的特殊情况外，没有人把拉丁语作为母语来学习，这是"死"语言——比如希泰语或圣经希伯来语——的经典定义。而另一方面，精英阶层的孩子或是那些在教会工作的孩子从很小的时候就开始学习拉丁语，并且，在大多数情况下，拉丁语是口语，尤其是书面语的首选。中世纪的拉丁语经历了实质性的变化、发展和丰富，因为它适应了一系列的创新，尽管这些语言变化有许多被后来的纯粹主义者妖魔化了，他们选择了更西塞罗式的拉丁语（很快会对此进行更多介绍）。[25]

最终，拉丁语确实成了一种被广泛使用的科学语言，被无数人所使用，他们熟练使用着它极其多样的哲学术语词汇。这是怎么发生的呢？和西塞罗想象的一样：通过翻译。不过，这一次的翻译并非来自希腊语，而是来自所谓的"在拉丁语之前的第二种古典语言"：阿拉伯语。[26] 阿拉伯语是中世纪时期的主要科学语言，在编纂、阐述和扩展自然哲学方面比西方任何其他语言的使用时间都长。从 8 世纪开始，阿巴斯王朝在其新首都巴格达支持并赞助了一项庞大的翻译事业，将希腊学问中的大部分哲学和科学文本翻译成阿拉伯语（经常通过另一种闪族语言——叙利亚语的媒介），在此过程中，译入语转变为一种灵活的资源，以供这些科学继续发展。两个世纪花销巨大的翻译活动是不会发生的，除非译者想用这些知识来做一些事情，比如说，天文研究。此外，广为流传的希腊科学的评注和修订作品，也构成了几个世纪以来自然哲学的最高峰。同一时期，巴格达引入了中国的造纸术，在此推动下，文本的制作成本大大降低，横跨波斯至西班牙广阔区域的伊斯兰帝国将自然哲学从希腊语的事业转变成了阿拉伯语的。[27]希腊语不再是一种主要的科学语言，并不是因为它不再是一种语言，而是因为人们已经不再使用它来从事科学活动；拉丁语通过与阿拉伯语的相遇而成为一种科学语言。

这场相遇现在常常被称为"12世纪的文艺复兴"，比众所周知的意大利文艺复兴早了整整两个世纪。随着蒙特卡西诺等修道院的复兴，拉丁学术已经开始了一个缓慢的重新崛起的过程，这些修道院的图书馆为四处奔波的研究者们提供了翻阅发霉的旧书的机会。[28]当然，拉丁语是通用语言（尽管发音极其多样），使得这种学术流动成为可能，这意味着，一旦一个文本被翻译成拉丁文，它就可以在该语言行使教会和行政职能的广阔区域里被使用。[29]在一些好奇的研究者开始寻找古希腊智慧的记录——特别是托勒密的天文学巨著《至大论》，只要能够找到阿拉伯语的书籍，就有可能读过这本书[30]——之后，这种早期的火花迸发成了学术的热情。（托勒密的著作原是用希腊语写成，该著作在阿拉伯语中也流行过。）

从阿拉伯语到拉丁语的翻译运动也伴随着造纸技术的迁移，造纸技术在10世纪和11世纪从阿拉伯世界传入欧洲。在许多地方，通过翻译的知识交流得以实现；这里只需要提到西班牙城市托莱多就够了，1085年，卡斯蒂利亚国王和莱昂国王阿方索六世征服摩尔人，占领了这座城市。寻找科学文本的拉丁学者们——比如伟大的译者克雷莫纳的杰拉德①，在这座城市聚集，与掌握阿拉伯语和莫札拉布语（西班牙方言）的双语者（通常是犹太人）建立了合作翻译伙伴关系，直到他们自己掌握了这门语言。[31]古代智慧（欧几里得的多个版本，炼金术的大部头著作，幸存下来的亚里士多德的文集）的拉丁译本——在一个质量并不完美的时代——从西班牙源源不断地生产出来，同时还伴有阿拉伯哲学家们前沿性的评注作品。[32]

---

① 译者注：意大利学者。约1114年生于克雷莫纳，1187年卒于西班牙托莱多。

其他译者在西西里岛工作，他们直接从希腊语中翻译出这些经典著作的拉丁版本，但这些作品的流传范围要小得多。著名的中世纪学者查尔斯·荷马·哈斯金斯指出："拉丁世界本可以通过这些希腊－拉丁语版本的译著阅读亚里士多德、盖伦、托勒密和欧几里得，它本可以通过这种方式获得许多希腊科学，但在很大程度上，它没有。当时的科学语言是阿拉伯语。"[33]

由于古希腊和中世纪阿拉伯的自然哲学已经以拉丁语的形式出现，这种翻译努力迅速将拉丁语提升为西欧的通用科学语言。然而，在 12 世纪，直至 18 世纪，科学拉丁语都是一个复杂多样的有机体。今天，我们根据"学院"把它称为"学院拉丁语"。在当时，它被理解为拉丁语的一个专门子集，用于自然哲学家惯常进行的那种专业讨论。在翻译过程中，必须对拉丁语进行实际的语言调整，因为转换那些高度屈折的阿拉伯语和希腊语专业词汇产生了超出词汇的挑战。例如，古典拉丁语没有动词"to be"的现在分词或过去分词，这让翻译中世纪的形而上学相当困难。另一个障碍是，希腊语和阿拉伯语中都有不定冠词，而拉丁语中没有，13 世纪的译者穆尔贝克的威廉通过简单地插入法语的"le"来规避这个障碍。[34]

随着 14 世纪人文主义的兴起，在尊崇西塞罗式拉丁语的驱使下，这样的修修补补恰恰被谴责为"野蛮的"。如果说曾经有一个时刻，拉丁语作为学术的通用语言被赋予崇高的地位——因为它被认为是唯一适合于这一目的的语言，那便是文艺复兴时期，它从意大利开始，然后以多种不同的形式向外辐射。从表面上看，很多情况都是一样的。拉丁语仍然是双语者的一种语言，某些儿童（主要是男性）会被教授拉丁语，以便他们能够接触到整个大陆的精英学者和教会团体。[35]但在各个层面上，又都可以察觉到与过去的差异。许多西欧国家已经开始使用当地的方言进行行政管理。拉丁语作为一种治国的语言，在国际外交和东方多语言地区的治理中长期存在，例如波兰－立陶宛联邦和哈布斯堡的广阔地域。[36]地方语言已经渗透到拉丁语的许多旧功能中，但还没有渗透到与科学相关的学科中。

这种差异是至关重要的，因为它开始将拉丁语定义为欧洲的科学语言。也就是说，拉丁语作为一种科学语言的地位取决于它与其他语境中使用的方言的对比。学者们的双语能力彰显出学术是一种独特的活动。[37]使用古典语言的人为性强化了这种逻辑，这反过来促进了对最原始拉丁风格的纯粹追求。间接引语的规则被重新引入，取消了在中世纪拉丁语中取代它的"dixit quod"（"他说过"）和"dixit quoniam"（"他说，为了……"），西塞罗式复杂的圆周句又完全生效了。[38]学术越是专业化，拉丁语就必须越来越去方言化，这使得像荷兰人伊拉斯谟这样的某些学者在欧洲大陆享有盛誉，同时——据一位传记作者所说，也产生了一种"隔阂"，这种隔阂使他永远无法在同胞中感到"完全地轻松自在"。[39]无论这种疏离感是否存在，对拉丁语的追求显然有助于为正在形成的欧洲学问共同体注入活力。人文主义者在改变古典传统并将他们的研究扩展到周围的自然世界的过程中，开始寻找更完美的希腊文本和更清楚的拉丁文译本。[40]拉丁语已经成为一种科学语言。

通用但并非全球化

如我们所见，拉丁语直到中世纪和文艺复兴时期才成为一种主要的科学语言，一千多年来，拉丁语在欧洲大陆和地中海地区一直从属于希腊语和阿拉伯语。即使它在学者中间成为公认的媒介语言时，它的影响也相对有限。抛开新世界不谈，那里当时只是被西欧列强殖民统治；居住在那里的土著人和到达那里的冒险家对拉丁语都没有兴趣（尽管自然史的发现最终会以拉丁语的形式回到欧洲）。即使是在欧洲的东半部，学术也常常是希腊式的。再往东走，就像文艺复兴时期欧洲很多人所做的那样，其他两种学术和科学的语言也出现了，每一种语言对知识的垄断都比拉丁语在欧洲的垄断要严格得多，而且持续的时间更长，覆盖的地域更广。我们对科学语言含义的想象深受拉丁语的历史经验的影响，但在拉丁语黯然失色的那一刻，这种语言的形象反过来又受到来自世界其他地区的两种媒介学术语言的当代理解的制约。

朝着日出的方向走，我们遇到了梵语。与这种古老语言的接触以及对其与拉丁语和希腊语的亲缘关系的承认，将在18世纪末产生"印欧语"这类语系，并催生出近代历史语言学，但在17世纪，它在欧洲关于科学语言的争论中基本上没起作用。也就是说，对梵语的影响和作用的粗略考察，对于理解通用拉丁语的地方性特征是有益的。自第一个千年初期之后，梵语不再像其名字所显示的那样，作为"神圣的文字"在某一特定群体的监护下被保留下来用于仪式目的，而是拓展为一种学术、通信和文学的媒介语言，并跨越了惊人的广阔区域：从阿富汗到东南亚，从南部的斯里兰卡到北部的中亚大草原。从拉丁历史扭曲的视角来看，梵语代表了一系列的缺失：没有军事征服，没有圣经宗教，没有复兴失去的古典语言的叙事。当然，这是错误的看法。从梵语世界的角度来看，它只是一种正在使用的、附有极其丰富的学问内容的媒介交流方式。它一直延续到了18世纪末，当时，作为英国、葡萄牙和法国进行殖民统治的结果和媒介的欧洲语言，开始侵蚀它的学术功能。[41]

这是一个重要的故事，尤其是因为它证明了媒介语言和书写系统的持久性。在梵语作为一种科学语言——主要是数学和天文学的语言——的作用问题上，我们应该多停留一会儿。梵语的广泛渗透（既在横向空间上，又在纵向的社会群体中）使科学领域出现了异常的繁荣。[42]此外，从我所查阅的学术文献中可知，梵语也是第一种专门用于研究作为科学语言所产生的语言学后果的语言。1903年，德国著名学者赫尔曼·雅各比发表了一篇开创性的文章：《科学梵语的名词风格》，其中"揭示了该语言向更加复杂的名词形式转变的趋势，以将科学和数学思维所要求的各种抽象概念囊括进去"。[43]雅各比的见解后来在20世纪早期的其他语言学家的努力中产生了反响,他们试图弄清楚他们自己的语言正在发生的事情。因此,奥托·叶斯柏森[1]——我们将不止一次遇到这个人,在 1924 年时说道:"德国科学散文有时接近雅各比所描述的梵文风格。当我们用名词来表达一般用限定动词来表达的东西时,我们的语言不仅变得更抽象,而且变得更深奥……"[44]尽管梵语的历史在很大程度上与欧洲语言的历史是分离的,但它构建了我们对于成为科学语言意味着什么,以及这些方言是如何通过探索自然而发生转变等问题的理解。

梵语在欧亚大陆的传播被另一种古老的学术语言所阻断,这种语言覆盖了东太平洋地区:从日本列岛、朝鲜半岛,一直到越南,它就是:古汉语。本书不是要总结两千年来充满活力的中国科学的研究;我的目标要狭隘得多,即展示某种想象出来的汉语如何迫使欧洲人重新思考科学交流的目的和潜力。在东亚使用古汉语的人对古汉语的想象不亚于文艺复兴末期遇到古汉语的欧洲人。实际情况很难搞清楚,因为我们的确有几千年的文字,但对古汉语的口头用法却没有完全的了解。(对于中世纪欧洲来说,这也是一个问题,在那里,地方语言的口头用法隐藏在了拉丁文的抄本中。)

汉语既是东亚的"拉丁语",又不是东亚的"拉丁语"。众所周知,汉字遍及整个东亚地区。尽管存在普遍误解,但它根本上并不是一个具有描绘图像或概念特征的"表意"系统,而是包含了重要的语音信息。也就是说,(语意和语音)分离的程度允许说着非常不同的汉语的人们——上海人、北京人、香港人——使用相同的文字。中国哲学、佛教(本身是从南亚翻译过来)、医学和自然科学的巨大威望和力量促进了韩国和日本对汉语的研究,那里的学者们读得津津有味,有时还用汉语写作。但是,这些文本通

---

[1] 译者注:奥托·叶斯柏森(Otto Jespersen,1860—1943),享誉国际的丹麦语言学家,著述多达 487 种,研究涉及普通语言学、语法学、语音学、语言史、符号系统、语言哲学、外语教学、国际辅助语等多个领域,对普通语言学和语法学的贡献尤为显著,影响了包括布龙菲尔德(L. Bloomfield)、乔姆斯基(N. Chomsky)、韩礼德(M. Halliday)等语言学泰斗在内的大批学者。他还是英语界公认的英语语法的最高权威。

常不会传回中国,甚至也不会在这些周边地区传播,韩国人、日本人和越南人一般不会把汉语作为一种口语来学习。外国人之间的交流,即使是面对面的交流,有时也要靠写汉字。这个文字系统在有文化的人中是如此普遍,以至于它最终被改编成当地的本土语言,尽管它的适用性很差(比如与日语的适用性),并且需要进行重大的调整。汉语的这些特征有一些和拉丁语非常相似:用它进行的大多数国际交流都是书面的,而且发音(尤其是英国和欧洲大陆之间)有着很大的差异。两者的差异也非常明显:汉语属于中国人,他们是这个强大帝国的居民,其他亚洲人居住在这个帝国的周边地区。日语或越南语的地方语作品从来没有被翻译成中文在国外流通,而且这些语言的每一种用法都是带有标志性的,而不是中立的。

经过长达两个世纪的尊重和崇拜,基于拉丁文的人文主义不再繁荣,几个不同国家的有影响力的自然哲学家们开始考虑一种替代语言,这种语言不受历史奇观的影响,并可以适应17世纪正在进行的科学变革的创新。为了得到这样一种完全自然的"哲学语言",他们决定发明它。

为了一个特定的目的而创造一种语言的想法至少可以追溯到12世纪的神秘主义者圣希尔德加德·冯·宾根[1],她创造了"秘名语"[2]供自己使用,但这个概念在自然哲学中的应用直到17世纪才出现。在哲学家、数学家勒内·笛卡尔1629年11月20日写给狂热的通讯员马林·梅森[3]的信中,第

---

[1] 译者注:圣希尔德加德·冯·宾根(德语:Hildegard von Bingen,拉丁文:Hildegardis Bingensis,1098—1179),又被称为莱茵河的女先知,中世纪德国神学家、作曲家及作家。天主教圣人、教会圣师。她担任女修道院院长、修院领袖,同时也是个哲学家、科学家、医师、语言学家、社会活动家及博物学家。

[2] 译者注:一种人造语言,以23个"秘名字母"组成,大约有900个词汇。

[3] 译者注:马林·梅森(法语:Marin Mersenne,1588—1648),17世纪法国著名数学家和修道士,被誉为"有定期学术刊物之前的科学信息交换站"。1626年,他把自己在巴黎的修道室办成了科学家聚会场所和交流信息中心,称为"梅森学院"。

一次正式提到这种理想化的哲学语言。然而，在同一封信中，笛卡尔对这样一种语言的出现并不抱希望。他写道："但是，不要希望看到它被使用，那样就预先假定了事物的秩序会发生巨大的变化，而且它将要求整个世界成为一个人间天堂，这只有在小说里才值得提议"。①[45]不过，希望并没有凋零；相反，这种语言在17世纪和18世纪得到了蓬勃的发展，产生了至少十几种重要的方案，然后在19世纪早期又暂时消失了。[46]

认为现存的人类语言在某种程度上不如一种潜在的哲学语言的想法源于三个原因。第一个是对拉丁语挥之不去的不满，这本身就是地方语言（尤其是法语）的野心和活力的结果，它导致哲学家们质疑他们目前的工具是否足够。[47]发展地方语言的一个逻辑后果是，创造了一个科学的巴别塔，即一种语言的混乱，荷兰人因此无法像伊拉斯谟时代那样，轻松地与意大利人交流。第二个原因为这一难题提供了一种解决方案，即：把汉字理解为一种通用的书写系统，使用这个系统，你可以阅读波兰人写下的东西，并将其翻译为德语，就像他们认为日本人只是把汉语当作日语来读一样。[48]（事实并非如此。日本人开发了一套精巧的汉字注释系统，以确保汉字的易读性。）第三个因素进一步增加了构建这样一种语言的合理性：17世纪，数学形式主义以及较小程度上的音乐记谱方面的创新，为通用文字提供了一种参照物，后者赋予了德国博学家戈特弗里德·威廉·莱布尼茨灵感。[49]

这些哲学语言实验中最著名的就是约翰·威尔金斯的实验。威尔金斯是奥利弗·克伦威尔的连襟，在英国王政复辟之后，他又成为世界上最早的科学学会之一伦敦皇家学会的一位创始人。威尔金斯长期以来一直对知识的归纳和普及感兴趣，他既想让更多的人了解已知的知识，又想把世界

---

① "Mais n'esperez pas de la voir jamais en usage；cela présupose de grans changemens en l'ordre des choses，et il faudroit que tout le monde ne fust qu'un paradis terrestre，ce qui n'est bon à proposer que dans le pays des romans."

上更多的东西纳入已知的范畴，这一志向早在他1641年出版的一本关于电码和密码的书——《墨丘利：神秘而快捷的信使》中就已经显现出来了。[50]而他那套成熟的哲学语言方案，即《论真文字和哲学语言》（1668年），则还要再等20多年才问世，主要是因为1666年的伦敦大火焚毁了这本书的初稿。威尔金斯的想法很简单：世界上的事物彼此之间有关联，因此，用于表示它们的词语之间也应该有关联。麻雀、老鹰和企鹅都是鸟类，但是从它们的英文名字中，你看不出这一点有什么问题，这些名字甚至也没有告诉你它们是动物。威尔金斯给概念指定了字母，建立了一个为宇宙万物的信息进行编码的准数学表示法。你马上就能看出这一方法的困难所在：我们是把花生看作豌豆呢？还是看作坚果呢？一方面，它们是豆科作物，而另一方面，它们又是坚果。如果我们不了解大自然宇宙万物的地图，或者更糟的是，如果不仅仅只有一张地图，那么这个方案就无法实行，不管它的灵感有多么高尚。关于威尔金斯的宏伟计划，学者们已经进行了详细的论述，我建议感兴趣的人仔细阅读这些作品，或者读一下他的英文原著。[51]

有趣的是：威尔金斯将世界知识嵌入分析语言学的框架中来修补世界知识的宣言，是用一种只有北海群岛的人才能理解的地方语言写成的。从某种意义上说，这并不奇怪：尽管威尔金斯懂拉丁语，但考虑到希望吸引到更广泛的读者，他的大部分作品都是用英语创作的。而伊拉斯谟也希望能吸引到更广泛的读者——一个横跨欧洲的读者群，所以他使用了拉丁语而不是荷兰语写作。伊拉斯谟和威尔金斯对读者的理解发生了一些变化。威尔金斯认真考虑过这个问题。在那部书的前面，他在介绍哲学语言之前，讲述了世界媒介语言（包括汉语）的历史。威尔金斯不仅通过数学，而且通过实际的人类语言来思考他的哲学语言。比如，他认为马来语——"似乎是世界上最新的语言"——的例子可以表明，创造一种语言是有可能的："为了更轻松地与人交谈，他们——葡萄牙人、荷兰人和许多东南亚渔民——同意使用一种截然不同的语言,这种语言很有可能是通过挑选出几个国家里最简短、容易又常用的一些词汇,进而创造出来的。"这是威尔金斯的一个灵感来源。他说:"据我所知,这是唯一一种一下子被发明出来的语言;如果可以恰当地把它称为一种独特的语言,而非多种语言的混合体的话。不过,它是由粗鲁的渔夫发明的,所以不能指望它具有哲学规则可能提供的所有优点。"[52]一种语言是可以被"自然地"创造出来的。创造和自然之间的界限是模糊的。

然后,就有了他那本用马来语和汉语来引入一种抽象的创造的书,该书是用英文写成的,这必定会限制读者的规模,因为威尔金斯没有用拉丁语,哪怕是用法语出版它——法语后来不久便成了西欧主要的媒介语言(把这部作品翻译成拉丁语和法语的努力都失败了)。[53]我们在威尔金斯身上可以看到读者群的变化,其特点是,拉丁语对欧洲科学的控制逐渐弱化,并且逐渐向地方语言转移。这并不是说科学家们不再希望交流,转而表达他们的身份;更确切地说,他们的目标受众已经变成了离家更近的读者和赞助人,这些人可能没有受过人文主义者拉丁语的古典教育。你通过改用地方语言而不是拉丁语来吸引一些读者,但你也失去了一些。

如何与托贝恩·贝格曼交谈

找一位离你最近的科学家,问问他们对英语作为学问的通用语言有何看法,你很有可能会听到:今天所有的科学都是用一种语言交流的,这真是太棒了。这一回答直接引出了科学语言史上最重要的问题之一:"如果科学界向往一种国际语言,为什么拉丁语在使用了几个世纪之后就被抛弃了呢?"[54]是啊,究竟是为什么呢?我突然想到几个答案。首先,拉丁语,特别是文艺复兴人文主义者所钟爱的古典形式的拉丁语,很难适应17世纪和18世纪知识的迅速变化。[55]这种说法并不完全正确，因为英语应对当今科学中同样的多变和创新的方法，就是不断创造新的术语，而这些术语很大程度上借自拉丁语。抛弃拉丁语的另一个动力是威尔金斯式的——这一动力对生活在当时的人有更直接的意义，即找到离你最近的赞助人，那些你想说服的、说着你自己的母语的人。这是伽利略从拉丁语转向意大利语的动机，也是艾萨克·牛顿1704年写作《光学》时转向英语的动机，不过，他在1687年写《自然哲学的数学原理》时用的还是拉丁文。[56]（16世纪化学的特立独行者帕拉塞尔苏斯，在这一点上也走在了前面，他主要用德语发表，并依靠译者传播他的观点。[57]）还有许多其他原因：宗教改革后天主教权力的衰落（尽管许多新教徒是优秀的拉丁语学者，而且德国新教学者在拉丁语方面的停留时间远远超过天主教法国的同行）；自觉的现代性意识；古典学问的缺乏，尤其是在不断扩大的女性读者圈子中。这些说法都有一些道理。

跟上述原因相比，结果则更加清楚明白。在整个西欧，地方语言在不同时间和不同地点逐渐作为拉丁语的竞争对手或替代品，在各种领域，尤其是自然科学领域中所使用。正如两位研究后中世纪时代"新拉丁语"的学者有些夸张地说道："16世纪、17世纪科学革命的主要受害者，无疑是拉丁语及其作为科学教学和出版的学术语言的（准）垄断地位。"[58]那些对早期的科学巴别塔感到失望的人，为整个近代早期蓬勃发展的从地方语翻译成拉丁语的图书贸易提供了供给和需求。[59]拉丁语也成为表达身份的一种方式，至少对德国人来说是这样，德国人唯一的另一个选择是用法语交流。[60]当然，这两种语言的地位并不总是一成不变的。16世纪时（主要是1530年至1597年），医学文本开始以法语的形式出现，随后又主要是用拉丁语书写，直到1685年左右，法语才重新占据主导地位。[61]向地方语言的转变是如此的普遍，以至于1698年让·巴蒂斯特·杜·哈默尔在写法国科学院史时，不得不为选择用拉丁语发表而辩护：

"我不认为我开始用拉丁语而不是法语写这些东西是糟糕的:当然,这是我的要求,因为这样一来,不仅有学问的法国人,甚至连不懂法语的外国人也能阅读它。尽管现在拉丁语确实受到很多短暂的侵蚀和诸多人的蔑视,但我们可以套用西塞罗曾经说过的希腊人谈论拉丁语的话:几乎所有的民族都阅读拉丁语,而法语则无疑受到狭窄边界的限制。尽管实际上这些事情并不完全正确,但必须承认的是,法语的传播并不像拉丁语那样广泛,拉丁语在世界各地的民族中都是相同的,而且它也不像粗俗的语言那样容易发生变化。这就足够了。"①[62]

他的同事们对此很是不悦。到 1701 年第二版时,这段文字就消失不见了。拉丁语很快也会加入其中。

转向科学巴别塔的经历是复杂的,每位自然主义者都有着不同的经历。为了了解通过这种语言泥淖的非同寻常的道路,我将深入考察托贝恩·贝格曼的通信。我知道,准确来说,这不是一个家喻户晓的名字,但他曾经很有名,至少在某些圈子里是这样。贝格曼是 18 世纪最重要的化学家之一,也是拉瓦锡和普里斯特利是同时代人,但是他却几乎从化学史上消失了。我之所以选择他,是因为这种忽视至少在一定程度上与这一事实密切相关:贝格曼是瑞典人而不是法国人、英国人、甚至德国人,因此他被排除在这 3 种科学语言之外,而这 3 种语言将在 19 世纪中叶成为化学交流的三巨头。贝格曼于 1735 年 3 月 20 日出生在瑞典西哥特兰的凯瑟琳堡,是一名税务

---

① "Neque id reprehendendum puto quód Latine, non Gallice hæc scribere sim ingressus: Id quippe postulatum à me est, ut non ab eruditis modò Gallis, sed etiam ab exteris, qui Gallice non sciunt, legerentur. Quantumvis enim Latina lingua nunc temporis deteratur, & a multis contemptui habeatur, id tamen quod olim de Græca dixit Tullius, de Latina nobis usurpare licet: Latina leguntur in omnibus fere gentibus, Gallica suis finibus, exiguis sane continentur. Tametsi enim hæc non sunt ex omni parte vera, id tamen fatendum est linguam Gallicam non esse tam late fusam, quàm Latinam, quæ ubique gentium eadem est, neque tot mutationibus obnoxia, quot linguæ vulgares. Sed de his satis."

员的儿子。[63]他的父亲把他送到乌普萨拉大学，希望他在那里学习神学或法律，但年轻的贝格曼却痴迷于自然哲学，他非常努力地学习着这些知识，以至于他的身体都垮掉了，不得不回到家中。这次休养意味着，他可以学习更多的科学——这次是到户外研究植物。他的父亲也作出了让步，让他重新回到大学，并允许他在法律学习之外，学习数学、物理、化学、植物学和昆虫学。贝格曼在昆虫学上的发现引起了卡尔·林奈的注意（林奈是植物命名法的名人，也是当时瑞典科学的领军人物），林奈鼓励他将他的研究继续深化。1758年，贝格曼获得了纯正数学硕士学位，并被任命为自然哲学高级讲师，这是一种乌普萨拉大学特有的助教职位。几年后，他被任命为数学和物理学副教授，并于1766年用瑞典语发表了他第一部获得国际关注的著作——《地球的物理描述》，一部综合自然地理学著作。这本书无论是主题还是语言都没有那么不同寻常，因为18世纪的瑞典延续了采矿工程这一充满活力的传统，与大学里更具学术性和拉丁语化的化学相比，采矿工程通常用瑞典语进行。[64]读过这本书的人都称赞贝格曼的天赋，尽管他们大多使用的是德译本（这本书也被译成了丹麦语，后来又译成了俄语）。[65]次年，贝格曼接替瓦勒留斯①，被任命为乌普萨拉大学化学和药学教授，据说是在当时的王储——未来的古斯塔夫斯三世的干预下。

  贝格曼巩固其作为思想家的欧洲声誉，靠的正是他化学家的身份，而非自然地理学家的身份。他喜欢从总括性的视角看待整个科学，并对科学发现进行分类和整理，就像他的导师林奈对植物群所做的那样。在谈到"科学中的拉丁语"时，卡尔·冯·林内——更著名的称呼是"林奈"，可能是你会想到的第一个名字，因为他用双名命名法对所有植物进行了全面的分类，在今天的科学中，双名命名法仍然是拉丁语最突出的用法。林奈的故事会让我们离题太远，这里值得注意的是，他选择拉丁语，本身就是

---

① 译者注：18世纪瑞典化学家和矿物学家。

即将到来的巴别塔的一个特征,他意识到了巴别塔的出现(《创世纪》通过大量的路德式沉思对巴别塔进行了深刻的演绎)。林奈大量使用瑞典语和拉丁语进行写作,但却无法阅读法语,尽管这位瑞典精英公开宣称对法语的痴迷;选择这门罗马语言在很大程度上表明,拉丁语对于这个令他无比自豪的地方王国的重要性。[66]在这一点上,贝格曼也将效仿林奈。

贝格曼的学术地位得益于两个因素:热衷通信和用拉丁语发表。通信是那个世纪化学研究的核心,当时,除了巴黎和爱丁堡,其他地方根本没有足够多的化学家来维持一个充满活力、独立自足的共同体。消息非常灵通的贝格曼从未离开过瑞典;因此,他几乎所有的信息都来自个人报告或通过18世纪极其出色的邮政系统收到的出版物。遗憾的是,我们对贝格曼的这些交流知之甚少,不过,写给他的来信已经被收集在一本珍贵的出版物中,它为我们提供了最好的资源,以理解欧洲范围内关于燃素和气体化学难题的对话,这一对话在本书导言中讨论过。

这些来信的出现就是一个启示。正如人们想象的那样,来信有用瑞典语、丹麦语(与贝格曼的母语关系密切)和法语写的。到这里,还没什么新奇的,但是,贝格曼还收到了用英语、德语和拉丁语写的来信,而且,他显然对此理解得很好。一些通信者纷纷在信中使用了不同的语言。科学的巴别塔毫无意外地来到了贝格曼的面前,这些信件传递出一种语言障碍的意识。约翰·戈特利布·格奥尔基——一位德国化学家,后来在圣彼得堡教书,偶尔也从事从瑞典语到德语的翻译工作,1768年,他写信给贝格曼说:"很抱歉,我没有用你的语言而是用我的语言给你写信。尽管我也很喜欢前者,但我确实写得很差,(而且)我必须清楚地表达自己对一切的看法,阁下对阅读我国的作品也并无反感。"①[67]另一方面,理查

---

① "Ich entschuldige, dass ich nicht in Ihrer sondern in meiner Sprache geschrieben. So lieb mir auch die erste ist, so schreibe ich doch zu schlecht in derselben, es war nötig, dass ich mich über alles bestimt ausdrukte und Ewr Hochedelgeb. lesen die Werke meine Nation ohne Anstoss."

德·柯万——我们已经提到的那位燃素说的捍卫者，从来没有选择过用瑞典语写信，他一开始用的是拉丁语，但不久又选择了法语。在给贝格曼的信中，柯万写道："很高兴从昨天收到的那封你写给麦哲伦先生①——就是那个把普里斯特利的工作告诉拉瓦锡的情报员——的信中得知，你法语掌握地很好，所以我可以用这种语言给你写信，和拉丁语相比，我更熟悉法语。"②[68] 有时候，就像和讲英语的德国人弗兰兹·艾克塞瓦·施韦迪奥尔③通信时那样，贝格曼甚至可以选择语言："如果您愿意给我回信的话，可以用拉丁语、法语、英语或德语来写，这些是您最能接受的，另外，请告诉我，您会选择让我用哪种语言给您回信。"[69]

他的一些通信者们甚至采取行动来学习瑞典语，这样，他们就可以理解贝格曼及其同胞们的工作。福斯托·费尔明·德卢亚尔——一位西班牙矿物学家，曾和他的哥哥胡安·何塞·德卢亚尔首次分离出钨元素——就曾用标准的法语给贝格曼写信说："我想学习一些瑞典语，这样我就可以阅读《斯德哥尔摩学院回忆录》和贵国其他一些优秀作品了。"④[70]（他读过贝格曼那本自然地理学著作的德译本。）贝格曼的通信者中最著名的是拉瓦锡的同事皮埃尔·马克和路易-贝尔纳·吉顿·德·莫尔沃，两人在国外为贝格曼的作品做了宣传，前者是通过把他的拉丁文作品翻译过来，后者是通过实实在在地学习瑞典语。为此，德·莫尔沃曾效仿德卢亚尔，请求贝格曼给他寄一些瑞典语语法书、辞典，甚至小说。德·莫尔沃还说服他

---

① 译者注：指的是让·亚辛斯·德·麦哲伦（Jean Hyacinthe de Magellan，1722—1790），葡萄牙自然哲学家，普里斯特利的好友，是英国和欧洲许多科学家的通讯员。

② "Je suis charmé de voir par votre lettre a Monsr Magellan que j'ai reçue hier que vous possedez la langue françoise si bien que je puis vous addresser dans cette langue qui m'est bien plus familiere que la Latine."

③ 医生，出生于奥地利，精通拉丁语、德语、英语、法语等多种语言。

④ "Je voudrois faire quelque etude de la langue Suedoise pour pouvoir lire les Memoires de l'Academie de Stockholme et plusieurs autres excellens Ouvrages que vous avez dans votre pais."

的合作者们——其中包括皮卡德夫人（她曾帮助拉瓦锡夫人学习英语），协助他翻译贝格曼的作品。（但这些合作者的功劳没有得到承认。）[71]甚至连施韦迪奥尔也对学习这门语言表示了一些兴趣，但他真的希望不必这样做："很遗憾，你希望用瑞典语探索古生物学，毕竟只有极少数化学家懂瑞典语，尽管如此，他们确实应该学习这些新的真理并将它们公布出来。"①[72]面对这些情况，最明显的解决办法就是依靠地方语言的翻译，尽管有时候，使用地方语言的要求是用拉丁语提出的："将这部作品翻译成几种语言是合适的，如此一来，这样一位杰出而博学之人的名声就会传遍许多民族。"②[73]

在贝格曼的世界里，拉丁语是完全无法回避的，回想起来，这还是在拉丁语表面上在科学界消亡很久之后的18世纪70年代。瑞典在某种程度上是一个特例，因为晚至19世纪40年代，拉丁语在乌普萨拉大学还是必修课，这既是北欧学习拉丁语的杰出传统的延续，也是对与欧洲同行交流必须使用某种媒介语言这一事实的承认。[74]（中欧的地方植物通常以双语，即拉丁语和德语，甚至包括捷克语在内的三种语言来命名，从而将关于分类学的国际学术交流与有关某些植物的分布和用途的本地讨论融为一体。[75]）拉丁语被用作跨国通信的必要语言，甚至连伏尔泰这样的方言权威也使用拉丁语，人们继续在他们的图书馆里收藏拉丁作品。大致来说，启蒙运动时期的图书馆收藏的作品有三分之一是用法语写的，三分之一是用拉丁语写的，其余是用各地的方言写的。——18世纪的欧洲有两种通用语言。[76]如果过于关注拉瓦锡和普里斯特利的现代化叙事的话，就会得出这样的结论——用一位拉丁语历史学家的话说就是："化学出现得太晚了，

---

① "Doleo quod oryctologiam lingua Suecica exarare velis, paucissimi Chemici Linguæ Suecicæ gnari sunt, quorum tamen maxime interest veritates novas cognoscere, et promulgare."

② "Dignum hoc opus, quod in plures Lingvas traduceretur, ut fama tam illustris, doctique Viri ad plures gentes perveniret."

以至于拉丁语从来就没有对它产生真正的意义。"[77]（这位作者碰巧是一位瑞典人。）

和他的导师林奈一样，贝格曼最宏大的方案也是以拉丁语进行的，而且有着充分的理由。这一方案始于18世纪70年代中期，后来随着1782年他的《矿物界大观》一书达到高潮。贝格曼试图直接以植物为模型，建立一种矿物分类法，将矿物分为纲、属、种和变种四类。比如，纲包括"盐""土"和"金属"，盐的属包括酸盐和碱盐，如此有系统地细分下去，每种化学物质就都会有一个独特的名字来表明它与其他物质的关系。[78]尽管这一系统很快就夭折了——被德·莫尔沃基于拉瓦锡化学的近代命名法，以及后来元素周期表中物质的系统排序法所取代，下一章会谈到这些内容——但是，我们很难不钦佩贝格曼思想的庞大和微妙。同样也很难想象使用拉丁语之外的语言制定这套双语命名法，正如贝格曼自己在他最后一本著作中所说：

"在建立全新的名称时，我希望一开始使用拉丁语。这种语言是——或者至少曾经是——学者们的本土语言：现在它已经死了，不再经常变化。因此，如果先用这种语言进行改革，然后再用活的语言以同样的方式进行改革（在每种语言的本质允许的范围内），那么，改革将更容易进行。正是如此，化学语言才能在所有地方达成一致，这不仅对阅读外国作品，而且对翻译都有不小的益处。"①[79]

---

① "In stabiliendis nimirum nimirum [sic] novis nominibus, ut a Latinis initium fieret, opto. Est haec lingua, vel saltim fuit, eruditorum vernacula: jam mortua quoque nullis quotidianis est obnoxia mutationibus. Si igitur in hac primum reformatio peragitur, in vivis postea ad eumdem modulum, quantum genius cujuslibet permiserit, eadem facilius perficietur. Hoc ipso lingua Chemica ubique locorum generalem adquirere potest convenientiam, quod non tantum in legendis exterorum operibus, sed etiam in transferendis, haud exiguam pollicetur utilitatem."

看起来贝格曼好像一直是用拉丁语进行命名。但有趣的是：他刚开始尝试命名时，用的是瑞典语。1775—1784年，在构建他的体系时，他反复尝试用瑞典名字来命名这些物质，他的手稿中充满了废弃了的方案。最终，他发现，使用拉丁语的资源从名词中创造出必要的形容词，要比使用词源和语法截然不同的瑞典语容易得多，后者会迫使他造出冗长的描述性短语，而不是精练的分词。尽管他的笔记经常是用瑞典语写，但他会认真地将所有内容翻译成拉丁文——这一方面是因为他需要与国外的人交流，另一方面也与他感到自己的母语能力不足有关。[80]

拉丁语的平凡

1977年，一项关于科学文献增长的调查中顺带着宣布：拉丁语的终结是"一个重大的不幸"[81]。毫无疑问，到1850年时，拉丁语除了植物命名等专门功能外，基本上已被逐出科学语言界。但是，正如我们所看到的，拉丁语的消亡常常被明显地夸大了。在拉丁语的真实历史和拉丁语的历史之间存在着一种有趣的张力，正如自然哲学家开始进入科学巴别塔时所想象的那样。的确，拉丁语曾一度是欧洲科学交流的通用语言，但这一时期比怀旧者通常记得的时间更短，也更具争议性。而另一方面，拉丁语作为一种真正的语言，在不再通用很久之后，对于像贝格曼这样的学者来说仍然有用。

18世纪的化学家们与这位乌普萨拉的智者的礼貌交流表明，如果拉丁语不是通用语言，而只是另一种语言——可以是法语或英语，那么，从重要的意义上说，它就不是拉丁语了。它失去了拉丁语自文艺复兴以来所拥有的被想象出来的力量——一种梵语和古典汉语在各自地区所拥有的同样的被想象出来的力量。一旦拉丁语像其他语言一样，被"降级"为一门科学语言，与丹麦语、荷兰语、英语、法语、德语、意大利语和瑞典语同属一类，那么，费那么多力气背诵变格和异相动词又有什么意义呢？

拉丁语直至19世纪初的这段旋风般的历史，在两种意义上决定了接下来的历史。首先，科学家们经历了一种非常真实的失落感：过去用拉丁语写的作品越来越难以获得，而那些讲所谓的次要语言的人们，愈发觉得他们现在是学术对话的二等参与者。[82] 与此同时，人们认为适用于科学研究的语言实在太多，以至于大多数学者无法流利地学会所有语言（贝格曼惊人的多语阅读能力在他自己的时代并不常见，现在也是如此。）因此，到了19世纪中叶，科学家们对拉丁语的共同记忆，以及平等对待所有地方语言的普遍的不切实际，导致科学语言被压缩为三种——英语、法语和德语，也就是所谓的"三巨头"——一个合适的拉丁名称！三种也许不如一种好，但肯定比八种、甚至四种好。当然，除非你不够幸运，没能在三者之中的任何一种语言的环境中出生或长大。如果你用于生活和思考的语言不是这三种语言，也不像贝格曼那样可以使用拉丁语或另一种"中立"语言，你会怎么样？在下一章中，我们以一场关于从沙皇俄国的语言地狱敲开欧洲科学之门的争论，来正式开始我们的历史。

第二章
周期表中的语词问题

"大约15年前,当我经常在西欧旅行和生活的时候,我从所有人那里听到的都不尽相同。有些人惧怕俄国,很多人出于某种原因不喜欢它,没有人对俄国感兴趣;人们谈及它的频率和谈及印度、澳大利亚的频率一样多。现在,显而易见的是,一个确定无疑的变化出现了——人们渴望了解俄国,他们相信,不管怎样,俄国——不仅凭借其力量,而且凭借其人民的理想——迟早会对文明的命运产生一定的影响。"①

——德米特里·伊万诺维奇·门捷列夫,1877[1]

1869年的夏天,德米特里·门捷列夫②有充分的理由感到开心。这一切都始于他同年2月份的一个想法,当时,他正坐在位于俄罗斯帝国首都圣彼得堡的公寓里,埋头撰写教科书《化学原理》的第二卷。1868年12月,他把第一卷的手稿——最终有几百页——打包交给了出版商,现在他正在

---

① Лет пятнадцать тому назад, когда я много ездил и жил в Западной Европе, мне ни разу ни от кого не приходилось ничего подобного слышать; России боялись иные, многие ее почему-то не любили, никто ею не интересовался, о ней говорили столько же, как об Индии, Австралии. Теперь видна несомненная перемена—Россию знать желают, верят, что так или иначе она не одною своею физическою силою, а своими народными идеалами окажет рано или поздно свою долю влияния на судьбы цивилизации.

② 译者注:德米特里·伊凡诺维奇·门捷列夫(Dmitri Ivanovich Mendeleev,1834—1907),19世纪俄国科学家,1869年发现化学元素的周期性,依照原子量,制作出世界上第一张元素周期表,并据以预见了一些尚未发现的元素。

整理第二卷。起初，工作进行得很艰难，因为有非常多的元素（55 个）要处理，而在第一卷中，同样的篇幅里仅详细论述了 8 个元素。之后，他开始比较各组化学元素的原子量。最后，在 1869 年 2 月 17 日那天（俄国旧式历法；按照西欧历法是 3 月 1 日），他把一张清晰洁净的纸寄给印刷商，让他们进行印刷，这样他就可以把它寄给俄国和欧洲的多位化学家。[2] 如图 2.1，将该图顺时针旋转 90°并反射在镜子里，我们就可以清楚看出来它是什么：它就是门捷列夫首次发表的化学元素周期系统。该系统经过适当的扩展、修改和重组，现在挂在地球上的每一个化学教室里，在英语中作为元素周期表而广为人知。

```
                              Ti = 50    Zr = 90    ? = 180.
                              V = 51     Nb = 94    Ta = 182.
                              Cr = 52    Mo = 96    W = 186.
                              Mn = 55    Rh = 104,4 Pt = 197,4
                              Fe = 56    Ru = 104,4 Ir = 198.
                           Ni = Co = 59  Pl = 106,6 Os = 199.
      H = 1                   Cu = 63,4  Ag = 108   Hg = 200.
             Be = 9,4  Mg = 24  Zn = 65,2 Cd = 112
             B = 11    Al = 27,4 ? = 68   Ur = 116  Au = 197?
             C = 12    Si = 28   ? = 70   Sn = 118
             N = 14    P = 31    As = 75  Sb = 122  Bi = 210?
             O = 16    S = 32    Se = 79,4 Te = 128?
             F = 19    Cl = 35,5 Br = 80  J = 127
      Li = 7 Na = 23   K = 39    Rb = 85,4 Cs = 133 Tl = 204.
                       Ca = 40   Sr = 87,6 Ba = 137 Pb = 207.
                       ? = 45    Ce = 92
                       ?Er = 56  La = 94
                       ?Yt = 60  Di = 95
                       ?In = 75,6 Th = 118?
```

图 2.1 门捷列夫发表的元素周期系统的第一个版本，日期为 1869 年 2 月 17 日。门捷列夫在编写他的教科书《化学原理》时制作了这张表。参见：D. I. Mendeleev, *Periodicheskii Zakon*: *Klassiki Nauki*, ed. B. M. Kedrov (Moscow: Izd. AN SSSR, 1958), 9.

门捷列夫需要为这份出版物命名，他用俄语称之为"基于原子量和化学亲和力的元素系统的尝试"①。他要求印刷商印制 150 份，以分发给俄国

---

① "Опыт системы элементов, основанной на их атомном весе и химическом сходстве."

的同事——对于这个高级化学研究的晚进国家而言，这一数字在活跃化学家中所占的比例是非常高的。不过，他意识到，尽管西欧人——化学荣誉的仲裁者——盯着这张图看一段时间可能能够理解它意味着什么，但是标题将毫无意义，因此，他又要求印制了五十份，这五十份将俄语标题翻译成了法语："Essai d'une système des éléments d'après leurs poids atomiques et fonctions chimiques（基于原子量和化学性能的元素系统的试验）。"[3]法语是一个很好的选择，因为尽管门捷列夫抵触所有的外语，但法语是他最擅长的语言，而且，与德语和英语一样，法语也是所有化学家应该能够读懂的三种语言之一。然而，法语标题中有一个词有点儿问题。

他把他正在创造的东西称为"一个系统"（"a system"，法语为"une système"），但在法语中，他把阴性不定冠词与阳性名词连用在了一起。这里发生了什么？门捷列夫最初是想把自己的图称为一种"分类法"（俄语是"распределение"或者"raspredelenie"），而这个名词在法语中实际上是阴性的，所以他使用了恰当的阴性冠词。但是当他换掉这个名词时，却忘了修改冠词①。这是完全可以理解的错误。众所周知，俄语中缺少定冠词和不定冠词。决定在一个名词前是需要"the"还是"a"或"an"都已经是一件很有挑战性的事情了；当门捷列夫正确地搞明白这一点后，就再也没有回去纠正词性。在门捷列夫关于他的周期系统的第一本国外出版物中，翻译中有一个单词错误。后来在1869年，门捷列夫周期系统的另一个译本出现了，也只有一个错误，但这一次，他要付出惨痛的代价。这一错误引发了19世纪所有科学领域中最激烈、最具煽动性的一场优先权之争。

优先权之争——即关于谁首先提出了某个特定的发现的争论，是科学的特有现象，而科学史上许多具有里程碑意义的发现都充满了这样的冲突：仅举三个著名的例子：想想微积分、能量守恒和自然选择进化论中的冲

---

① 译者注：即用"系统"代替"分类法"，"系统"是个阳性名词，但原来的阴性冠词没有改。

突。[4]周期系统是 19 世纪无机化学中唯一最重要的发现——也很可能是所有世纪、所有化学中最重要的发现，拥有这项成就的荣誉将带来专业地位、历史不朽和民族威望。这是一个值得争夺的奖项，今天一般把这一桂冠授予德米特里·门捷列夫。[5]然而，正如斯普伦森近 50 年前在最全面的周期系统史中所指出的那样："一旦时机成熟，元素的周期系统几乎同时在欧洲和北美最主要的国家被发现。"他将这一荣誉分给了至少 6 个人：亚历山大·埃米尔·贝古耶·德·尚库尔托伊斯[①]、威廉·奥丁[②]、约翰·纽兰兹[③]、古斯塔夫·辛里奇斯[④]、洛塔尔·迈耶[⑤]和德米特里·门捷列夫。[6]毫无疑问，当时闹得最激烈的是最后两个人之间的竞争。

本章记述了洛塔尔·迈耶和德米特里·门捷列夫之间的优先权争议，但从根本上讲，它并不是讨论这一争议的。取而代之的是，我想利用这个化学上的冲突演变为俄德对峙的故事，把作为科学语言的俄语和德语之间的冲突生动地呈现出来。第一章曾探讨过，大约到了 1850 年，由于拉丁语的降级所带来的新语言的混乱——不那么突出的荷兰语和瑞典语，以及更为重要的法语和英语一起使用，已经弱化并缩减为 3 种主要的科学语言：英语、法语和德语。这 3 种语言占据了自然科学，特别是化学领域的绝大

---

① 译者注：亚历山大·埃米尔·贝古耶·德·尚库尔托伊斯（Alexandre-Émile Béguyer de Chancourtois，1820—1886），法国地质学家和矿物学家，于 1862 年率先按原子量排列化学元素。
② 译者注：威廉·奥丁（William Odling，1829—1921），奥丁是一位英国化学家，为元素周期表的发展做出了贡献。在 1860 年代，奥丁和许多化学家一样，正在努力对元素进行分类，最终形成了元素周期表。
③ 译者注：约翰·亚历山大·雷纳·纽兰兹（John Alexander Reina Newlands，1837—1898），英国分析化学家和工业化学家。1863 年开始，纽兰兹注意到了并开始研究化学元素性质的周期性。著有《论周期律的发现》（1884）一书。
④ 译者注：古斯塔夫·德特勒夫·辛里奇斯（Gustavus Detlef Hinrichs，1836—1923），是一名化学家和自然哲学家，以其对化学元素周期定律的发现而广为人知。
⑤ 译者注：尤利乌斯·洛塔尔·迈耶（Julius Lothar Meyer，1830—1895），德国化学家，独立研究出元素周期分类法。1868 年编制出的元素周期表与门德列夫 1869 年发表的元素周期表有诸多相似之处，但直到 1870 年他才发表自己的研究成果。

多数出版物。当重要性仅居其次的意大利语和拉丁语都逐渐变得籍籍无名的时候，还有哪种语言可以进入这三者的牢固阵营呢？当然，人们可以只用捷克语或希腊语发表，但这对至关重要的荣誉问题毫无帮助，而荣誉是每一个优先权争端背后的驱动力。想要算作一种重要的科学语言，仅仅用它来写是不够的，还得说服其他人去读。如果在你本国以外的、杰出的职业科学家们几乎不懂你的语言——甚至，以俄语为例，不懂你的字母系统——你怎么能引起他们的注意呢？

本章和接下来的一章是关于引入一种新的科学语言的问题，我将从"边缘"群体的角度讲述（在这个事例中，"边缘"群体是指生活在世界上最大的国家，即俄国中的那些人），他们试图让他们的母语出版物在讲英语、法语和德语的人们看来是有价值的。自科学语言的三巨头形成以来，这些尝试只成功了两次：19世纪中叶的俄语，以及20世纪中叶的日语。我将在本章和下一章中分两个阶段分别讲述；在俄语的例子中，它们发生的顺序与直觉相反。首先，俄国人必须引起欧洲人的注意并使他们相信，有些用俄语创作的东西值得一读，或者，至少，俄语出版物足以宣布一项发现。其次，化学家们必须积极地将俄语构建为一种科学语言，通过赋予俄语一套命名规则和其他语言元素，来使俄语与3种主要科学语言之间的互译过程更为简单，从而使其能够"容纳"科学。

语言的互译更加简单，但从未完全真正容易，门捷列夫周期系统的命运说明了这一点。通过追溯这个故事，我们可以直接看到19世纪下半叶俄语发表的变幻莫测。门捷列夫－迈耶之争不仅仅是关于发表（特别是发表所使用的语言）的争论；这一争论很快升级为两个科学共同体之间的民族主义边界战争。通过观察这些群体是如何相互交流的，我们可以一窥欧洲化学错综复杂的结构，并且明白一个词汇能起到多么大的作用。一个几乎没有多看一眼就从译者笔下滑过的词汇，却在十多年之后才尘埃落定。

一个小错误

1869年2月的那本小册子非常好，但还远远不够。如果门捷列夫真的想因为他的元素系统——他相信这一分类法可以使他纠正以前对原子量的误解，也许还能预测尚未发现的元素的性质——而获得荣誉，他知道，他需要做的不仅仅是在一行文字下面打印一张表，他还得解释这个系统，在学术期刊上发表文章来解释他的推理过程并指出其中的含义；少了哪一点，它都会成为一件化学古董，不过是数据的重新整理而已。门捷列夫是帝国首都的一位野心勃勃的年轻化学家，他认为如果这个系统设计得恰到好处，可能会引起轰动，为此，他需要两类不同读者的认可：俄国的化学家们，特别是将参与到职业发展决策中的圣彼得堡的化学家们；国际化学界，他们甚至不会注意到任何用俄语发表的东西。这就意味着，不是一份出版物，而是至少两份出版物。

自前一年（1868年）的秋季俄国化学学会成立，并在第一年里就主办了自己的俄语期刊《俄国化学学会杂志》以来，用俄语发表已经变得非常简单。1869年3月6日（西历3月18日），该学会召开了门捷列夫制定周期系统后的第一次月度会议，《学会杂志》刊载了本次会议的会议记录，其中第一点便宣布："尼古拉·门舒金"[①]——学会的秘书、《学会杂志》的编辑、门捷列夫在圣彼得堡大学的同事——"代表门捷列夫报告一种基于原子量和化学亲和力的元素系统的尝试。在门捷列夫缺席的情况下。"——门捷列夫此时正以顾问的身份访问奶酪合作社——"对这份报告的讨论推迟

[①] 译者注：尼古拉·亚历山德罗维奇·门舒金（Nikolai Aleksandrovich Menshutkin，1842—1907），俄国化学家。

到下一次会议进行"。①[7]在这一公告发布后,紧接着,《学会杂志》4月和8月的期刊上都发表了相关文章,从而拓展并深化了这一新的元素系统的含义。

照顾第二个读者群几乎同样容易,因为有一个现成的渠道:可以把俄语文章翻译成德语,然后发表在《化学杂志》上。这本杂志位于哥廷根,其中一个编辑是弗里德里希·康拉德·贝尔斯坦②,他的名字显示了他的德国血统,但实际上,他出生在圣彼得堡,会说俄语和德语两种语言。在俄国化学学会创办自己的期刊之前,他经常提倡将《化学杂志》作为发表俄国化学家作品的地方,现在,门捷列夫没有理由不接受这一提议。[8]门捷列夫从《俄国化学学会杂志》4月那期里摘取了自己长达10页的文章,将其缩减为一页的摘要,然后把俄文文本交给了贝尔斯坦,由后者安排翻译并将其寄往德国。

1869年的夏天,洛塔尔·迈耶在自己的化学研究方面取得了很大的进展,直到他被一封来自圣彼得堡的信吓了一跳。他的密友弗里德里希·贝尔斯坦从圣彼得堡给他寄来了一份主要内容为一个化学元素系统的翻译摘要,并请迈耶确保将其放在《化学杂志》里。[9]迈耶在卡尔斯鲁厄理工学院任职,同时也是贝尔斯坦的手下,他例行公事地做着这类工作。迈耶把那篇文章转给了印刷商,但他不可能不绝望。他一直在研究这样一个元素系统,这个系统几乎与这位"门捷列夫"创制的系统完全相同。在他1864年出版的、广为阅读的教科书《近代化学理论》的第一版中,他就已经考察了元素族之间的相互关系,其中包含"一张表,该表给出了6组元素之间

---

① "Н. Меншуткин сообщает от имени Д. Менделеева опыт системы элементов, основанной на их атомном весе и химическом сходстве. За отсутствием Д. Менделеева обсуждение этого сообщения отложено до следующего заседания."

② 译者注:贝尔斯坦出生在圣彼得堡的一个德国家庭,早年曾在海德堡大学学习有机化学,1866年回到圣彼得堡,成为圣彼得堡理工学院化学教授。

的此类关系，这些元素因其共同特征而同属一类。"①[10]诚然，它并不完整，但是从图2.2中可以看出，它确实与门捷列夫的系统非常相似，并且日期是5年前。事实上，在1868年，迈耶就已经制定了一个完整的元素表——这张表在他去世后，才由他的学生兼朋友卡尔·苏伯特发表出来——而此时，他还在慢慢地写。[11]现在，门捷列夫已先于他发表了元素表。

	4 werthig	3 werthig	2 werthig	1 werthig	1 werthig	2 werthig
	—	—	—	—	Li =7,03	(Be = 9,3?)
Differenz =					16,02	(14,7)
	C = 12,0	N =14,04	O = 16,00	Fl = 19,0	Na = 23,05	Mg = 24,0
Differenz =	16,5	16,96	16,07	16,46	16,08	16,0
	Si = 28,5	P =31,0	S = 32,07	Cl = 35,46	K = 39,13	Ca = 40,0
Differenz =	89,1/2 = 44,55	44,0	46,7	44,51	46,3	47,6
		As =75,0	Se = 78,8	Br = 79,97	Rb = 85,4	Sr = 87,6
Differenz =	89,1/2 = 44,55	45,6!	49,5	46,8	47,6	49,5
	Sn = 117,6	Sb = 120,6	Te = 128,3	J = 126,8	Cs = 133,0	Ba = 137,1
Differenz =	89,4 = 2.44,7	87,4 = 2.43,7	—	—	(71 = 2·35,5)	—
	Pb = 207,0	Bi = 208,0	—	—	(Tl = 204?)	—

图2.2 洛塔尔·迈耶在《近代化学理论》(1864)第一版中的元素表。注意，它与5年后首次编制出的门捷列夫元素表极为相似。参见：Lothar Meyer, *Die modernen Theorien der Chemie und ihre Bedeutung für die chemische Statik*(Breslau: Maruschke & Berendt, 1864), 137.

或者，他已经被抢先了吗？发表在《化学杂志》上的摘要有些奇怪，少了点什么……哦，就是它！那一页摘要分布在一面纸的下半部分和另一面纸的上半部分。迈耶仔细审视了门捷列夫阐述这一元素表的含义时所列的几个要点。第一点是这样写的："1. 根据原子量大小排列的元素，在性质上表现出阶段性的（stufenweise）变化。"②[12]迈耶曾一度觉得元素系统实际上是周期性的（periodic），它表现出重复的性质，就像正弦波一样反复

---

① "Tabelle giebt solche Relationen für sechs als zusammengehörig wohl charakterisirte Gruppen von Elementen."

② "1. Die nach der Grösse des Atomgewichts geordneten Elemente zeigen eine stufenweise Abänderung in den Eigenschaften."

出现；门捷列夫似乎只注意到了性质的逐步或阶段性变化，而没有注意到这种关系的确切特征。迈耶拿出笔，继续修改他自己关于元素系统的文章，这篇文章将发表在当时最负盛名的化学杂志——位于慕尼黑的《化学与药学纪事》上，该杂志通常以《利比希化学纪事》①之名而闻名于世，它是根据其创始人兼长期编辑尤斯图斯·冯·利比希而命名的。迈耶慷慨地引用了门捷列夫在《化学杂志》上的文章，他指出，一位俄国人曾观察到，"在没有主观选择的情况下，将所有元素按照原子量大小排成一列，这一列会分裂成若干部分，这些部分会一个接一个地落入一个不变的序列中。"②门捷列夫的贡献很重要，但迈耶的校正更为重要，因为在他的版本中提到："我们从该表中得出，元素的性质基本上是原子量的周期函数"③，而且，"可以从曲线的走向（图 2.3）立即看出，元素的体积，就像它们的化学表现一样，是其原子量大小的周期函数。"④[13]

门捷列夫在圣彼得堡翻开一份《利比希化学纪事》，现在，轮到他大吃一惊了。迈耶说他是那个引入"周期"一词的人，他这么说是什么意思？你可以在 1869 年 4 月的原始文章中看到，门捷列夫已经把周期性看作是元素表的关键特征。就在第一份发表物文末处列举的结论清单中，第一项内容写道："1. 按原子量大小排列的元素，呈现出一种明显的周期

---

① 译者注：《利比希化学纪事》的德语名字为：*Justus Liebigs Annalen der Chemie*，是世界上最古老和历史上最重要的有机化学期刊之一。1832 年创刊，直到 1873 年尤斯图斯·冯·利比希逝世，都是由他和弗里德里希·维勒担任编辑。1997 年，《利比希化学纪事》和《荷兰化学文集》合并为《利比希化学纪事/文集》。1998 年，《利比希化学学报/文集》和其他几本主要的欧洲化学期刊合并为《欧洲有机化学杂志》。

② "man die Atomgewichte aller Elemente ohne willkürliche Auswahl einfach nach der Grösse ihrer Zahlenwerthe in eine einzige Reihe ordnet, diese Reihe in Abschnitte zerlegt und diese in ungeänderter Folge an einander fügt."

③ "entnehmen wir aus der Tafel, dass die Eigenschaften der Elemente grossentheils periodische Functionen des Atomgewichtes sind."

④ "Man sieht aus dem Verlaufe der Curve sofort, dass die Raumerfüllung der Elemente, eben so wie ihr chemisches Verhalten, eine periodische Function der Grösse ihres Atomgewichtes ist."

性。"①[14] 它甚至是斜体的。"*periodic*"("周期的")这个词是怎么被翻译成"*stufenweise*"(阶段性地)而不是"*periodische*"(周期性的)的呢?

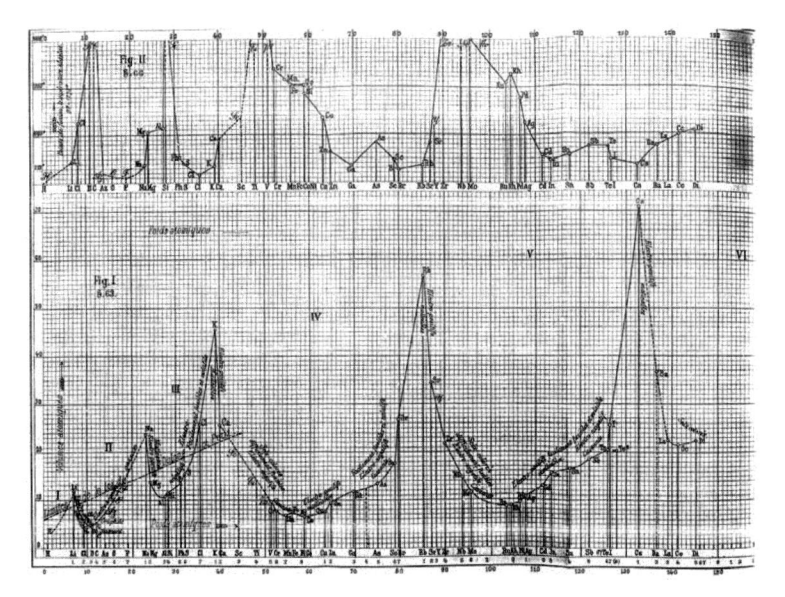

图 2.3 洛塔尔·迈耶的原子-体积曲线,它以一种与现在标准的元素周期表完全不同的方式呈现化学元素的周期性。参见: Lothar Meyer,"Die Natur der chemischen Elemente als Function ihrer Atomgewichte," *Annalen der Chemie und Pharmacie*, Supp. VII(1870): 354–364, insert.

门捷列夫把问题归咎于贝尔斯坦。[15] 贝尔斯坦被俄语摘要淹没,这些摘要在交给他时有着双重诉求,即他既要安排翻译,又要尽快将其发表——这两项诉求并不能同时得到满足,因为细致的翻译需要时间。贝尔斯坦把门捷列夫的摘要交给了弗曼并请他把它翻译过来。弗曼当时是贝尔斯坦在圣彼得堡理工学院②的实验室的助手。他以速度为主要目标,迅速完成了这项任务,但是却没有考虑到"周期性"一词的特殊重要性,而是用"阶段性"来代替它,在门捷列夫、迈耶和贝尔斯坦都已去世很久之

---

① "1. Элементы, расположенные по величине их атомного веса, представляют явственную *периодичность* свойств."

② 译者注: the Imperial Technological Institute, St. Petersburg.

后，他在 1911 年一次关于优先权争议的讲座中以听众的身份公开承认了这一选择。[16]

　　伤害已经造成。迈耶发表文章声称，他对门捷列夫的元素系统进行了一项核心创新，现在，这个系统在德语和俄语中被普遍称为"周期系统"。1870 年，门捷列夫甚至愿意引用迈耶的话，并用俄语给予他有限的荣誉。[17] 但是，当涉及他的周期系统的大量内容将在迈耶发表一年之后在《利比希化学纪事》中被取代这一利害攸关的事情时，门捷列夫则更加谨慎。像往常一样，门捷列夫用俄语写了一篇长文，但这次他让他信任的朋友费利克斯·维登仔细地把它译成德语，就像维登几乎肯定会把这封附信翻译给《利比希化学纪事》的新编辑埃米尔·埃伦迈尔一样。在这封信中，门捷列夫再次强调了俄文原始出版物的重要性，甚至还宣称，摆在埃伦迈尔面前的德文文章不能被认为是最终的："尽管篇幅很大，但这篇文章并没有详尽地报道我的思想历程，在我的俄文文章和我的《化学原理》中，这些想法得到了更完整和循序渐进地阐述，我很乐意与德国公众分享它们。"①[18] 在这篇文章中，门捷列夫反复提到了周期性的概念，最关键的是，反复提到了"周期性"这个词：

　　"根据上述内容，以及我介绍的关于这一点的其他研究，可以得出这样的结论：所有用以表示性质对原子量的依赖性的函数，都表现为周期性的……因此，周期律可以用以下方式表示：元素（以及由元素形成的单体

---

① "Trotz ihres Umfanges giebt vorliegende Abhandlung meinen Ideengang doch nicht in allen den Details wieder, welche in meinen russischen Abhandlungen und in meinen 'Grundzügen der Chemie' vollkommener und allmäliger entwickelt werden und welche ich gern dem deutschen Publicum mitgeteilt hätte."

和复合体）的性质与其原子量呈周期性依赖关系。"①[19]

他希望这能解决荣誉和优先权的问题。迈耶并不完全同意，虽然他在 1872 年出版的《近代化学理论》教科书的第二版中，给予了门捷列夫最大的荣誉和溢美之词，但在 1876 年的第三版中，他坚持认为自己为这一系统的发展做出了巨大贡献，而门捷列夫"当时（即 1869 年）的方案本身仍然包含许多随意性并缺乏规律性，而这些后来才被消除"。②[20] 他们确实应该分享这份荣誉。在整个 19 世纪 70 年代，除了文章中进行的小规模攻击外，这一争议保持了平静，但仍在酝酿之中。

直到索邦大学化学教授、法国杰出的化学家查尔斯-阿道夫·伍尔茨决定对此事火上浇油。1877 年，伍尔茨私下写信给门捷列夫，发表了："我对你在原子量方面令人钦佩的作品的看法，我认为这是长期以来原子理论取得的最重要的进展。"③[21] 在两年后用法语出版的原子论史④中，伍尔茨进一步公开强调了门捷列夫对周期性的发明和他的俄国人身份："最近，门捷列夫的工作为单体的原子量与其性质之间的关系开辟了新的时代。后者是原子量的一

---

① "Aus dem Vorhergehenden, sowie aus anderen von mir bis jetzt ausgeführten Zusammenstellungen folgt, dass alle Functionen, durch welche die Abhängigkeit der Eigenschaften von dem Gewicht der Atome ausgedrückt wird, sich als *periodische* kennzeichnen. [...] Daher kann das periodische Gesetz folgendermassen ausgedrückt werden: *die Eigenschaften der Elemente* (folglich auch der aus ihnen gebildeten einfachen und zusammengesetzten Körper) *befinden sich in periodischer Abhängigkeit von deren Atomgewichten.*"

② "Sein damaliges Schema enthielt indessen noch manche Willkür und Unregelmässigkeit, die später ausgemerzt wurde."

③ "mon sentiment sur vos admirables travaux sur les poids atomiques, que je considère comme le progrès le plus important que la théorie atomique ait fait depuis longtemps."

④ 译者注：即伍尔茨 1875 年出版的《原子理论》(*La théorie atomique*)。

个函数，这个函数是周期性的。这是那位俄国化学家提出的命题。"①[22]伍尔茨当然有权发表他的意见，至少用法语发表时是这样。1880年1月，德国化学学会的《德国化学学报》②上发表了一封来自法国化学家的信，信中抱怨了伍尔茨《原子理论》的德译本。很明显，那个德语译者——一个来自威斯巴登市的叫作西伯特的人，在未经伍尔茨许可的情况下，批准通过了未经授权的序言和文本修订——这种做法使洛塔尔·迈耶在周期系统中占据了很多的功劳。伍尔茨给他能找到的德国化学界最有影响力的人寄了一封信，以表明他的观点，即这种修正主义立场"没有充分的根据"③[23]。

面对这一轮的攻击，洛塔尔·迈耶两度回应。首先，他自己给德国化学学会的委员会写了一封信，宣称他对伍尔茨的书与自己的《近代化学理论》的相似感到恼火，并且他的出版商坚持要插入一个修正。（伍尔茨认为这种辩护是荒谬的。）[24]尽管如此，迈耶在这封信的末尾也加上了一条关于荣誉的说明："有时候，我也怀疑伍尔茨先生并没有完全正确地区分门捷列夫先生和我对最新原子理论发展的贡献……既然现在提到了这一点，我想在给《德国化学学报》的这封信中，让他从历史上完全明白这一点。"④[25]迈耶的第二次反驳是在1880年1月29日，当时他还在德国南部的图宾根大学站最后一班岗⑤。他反驳道，任何"公正的法官"⑥都可以看看

---

① "Dans ces derniers temps, les travaux de M. Mendéléff ont jeté un jour nouveau sur les relations qui existent entre les poids atomiques des corps simples et leurs propriétés. Celles-ci sont fonction des poids atomiques, et cette fonction est *périodique*. Telle est la proposition énoncée par le chimiste russe."

② 译者注：《德国化学学报》（德语：Chemische Berichte，缩写 Ber. 或 Chem. Ber.），创刊于1868年，是一本关于各化学学科的德语科学杂志。

③ "nicht wohl begründet."

④ "Gelegentlich hatte ich auch erwähnt, Hr. *Würtz* habe Hrn. *Mendelejeff's* und meinen Antheil an der Entwickelung der neueren Atomlehre nicht ganz richtig gegen einander abgegrenzt. [...] Da dieser einmal berührt ist, will ich ihn in einer Note in den Berichten historisch völlig klar stellen."

⑤ 译者注：1876年，迈耶进入图宾根大学任化学教授，直至1895年逝世。

⑥ "unbefangener Beurtheiler."

他的《近代化学理论》的第一版，从中可以看到周期系统的实质已经出现。而且，他那时就注意到，《化学杂志》上最初版的摘要里有一个关键点含混不清：

"随附文本中指出，根据原子量大小排列的元素，其性质显示出阶段性的变化，原子量的大小决定了元素的性质，某些原子量需要修正，并且新元素的发现是可以预见的；此外还有其他不太重要的评论。不论如何，门捷列夫先生是在我之前发表了这些观点，而且也许全部是第一次发表。"①[26]

由此可见，迈耶承认门捷列夫的功劳，但他坚持认为周期性是他自己的创新，只是埋怨《利比希化学纪事》的编辑们在1870年没有给他足够的空间来阐述他们两种理论之间的差异。

门捷列夫怒不可遏。在晚年撰写的对自己所著书目的注释中，他提到了自己对这件事的回应："我无法忍受这场优先权的论战，但德国人强迫我回答。"②[27] 门捷列夫把自己大部分的反驳都献给了迈耶，并在《德国化学学报》的同一卷上发表，其中，他把多个俄文原始出版物中的内容作为引文翻译了过来。借用其教科书《化学原理》中的修辞手法，门捷列夫将自己对这些译文意义的评论大多限定在脚注中，他指出："原文强调'周期性'

---

① "Im begleitenden Texte war gesagt, dass die nach der Grösse des Atomgewichtes geordneten Elemente eine stufenweise Abänderung der Eigenschaften zeigen, dass die Grösse des Atomgewichtes die Eigenschaften bedinge, dass einige Atomgewichte der Berechtigung bedürftig und die Entdeckung neuer Elemente vorherzusehen sei; daneben noch einige weniger wichtige Bemerkungen. Diese Gesichtspunkte hat also Hr. *Mendelejeff* jedenfalls vor mir und wahrscheinlich überhaupt zuerst veröffentlicht."

② "Эту полемику приоритетов—я терпеть не могу, но меня немцы принуждали отвечать."

这个词"①，该词在通篇文章中的反复出现"清楚地表明，我在一开始（1869年3月）就认为周期性是我所提出的元素系统的基本属性。这里可以清楚地看到，我并没有从洛塔尔·迈耶先生那里借用这个词汇。"②他最后指出，对原文的引用在《化学杂志》上突出地显示出来，"所以，洛塔尔·迈耶先生可能知道此事"③，因此，"洛塔尔·迈耶先生在我之前并没有想到过周期律，之后也没有引入什么新东西。"④[28]

就这样，这场斗争在开始之后的十余年里仍在继续。迈耶曾希望，他对伍尔茨的相当冷静和客观的历史性反驳，能够解决这一混乱局面。毕竟，他已经把大部分的荣誉让给了门捷列夫，只是对这位俄国人没有更慷慨地引用他1870年的作品感到失望。但是，门捷列夫却想要所有的荣誉，而他是否能获得这项荣誉，取决于如何评价1869年4月发表的那篇文章作为一个科学论文的地位。这篇文章比《化学杂志》上的那篇摘要篇幅更长、更详细，最重要的是发表得更早，但据迈耶所注意到的，它也是用俄语写成的，他认为，这是一个重要的区别：

"我发现，我在1869年12月写的关于元素性质的周期性的东西是在门捷列夫先生同年发表在《化学杂志》上的作品摘要引起我的注意之前。我提出了那篇摘要中没有提到的东西，并在我认为需要改进的地方做了改进，我只是顺理成章地主张，这些荣誉应该属于我。而门捷列夫先生现在却声称，他那篇用俄语发表的文章包含了我改进和引入的所有内容，并指责我

---

① "Das Wort *Periodicität* ist in dem Original unterstrichen."

② "zeigt deutlich, dass ich ganz im Anfange (März 1869) die Periodicität für die Grundeigenschaft des von mir gegebenen Systems der Elemente hielt. Hieraus ist deutlich zu ersehen, dass ich dieses Wort nicht Hrn. L. *Meyer* entlehnt habe."

③ "also Hrn. L. *Meyer* hätte bekannt sein können."

④ "dass Hr. L. *Meyer* vor mir das periodische Gesetz nicht im Sinne gehabt und nach mir nichts Neues hinzugefügt hat."

没有领会他的原始文章。在我看来，我们德国化学家除了要阅读日耳曼语和罗曼语的文章外，还要阅读斯拉夫语的文章，还要监督其内容的德文报告的准确性，这似乎是一种过分的要求。"①[29]

现在，这场争论众人皆知。门捷列夫曾发表过，但他是用俄语发表的。在某种重要的意义上，这意味着，它不算数。这场优先权之争背后的根本问题是：俄语作为一种科学语言的地位。俄国人能把用他们令人费解的语言撰写并发表在民族期刊上的文章和用德语、法语、英语甚至意大利语等公认的语言发表的文章，看作是等同的吗？

让他们读德语

要回答这个问题，就必须后退一步，回到俄国人努力让使用他们自己的语言和术语的科学发表获得认可的历史。那是一次漫长的跋涉。假设你是 1861 年俄罗斯帝国中心圣彼得堡的一位化学家，在 2 月农奴解放后的几个月里，或者甚至在 1865 年沙皇书刊审查制度自由化后，你会在哪里发表原创研究？俄语的专业期刊屈指可数。1804 年开始，圣彼得堡科学院出版了几年《技术学报》，但其发表的主要渠道仍然是它的《圣彼得堡科学院院刊》，这本期刊在 19 世纪上半叶用法语和德语发表了一些文章（此前一个

---

① "Was ich im December 1869 über die Periodicität der Eigenschaften schrieb, hatte ich gefunden, bevor mir der im demselben Jahre in der Zeitschrift für Chemie veröffentlichte Auszug aus Hrn. *Mendelejeff's* Arbeit zu Gesichte kam. Natürlich aber habe ich nur das für mich in Anspruch genommen, was dieser nicht enthielt und was mir an ihm der Verbesserung bedürftig schien. Hr. *Mendelejeff* giebt nun an, dass seine damaligen in russischer Sprache erschienenen Abhandlungen alles das enthalten haben, was ich verbesserte und hinzufügte, und macht mir zum Vorwurfe, dass ich mir nicht seine Originalabhandlungen verschafft habe. Mir aber scheint es eine zu weit gehende Forderung, dass wir deutschen Chemiker, ausser den in germanischen und romanischen, auch noch die in slavischen Sprachen erscheinenden Abhandlungen lesen und die deutschen Berichte über ihren Inhalt auf ihre Genauigkeit prüfen sollen."

世纪，强制性语言一直主要是拉丁语），而不管怎样，你都需要一位院士的认可才能在那里发表文章，这就设置了一个相当高的门槛。《矿业杂志》于1825年开始出版，在19世纪余下的时间里，它一直是应用化学和冶金学作品的重要出口，但问题是，几乎没有人阅读或引用它，甚至在首都的精英科学家中也是如此，更不用说西欧了。在19世纪20年代和30年代，圣彼得堡和莫斯科也进行了其他一些尝试，但它们更多地致力于普及，而非原创研究。[30]解决办法似乎很简单：用法语或德语（或者极少的时候，用英语）撰写文章，然后寄往国外发表。

1859年，圣彼得堡的两位化学家试图改变这种状况，一位是亚历山大·恩格尔·加德特，他是一位天才有机化学家，从遗产中获得了相当可观的经济资源。另一位是尼古拉·索科洛夫，他是一位野心勃勃的理论家，对奥古斯特·孔德的实证主义哲学很感兴趣。[31]起初，他们在伽勒纳亚街——离冬宫不远，冬宫博物馆现在就坐落在那里——建立了一个私人化学实验室，这样研究人员就可以进行研究，不过需要付费。这减轻了对大学和科学院实验室的压力，后者对非院士人员是不开放的。之后，他们两个又创办了《索科洛夫－加德特化学杂志》，这是第一本明确专门致力于化学科学的俄文期刊。该刊每年包含12期，价格是可以支付得起的5卢布，如果圣彼得堡或莫斯科的订阅者每年再加1卢布，就可以拥有送货上门服务（其他地区需要额外的费用）。著名历史学家奥古斯丁·蒂埃里在第一期上用法语题写了一句高尚的题词，为此刊增色不少，他写道："世界上有比物质享乐、财富和健康本身更重要的东西，那就是科学的发展。"①[32]

索科洛夫和加德特在该刊第一期的导言中公开表明了他们的最高动机：建立一个俄国化学共同体。本刊便是其中的一个重要部分，（它的创办）不是因为俄国公众不能获取化学信息，而是因为有太多的信息，而且这些信

---

① "Il y a au monde quelque chose qui vaut mieux que les jouissances matérielles, mieux que la fortune, mieux que la santé elle-même, c'est la dévouement à la science."

息不一定是质量最高的。本刊"首先将给我们的公众一个机会，从大多数关于化学的各种论文中剔除所有垃圾的、不必要的、有些甚至是有害的内容——不幸的是，这些内容在所有文献中都大量发表——并且只选择在某些方面具有无可争辩的价值的内容。"①[33]我们将为读者们提供俄国化学家们的原创作品、译自其他语言的重要化学作品、精选的摘要和综述以及化学家们感兴趣的新闻。

但是，结果却基本是一场灾难。最初，两位编辑在这本期刊上连续发表论文，其他一些俄国化学家，如门捷列夫，也提交了原创作品，但数量很少。在第一年与第二年之交，该刊越来越多的篇幅贡献给了对外国化学家的研究进行总结的长篇文章，它们往往是把几篇文章杂糅成一篇单独的综述文章。[34]更大的问题是，编辑们不得不把俄国化学家撰写但发表在像《利比希化学纪事》这样的国外期刊上的文章翻译成英文，以充实他们的期刊。[35]然而，俄国化学家其实已经可以阅读法文和德文的原作，更重要的是，被他们视为主要读者的欧洲化学家们也是如此，因此，对这本化学杂志的需求越来越少。即使是那些使用过它的人，比如门捷列夫——当时正在海德堡做博士后——也抱怨说在国外很难获得这本期刊；索科洛夫对此却满不在乎，只提到："正如他们所说，俄国图书的海外发行遇到了不同寻常的困难。"②[36]最后，恼怒的索科洛夫觉得实在是受够了，他打定了主意：解散私人实验室，将其物资捐赠到圣彼得堡大学，并搬到那里教书（他一直在这里干到了1864年，之后离开了首都）。1860年，在仅仅发行两年之后，这本期刊就停办了。对索科洛夫来说，他试图召集的俄国化学

---

① "даст возможность сверх того нашей публике отбросить из множества разнообразнейших сочинений по химии весь хлам, все не нужное, часть даже вредное, публикуемое к сожалению в огромном количестве во всех литературах и выбрать только то, что иметь несомнительное достойнство в каком нибудь отношении."

② "пересылка русских книг заграницу сопряжена у нас, как говорят, с необыкновенными трудностями."

共同体让他失望了。《索科洛夫-加德特化学杂志》因为没有俄国化学而失败了。

但是，事实上并没有证据支持索科洛夫的怨恨。正如他自己的期刊所表明的那样，有许多活跃的研究人员在实验化学和理论化学两个领域产生了独创性的发现，他们渴望发表。只不过，在19世纪60年代，当俄国化学家们选择去哪里发表时，他们绝大多数都选择用德语发表。而且，不是在任意一种期刊上，而是绝大多数都在我们之前提到过的一种相对边缘化的化学期刊——《化学杂志》上发表。

《化学杂志》原本不是一本化学期刊，当然也从来没有打算迎合俄国人。该刊1858年由奥古斯特·凯库勒[①]、古斯塔夫·莱温斯坦、弗里德里希·艾森洛尔[②]和莫里兹·康托尔[③]4人在海德堡创办，当时叫作《化学、物理和数学评刊》。它是一本评论期刊，发表针对各个领域的最新出版物的评论性文章。凯库勒很快成为有机分了结构理论的奠基人之一，并最终成为德国化学界的一位巨人。他捍卫化学发表伟人尤斯图斯·冯·利比希的冒险事业，声称"（本刊）将通过详细的摘要向公众提供服务，只有这样，才能筑起一道堤坝，抵御不断增长的污秽作品"[④][37]。但是，这本期刊非但没有竖起这道屏障，反而很快加入了"污秽"的行列；4位原创编辑中，有3位在第二年就离开了，只剩下了古斯塔夫·莱温斯坦。后来，药剂师出身的化学家埃米尔·埃伦迈尔加入进来，此人刚刚到海德堡大学任有机化学

---

① 译者注：奥古斯特·凯库勒（德语：Friedrich August Kekulé von Stradonitz, 1829—1896），德国有机化学家。从1850年代直至去世，凯库勒是欧洲著名的化学家之一，特别是在理论化学领域。他是化学结构理论的主要创始人。

② 译者注：弗里德里希·艾森洛尔（Jakob Friedrich Eisenlohr, 1805—1854），德国建筑师，建筑学教授。

③ 译者注：莫里兹·康托尔（Moritz Benedikt Cantor, 1829—1920），德国数学史家。

④ "durch eingehende Rezensionen dem Publicum ein Dienst geleistet und daß nur so der fortwährend zunehmenden Schmier-literatur einigermaßen ein Damm gesetzt werden kann."

讲师。在接下来的五年里，这本期刊更名为《化学与药学杂志》，成为一本专业期刊，它将变得与埃伦迈尔（莱温斯坦很快也离开了）如此紧密地联系在一起，以至于许多图书馆的目录将它简称为《埃伦迈尔杂志》。[38]

人们对埃伦迈尔的评价毁誉参半。他是一位天才的理论化学家，但更是一位令人讨厌的编辑。他在《化学杂志》上刊登原创作品，但也转载来自其他期刊的文章摘要，并在这些摘要中加入讽刺性的编辑评论、附言和蔑视性的行间感叹号，从而招致了德国化学界的极大敌意。[39] 另一方面，他与在海德堡进行博士后研究的众多俄国化学家们进行了广泛的交流，其中最著名的是门捷列夫，另外还有化学家兼作曲家亚历山大·鲍罗丁（Aleksandr Borodin）和其他许多人，这些人也发表了大量德语文章。[40]（为了表彰埃伦迈尔为大约 60 名曾在他位于海德堡卡普芬加斯的小实验室待过的俄国人所做的贡献，1865 年，沙皇政府授予他圣安娜勋章。[41]）

几乎可以肯定，埃伦迈尔与俄国年轻人的交往，以及俄国年轻人对这个被他们戏称为"埃雷米奇"（Eremich）的人的明显爱慕，延长了这本期刊的寿命，因为德国人抛弃了埃伦迈尔，并开始嘲笑他。尽管在俄国境内获得《化学杂志》很麻烦（除了俄国邮政系统的问题外，你还得和书商达成特殊协议），但到 1865 年时，大约有 150 个俄国人订阅了这本期刊，相比之下，来自德国和西欧的订阅量就相形见绌了。正如贝尔斯坦在第二年所说的那样："《埃伦迈尔杂志》在俄国比在德国更受欢迎。"①[42] 不过，《化学杂志》的财务状况很糟糕，埃伦迈尔迫不及待地想甩掉它。正如他在写给亚历山大·布特列洛夫②——时任喀山大学③化学教授但即将搬到圣彼

---

① "Die Erlenmeyer'sche Zeitschrift war in Rußland verbreiteter als in Deutschland."
② 译者注：俄国化学家，化学结构理论的主要创立者之一，第一个将双键并入结构公式中的人，是乌洛托品、甲醛和甲醛聚糖反应的发现者。
③ 译者注：即俄罗斯喀山联邦大学，1804 年建校，坐落于俄罗斯中部的喀山市，是继莫斯科蒙诺索夫国立大学和圣彼得堡国立大学之后，俄罗斯成立的第三所高校。

得堡——的信中所说："真的，亲爱的朋友，我想让你考虑一下，你是否想要接手这本期刊，然后把它办成一个用德语出版的俄国期刊。也许这样，你就可以联合起来一个俄国化学学会，并使这本期刊成为它的官方刊物。"①[43]布特列洛夫拒绝了，埃伦迈尔最终在哥廷根找到了三个年轻化学家作为他的继任者，他们是：汉斯·休布纳，鲁道夫·菲蒂希和弗里德里希·康拉德·贝尔斯坦。

贝尔斯坦将于1866年搬回自己的家乡圣彼得堡，并在圣彼得堡理工学院担任一个职位。正是贝尔斯坦的这一选择，进一步加强了俄国人与《化学杂志》的联系，并对周期系统的命运产生了影响。[44]对于驾驭不断变化的欧洲化学来说，贝尔斯坦是一个极佳的选择：他以德语和俄语为母语，他的英语和法语都很流利，瑞典语和意大利语也相当熟练。[45]他还非常勤奋，是一位天才的有机化学家，当他和同事们试图重振埃伦迈尔交给他们的期刊时，这两点都对他颇为有益。1865年11月3日，贝尔斯坦曾向凯库勒抱怨道："我的天哪！如果我能猜到一个人干了这么多艰难且痛苦的工作，还因此获得如此多的不快乐、不满、麻烦和忘恩负义，去年埃伦迈尔让我接手他的破杂志时，我就应该打发他回家。"②[46]接手之后，哥廷根三人组开始把这本期刊重新改造为一个比主导期刊《利比希化学纪事》出版得还要快的期刊，因此它成了某些寻求快速发表的化学家的首选，以确保他们在化学发现方面的优先权。这就是门捷列夫之所以选择它的一个原因。

但这并非是主要原因。贝尔斯坦离开哥廷根后仍履行着《化学杂志》编

---

① "Doch, lieber Freund, möchte ich Ihnen zu bedenken geben ob Sie dieselbe nicht in die Hände nehmen und zu einer russischen Zeitschrift machen wollen, die aber in deutscher Sprache gedruckt ist. Vielleicht können Sie damit eine russische Chemikergesellschaft verbinden, die die Zeitschrift zu ihrem Organ macht."

② "Bei Gott! Hätte ich ahnen können, daß man für diese harte und saure Arbeit soviel Unglück, Unfrieden, Ungemach und Undank ernten würde, ich hätte den *Erlenmeyer* heimgeschickt, als er mir voriges Jahre die Fortführung seines Würstblattes antrug."

辑的职责，但他又有了一项额外的责任："我接受俄语的一切（作品），因为我仍然是俄国的通讯员。"①[47]与埃伦迈尔一样，贝尔斯坦意识到，19世纪60年代中期的俄国化学家们没有自己民族的化学期刊，他们的支持和投稿，对提高《化学杂志》的财务偿付能力至关重要。正如贝尔斯坦于刚任编辑后不久的1865年1月，在写给布特列洛夫的信中所透露的那样，他在信中写道：

"最后，我想再次强调，《化学杂志》中有我作为俄国利益的热情代表。我希望俄国的化学家们不要只是不辞辛苦地把他们的作品写成俄文版（对你们这些德文写得如此熟练的人来说，这真的没有必要！）。不过，许多人可能会因此推迟作品的发表，因此，我请求他们只给我寄俄文的文章。我希望承担起正确翻译的责任……化学家们只会说一种语言，因此，德国的人们也应该了解俄国的新发现。"②[48]

贝尔斯坦践行着他所宣扬的东西，事实上，他已经这样做了很多年。当亚历山大·恩格尔·加德特只在他那本注定要失败的《索科洛夫－加德特化学杂志》上发表其研究成果时，贝尔斯坦用德语把这些成果综述成一个报告，并放在了《化学杂志》里。[49]他对门捷列夫1864年撰写的关于醇水溶液的俄文博士论文也做了同样的工作，并补充说，希望作者能用另一种语言将其研究成果发表一个更详细的版本，从而"使他的经典作品也

---

① "Alles russische nehme ich an, da ich Correspondent für Russland bleibe."
② "Ich will zum Schluß noch hervorheben, daß die 'Zeitschrift' in meiner Person einen warmen Vertreter der Interessen Rußlands besitzt. Ich wünsche, daß sich die russischen Chemiker nicht erst mühsam abplagen mit einer russischen Redaktion ihrer Arbeiten (bei Ihnen, der so gewandt deutsch schreibt, ist es freilich nicht nöthig!). Aber Mancher könnte dadurch die Publikation von Arbeiten aufschieben, u. darum bitte ich mir denn nur *russisch* die Abhandlungen zuzusenden. Für eine correkte Übersetzung will ich schon Sorge tragen. [...] Die Chemiker reden so *eine* Sprache u. darum soll man auch in Deutschland wissen, was in Rußland neu erscheint."

为其他公众所知。"①[50]从贝尔斯坦的通信中可以清楚地看出,他对委托他人或自己亲自翻译的译文的质量非常担心,而且由他担任编辑的《化学杂志》仍然是俄国化学家选择的德语期刊,他们是唯一一个如此青睐它的民族共同体。

遗憾的是,这还不够。1871年,《化学杂志》就停刊了,结束了这项跨国化学的实验。像往常一样,指责满天,但编辑们总是指控一个罪魁祸首。1867年,早在这个被称为"德国"的国家统一之前,德国化学学会就成立了,并很快开始发行其会刊《德国化学学报》。《德国化学学报》也不得不与《利比希化学纪事》竞争,而它与《化学杂志》采取的策略完全相同,在迅速发表短篇文章方面找到了一席之地。但是,《德国化学学报》的规模更大,声望更高,所以《化学杂志》的订阅者开始流失。"毫无疑问:《化学杂志》已经不能再用一直以来的那种方式经营了",贝尔斯坦在1871年写给埃伦迈尔的信中说道,"通过柏林人的《德国化学学报》的成功活动,《化学杂志》的主要任务之一——迅速发表——得到了有效的解决。"[51]也就是说,(《化学杂志》停刊的)责任在于德国人,他们把文化权力和政治权力都集中在了柏林。

这个说法很有道理,但贝尔斯坦和他的编辑同事们忽略了《化学杂志》的另一个竞争对手,这个竞争对手夺走了它最忠实的追随者。在德国化学学会成立后的第二年,俄国化学学会成立,次年,《俄国化学学会杂志》便横空出世,该学会的章程中这样描述道:"本刊将包括俄国化学家的作品,以俄语出版。"②[52]与10年前注定失败的《索科洛夫-加德特化学杂志》不同,《俄国化学学会杂志》经过多次更名,一直延续至今,成为化学史上最成功的期刊之一。不过,在一开始,事情看起来并不会发展成这样。

---

① "seine klassische Arbeit auch dem übrigen Publicum bekannt machen."

② "что его издание будет включать труды русских химиков, печатаемые на русском языке."

在创办的第一年里,《俄国化学学会杂志》共出版了 80 份,其中包括留给会员的 60 份,其中大部分会员都集中在圣彼得堡。[53] 简言之,这意味着除了俄国化学家的小圈子外,没有人在阅读这本期刊。门捷列夫对 1871 年的情况表示失望——这无疑是受到他最近与洛塔尔·迈耶的争执的影响,他建议说:"鉴于学会杂志上刊登的许多作品,有些内容国外的人并不知道,而有些内容国外的人也只是通过摘要的形式稍有了解"①,因此,学会应该认真地把这些稿件寄给《化学年刊》并在上面发表,这是一本德国的化学出版物年度报告。[54] 门捷列夫担心的是,德国人仍然不知道俄国的出版物;而他的同辈、莫斯科大学的弗拉基米尔·马可尼科夫② 则更关心俄国人。正如他在 1874 年写给导师布特列洛夫的信中所说:"请告诉我,为什么所有的圣彼得堡化学家又开始在外国期刊上发表他们的研究成果,甚至比在俄国发表得更早?我们的学会和期刊究竟为什么存在?我觉得这完全是不明智的,如果这种情况继续下去,我将退出这个学会。"③[55](为了解决这个问题,俄国化学学会甚至设立了一些奖项,比如齐宁-沃斯克雷森斯基奖④ 和索科洛夫奖⑤,这两个奖项都设立于 1880 年,只颁发给用俄语发表的作品。[56])

---

① "В виду того, что многие из работ, напечатанных в журнале Общества, остались заграинцею частью неизвестными, частью известными по кратким извлечениям."

② 译者注:俄国化学家。马尔尼科夫最早攻读经济学,毕业后成为亚历山大·布特列洛夫的助理,在喀山和圣彼得堡工作。1860 年,他前往德国,向赫尔曼·科尔贝和埃米尔·埃伦迈尔学习化学。1869 年,他回到俄罗斯,获得了博士学位并接替布特列洛夫担任喀山大学的化学教授。后前往莫斯科大学任职直至逝世。

③ "Скажите, пожалуйста, почему это все петербуржские химики начали опять публиковать свои работы в иностранных журналах, и даже раньше, чем на русском языке? К чему же существует наше Общество и Журнал? Я нахожу это совершенно бестактным, и, если так продолжится, то выйду из Общества."

④ 译者注:根据两位俄国化学家尼古拉·尼古拉耶维奇·齐宁(Nikolay Nikolaevich Zinin, 1812—1880)和亚历山大·沃斯克雷森斯基(Alexander A. Voskresenskii, 1809—1880)而命名。

⑤ 译者注:根据俄国化学家 N. N. Sokolov 命名。

在俄国工作的化学家们敏锐地意识到当地对这个问题的敏感。比如，贝尔斯坦写信给埃伦迈尔——埃伦迈尔当时是《利比希化学纪事》的编辑，说他希望后者能推迟即将发表的关于萘的文章："换句话说，我不希望这篇文章在你们那里比在我们的俄语期刊上发表得更早。我的爱国主义的朋友们会因为我没有向这本国家官方刊物提供原创文章而大发雷霆。"①[57]再比如，布特列洛夫的学生亚历山大·波波夫在写给他导师的信中说道："您同意我把我在波恩创作的作品放在我们的化学期刊上，同时也在德国期刊上发表吗？我打算给我们的期刊寄一份比德国期刊更详细的描述。"②[58]如果说有什么影响的话，关于周期系统的争论只是更加突出了这些担忧。除此之外，俄国邮政系统也存在普遍问题，《俄国化学学会杂志》初期有几期还延迟出版了——有时候，俄国人不得不通过阅读《德国化学学报》上的摘要来了解他们自己杂志上的内容。[59]

而现在，俄国人似乎愿意用他们自己的语言来支持自己的期刊，这样，《化学杂志》就失去了它最主要的客户。马可尼科夫1870年时提出了分工的建议——"（我）建议按照作品素材的多少（决定在哪里）发表俄国化学家的作品；学会会议上所作的较为简短的报告，应该在《化学杂志》上刊载"③——但是，这太少了，也太晚了。[60]贝尔斯坦对此非常担心，他认为坚持用俄语发表会使俄国人的科学研究成果受到忽视，于是，他在1872年向埃伦迈尔慷慨激昂地请求道：

---

① "Ich möchte nähmlich nicht, daß diese Abhandlung früher bei Ihnen als in unserem russischen Journal erscheint. Meine patriotischen Freunde würden mir Krakehl machen, das vaterländische Organ nicht mit Original-Abhandlungen zu versehen."

② "Одобрите ли Вы мое намерение помещать в наш хим. журнал мои работы, которые я произвожу здесь в Бонне и которые в то же время будут напечатаны в немецких журналах? Я намерен для нашего журнала посылать более подробные описания, чем для немецких."

③ "Положено издавать работы русских химиков по мере накопления материалов; краткие же сообщения, делаемые в заседаниях Общества, печатать в Zeitschrift'e."

"无论如何,我想让你知道,如果你想对《俄国化学学会杂志》稍加关注的话,它是多么符合《利比希化学纪事》读者的利益。到目前为止,我已经通过作品摘要实现了这种通信。然而,新年以来,随着来自休布纳的消息,我已经不在《化学杂志》上刊载这些作品了。《利比希化学纪事》必须把这些作品完整地出版出来。然而,现在俄国人都成了伟大的爱国者:他们不再想用外语写文章了。只有少数人——比如门舒金——想得比较周到,还操心着自己翻译这件事。因此,可以预见,许多有用的作品将会丢失。如果你制服了这一罪恶,你将创造巨大的功绩。"① [61]

埃伦迈尔愿意提供帮助,不过,前提是翻译的责任由俄国人承担。"我想请作者们自己用德语甚至法语给我们寄送他们的文章。如果由相关人员亲自把他们的东西送过来,那对我来说就更好了;这样,他们同时对所写的内容承担责任。"② [62] 毕竟,埃伦迈尔在自己的《利比希化学纪事》中看到了迈耶和门捷列夫之间展开的优先权争议。他不愿意因为那样的事受到责备。

---

① "Jedenfalls möchte ich Sie darauf aufmerksam machen, wie sehr es im Interesse der Leser der Annalen läge, wenn Sie dem *Journal der russischen chemischen Gesellschaft* einige Aufmerksamkeit schenken wollten. Bis jetzt habe ich den Verkehr durch Auszüge vermittelt. Seit Neujahr habe ich aber, infolge der Nachrichten von *Hübner*, meine Feder niedergelegt. Die Annalen müßten die Arbeiten vollständig bringen. Nun sind die Russen aber große Patrioten geworden: sie wollen ihre Abhandlungen nicht mehr in fremden Sprachen abfassen. Nur wenige wie z.B. Menschutkin sind so liebenswürdig selbst für eine Übersetzung zu sorgen. Daher ist vorauszusehen, daß manche nützliche Arbeit verloren gehen wird. Sie werden sich um Viele ein großes Verdienst erwerben, wenn Sie diesem Übel steuern."

② "ich die Absicht habe die Herren Autoren selbst um Einsendung ihrer Abhandlungen in deutscher oder französischer Sprache zu bitten. Es ist mir viel lieber, wenn die betrff. ihre Sachen selbst einsenden, sie übernehmen damit zugleich die Verantwortung für das was geschrieben steht."

所罗门的孩子[①]

关于化学元素周期系统的优先权争议可能无法避免。有那么多人沿着原子量和化学性质这两个轴,研究出了某种版本的元素排列方式,以至于他们中的任何两个人,都可能发现自己很难承担起这项荣誉。但是,历史并没有在一个想象的平行宇宙中展开,相反,欧洲的化学家们见证了关于该发现应归属于德米特里·门捷列夫还是洛塔尔·迈耶这一争议的长达十年的激烈抨击和反攻,而不是另一个不同版本的优先权争议,或者——无论多么不可能——一点争议也没有。

正如可能有许多不同的竞争者争夺优先权一样——约翰·纽兰兹就曾多次试图为自己争取荣誉,他可能不会被所有人草草忽视——迈耶-门捷列夫的冲突本来可能以多种不同的方式展开。比如,它可能是由发现了三种尚未发现的元素所引发,这三种元素是:1875 年发现的镓(门捷列夫的"准铝"或镓,eka-aluminum)、1879 年发现的钪(门捷列夫的"钪",eka-boron)和 1886 年发现的锗(门捷列夫的"准硅"或锗,eka-silicon),门捷列夫还预测了这些元素的性质。又或者,化学家们可能把重点放在迈耶的原子体积曲线上,并鼓励用一系列图形来表示元素之间的关系。但这些另类的历史也没有成为现实。相反,我们看到门捷列夫和迈耶在荣誉问题上互相争吵,而且两人基本上分别把自己定义为"俄国"和"德国"的化学家。历史充分表明,这一特殊的民族主义转向——在这一时期并不完全罕见,因为 1869 年门捷列夫发表的关于周期系统的第一篇德语文章中的

---

① 译者注:所罗门是古以色列联合王国的第三任君主,以智慧著称。据《圣经》记载,有两个妇女都自称是一个婴儿的母亲,为此争得不可开交,于是找所罗门王断案,所罗门王命令把婴儿一分为二,借此策略看出了两个妇女对婴儿的真实感情,从而判断出了哪位是孩子的真正母亲。这个故事一般用来说明所罗门王的智慧,本节中,借此比喻门捷列夫和迈耶为了元素周期律的优先权而争论不休的故事。

错误翻译，而更加突出了。简言之，它反映了关于科学语言的争论，这场争论集中在一个词上：周期性。

某种程度上，对语言的重视源于当时席卷欧洲文化的民族主义意识形态，而科学也很难不受其影响。这是德国统一的时代，是法兰西第三共和国建立、意大利民族复兴和俄国大改革的时代，也是爆发许多其他小规模冲突的时代，这些冲突源于民族国家作为欧洲政治秩序的主要模式的确立（至少在西欧是如此）。但人们不必指望从如此戏剧性的事态发展中找出门捷列夫－迈耶冲突的根源。更准确地讲，随着19世纪60年代后期俄国化学开始从德国化学的一个附属转变为沙皇政治的一个既定特征，各种事情交织在一起。这一转变的标志是，有几年里俄国人同时在俄国化学学会的杂志上和《化学杂志》上发表。用俄语发表的俄国科学还没有突出到足以引起注意，所以门捷列夫觉得也有必要用德语发表他的研究成果；而文章的俄文版和德文版之间的脱节引发了后来他与迈耶的冲突。

这一冲突从未真正在个人层面上得到化解。门捷列夫保存了一份详尽的书信档案，然而，人们发现里面只有两个实物以洛塔尔·迈耶的名义归档。其中第二件是迈耶遗孀的一封信，内容是通知门捷列夫她的丈夫在1895年去世了。该信表明，这位圣彼得堡人是被亲自告知这一不幸事件的人之一。[63]在早些时候的通信中有一封写于1893年的信，这是档案中两人之间唯一的私人通信，信中迈耶告诉门捷列夫，著名的莱比锡化学家威廉·奥斯特瓦尔德委托出版了两卷关于周期系统发展的《精确科学经典》①——一本关于重大化学发现的一手资料的小册子。迈耶编辑了第一卷，这一卷是关于19世纪60年代之前就注意到了元素之间更细微的模式的"先驱者"的。[64]由于迈耶觉得把自己称作"经典"有些尴尬，所以他把有关

---

① 译者注：即《奥斯特瓦尔德精确科学经典》（Ostwalds Klassiker der exakten Wissenschaften），由威廉·奥斯特瓦尔德于1889年创立，它是一套丛书，其中包含自然科学各个领域的重要原创作品。

他和门捷列夫的第二卷委托给了他的学生卡尔·苏伯特①。现在，迈耶请门捷列夫寄来文章的副本，特别是"你发表在《俄国化学学会杂志》第一卷上的那篇文章。我最近通过贝尔斯坦收到了一份译文。"②[65] 当然是翻译成了德语的译文。从迈耶谨慎的措辞中，我们可以察觉到一种微妙的摩擦。关于门捷列夫的回应，除了 1895 年出版的由苏伯特编辑的那一卷里零星地提到一些之外，我们没有发现其他的记载。[66]

至此，两人之间的争论达到了一种半稳定的平衡。自从 1880 年在德国化学学会的《德国化学学报》上发生激烈交锋之后，迈耶和门捷列夫再也没有直接交锋过。然而，仍然可以察觉到局势的紧张，于是，一个外部团体决定介入并通过法令解决这一争议。1882 年，英国最重要的学术协会伦敦皇家学会联合授予两人梦寐以求的戴维勋章，以表彰他们发现了原子量的周期性关系。[67] 后来，这一奖励被苏伯特在其 1895 年出版的书中称作是"最公正和最美好的决定"③，这一做法似乎也大大平息了事态。[68] 一个选择中间路线的无党派国家组织似乎制定了一个共识，这一共识甚至在致力于国家事务的旁观者中也达成了。例如，在 1879—1880 年，当布特列洛夫（用俄语）讲授近代化学史时，他也将这项荣誉平分给了这两个人。1895 年，尼古拉·门舒金在俄国化学学会的一次会议上宣布迈耶的死讯时也是同样的做法，这次会议是由门捷列夫亲自主持的。[69] 现在被称为"共同发现者"的两人，在他们为数不多的交往中仍然保持着官方的正确性，正如他们一起坐在 1887 年英国科学促进协会曼彻斯特会议的台上时，有一个同代人对当时的情况这样描述道——这里，语言也发挥了它的作用，当

---

① 译者注：卡尔·弗里德里希·奥托·苏伯特（Karl Friedrich Otto Seubert，1851—1942），德国著名化学家，以对铂元素原子质量的研究而著称。

② "Ihre Abhandlung in 1 Bd. der russ. Gesellschaft, von der ich durch Beilsteins Vermittlung kürzlich eine wirkliche Uebersetzung erhalten habe."

③ "gerechteste und schönste Entscheidung."

"门捷列夫被邀请发表演讲时,他拒绝尝试用英语讲述这一部分",他知道这超出了他的语言能力,所以这位俄国人只是站起来鞠了个躬。随后,坐在门捷列夫旁边的迈耶站了起来,为了避免误解,他声明说:"我不是门捷列夫。"但是过了一会儿,"他用完美的英语请求允许他用德语讲述这一部分,接着又代表门捷列夫和其他出席会议的外国化学家们表达了从聆听主席讲话中获得的乐趣。"[70] 与 1880 年一样,这次会议上迈耶掌握了最后的话语权。但在 1895 年迈耶死后,门捷列夫则留下来塑造历史,在这一点上,他做出了让步,没有把迈耶绝对排除在所有荣誉之外,而是将他纳入了对这个系统的叙述中,但也只是把他作为这个系统的"强化者",而不是作为一个真正意义上的共同发现者。[71] 门捷列夫在迈耶之后对荣誉的分配方法在今天占据主导地位。

也许真正的胜利不在于谁发现了周期系统,而在于欧洲的科学家们认为哪些语言是重要的。很大程度上,由于门捷列夫强调阅读俄语原作对于确定优先权的重要性——而且,毫无疑问,这些作品本身的质量也很好,西欧科学家们开始注意到《俄国化学学会杂志》上发表的俄语作品。外国的通讯员们会通过翻译,报道俄国化学学会会议上讨论的主要活动。例如,比利时人从 1875 年开始在自己的期刊上用法语刊载《俄国化学学会杂志》的目录。[72] 在俄国化学学会庆祝成立 25 周年时,伦敦化学学会主席亨利·阿姆斯特朗发来了一封贺信,说道:"尽管你们的语言带来了很大的困难,但你们的英国同事们不时地了解到你们的工作成果,你们学会的名称及其工作记录经常出现在我们的化学论文摘要中。"[73] 在宣读这封信的同一次会议上,门舒金再次在门捷列夫的主持下称赞了他关于周期系统的作品:"这些用俄语发表的作品,多亏了国外学术界关于它们的摘要,现在已经成为一项普世科学的成就。"①[74] 诚然,西欧人并没有成群结队地报名

---

① "Эти труды, печатаемые по-русски, становятся теперь достоянием всемирной науки, благодаря рефератам о них в иностранных ученых обществах."

学习俄语，但确实有一些人试图掌握斯拉夫语，而且至少现在许多人开始明白，他们不能再像洛塔尔·迈耶那样，简单地认为用这种语言写成的作品不是科学文献，而对它们不屑一顾了。

这无疑是门捷列夫论证中的一个重要部分。1899 年时，他用法语写道："作为一个俄国人，我为参与建立周期律而感到自豪。"①[75] 因为在过去的四十年里确实发生了一些事情，标志着俄国化学界和整个科学界，自 1859 年创办化学期刊的努力失败以来，已经走过了漫长的道路。1890 年，俄国历史学家瓦西里·莫德斯托夫写到了他现在可以称之为俄国科学的东西："我们知道，就在过去的 25 年里，俄国科学诞生了，这门科学开始在各个领域获得承认，这在以前是不存在的。"②[76] 要想获得承认，俄国科学实际上必须用俄语书写，这就需要有意识地修改祖先的语言，使之具有表达科学思想的能力和灵活性。正如在西塞罗灵巧的笔下，拉丁语必须适应希腊语一样，俄国人也必须根据从西方传来的科学语言——英语、法语和德语这三巨头，来改革自己的语言。

---

① "Voilà pourquoi, en ma qualité de Russe, je suis fier d'avoir participé à l'établissement de la loi périodique."

② "Мы знаем, что в течение только-что истекшего двадцатипятилетия *создалась русская наука*, которая начинает получать в той, то в другой области себе признание, чего прежде не было."

第三章
近代俄语中的化学名词命名

"比如说，假如他在火车上遇到了化学家尤斯图斯·冯·利比希，却不知道这就是利比希，那就是另一回事了。如果一场关于化学的对话开始了，我们的先生成功加入进来，那么，毫无疑问，他可以一直保持最丰富的学术讨论，尽管关于化学，他只知道一个词汇——化学。他肯定会让利比希大吃一惊，但——谁知道呢——在听众眼中，他可能会成为胜利者。因为一个俄国人在学术语言上的胆量几乎是没有限度的。"①

——费奥多尔·米哈伊洛维奇·陀思妥耶夫斯基，1873[1]

所有人都说俄语是一门难学的语言。早在俄国开始成为欧洲政治的重要参与者——这主要是彼得大帝于1721年战胜瑞典的结果，这次战争以一个更为庞大的帝国取代了一个伟大的北方帝国——之前的几个世纪里，西方人的外交和商业著作就抱怨俄语的复杂、深奥和普遍的不可能。如第二章所述，对于19世纪末的欧洲科学家来说，俄语被认为远远超出了其能力范围。他们通常是如此地精通英语、法语和德语（以及其他语言，如果这3

---

① Другое дело если б, например, он встретился с Либихом, не зная, что это вот Либих, хоть в вагоне железной дороги. И если б только завязался разговор о химии и нашему господину удалось бы к разговору примазаться, то, сомнения нет, он мог бы выдержать самый полный ученый спор, зная из химии всего только одно слово《химия》. Он удивил бы, конечно, Либиха, но—кто знает—в глазах слушателей остался бы, может быть, победителем. Ибо в русском человеке дерзости его ученого языка—почти нет пределов.

种语言都不是他们的母语的话）——拉丁语就更不用说了，作为教育炼狱标志的拉丁语，是他们都已经掌握了的语言，以至于关于周期系统优先权的争议，在很大程度上可以理解为一场让西方学者关注来自圣彼得堡、莫斯科和喀山的著述的斗争，至少在化学等领域是如此。

俄语难在哪里呢？最突出的就是它的字母系统，这些字母对于那些从小使用罗马字母的人来说非常陌生。不过，这一障碍很容易克服，特别是对于一个对希腊字母略知一二的人来说——这是19世纪受过古典教育的精英们所共有的特点，对受过一定数学训练的化学家来说更是如此。俄语中的许多字母要么与拉丁字母相同（а=a，м=m），要么是在希腊字母的基础上稍作改动（п=p，д=d）。诚然，有些奇怪的字母会带有斯拉夫语特有的声音（ж=zh，щ=shch），但毫无疑问，它们有一些至少和辅音群一样简单，采用拉丁字母书写的波兰语在使用这些辅音群时发出相同的声音。

文字系统并没有触及俄语本身的语言学核心，而后者确实给患有语法恐惧症的学生带来了一些严峻的挑战。我不打算详细阐述俄语的结构，但对俄语的一般特征的熟悉将有助于阐明我们科学语言故事的两个主要方面：首先，为什么西方科学家（以及其他人）觉得俄语如此陌生，尽管它属于印欧语系；其次，俄国化学家在用他们的语言创建一套与现有的英语、法语和德语词汇相匹配的科学命名法时所面临的特殊障碍。由于本章讨论的所有问题都与术语和命名法有关，所以我将只关注名词。

从语法上讲，俄语名词有三种性，即阳性、阴性和中性。这对于说英语的人来说有些不可思议，而在德语中，同样有三种与之相对应的性。不过，与德语不同的是，人们（通常）可以通过观察来识别俄语中的性：如果一个名词以辅音结尾，它就是阳性的；如果它以"-a"或者"-я"（另一种书写"a"的方式）结尾，则几乎总是阴性的（但是，也有阴性名词以软音符号"ь"结尾的，这种情况会引起各种语法上的混乱）；如果它以"-o"或"-e"结尾，则为中性的。性很重要，因为在俄语中，形容词的性和名词的性必须保持一致，过去时动词的性也必须和名词的性保持一致，另外，性还决定了格的变化。和拉丁语一样，俄语也是一种屈折语言，即是说，名词词尾根据这些名词在句子中的语法功能的不同而发生变化。如果"普希金"走进一个房间，我们会写"Pushkin"。如果我打"普希金"，这里把他变成一个直接的对象，我们会使用宾格形式，写成"Pushkina"。如果我给"普希金"讲下流的笑话，他就会变成明显的与格形式："Pushkinu"。现在你知道了，俄语中共有六种格（主格、宾格、属格、前置格、工具格和与格），比拉丁语多一种，比德语多两种，比英语多五种（粗略说来是这样；表示所有关系的"'s"结构是古英语属格残留下来的特征）。英语是没有格的，它通过固定词序来组织句子："Tolstoy kicked Pushkin"（"托尔斯泰踢了普希金"）和"Pushkin kicked Tolstoy"（"普希金踢了托尔斯泰"）的意思明显不同。而在俄语中，人们通过改变名词的词尾来标示这一区别，这就意味着词序可以是灵活的。如果你正试图阅读一篇化学文章，来了解是向盐中添加酸还是向酸中添加盐，这是一个重要的区别。

关于俄语，这些是你需要了解的唯一特征，以理解接下来的内容。本章是关于如何创建一种语言——不是一门完整的语言（这是下一章的内容），而是用于科学的那种语言。我特意使用"创建"这个词，因为科学语言必须有意识地构建。没有一种语言——不管它是拉丁语、德语，还是英语，"天生"就容纳科学概念。一种语言有许多特点必须加以调整才能容纳科学，但在本章中，我将重点讨论词汇的变化。科学，尤其是化学，是一种人类活动，它既需要为你要描述的世界中的物体进行大量命名，也需要对这些名称进行精确的定义，以便人们可以从中进行归纳。此外，科学家们还使用了一系列的抽象概念（比如"电势"或者"化合物"），这些概念需要与它们的日常意义仔细区分开来。科学语言需要如此多的构建，其核心原因在于现代科学关注新奇之物：世界上的新事物，新思想，新理论。在化学领域，这些特殊的问题中有些非常突出。如果你发现了一种全新的化学元素，它需要一个名称来和以前所有的元素区分开，理想的情况是，它的名称可以表明它是一种元素，是一个系统的一部分。（在英语中，一个多世纪以来，我们一直使用后缀"-ium"来实现这一目的。）这些名称必须在相关的共同体中广为接受，否则它们就无助于交流。这是怎么发生的呢？

在19世纪，俄国化学家们逐步提出、讨论并采用了多种化学命名法，在这一过程中，他们将俄语同化为法语或德语的模式，以确定人们在化学中应该如何"说"或"写"。这一过程极其复杂，因为在同一时期，科学领域涌现出了大量的重大发现和概念变革，导致化学法语和化学德语异常多变。俄国人有两种工具来创建他们的科学语言：俄语本身，它总是表现出从其他语言中吸纳词汇甚至语法的多变能力，以及外语的知识，俄国的化学家们可以从中采纳并调适观念。

有了这两种资源，我们便来到了本章的核心：翻译。下面我将讲述两个故事。首先是关于西方的概念是如何被翻译成俄语，以形成一套初步的化学命名法的。这里的关键点是时机的把握：恰好在安托万·拉瓦锡的化学在法国重新确立了化学语言之时，俄国人也开始制定一套系统的无机物命名法，而在有机物的命名中，他们同样紧跟西欧改革的步伐。这样来看，俄国关于化学物质命名的讨论是欧洲科学语言更广泛重建的一部分。接着，我们从译入转向译出，探索从俄语翻译成德语的教科书的流动，这与通常情况下的流动方向相反[①]。这项事业的成功不仅表明，将俄语确立为一种"合法的"科学语言的努力已经结束，而且也代表着，一种命名法已经稳固到了互译变得相对简单的程度。

[①] 译者注：通常情况下，从德语翻译成俄语的教科书更为常见。

近代俄语的形成

今天，有人讲俄语。它是一种与世界上最大的国家相关的语言，诸多的教科书和大学课程宣称，它们会教给你俄语（通常情况下，教得非常好）。但是，如果认为语言的存在方式和街上的教堂一样，或者像一只有一天会成年的羔羊一样，那就错了。语言既不是千古不变的单一实体，也不是从幼年到成熟（可悲的是，有时甚至走向死亡）的有机体。语言之间不断相互作用、相互渗透，它们会分化为方言，其元音模式也在不断变化；在某一部分言语行为的边缘建立起牢固的界线并宣布"这是俄语"或"这是乌克兰语"，是一系列智识和政治决策的结果，这些决策并不总是与语言实际使用中的显著差别相一致。自公元 11 世纪以来——即一千年前，我们就有一种语言的记载，随着时间的推移，这种语言已经成为我们所知道的俄语，就讲者数量而言，它是今天占主导地位的斯拉夫语。[2] 然而，这种语言的形成过程并不完全是线性的。

俄语是一种斯拉夫语，与白俄罗斯语和乌克兰语一起同属于印欧语系东斯拉夫语支。斯拉夫语也有西斯拉夫语支（波兰语、捷克语）和南斯拉夫语支（保加利亚语、塞尔维亚-克罗地亚语），它们覆盖了欧洲大陆广阔的东部地区。很显然，这些语言相互关联，但它们之间不一定相互理解（就像德语、荷兰语和瑞典语显然是日耳曼语系的相关成员，但流利地使用其中一种语言并不代表也掌握了其他几种语言）。斯拉夫语族的起源尚不清楚。我们知道的是，从公元 6 世纪开始，巴尔干半岛上就出现了说着我们今天称之为斯拉夫语的人。更加确信的是，这些语言直到 9 世纪和 10 世纪时还没有强烈地分化，而是非常紧密地联系在一起，这一事实意味着多个不同的群体可以共用一种书面语言：古教会斯拉夫语①。[3]

公元 863 年，摩拉维亚（在今天的捷克共和国）国王罗斯蒂斯拉夫向君士坦丁堡的拜占庭皇帝米海尔三世请求一些基督教传教士，以协助他的人民抵抗外来宗教的入侵（这些外来人就是我们今天所说的天主教徒）。于是，两个修道士——康斯坦丁和美多德被派了过去。他们的任务之一是为他们所遇到的各种斯拉夫语编写一个源于希腊字母的字母系统。康斯坦丁临终时为自己取了西里尔这个名字，他的格拉哥里字母在后来的演变中也改用了这个名字。[4] 这个书写系统被设计成以保加利亚语的马其顿方言为基础的书面语言，起初被西方斯拉夫人采用，然后向东流传。用一位俄语史家的话来说（由玛丽·福赛斯翻译），这样所书写的语言——即古教会斯拉夫语，就成了"中世纪斯拉夫世界中一种常见的书面语言"[5]。它在许多方面发挥着作用。它可以作为纯粹的书面语言用于礼仪和宗教，就像拉丁语偶尔起到的作用一样。而与拉丁语不同的是，它显然从未被当作口语使用，但是，它使语言不同的群体之间能够进行书信交流，这些群体共用斯拉夫语，尽管他们在日常互动中使用的是后来称为古俄语或波兰语的东西。[6] 而另一方面，由于古教会斯拉夫语既不是拉丁语也不是希腊语，所以它还起到了将这个东部地区与同时期的欧洲古典学术的繁荣隔离开来的作用。古教会斯拉夫语既是统一的力量，也是孤立的力量。

在基辅、诺夫哥罗德和莫斯科之间的地区，人们说着各种方言，这些方言在今天被称为"古俄语"。从 11 世纪开始，我们发现了用俄语撰写的教会著作，在接下来的几个世纪里，用俄语——即所谓的官府语言（chancellery language）——撰写的法律和商业文件，以及俄语文学作品也出现了。[7] 许多俄语史家往往觉得，这种语言实际上受到了古教会斯拉夫

---

① 译者注：古教会斯拉夫语，也被称为古保加利亚语、古马其顿语、古斯拉夫语。它是斯拉夫语族最早的书面语，后来演变成教会斯拉夫语。古教会斯拉夫语在斯拉夫语言的历史上扮演了重要的角色，现在在斯拉夫民族一些东正教与东方礼天主教会中仍被作为礼拜仪式语言使用。

语的束缚，他们认为"从某种意义上说，俄语和俄国文学后来的历史是一个从最初令人丧失活力的拜占庭文化的影响中解放出来的漫长过程，这种影响通过保加利亚语的媒介而产生。"[8]根据这种相当本质主义的语言观，由于拜占庭势力的一再入侵，尤其是14世纪和15世纪的"第二南斯拉夫"势力，来自巴尔干半岛的学识渊博的移民涌入莫斯科，使得俄语发展成为一种恰当的语言的进程停滞了。[9]按照这种传统说法，俄语必须努力从这些落后的影响中"解放"自己。具有讽刺意味的是，它通过吸收一套不同的外国模式做到了这一点。

在17世纪早期，莫斯科成了大批外国商人的中心，他们进口外国书籍，内容涉及医学、采矿、法律等各个领域。随之而来的是印刷业的繁荣，这有助于俄语的标准化。（早些时候，莫斯科的印刷业有限；第一本带有日期的俄文印刷书籍出现在1564年。）这些外来的知识时常经由波兰或高度波兰化的乌克兰和白俄罗斯地区传入，许多源自拉丁语或德语的俄语新词实际上是通过波兰语的媒介进入的。[10]

俄语中总是充斥着外来语。共同斯拉夫语①是东斯拉夫语的基础，它已经有了伊朗语和日耳曼语的借词，前者为宗教贡献了术语，后者为物质和行政组织贡献了术语。斯堪的纳维亚语自9世纪开始从北方涌入，它们通常与渔业和航海事务有关。抽象术语要么直接来自希腊语，要么通过古教会斯拉夫语的媒介（拉丁语的影响要小得多）。此外，并不是所有输入的外来词都属于印欧语系：13世纪蒙古人的入侵带来了另一股语言借用的浪潮，这些借词通常与金融、行政、贸易和通信有关，俄语中用来表达"金钱"（"money"）和"财力、资金"（"pocket"）的词汇就是这一时期输入的。[11]

---

① 译者注：英文为"Common Slavic"，该词汇经常与"Proto-Slavic"（原始斯拉夫语）当作同义使用，但也有一种说法认为"Proto-Slavic"指的是"Early Proto-Slavic"（公元前2000年—公元6世纪之间的斯拉夫语），而"Common Slavic"指的是"Late Proto-Slavic"（公元8世纪—9世纪的斯拉夫语）。

因此，借用波兰语（以及通过波兰语而借用拉丁语和德语）并不是一个新现象。语言之间的来回流动塑造了俄语，但是这种流动并没有朝着任何特定的方向。

这种无目的性在17世纪、18世纪之交发生了决定性的变化，当时，沙皇彼得大帝（1682—1725年在位）在将首都从莫斯科迁往全新的圣彼得堡的过程中，推行了一项坚定的计划，以实现俄国行政和军事的某些方面的现代化。彼得发起了一位学者所说的"语言的多重技术化"，这使我们回到了关于科学语言的故事主线。[12] 他不仅在1708年改革了字母系统，去除了一些更斯拉夫化的特征（弗拉基米尔·列宁将在1918年引入最终简化了的字母），还委托人翻译了大量的外国文献，以培养为他服务的俄国贵族。彼得命令严禁使用斯拉夫语，并且要求使用日常用语进行翻译，违背这一命令的翻译人员会受到强烈谴责。这样的紧张态势有时是难以承受的。有一个叫沃尔科夫的译者，由于发现自己无法把德拉昆蒂尼①的《果蔬园指导》②中的一些段落译成俄语，便自杀了。[13]

彼得于1724年在圣彼得堡建立了帝国科学院，这是他创造科学俄语的第二个动力。彼得为他的科学院制定了几个目标；俄语的推广未在其中。俄语没有被当作学术交流的媒介。官方的出版语言是拉丁语——当初将拉丁语引入俄语中，是为了专门用于科学，因为在此之前，俄国国内没有天主教的宗教传统，而此时拉丁语在欧洲学者中的主导地位正在下滑。数学家克里斯蒂安·哥德巴赫之所以被任命为科学院会议的秘书，很明显是因为他掌握了拉丁语，尽管德语和法语时常也会出现在会议记录中，毕竟大多数科学院的院士们都有中欧血统，所以德语也是会议交流的语言。想要

---

① 译者注：Jean Baptiste de La Quintinie（1626—1688），法国律师、园丁和农学家，曾在路易十四时期任职。1670年他被任命为皇家果蔬园园长。

② 译者注：书的全名为：*Instruction pour les jardins fruitiers et potagers, avec un Traité des orangers, suivi de quelques réflexions sur l'agriculture*，即《果蔬园指导，一篇关于桔子树的论文以及关于农业的一些思考》。

发表论文，拉丁语仍然是必修课，这是一件令人头疼的事。另外，并不是所有被任命为科学院院长的人都懂拉丁语，它只是一个赞助人的职位。1734 年，声名狼藉的亲德女皇安娜选择了科尔夫男爵担任这一职务，但他几乎不懂拉丁语，所以会议记录都是用德语写的。1742 年①拉祖莫夫斯基伯爵的就职使拉丁语回归，但 1766 年奥尔洛夫伯爵的任命再一次使德语回归，就像之前科尔夫男爵在任时那样。（1773 年，所有人都作出了让步，会议使用了法语记录。）更让人感到混乱的是，科学院的所有行政事务都必须使用俄语，而院士们几乎不懂俄语，这就导致行政人员和院士们进行交流时，不得不在德语和俄语之间来回翻译。[14]

拉丁语仍然是最大的绊脚石。帝国科学院设有一所附属中学②，该学校旨在将国内的学生培养成下一代技术专家。俄国人认为让这些学生学习拉丁语至关重要，但是他们缺少用母语编写的教学文本，也没有人相信这个市场大到需要编写一本俄语教科书，所以讲俄语的学生需要先掌握德语，然后通过德语来学习拉丁语。这就给以德语为母语的学生（主要来自波罗的海地区）带来了很大的优势，他们学习拉丁语大约需要 3 年就可以毕业，而俄国学生则一直到 15 岁才能完成同样的课程。[15]拉丁语继续被视为阻碍俄语进步的力量。为了挑战这门外来语言的垄断地位，新建立的莫斯科大学附属中学的校长尼古拉·波波夫斯基开始完全使用俄语授课。[16]这是一个漫长的过程。事实上，直到 1859 年 10 月，圣彼得堡大学物理数学系系主任海因里希·楞次——显然，他自己是德国血统，才鼓起勇气向他的主管部门请求道："教师们发现，从现在开始，在自然科学领域教授拉丁语

---

① 译者注：应为 1746 年。
② 译者注：即 the Academy Gymnasium，是 1726 年在圣彼得堡科学院设立的中学，一直使用到 1805 年。它相当于一所大学预科学校。课程包括拉丁语、希腊语、德语、法语、语言艺术、历史、地理、数学、自然科学和绘画。

是绝对没有必要的。"①[17]

随着各门科学开始将俄语作为俄国国内的一种交流语言，俄语本身的性质正在发生根本性的变化。从18世纪中叶开始，伴随着科学院第一位俄裔成员、诗人、化学家和博学家米哈伊尔·罗蒙诺索夫的著作，俄语史上最重要的一次变革发生了，这次变革不仅改变了俄语的词汇，甚至句法和语序也逐渐发生了变化，俄语变得和西欧语言，尤其是法语很像。[18]到了19世纪初，一种现代人完全能够理解的近代俄语已经出现了，与之相伴的是一种科学的文体，这种文体是由充满外国文本的图书馆塑造而成的。[19]尽管如此，俄国的科学家们仍然需要一种语言来与西方学者交流，这种语言必须和俄语处于同一时代，拉丁语已经行不通，人们公认的选择似乎是德语。

斯拉夫人的国际通用语

在19世纪，俄国文化的一个普遍现象是，精英们都说法语。这没有什么稀奇之处，也没有什么错，但它掩盖了德语在学术对话中的重要作用，尤其是在科学界。一个明显的原因是，在官僚和学术精英中，存在着大量以德语为母语的俄国人。[20]在前一章，我们已经提到过弗里德里希·康拉德·贝尔斯坦，他出生在圣彼得堡，精通俄语和德语。不管是在朋友之间还是在家里，他都更喜欢用德语讲话。[21]德语口语的使用也不只局限于这样的私人场合。1854年，出生于德国的化学家卡尔·朱利叶斯·弗里茨切为了给自己的慈善活动筹款，自愿举办了一系列的化学慈善讲座。弗里茨切从19世纪30年代起就一直是圣彼得堡学术文化的中流砥柱，并能自如

---

① "то Факультет находит, что впредь, в особенном преподавании латинского языка в разряде естественных наук не имеется решительно никакой надобности."

地使用俄语；他在提交给政府的俄语请愿书中明确指出，讲座将用德语进行，之所以这么做想必是为了吸引更多的听众。[22]

俄国内部对于俄语的侵蚀在波罗的海地区尤为严重。卡尔·克劳斯①——多帕特大学（位于今天的爱沙尼亚塔尔图市）的化学教授，这所学校的教学语言是德语——觉得有必要使用德语与亚历山大·布特列洛夫通信。（遗憾的是，我只能找到这些信件的俄文译本，我在脚注中转载了这些信的俄文译文。）克劳斯在 1853 年写道："你知道，我想用俄语给你写信，当然，如果有必要的话，我也会这么做，因为在多帕特，我可能会把我费力学来的那点儿俄语全都忘了；但是，鉴于你对德语的理解和母语一样好，这次我将用德语给你写信，以免浪费过多的时间。"②[23]（在后来的信中，他确实使用了俄语，这既是为了取悦布特列洛夫，也是因为"在这种友好关系中，使用俄语会更令人愉快"③[24]。）布特列洛夫曾写信给克劳斯，询问自己能否在多帕特进行论文答辩，这种为了自身利益而游说的"院外活动"是俄国科学家的常见做法，但克劳斯告诉他这是不可能的，因为"系里没有一个人能读懂你的论文，也不能和你进行讨论，他们都不懂俄语……你必须把你的论文翻译成德语或法语，并用德语或法语进行答辩"。④[25] 这是位于俄国的一个主要机构的情况。

---

① 卡尔·恩斯特·克劳斯（Karl Ernst Claus，1796—1864）是具有德国血统的俄国化学家和博物学家，喀山国立大学教授，俄国科学院院士。

② "Как видите, я хотел написать Вам по-русски и сделал бы это, конечно, в случае необходимости, потому что здесь, в Дерпте, я рискую полностью забыть то немногое из русского языка, что я выучил в поте лица своего; однако ввиду того, что Вы понимаете немецкий язык так же хорошо, как и свой родной язык, я на этот раз, чтобы не тратить лишнего времени, буду писать к Вам по-немецки."

③ "русский язык приятнее для дружеских сношений."

④ "никто из членов факультета не смог бы ни прочесть Вашу диссертацию, ни вести с Вами диспут, поскольку никто из них не владеет русским языком. […] Вам придется перевести или дать перевести Вашу диссертацию на немецкий или французский язык и вести диспут либо по-немецки, либо по-французски."

尽管如此，倡导使用德语的主要人群并不是波罗的海的德国人，而是俄国人自己，尤其是在与非俄裔斯拉夫人交谈时。比如，门捷列夫的密友、圣彼得堡大学地质学家亚历山大·伊诺斯特拉采夫回忆了他在布拉格的时光：

"晚上，我和妻子通常会出去吃饭，并观察某些斯拉夫人的夜晚——当时人们这么叫它。有时候，特别有趣的是，晚餐过后，人们会拿起一杯啤酒，开始进行一般性的谈话，有时甚至是演讲，尽管他们所说的东西对于我们而言很难理解，因为我们不懂捷克语。为了让我们了解这些谈话和演讲，俱乐部的主持人给我们介绍了两位年轻人——瓦努拉和帕泰拉，这两个人的俄语说得很好。但是，当他们不在的时候，有时就需要使用一种被人戏称为"通用的斯拉夫语"的语言——即德语，来和身边的人交谈。"① [26]

类似地，1867年，亚历山大·鲍罗丁——当时正在离伊诺斯特拉采夫不远的圣彼得堡外科医学院教授化学——在一些捷克音乐主题的手稿中给他的音乐赞助人米利·巴拉基列夫写信说道："我的标题使用了德语，因为一般来说，德语是斯拉夫人的国际语言。我待在圣彼得堡，无时无刻不坚

---

① "По вечерам мы с женою обыкновенно ходили ужинать и повидать некоторых в так называемую в то время《Славянскую беседу》. Особенный интерес иногда представляло здесь то, что после ужина, за кружкой пива, начинали общий разговор, а иногда и речи, хотя нами и трудно понимаемые в силу плохого знаниячешского языка. Для знакомства с этими разговорами и речами распорядители этого клуба познакомили нас с двумя молодыми людьми, Ванжурой и Патерой, недурно говорившими по-русски, а когда их не было, приходилось иногда говорить с соседом, как иронично говорят, на общеславянском языке, т.е. по-немецки."

信这一点。不久前，我和一个捷克人用德语进行了一次谈话……"①[27]这里的语气带有讽刺意味，但它却反映了一个深刻的现实，即这种情况超出了斯拉夫人的范围。1902年，俄国化学学会秘书尼古拉·门舒金吹嘘道，在赫尔辛基（那时还是俄国的一部分）举办的一次"北方的"科学家和医生会议上，上千名与会者中大约有20%是俄国人，而且主要集中在化学界。俄国人在会议中的突出地位让斯堪的纳维亚人使用瑞典语或丹麦语的习惯有所减弱，并迫使所有化学论文要么用德语提交，要么必须附上德语摘要。[28]俄国的化学家们在国外是讲德语的。

门舒金的兴奋给人的印象是，德语近乎于俄国人的第二母语，他们可以在自己的"国际语言"和母语之间自如地切换。然而，正如生理学家伊万·谢切诺夫在他的自传中指出的那样，无数的通信和回忆录都表明："我们大多数学生对语言的无知是一种极大的不幸。"②[29]细心的教授有时会采取极端的措施让他们的学生学习语言。例如，化学家伊万·卡布卢科夫在回忆和他的老师、莫斯科大学教授弗拉基米尔·马可尼科夫的一次交流中讲道：

"我去找马可尼科夫，并问他：我应该怎样学习有机化学呢？

他说：你去制备乙酰乙酸乙酯。

我问：我应该怎样制备它呢？

他说：把德国期刊《利比希化学纪事》拿来，读一读其中相关的内容。

我不懂德语。在学校，学生可以选择学法语还是学德语，我学的是法语。这可怎么办？我拿起那些论文，又拿起一本字典，开始阅读。最后，

---

① "Заглавие я дал немецкое, так как вообще немецкий язык для славян есть международный язык. Я в этом убеждаюсь каждый день, сидя в Петербурге. Недавно я беседовал с одним чехом на немецком языке […]."

② "Незнание языков у большинства наших студентов представляет большое зло."

这个方法当然是很难的，我很难推荐它，但有时候，它确实很有效。

我读了所有的东西，并制备了乙酰乙酸乙酯，这是进一步研究的动力。"①[30]

马可尼科夫本人在德语方面也有困难。在到达柏林后，他环顾四周，惊讶地发现，"这里的人都说德语，这真是一件令人头疼的事，你知道我的德语有多弱。"②[31] 怎么办呢？他在写给导师布特列洛夫的信中说道："在这里，我用法语和化学家们交谈，因为我一开始用德语和阿道夫·冯·拜尔交谈，很快就不得不闭嘴，以结束我的尴尬处境。"③[32] 在寄送自己翻译的文章时，他几乎总是在附信中写上这样一句话："在文章的末尾，我觉得自己必须向你道歉，因为我对德语的处理可能太过笨拙了。"④[33]

门捷列夫曾经是翻译错误的受害者，尽管他在西欧生活了3年（1859—1861），而且在书房里藏有大量的外国书籍，但他发现自己同样无法使用德语讲话和写作。[34] 在海德堡期间，他依靠一个叫巴克斯特的俄国人把他的文章翻译成德语；在谈话时，他会糊里糊涂地混过去，或者诉诸说得结结巴巴的法语。[35] 这种障碍在私人通信中是最麻烦的，因为媒介的亲密把写作的重担完全压在了他自己的肩上。在给威廉·奥斯特瓦尔德写信时——当时奥斯特瓦尔德在莱比锡，不过他出生时是帝俄统治下的波罗

---

① "Пришел я к В. В. Марковникову, и спрашиваю:—Как мне заниматься органической химией? Он говорит:—Приготовьте ацетоуксусный эфир.—А как его приготовит?—Возьмите немецкий журнал 《Liebig's Annalen der Chemie》и прочтите там об этом. Я немецкого языка не знал. В гимназии можно было проходить или французский, или немецкий. Я проходил французский. Как же быть? Я взял статью, взял словарь и начал читать. В конце концов, такой способ, конечно, очень труден, рекомендовать его нельзя, но, иной раз, приходится. Я все прочел, приготовил ацетоуксусный эфир, и это явилось толчком к дальнейшему исследованию."

② "но на мое несчастье здесь говорят по-немецки, а Вы знаете, как я слаб в этом языке."

③ "С химиками я объясняюсь здесь по-французски, ибо, начав с Байером по-немецки, вскоре принужден был задать столбняка."

④ "Zum Schlusse meines Schreibens finde ich mich genöthigt Sie um eine Entschuldigung in einer vielleicht zu sehr umständlichen Behandlung der deutschen Sprache zu bitten."

的海德国公民，门捷列夫可以求助于自己的母语："我用俄语写作，因为我想快点回信，而翻译是一件费时的事情。"①[36]然而，大多数的德国教授并不懂俄语，因此，当他没有助手的时候，就不得不把充满俄语味儿和拼写错误的蹩脚德语强加给他的对话者。此外，门捷列夫还曾经在博布洛沃的乡间宅子里给奥古斯特·凯库勒写信，信中他抱怨道："在我现在居住的乡村，没有人懂德语，你也知道我自己在德语方面有多弱。但是，我想试着把我关于苯的构成的重要想法都告诉你。"②最后，他习惯性地道歉说："请原谅我的德语。如果是从圣彼得堡写信的话，我会写得更好，但是现在只有我自己，而且我也没有字典。"③[37]他甚至与相识多年的埃伦迈尔相处得也不融洽了：

"啊！我已经看完了。我什么也没看明白，而且，我想你再也看不懂我的信了。

如果你仍然无法理解我的信，那我就用法语写。我当然可以找到一个翻译人员，但在如此微妙的事情中，我不想让其他任何人参与进来。"④[38]

和英语比起来，门捷列夫的德语已经算相当好的了。他能读懂英语，而且会经常查阅英国人的文章，但在3种主要的科学语言中，英语是他最薄弱的一门。1889年，门捷列夫在伦敦开了一场著名的法拉第讲座，讲授

---

① "Пишу по-русски, потому что желаю ответить немедля, а перевод—дело длинное."

② "Im Dorf, wo ich wohne, kein Mensch kennt deutsch und Sie wissen wie schwach bin ich selbst in diese Sprache. Ich will doch probiren Ihnen zu erzeilen bezüglich meine Ansichten über d. Constitution v [on] Benzol alles was ist die wichtigste—nach meine Meinung."

③ "Entschuldigen Sie mir meine deutsche Sprache. Von Petersburg ich mögte besser schreiben—hier ist bei mir keine Mensch, doch keine Dictioner."

④ "Uf! Ich habe geendet. Ich verstehe nichts und glaube, dass Sie könen von meine Brief nicht mehr verstehen.Wenn wirklich mein Brief bleibt unverstanden, dann schreibe ich französisch. Ich kann gewiss ein Übersätzer finden, aber in so delicate Geschichte will ich niemand andere hernehmen."

了周期律和牛顿定律之间的联系，当时他获邀使用俄语撰写演讲稿。随后，这篇稿子由在圣彼得堡出生并接受教育的英国科学促进会力学部主席瓦西里·伊万诺维奇·安德森翻译成了英文。詹姆斯·杜瓦爵士在会上宣读了这篇演讲稿；门捷列夫当时就坐在台上。[39]他在博布罗沃收到了演讲稿的排版校样，但那时他的同伴们都去忙活夏季演讲去了，他便把校正任务委托给了他的同事门舒金，后者似乎对三种主导语言都很熟悉。门捷列夫写道："我从（亨利）阿姆斯特朗教授那里收到了一篇关于周期律的文章校样……你知道，我对英语不甚精通，所以决定请你仔细阅读它，并在你认为合适的地方予以修正。"①[40]

与英国人阅读俄语时遇到的困难相比，门捷列夫在英语方面的努力也显得微不足道了。一些英国的化学家确实学过俄语。1884年，有机化学结构理论的创建者之一亚历山大·克拉姆·布朗曾致信门捷列夫，信中他就门捷列夫即将抵达爱丁堡一事非常兴奋地写道："就语言而言，我的德语讲得不是很好，但完全可以理解，法语则有很大的困难。我甚至在俄语阅读方面取得了一定的进步。布特列洛夫很久以前就给我寄来了他的《有机化学综合研究导论》，在它的德语版出现之前，我就已经读了不少。我也有你的《化学原理》，这本书我也已经读了一些。但是，恐怕我们的谈话会依赖德语和法语，因为我相信，你的英语比我的俄语要好得多。"②[41]

---

① "я получил от проф. Армстронга прилагаемую корректуру статьи о периодическом законе [...]. Вы знаете, что я не могу владеть подробностями английского языка, и потому решаюсь просить Вас прочесть и исправить, что где сочтете надобным."

② "Что касается языка, то я говорю по-немецки—не хорошо, но все же совсем понятно, по-французски же с большими затруднениями. Я даже сделал некоторые успехи в чтении по-русски. Бутлеров прислал мне уже давно свое《Введение к полному изучению органической химии》, и я прочел оттуда довольно много, прежде чем появилось немецкое издание. У меня имеется также Ваши《Основы химии》, и я также прочел из них кое-что. Но я боюсь, что мы будем зависеть от немецкого и французского языка при наших разговорах, потому что я уверен, что Вы занкомы с английским языком гораздо лучше, чем я русским."

英国皇家学会会员、苏格兰化学家威廉·拉姆齐（William Ramsay）的例子则更为典型。拉姆齐正在认真阅读大气气体的相关文献——他将因发现惰性气体而获得1904年诺贝尔化学奖，他还查阅了门捷列夫在1875年出版的关于这一主题的研究著作：《论气体的膨胀》（*On the Expansion of Gases*）。他们曾经在法拉第讲座上见过面，当时两人谈到了这个话题（可能是用德语），所以拉姆齐写信给门捷列夫，以展开进一步的讨论，他还明确表示，自己用德语写信，是因为德语可能是最好的通用语言。[42]在下一封信中，拉姆齐对门捷列夫的那本书表示感谢，并伤心地指出这本大部头书中的语言令人难以理解。他用德语写道："阅读这本书对我来说很辛苦，但我想试试，在一本词典和一本语法书的帮助下，我希望无论如何都能把它的意思搞清楚。"①[43]然而，他似乎没有走得太远，因为1892年他就同一主题给门捷列夫写信——这次是用法语写的："您的回忆录只有俄文版吗？或者，可以在某种西方的期刊上找到它的译文，哪怕是一篇摘要吗？"②[44]他没有这样的好运。拉姆齐说："我在文中看到一些数字，它们指引着我，我会尽我所能去理解您漂亮的工作。"③[45]毫无疑问，符号、数学公式和科学术语的统一（即使是用西里尔文字）使这项工作更容易了。然而，这种命名法的互换性并不容易实现。

---

① "Es wird für mich eine schwere Arbeit sein das Buch zu lesen, doch will ich es versuchen. Mit Hilfe eines Dictionärs und eines Grammatiks, hoffe ich jedenfalls die Sinne heraus buchstabieren zu können."

② "Est ce que votre memoire n'existe que dans la langue ruse? ou peut on trouver une traduction, ou bien un resumé dans quelque journal occidental?"

③ "je vois dans la texte des chiffres qui me dirigent, et je ferai mon mieux de comprendre votre belle ouvrage."

化学命名

  1870年，俄国化学学会的会议记录中提出了化学命名史上最不寻常的一项建议。利亚索夫斯基（一位名不见经传，也没留下什么遗产的化学家）指出俄国人应该改变他们对化合物的命名惯例，他建议在化合物命名中突出"将俄国人的父名和姓氏结合起来"这一特征[①]；例如，用"*potassium chlorovich*"或者"*potassium chlorov*"来表示"氯化钾"（KCl_2，英文：potassium chloride），用"*potassium chlorovich acidov*"或者"*potassium chloro-acidov*"表示次氯酸钾（$KClO$，英文：potassium hypochlorite），用"*potassium chlorovich three acidov*"或者"*potassium chloro-three-acidov*"表示"氯酸钾"（$KClO_3$，英文：potassium chlorate）。其想法是利用俄语中固有的资源，来打开俄语在概念上接近德语和法语的可能性，这种可能性是德语和法语所没有的。他接着说道："一旦在这些名称中引入数字来表示化合价"，这种方法"就呈现出了它的优点，即它可以非常简单地将公式转换为名称，这些名称可以按照元素在公式中的相同顺序创建出来，这样一来，俄语中那些经常使用的化合物就能很容易地被吸纳进来。"[②][46] 当然，这个系统也有缺点。利亚索夫斯基指出，按照这个方法，盐类物质和酸类物质的名称几乎是一样的，而它们是非常重要的概念，需要作出严格的区分。不过，他并没

[①] 译者注：俄国人的名字一般分为三部分：名字、父名、姓氏。比如：德米特里·伊凡诺维奇·门捷列夫中"德米特里"是本人名字，"伊凡诺维奇"是父名，"门捷列夫"是姓氏。

[②] "сочетания в роде русских *отчеств и фамилий*, например, для хлористого калия принять название *калий хлорович* или *калий хлоров*, для хлорноватисто-кислого калия—*калий хлорович кислов* или *калий хлоро-кислов*, для хлорноватокислого калия—*калий хлорович трех кислов* или *калий хлоро-трех-кислов*. При введении в такие названия чисел для нескольких паев, они представляют выгоду весьма легкой передачи формул в названия, составляемые в том же порядке, в каком элементы входят в формулы, причем сочетания, подобные общеупотребительным в русском языке, могут легко усваиваться."

有详述它更显著的缺点，即欧洲的化学家们无法理解这个系统；即使他们能够阅读俄语，这个系统也很难翻译。最后，这项提议落空了。利亚索夫斯基的系统是为了让化学名称更"自然"，更接近于俄语本身，但它却是一种错误的人造物。

所有化学术语都是人造的。著名的丹麦语言学家奥托·叶斯柏森在1929年指出："如果你浏览一张化学元素的清单，你会发现一堆稀奇古怪的、各种各样的词汇。"单就英语来看，你会注意到，其中有相当古老的传统词汇，比如金或铁；这类金属的命名由来已久，几乎每种语言都有自己的专有术语。然后，还有一些词汇的词根来自希腊语或者拉丁语，比如拉瓦锡创造的"氧"（oxygen，德国人拒绝了这个词，他们更喜欢将其直译为"Sauerstoff"，意思是"酸性物质"。）最后，叶斯柏森指出，人们在后缀"ium"这一点上达成了共识，尽管即使在这样的词汇中，词干也可能来自一个地方（比如"ytterbium"，镱）、一个国家（比如"germanium"，锗）、一个星球（比如"selenium"，硒），等等。[47]而这些还只是元素的命名，当想到构成有机化学的各种化合物时（如酯、酮等），情况则更为复杂。

化学术语必须是人造的。新的物质不断被发现或创造出来，不可能提供一个有限的名称列表或命名规则来涵盖所有可能发生的情况。另一方面，随意地命名也是行不通的，否则，学生们还怎么学习化学变化的顺序？你又如何将你的发现翻译给国际上的化学家们——这个唯一能赋予你的知识主张合法性的群体呢？利亚索夫斯基的系统对他的同辈而言，和对今天的我们一样令人困惑，因为它去除了与欧洲术语的互译性，而在今天，化学家们已经将命名权——在某种严格的范围内——授予了由国际纯粹与应用化学联合会①确定的发现者，我们将在第6章中谈到这个学会。因此，尽

---

① 译者注：the International Union for Pure and Applied Chemistry，简称"IUPAC"。

管每种语言通常都保留着表示传统元素的传统词汇（比如金属里面的金和汞），但国际科学家们已经在各种机构的协调下，通过公约解决了命名的基本问题。不过，在19世纪下半叶，这些机构还不存在。在化学命名领域，俄国人和西欧相比，一点儿也不"落后"，他们紧随国际同行，开始采用近代命名法，与此同时，他们也面临着同样的挫折。

除了传统的金属（如铜）以及药剂师和冶金学家们常见的其他物质（如硫），俄语化学命名法到18世纪末之前仍然完全是斯巴达式的。这并不奇怪：如果连科学院都拒绝在论文中使用俄语，那么，对俄语名称的需求又从何而来呢？然而，到了18世纪70年代，大学里的课程开始使用俄语，理论化学作品开始出现俄语译本。为了教授这些课程并翻译这些书籍，俄国科学家们开始讨论并创制出了一套适合俄语的命名法。对于讲英语的人来说，适切性的重要性有时被忽略了。在英语中，"铜"（copper）可以是名词，也可以是形容词（比如"copper sulfate"，硫酸铜）。但在法语或俄语中，如果没有任何词形上的修饰，就不能简单地将名词用作形容词，你要么得引入一个介词（比如"sulfate of copper"），要么得添加一个后缀，使词根变成形容词（比如德语中的"Kupfersulfat"）。但是使用哪个后缀呢？关于这个问题的争论折磨了俄国化学一个多世纪：选择正确的那个，你会拥有一个整洁的系统，它会使教学和理论建构变得容易；选择了错的那个，你就制造了一个危险的混乱。

18世纪70年代是俄国人开始探索无机物命名法的绝佳时机，因为正是在这一刻，拉瓦锡和他的同事们开始彻底改革整个法语名称体系——而且，通过连锁反应，德语和英语的名称体系也正在经历变革。俄国人较为迅速地获得了这些书的原本或译本；在1772—1801年，出现了12本关于新化学的译著。1783年，刚结束两年巴黎之行的费多尔·波利特科夫斯基在莫斯科就这一主题发表了演讲。如果学者们愿意读法语——谁不愿意呢？科学院的图书馆也有一本拉瓦锡的《物理与化学论集》，此书由作者本人于 1774 年邮寄并发表，德语评论紧随其后，到了 1801 年，几乎整个（非常小）俄国化学界都致力于拉瓦锡的新化学。[48] 他们只需要弄清楚如何谈论它。

正如费多尔·萨夫琴科夫 1870 年在俄国化学学会偶尔进行的关于化学命名法的讨论中所指出的那样，19 世纪初期见证了"一种相当接近于法语名称的翻译，这些法语名称按照命名法中所采用的原则引入。"①[49] 但如果认为俄国人只是在模仿法语，你就错了，那只不过是一种表面现象。在 1810 年一篇关于拉瓦锡原理的文章中，亚科夫·扎哈罗夫院士曾告诫俄国人不要使用法国的命名系统："现在全欧洲都采用了法国的命名系统。大部分或全部源于拉丁语的语言在将相同的词汇引入其语言时没有任何困难，它们只需要将最后一个音节替换为适合该语言特性的音节即可。"这些语言包括西班牙语、葡萄牙语、意大利语，甚至英语。但是，"俄语及其所有分支语言具有完全不同的性质，就像德语和其他语言一样。"② 德国人改造法语系统以适应他们的语言，"我们也应该效仿这一做法。"③[50] 接着，他制定了一个综合性的名称系统，该系统使用本土的斯拉夫语前缀（pere-，do-）来标示氧化程度。最后，按照这种方法所创造出来的命名法在句法上和原来的俄语实现了更大的融合，尽管它们有着不同的词汇。

到 1836 年时，赫尔曼·赫斯院士阐述了一个上述早期提议的综合版本，他的方案基本上没有改变，一直延续至今。[51] 尽管这些无机物命名法的基

---

① "довольно близкий перевод французских названий, введенных на основании начал принятых в номенклатуре."

② "Французское имязначение принято ныне во всей Европе. Языки, кои по большей части или со всем от Латинского происходят, не имели никакого затруднения ввести те же самые слова в их язык, нужно было только переменить окончательный слог свойству того языка приличной. [...] Со всем другое качество имеет язык Росиийской со всеми его отраслями, равно как Немецкой и другие."

③ "Сему примеру должны последовать и мы."

本要素建立得足够早，但直到 1912 年，俄国化学学会才正式批准了这一方案。之所以有延迟，部分原因是因为有机化合物的命名有些棘手。在 19 世纪 60 年代引入有机分子结构理论之后，这一领域得到了蓬勃发展，化学期刊宣布了成百上千种新化合物的发现，它们是新型制药和人工染料工业的副产品。随意而个性化的命名问题也困扰着西欧人。英国著名化学家爱德华·弗兰克兰曾抱怨道："这里的每一位年轻化学家似乎都认为，如果他能在化合物命名法上进行一些微小的改进，他就做了一件既非常重要又有独创性的事情。因此，在相当统一的旧名称系统中，出现了各种各样的名称，这样一来，所有的统一性都消失了。同样的情况现在似乎也在德国盛行，德国的语言也不太容易适应新的名称系统。"[52]这种情况一直恶化到 19 世纪 80 年代末和 90 年代初，当时阿尔萨斯化学家查尔斯·弗里德尔在日内瓦召集了一个化学家小组，来制定一个新的国际命名法，以"驯服"这些新的化合物。[53]

对于俄国人来说，"国际"指的是由英国人、法国人和德国人组成的阵营。其中参与讨论的唯一一个俄国人是弗里德里希·贝尔斯坦，而很多圣彼得堡人并不愿意把他看作是真正的"俄国人"。[54]1892 年 10 月 8 日（旧式日期），俄国化学学会就新提议进行了一次没有结果的讨论。贝尔斯坦鼓励化学家们去适应新的规则，并强调这些规则将使欧洲的化学出版标准化；它们绝不是要改变日常的实践："没有人想要消除旧有的名称，也没有人要把新的命名法引入会话语言。"①门捷列夫不会同意这么一个纯粹书面的惯例，他认为"只有在历史中发展起来的语言才是活的语言，这种语言就是自然的、国际性的化学语言——公式语言。将公式语言翻译成口语和书面语是一件困难的事情，而且，由于这需要大量的词汇，新名称能否表示

---

① "Уничтожать старые названия не имеется в виду, равно как и вводить новую номенклатуру в разговорный язык."

一些典型的概念从而适用于口语和书面语，也是值得怀疑的。"[①]（当然，公式写作也是一种惯例，而且是一种相对较新的惯例。）会议的最后，尼古拉·门舒金推迟做出任何决定。[55]就像无机物的命名一样，几十年来这个问题一直没有解决。欧洲化学之间的互译性不是在命名惯例的宏大理论辩论中达到了顶峰，而是在平凡的教科书中达到了顶峰。

教科书的翻译

进入19世纪60年代后，俄国的化学家们可以找到相当数量的以其母语编写的教科书。然而，俄国的化学教科书最初并不是俄文的。第一本用俄语编写的化学教科书是《化学教学手册》，它于1808年分两部分出版，主要面向的是医生、教师和矿业官员。从那时起一直到19世纪30年代，基本上没有一本好的俄文化学教科书，直到1831年，赫尔曼·赫斯创作出了他的《纯粹化学基础》。[56]对这些书的需求相对较小，而且，随着理论和经验的发展，它们很快就过时了。像彼得大帝时代一样，大多数的化学文献都是从西方翻译过来的，其中尤其受欢迎的是朱利叶斯·阿道夫·斯托克哈特的《化学学校》[②]，这本书有1859年、1862年和1867年3个版本。[57]化学教科书势不可挡地进入到俄语中，当然也从未回到德语。

直到1868年，那一年，亚历山大·布特列洛夫于1864年首次出版的《有机化学综合研究导论》出现了德文译本，并对有机化学领域的理论研究

---

① "что язык лишь исторически выработавшийся есть живой язык. Таков естественный, международный язык химии—язык формул. Перевод же языка формул на устную и письменную речь—дело трудное и сомнительно, чтоб при большом числе необходимых для этого слов новые названия могли вызывать образные представления и потому годились бы для устной и письменной речи."

② 译者注：全书名称为：*Die Schule der Chemie, oder, Erster Unterricht in der Chemie*，即《化学学校，或第一堂化学课》，主要供学校使用和自学，尤其适合于未来的药剂师、农民、商人等。

产生了相当大的影响。这是一个不同寻常的过程，它起源于喀山，在那里，布特列洛夫努力地向各级大学生教授有机化学。布特列洛夫拥有翻译教科书的经验，他在自己的课堂上使用了卡尔·戈特尔夫·莱曼（1812—1863）的《生理化学手册》的译本，并辅以基于尤斯图斯·冯·利比希的有机化学著作的课堂讲授——他使用的是这些著作的德文版本（因为它们尚未翻译成俄语）。[58] 19世纪50年代末，布特列洛夫开始脱离现有的教科书，将自己的笔记发展为一套新的基本原理，来更全面地介绍有机化学。

我们现在把这个框架称为"结构理论"，它是基于四价碳和相互结合的碳链的概念。它的荣誉通常被授予了奥古斯特·凯库勒，尽管包括布特列洛夫在内的其他许多人都曾争取过这一荣誉。[59] 布特列洛夫在1861年出国旅行时才开始全面阐述他的理论，并在1861—1862年的课程讲授中开始检验他的理论，遗憾的是，没有留下任何讲稿。但不管怎样，他不可能讲完全部课程，因为俄国的大学由于学生动乱在该学年的下半年关闭了，而布特列洛夫本人也生病了。不过，他在1862—1863年的课程讲稿确实留存了下来，从这些讲稿中可以清楚地看出，布特列洛夫将他的研究视为一本入门教科书的组成部分，但它将重新确立有机化学的基本原理——在一个原创性发现和理论创新经常首次出现在教科书中的时代，这是一种合理的策略。[60]

与当时欧洲的许多出版物一样，这本《导论》以几本分册的形式分别在1864年1月、1865年5月和1866年10月出版，并在1866年10月推出了一本合订本。第一分册与1862—1863年的课程内容非常相似，涉及一般的理论图景；后面的分册讨论了实验数据，对新实验进行了预测并讨论了应用。这本书立即在俄国化学家中引起了轰动，别说是在基辅和哈尔科夫这样的二级城市了，就是在圣彼得堡本地，他们都很难获得这本书。

当俄国的化学家们开始欣赏布特列洛夫的成就时，他们不断恳求他考虑一下更广泛的读者。例如，多帕特大学的化学家卡尔·施密特曾写信给布特列洛夫，敦促他把这本书翻译出来（这封信用的是德语，遗憾的是，我只能找到俄文版）。施密特在信中兴奋地写道："这本书用德语或法语为西方出版后，你将赢得许多年轻化学家的感激。你写得这么好，对你来说，这一点儿也不难，而且这个主题引起了广泛的兴趣，所以找到一个出版商是很容易的。我相信，我们的许多西方同事和我一样，如果能够畅读你的作品，一定会对它充满喜悦和感激……"①[61] 施密特至少能够阅读俄语；而西欧人却不能。巴黎的阿道夫·伍尔茨在1864年写信给布特列洛夫，说他很期待收到这本书："在这种情况下，我一回来，就会找到你的作品，只要它不是用俄语写成，我会带着极大的兴趣读它。"②[62] 与此类似，柏林大学化学系主任奥古斯特·霍夫曼在收到马可尼科夫寄来的这本书的俄文版时，也向他抱怨说自己读不懂。[63] 就连一位基辅的化学家彼得·阿列克谢夫也谴责俄语的封闭，他说："很遗憾，你的作品没有用任何一种外语出版。"③[64]

找到一家出版商并把这本书翻译成德语，并不像施密特想象的那么容易。正如布特列洛夫向埃米尔·埃伦迈尔抱怨的那样："关于用德语出版我的《导论》的事情，这件事至今还没有完成，但是，这很难说怪我。我找不到一家出版商……"④[65] 他甚至考虑过在法国出版，或者在圣彼得堡用德语出版，与此同时，布特列洛夫的学生马可尼科夫则在德国各地穿梭，向

---

① "Изданием этой книги для *Запада* на немецком или французском языке Вы заслужите благодарность многих молодых химиков [...]. Вы пишете так хорошо, что для Вас это не составит никакого труда и, учитывая, что предмет этот вызывает всесторонний интерес, легко найти издателя. Я убежден, что многие наши западные коллеги, подобно мне, *встретили бы* Вашу работу *с радостью и признательностью*, если бы они могли ее свободно прочесть [...]."

② "Dans ce cas je tourverai votre ouvrage à mon retour et pourvu qu'il ne soit pas écrit en russe, je le lirai avec l'intérêt que mérite ce qui sort de votre plume."

③ "И очень, очень жаль, что Ваше сочинение не издано ни на одном иностранном языке."

④ "Was der Veröffentlichung meines 'Einleitung' in der deutschen Sprache betrifft, so bin ich sehr wenig schuld, daß es bisher noch nicht gemacht ist. Ich konnte keinen Verläger finden [...]."

出版商提出抗议，但毫无结果。另一位学生特使尼古拉·戈洛金斯基对出版业机制的反思解释了其中的原因：

"我正在尽我所能寻找一家德国出版商，但我能做得非常有限。如果当地教授不认可这样一件不同寻常的事情，德国书商就很难决定出版一位俄国作者的书。而如果教授们不知道这本书，它又如何才能获得他们的认可呢？"①[66]

最后，贝尔斯坦与他自己的《化学杂志》的出版商 Quandt & Handel 签订了一份合同，布特列洛夫与喀山当地一位名叫里施的教师签订了翻译合同。[67]布特列洛夫允许出版商将书名稍作改动，改成了《有机化学教科书：有机化学专题研究导论》，该书完整版于1868年面世。布特列洛夫坚持让把"从俄文翻译过来的德文版"②这句话放在标题页的显著位置。他不想让读者忘记原作是用什么语言写成的。

另一方面，里施却没有得到任何荣誉。这也许是和这部译本的质量有关？毕竟，正如马可尼科夫在该书即将出版时给布特列洛夫写信说道："关于译本的语言，出版商说它有点沉重。另一方面，原著也是如此。"不过，问题不在于语言，而在于修改这本书以满足新读者的期望。马可尼科夫接着说道："当然，后者不能对德文版的价值产生任何影响，但总的来说，在我看来，你应该把你的书稍作修改，以便它能在这里的公众中获得很好的反响……别忘了，你的读者将是德国人，他们通常习惯于熟记事实，而不

---

① "В поисках издателя немецкого текста я сделаю, что могу, но могу я немного. Трудно, чтобы немецкий книгопродавец решился издать книгу русского автора, если его не одобрять на такое непривычное дело местные профессора. А как добыть это одобрение профессоров, если книга им неизвестна?"

② "aus dem russischen übersetzte deutsche Ausgabe."

›111

是远远超出已知范围的一般概念。"①[68] 为了实现这一宏大的愿景，只有布特列洛夫作为翻译的焦点是至关重要的，除此之外，这也意味着，译者应有的权利被压制了。

事实上，这部译本一直都是关于荣誉的：用德语宣布，他至少与凯库勒同时发表了结构理论的主要内容，在某些情况下，甚至发表的更早。这是门捷列夫在1869年发表他的周期系统时走的同一条路，我们已经看到了结果，更重要的是，这也是门捷列夫发表自己的《有机化学》教科书时所没有走的路，这本教科书于1862年出版，在圣彼得堡广受好评②。它是第一本将"类型理论"完全融入教学的教科书。（类型理论很快就被结构理论打败了，但门捷列夫不可能知道这一点。）在宣传这本创新性的教科书方面，贝尔斯坦做得比任何人都多。他坚持让埃伦迈尔在《化学杂志》上发表一篇评论，并开玩笑地说："这篇文章将特别引起你在家乡建立的大型俄国殖民地的兴趣。你的实验室正在成为目前俄国移民的中心。"③[69] 他总结了这本书的内容，阐明了门捷列夫深刻的洞察力，最后得出结论说："在俄国，到目前为止，化学文献几乎只限于翻译更著名的德国和法国作品。因此，作为一部原创作品，我们面前的这本书值得特别考虑，如果它还没有通过

---

① "Относительно языка перевода издатели выразились, что он несколько тяжел. Впрочем, то же можно сказать и об оригинале. Конечно, последнее не может иметь влияния на достоинство немецкого издания, но вообще, мне кажется, Вам следует кое-что переработать в Вашей книге для того, чтобы она встретила вполне хороший прием в здешней публике. [...] Не забудьте, что Вашими читателями будут немцы, привыкшие вообще к зазубриванию фактов, а не к общим соображениям, простирающимся далеко за пределы известного."

② 译者注：即 Organicheskaia khimiia，这本教科书是门捷列夫于1861年出版，曾获圣彼得堡科学院德米多夫奖，影响很大，可以看作是他的《化学原理》的序篇。

③ "Vielleicht interessirt diese Abhandlung speziell die große russische Kolonie, die sich in Ihrem Hause niedergelassen hat. Ihr Laboratorium wird gewissermaßen ein Centrum der augenblicklichen russischen Völkerwanderung."

其特点和扎实的处理而引起我们的兴趣的话。"①[70]但是，当然没有德国人为了读这本书而跑出来学习俄语语法。后来，由于周期系统的发现引起了很大的争议，俄国化学的知名度越来越高，一些西方化学家事实上学习了这种语言，他们足以借助一本字典来解析一篇专业文章。但这种情况在当时还没有出现。

布特列洛夫吸取了教训。正如他在自己的教科书中所反思的那样，门捷列夫"这本唯一优秀的、原创性的俄文有机化学教科书，之所以没有在西欧广泛发行，无疑只是因为它还没有找到一位译者。"②[71]通过充分利用他所掌握的各种资源，包括近代俄语的表现力、自己出色的语言技能以及一套新兴的国际术语，布特列洛夫不仅成功地将他的书从默默无闻中拯救出来并努力争取优先权，而且也使俄国出版物获得了一定程度的尊严。出生于里加的双语化学家保罗·瓦尔登说道，"从这些教科书被翻译成外语的那一刻起，化学教学著作从东方向西方的逆向流动便开始了"；"长期以来从西方翻译著作的俄国，现在不仅开始创作自己的化学作品，而且在西方著作市场上以一位竞争对手的身份出现，盛产丰富而优秀的化学作品。"③[72]马可尼科夫笑着说道，"布特列洛夫的文章，特别是他的书被翻译成德语，

---

① "In Russland beschränkte sich bisher die chemische Literatur fast ausschliesslich auf Uebersetzungen der bekannteren deutschen und französischen Werke. Das vorliegende Buch verdient daher schon als Originalarbeit eine besondere Berücksichtigung, wenn es nicht schon durch seine eigenthümliche und gediegene Bearbeitung unser Interesse erregte."

② "Единственный и отличный, русский оригинальный учебник органической химии Менделеева, —учебник, не распространенный в Западной Европе, без сомнения, только потому, что для него не нашлось еще переводчика."

③ "С момента перевода этих учебников на иностранные языки начинается обратное течение химической педагогической литературы с востока на запад; Россия, стало продолжительное время снабжавшаяся переводной литературою с запада, ныне сама начинает не только производить собственную химическую литературу, но выступает даже в качестве соперницы на западном литературном рынке, изобилующем богатой и превосходной химической литературой."

›113

极大地促进了其理论在西方科学家中的接受和传播。"①[73] 把俄语增设为另一种科学语言——尽管会附属于三大主导科学语言，似乎对每个人都有利。但是，科学语言的数量还能再扩大多少呢？

---

① "статьи и особенно перевод его сочинения на немецкий язык немало способствовали ее усвоению и распространению между западными учеными."

第四章
语言乌托邦

"在欧洲,人们通常认为整个中国只说一种语言:汉语。事实上,北京的居民,以及广州、上海、福建或厦门的居民,确实都说汉语,但另一方面,这些城市的大部分居民对另一个城市居民的理解并不比柏林人、伦敦人或巴黎人、荷兰人更好,这也是一个事实。"①

——简·亚诺夫斯基[1]

"那时,天下人的口音、言语都是一样的",这是西方传统中关于交流问题的最著名的故事的开头(《创世纪》第11章:1-9),本书由为英国国王詹姆斯一世效力的优秀译者翻译而成②。我们都知道这个故事:他们开始建造一座很高的建筑物,上帝因此很不高兴。("看哪,他们成为一样的人民,都是一样的言语,如今既做起这事来,以后他们所要做的事就没有不成就的了。我们下去,在那里变乱他们的口音,使他们的言语,彼此不通。")也许事情并不完全是这样,但随后出现的混乱是不可否认的。

---

① En Eŭropo oni ordinare pensas, ke en la tuta Ĥinujo oni parolas nur unu lingvon—la ĥinan. Estas vero, ke la loĝantoj de Pekino, kiel ankaŭ la loĝantoj de Kantono, Ŝanĥajo, Futŝano aŭ Amojo parolas ĥine, sed de la dua flanko estas ankaŭ vero, ke la plej granda parto de la loĝantoj de unu el la diritaj urboj povus kompreni la loĝanton de alia urbo ne pli bone, ol ekzemple la Berlinano la Londonanon aŭ la Parizano la Holandanon.——JAN JANOWSKI

② 译者注:《创世纪》是《圣经·旧约》的开篇,《圣经》有很多译本,其中在詹姆士六世和一世的赞助下于1611年出版的英译本影响最大,经常被称为"詹姆斯国王圣经"["the King James Bible(KJB)"]。

在使欧洲各国卷入大屠杀的第一次世界大战爆发10年之后，一个摇摇欲坠的国际秩序出现了，这段时间直到后来才被冠以"两次世界大战之间"这个可悲的称号，"科学家和学者们审视了这个走向美丽新世界的过渡时期，它看起来在许多方面都与"一战"之前的情况有所不同。英语、法语和德语三巨头之间非正式的语言休战——19世纪末，俄语作为一种化学语言的出现，使这种状态稍有中断——可能会在未来几十年内瓦解。罗兰·肯特在1924年指出："今天，随着许多少数民族的复兴，以及大战所带来的一些较大国家的民族感情的恢复"，"我们可能正面临这样一个时代：重要的出版物将以芬兰语、立陶宛语、匈牙利语、塞尔维亚语、爱尔兰语、土耳其语、希伯来语、阿拉伯语、印度斯坦语、日语和汉语的形式出现。"[2]路德·戴尔则更加悲观，他在1923年时写道：

"大约在10年前，英语、法语和德语的阅读能力使这些与世隔绝的学者们能够相当及时地了解最新的发展。而今天，他们则需要懂意大利语、西班牙语、荷兰语、斯堪的纳维亚语和斯拉夫语；甚至还需要懂日语。意大利和瑞典的化学家们正在做着重要的工作，就像英国和德国的化学家们一样。"[3]

巴别塔已经在这里出现了。

这是真的吗？让我们暂时把关于那一时期的巴别塔的部分放在一边，先来考察一下戴尔所说的"10年前"，也就是"一战"爆发之前，很明显，在当时，3种主导的科学语言就已经够用了。以下是对1910年形势的一个分析（由奥地利物理学家莱奥波德·普丰德勒①所作）：

"每位学者或科学家都必须至少懂德语、法语和英语。对于大多数德国

---

① 译者注：Leopold Pfaundler von Hadermur，1839—1920。

学者和科学家来说，这种说法也许是正确的，但是对于法国人来说就不那么正确了，对于英国人来说就更不正确了。尽管如此，即使掌握了这3种语言的知识也已经不够用了，原因如下。

首先，其他几种语言也必须考虑进来，因为许多意大利人只写意大利语，许多荷兰人只写荷兰语，而许多俄国人、波兰人、捷克人、匈牙利人、斯堪的纳维亚人和西班牙人也只使用他们的民族语言。"[4]

根据普丰德勒的说法，即使是英语、法语和德语三足鼎立的局面也未能在德国以外的国家行得通，因为法国和英国的科学家们掌握的学术语言似乎还不到三种。而巴别塔只会让情况变得更糟。

如果我们再往前追溯一点呢？路易斯·库图拉特和利奥波德·劳曾写过一本关于辅助语言的权威著作，辅助语言指的是在语言不同的民族之间作为工具使用的那些语言。他们认为，对这种语言的需求从未如此突出过。他们在1903年时指出："通信和交通手段的发展使这种必要性更加明显：如果一个人既不能理解当地的居民，也不能让他们理解你，那么，在几个小时内把自己送到外国又有什么好处呢？如果两个通信者没有共同的语言可以写信或交谈，那么，从一个大陆打电报到另一个大陆，或者从一个国家打电话到另一个国家，又有什么好处呢？"①[5] 看起来，即使在戴尔诊断出当时的巴别塔的20年前，通过3种主导语言来进行几乎普遍的学术交流的梦想也并未实现过。我们可以再往前追溯一下。欧洲（以及北美）的学者们似乎永远无法让别人理解他们。随着俄语作为一种科学语言的出现，这个问题变得更加突出，也更加棘手。

---

① "Sa nécessité résulte encore plus évidemment du développement des moyens de communication : à quoi bon pouvoir se transporter en quelques heures dans un pays étranger, si l'on ne peut ni comprendre les habitants ni se faire comprendre d'eux? À quoi bon pouvoir télégraphier d'un continent à l'autre, et téléphoner d'un pays à l'autre, si les deux correspondants n'ont pas de langue commune dans laquelle ils puissent écrire ou converser?"

19世纪、20世纪之交的欧洲学者们认为,几乎没有什么问题比这个难题更严重了,即:有太多的语言充斥着脆弱的科学家群体。担忧的理由有两个。首先,科学家们无法在这样的世界里产生科学。路易斯·库图拉特又一次简明扼要地阐述了这种担忧:"简而言之:为了了解自己感兴趣的特定的科学工作和研究,所有学者都必须精通多种语言;但是,要成为通晓多种语言的人,他们就必须放弃所有其他的研究,这样一来,他们又会缺乏专业知识。"[6]科学产出将缩减为零,而科学的进步也将受到阻碍。

第二个问题更麻烦:科学家们可能会把自己关在由他们的母语所形成的单一语言回音室中。正如丹麦语言学家奥托·叶斯柏森在1928年一再强调的那样,"民族运动"已经使3种主导的科学语言不足以畅行于学术领域了。"即使是小的国家,也希望在每个场合都维护自己的权利,展现自身的实力,以展示自己独立于强大邻国的一面。"当然,现在他们可以通过印刷的便易和识字率的普及来做到这一点,但代价是什么呢?"对这些国家本身有利的东西,在某些情况下可能对整个世界,甚至对作者本身有害,因为值得在全球传播的思想,现在只对一小部分对它们感兴趣的人开放。"[7]

这两种担心都不是什么新鲜事。1888年,在偏远的费城召开的美国哲学学会的一次会议上,人们就对拉丁语的死亡以及之后的科学语言三巨头表示了哀叹。通过审视他们自己的图书馆藏,美国人注意到,"每一个小的国家都声称,应该用他们自己的方言出版它们想要告诉科学界的东西,并且科学界应该学习这种方言。因此,我们的科学出版物有用罗马尼亚语和波希米亚语出版的,也有用冰岛语和巴斯克语、瑞典语和匈牙利语、亚美尼亚语和现代希腊语出版的,还有用日语和葡萄牙语出版的,这还不包括那些用我们更熟悉的语言出版的科学出版物。"[8]负责任的科学家们无法跟上科学研究的进展,而不负责任的科学家们则自私地生产着知识——由于这些知识被封闭在匈牙利语中(随意地挑选一种语言),这些知识已经不再是知识,因为没有人知道它。

在 19 世纪早期，沟通是如何进行的？答案是通过英语、法语和德语。这些语言确实与强大的民族国家联系在一起，但它们也有更多的含义。大量的非母语者为了与他人交流而学习这些语言。这些语言都是辅助语，从而促进了在语言方面大相径庭的欧洲各地区之间的交流。再往前追溯的话，中世纪和近代早期拉丁语作为一种学术语言的记忆也指向了同样的解决方案。拉丁语也曾是一种辅助语，而且可能是一种比上述 3 种主导的科学语言更好的辅助语。首先，它是独一无二的：人们只需要学习一种语言，而不是 3 种，就可以理解当时的科学发现。另外，在 16 世纪，拉丁语也不是任何人的母语，因此，没有哪个特定的民族比其他民族更具备先天的优势。

因此，面对 19 世纪末的巴别塔，一个显而易见的解决方案是：科学家们需要一种通用的辅助语来交流他们的发现。本章和下一章讲述了在第一次世界大战爆发前的 30 年里，人们对这种辅助语的戏剧性探索。原则上讲，任何一种语言都可以作为辅助语，比如德语、纳瓦霍语、斯洛文尼亚语……因此，这一选择是一个重大的决定，因为它将在可预见的未来锁定学术交流。在世纪之交之时，两个新的进展交汇在一起：科学家们对于一种普遍的、完美中立的辅助语的追求，以及大量人工语言的出现。在 20 世纪的头 10 年里，"人造的"或人工的语言，比如世界语，被认为是治疗各类科学家诊断出的语言增生病的灵丹妙药，而远非潜藏在欧洲思想古怪边缘的畸变。

辅助语的逻辑

这个故事要求你认真对待人工语言，至少在一段时间内如此。对大多数人而言，这是一种很难接受的东西，经常用来描述这些语言的通用术语是："人造语言"。"人造"的字面意思是"被制造、被构造"，但它带有一个明显贬义的内涵："假的，不真实的"——试想一下人造的圣诞树。实际上，树是一个很好的类比，因为它们展示了这一内涵背后的逻辑。那里有一些自然的树木，你可以在12月砍掉并装饰它们；正是自然的存在让"人造"看起来"虚假"。

但语言并非完全如此。现代语言并不像植物那样"自然"（当然，假设我们在谈论自然植物时，我们知道在谈论什么，不过，经过几千年的人工选择、抗生素治疗、杀虫剂以及现在的基因改造，这多少是个悬而未决的问题）。我们所说的"自然"语言是什么意思？正如叶斯柏森多年前所指出的，"在所谓的自然语言中，有很多东西是'人造的'，而在所谓的人造语言中，有很多东西是自然的……"[9]

首先，关于自然中的人造。化学命名法是一个典型的例子。尽管我们不愿将德语或俄语从自然语言的阵营中驱逐出去，但是这两种语言中的化学命名法是用大量外来词、古代词根和原生语言的词汇精心构造而成的。人造性——在人类有意制造的意义上——在许多更普遍的情境中都是显而易见的：现代希伯来语，印度斯坦语向印地语和乌尔都语的转变，爱尔兰语的复兴，英语单词从法语中的清除，等等。与法语有法兰西学术院[①]的管理不同，英语没有一个官方认可的机构来管理，但是无数的压力会让英语朝着某些特定的方向而不是其他方向发展，同样，这些压力并不总是"自然力"的产物。我们最好遵循叶斯柏森的术语，将这些语言视为"民族的"而非"自然的"，因为它们也是在有意识的努力下被修饰和改进，以适应现代情境的。

同样地，自然也存在于人造之中。显然，人造语言必须由某种东西构成，而它们通常是由民族语言构成。从这里拿来一些音素，从那里借来一些语法，指出并根除一些人们想要消除的模式（比如许多语言中用法经

[①] 译者注：法兰西学术院（Académie française）建于1635年，是法兰西学院/法兰西学会（Institut de France）下属的五个学术院之一，是其中历史最悠久、名气最大的学术权威机构。主要任务是规范法国语言。法兰西科学院（法国科学院）也是五大学术院之一。

常无规则的"to be"),等等。但有一种更清晰的方式来理解这种边界的模糊性:大约有1000名以世界语为母语的人。是的,世界语。他们通常在世界语是其父母唯一的共同语言的家庭中长大。这些人没有什么问题;他们的语言行为没有任何不足或缺陷。和民族语言的使用者们一样,他们使用世界语来获得整个人类体验,而世界语也因为这些"世界语母语者"("denaskuloj",字面意思是"from-birthers","来自出生者")而获得了新的特征。换言之,世界语现在是一种"自然语言"。你可以认真思考一下。与"人造的"("artificial")相比,"计划语言"("planned languages")或者"人工语言"("constructed languages")是更准确的描述。我将选择后者。[10]

回到我们的科学家们在全新的、令人兴奋的20世纪之初的困境。当巴别塔包围他们的时候,正是欧洲科学蓬勃发展,他们想要了解众多的科学成果时。他们该怎么办?各种各样的建议大量涌现,他们很快就达成了一个普遍共识——几乎没有争议,即:显然需要一种人工的语言作为通用辅助语。这个结论对他们而言是不言而喻的,而对我们来说是违反直觉的,因此,它有助于帮助我们追溯他们的逻辑。

最直接的建议是使用一种民族语言作为辅助语。毕竟,这些语言已经存在,已经有一批人每天都在使用它们,而且,如果选择一种广泛用于科学工作的语言,比如英语、法语或德语,其中就包含了一套现成的科学术语。显然,这就是今天所发生的事情:英语在科学中无处不在。但在1900年,这样的结果是难以理解的。法国人绝不会容忍德语;德国人绝不会容忍英语;英国人什么也不会容忍;任何一个高涨的民族主义运动也都不会屈服于这三种语言中的任何一种。妥协似乎同样注定要失败。彼得斯在20世纪的头几年曾提出过按语言划分学科的建议;比方说,数学家将会使用英语,而哲学家会同意使用德语,化学家会使用法语,博物学家会使用俄语,等等。但是,跨学科的讨论怎么办呢?[11]不,辅助语不能是一种活的民族语言。正如人工语言的坚定支持者库图拉特在1910年时所说:"民族语言的解决方案实际上是妄想和乌托邦；人造语言的解决方案似乎是唯一可行的选择。"①[12]

当然，除了当时用作各民族母语的语言之外，还有更多的民族语言可供选择；事实上，使用拉丁语——一种"死"的语言，给一些人带来了希望。除了人造语言之外，在1900年前后（一直到20世纪30年代，甚至更晚），对拉丁语稍作改进之后形成的一种语言似乎是最有希望的辅助语。[13]但这里也存在一些问题。首先，拉丁语很复杂：异相动词，时态呼应，复杂的虚拟语气，5种变格法，3种性，以及世界各地的学生和辅祭②对拉丁语的恐惧。而且，拉丁语也是完全死了的语言。尽管世界上许多科学术语都是从拉丁语和希腊语的词根派生而来，但这里的关键词是"派生"。拉丁语作出改变来适应现代情境，而不是相反。尽管"internal combustion engine"（内燃机）这3个词都源于拉丁语，但是一个用来表达"内燃机"的全新词汇必须从头创造出来。最后，复兴拉丁语的提议总是在保守主义和教条主义的非难下艰难地进行，这些人总是把拉丁语与天主教会联系在一起。

在20世纪的前10年里，如果拉丁语要成为通用的辅助语言，就必须以某种方式加以简化，去除语言学家所钟爱的不规则和古怪的规定。这些"新拉丁语"中最成功的（相对而言），是由著名意大利数学家朱塞佩·皮亚诺在1903年提出的"拉丁国际语"，即"没有屈折变化的拉丁语"，也被称为"国际语"["Interlingua"，但不要与亚历山大·戈德1951年提出的更流行的"国际语"（Interlingua）相混淆，我们将在第八章中谈到后者]。一位杰出的人工语言历史学家阿尔伯特·盖拉尔认为，皮亚诺确实"首次将整个问题置于严格的科学基础之上。"[14]皮亚诺坚持认为拉丁语的名词

---

① "la solution par les langages nationales est réellement la chimère et l'utopie；et la solution par la langue artificielle apparaît comme la seule pratique."
② 译者注：宗教礼仪中的辅助男童，尤见于罗马天主教。

（大部分）应该使用主格单数，动词（大部分）应该使用不定式，并让英语中严格的语序来处理意义。（尽管如此，老实说，他在这一点上并不是特别严格，正如一些例子将展示的那样，离格和变位玷污了人工语言的纯洁性。）你可以认为1903年的学者们对拉丁语有一定的了解，所以它不会产生什么困难。正如他开始（在他编辑的数学杂志上）发表关于这个问题的宣言时所说：

"Lingua latina fuit internationalis in omni scientia, ab imperio Romano, usque ad finem saeculi XVIII. Hodie multi reputant illam nimis difficilem esse, iam in scientia, magis in commercio.

Sed non tota lingua latina est necessaria; parva pars sufficit ad exprimendam quamlibet ideam." ① [15]

我就不翻译这段话了。你可能觉得它有道理，也可能觉得它讲不通。这段话可以让你感受到大多数的皮亚诺同时代人对于拉丁国际语的看法（一些意大利人除外，他们支持这个体系）。[16]

如果科学家们因为巴别塔的出现而需要一种通用的辅助语言，而他们既不能使用一种活的语言，也不能使用一种死的语言，那么唯一的选择似乎就是为这一目的量身定做一种新的语言。这些新语言不同于17世纪约翰·威尔金斯及其同人所做的尝试；这一重要区别，即先验语言和后验语言之间的区别，是在1866年巴黎语言学会的一篇会议论文中提出的。先验的人工语言是从零开始创造一切：所有的词汇都是新的（从而摆脱了历史含义的不合逻辑性），许多语法和句法也都是新的，必须从头到尾地学习

---

① 译者注：意为："从罗马帝国到18世纪末，拉丁语是所有科学领域的国际语。而今天，许多人认为，它在科学领域和商业领域都非常难。但并非所有拉丁语都是必要的；一小部分就足以表达思想。"

它们。最早的一些人工语言，由于它们太难了，所以从来没有非常流行过。通常只有构造它们的人知道如何使用它们，而且并不总能用得很好。在某种程度上，有一个较受欢迎的例外，它就是弗朗索瓦·苏德雷1827年发明的"索来索语"①。苏德雷总共使用了7个音素（do、re、mi、fa、sol、la、ti）来构造了一种可以根据音阶演唱的语言。他在剧院进行了大量的表演，表演中，擅长索来索语的人会把观众的信息翻译成索来索语并用乐器演奏出来，苏德雷会将这些信息正确地译解出来。然而，7个音素并不多，所以单词很快变得很长。这是一个极好的室内变戏法，但不是一种可行的语言。正如库图拉特和利奥波德·劳在1903年时感到困惑的那样："没有人能够解释这种语言的相对成功，它是所有先验语言中最贫乏、最人为、最不切实际的一种语言。"②[17]索来索语是第一个也是最后一个赢得广泛的公众关注的先验语言。

如果要有一种构造的通用辅助语的话，这种辅助语必须是后验的：它要建立在民族语言的基础上，但要去除那些让传统语言的学生陷入困境的不规则性和复杂性，就像皮亚诺对拉丁语的后天简化一样，不过只会更加简化。这种观点的主要论据是科学本身。科学的命名法——不管它们在不同的语言中存在多大的差异——本质上已经是国际性的了。而且，尽管科学家们害怕巴别塔的到来，但1910年的实际情况是，他们"阅读外国科学文献比阅读用同一种语言写成的报纸或小说要容易得多"。[18]利用科学的国际性作为"脚手架"，可以建立一种工具来促进交流，同时又不触及民族的敏感性。因为，正如叶斯柏森所指出的那样，民族语言仍将发挥其作用：

---

① 译者注：学名是"国际通用音乐语言"（法语：la Langue musicale universelle），一种人工语言，以视唱为基础，词汇拼写由7个音符组成，不仅可以书写说话，还能歌唱和用乐器演奏。
② "On a peine à s'expliquer le succès relatif de cette langue, la plus pauvre, la plus artificielle et la plus impraticable de toutes les langues a *priori*."

"（辅助语）必须是一种智力语言，一种大脑的语言，而不是心脏的语言；决不能指望用它来表达那些通过民族语言自然流露出来的深沉情感。它总是会有一些枯燥乏味的东西，试图用它来翻译非常深奥的诗歌是错误的，因为它只能呈现那些诗歌的元素，而这些元素也可以通过民族语言意译出来。"[19]

当然，也有一些人对此持怀疑态度，他们指出，人工语言的倡导者通过向科学家们提议"在其他外语的基础上再增加一门要学习的外语"来解决科学巴别塔的问题。"有人将这种做法称为'简化''节能'！"①[20]但是，这些反对者们在19世纪末的争论焦点并不在于人工语言是否是个好主意，而在于应该采用哪种人工语言。1900年的欧洲人已经知道，通过一种中立的、人工的语言，数以万计、甚至数以十万计的来自不同民族的人们是可以进行交流的。他们知道沃拉普克语。

沃拉普克语

沃拉普克语（"Volapük"，"vol"表示"世界"，"a"表示属格，"pük"表示"言说"，"语言"；因此，该词义为"世界的语言"或"世界语"）是19世纪末最惊人的语言发展之一，它的故事将成为一部小说的扣人心弦的主题（事实上已经如此）。[21] 据报道，1879年3月31日晚，罗马天主教牧师约翰·马丁·施莱尔在德国南部康斯坦茨湖附近的教区睡觉时，想到了创造这种通用语言。1880年年末，他发表了他的宏伟构想，并以特有的热情介绍了这一构想：

---

① *"daß sie zu den andern Fremdsprachen noch eine neue Fremdsprache hinzulernen. Und das nennt man Vereinfachung, Ersparung von Energie!"*

"通过庞大的全球邮政系统，我们朝着这个美好的目标迈出了一大步。同时还有钱币、度量、重量、时间划分、法律和语言……人类的友谊应该越来越团结起来！对于这一规模宏大的语言联盟来说，目前这篇短文将起到首要的推动作用。"①[22]

这篇文章有两点值得注意，一是典型的语言构造的黄金时代，另一点则相当不同寻常。通常的比喻是：从通信和运输技术的当代创新以及随之而来的标准化中获取灵感。沃拉普克语的特殊之处在于，施莱尔公开宣称，他不是要创造一种辅助语，而是要创造一种新的通用语言来取代世界上所有的语言。在沃拉普克语后来成为一场运动时，它的宣言中写道：为了同一个人类，为了一种语言！

这个想法像野火一样蔓延开来。使用各种语言出版的沃拉普克语教科书层出不穷，商业企业也在推广沃拉普克语以简化国际通信。[23]沃拉普克语最初在讲德语的地域传播，到19世纪80年代中期时，它已经席卷了法国。巴黎的大百货公司——春天百货公司开设了这方面的课程，培训了不少于121名这门未来通用语言的新使用者。[24]到1888年这场运动达到顶峰时，支持者们认为有21万人学习过这种语言，其中有相当一部分人会继续使用它。即使沃拉普克语的支持者们有些夸大其词，这种语言的渗透力也令人印象深刻。[25]而比数字更令人吃惊的是它的地理分布。费城美国哲学学会的档案馆中保存的部分或全部使用这种新语言撰写的沃拉普克语报纸来自中国、丹麦、都灵、俄勒冈、苏黎世和布拉格等多个国家和城市。北美沃拉普克语俱乐部的章程里登记了50余名成员，大部分成员都在新英

---

① "Durch di großartige Weltpost ist ein gewaltiger Schritt zu disem schönen Zile vorwärz gemacht worden. Auch inbezug auf Geld, Maß, Gewicht, Zeiteinteilung, *Geséze* und Sprache ... sollte sich das *Brudergeschlecht* der Menschen merundmer einigen! Zu diser Spracheinigung im großartigsten Maßstabe will vorligendes Werkchen den ersten Anstoß geben." 与众不同的拼字法和对个别词汇的强调来自施莱尔自己。

格兰地区。[26]伟大的法国作家欧内斯特·勒南惊奇地观察着这些发展，并凄凉地调侃道（在阿尔伯特·盖拉尔的译本中）："几代人以后，我们的作品将一无所有，只剩下几部选集，其中每一行都翻译成了沃拉普克语。"[27]

这是什么美妙的语言？它是什么机制，足以消除巴别塔带来的伤害？我从1888年的教科书中随便选取了一个句子：

"Neläbo jimatel yagela pedlefof, nendas yuf äkanom pablinön ofe."[28]

可以理解这句话的意思吗？沃拉普克语是基于大量的基本词根的集合，这些词根是由一些后验词汇（主要来自英语和德语）派生出来的，经过适当的修改以符合施莱尔的标准：它们往往是单音节的，必须以辅音字母开头和结尾（但出于语法原因，这个辅音字母不能是"S"）。出于对东亚人的考虑，每个词汇中的字母"r"都用"l"代替（因为，例如，日本人对这两个音不作区分）。此外，为了避免民族语言的同音（形）异义和其他缺陷，还需要进行其他形态转换。在这些词根上加上前缀和后缀，可以使它们变为名词或动词（沃拉普克语有四种格和一套完整的时态）。因此，通过简单的黏着，人们就可以从基本单位中表达复杂的思想。

让我们一个词一个词地来看一下这个句子。"Neläbo"是一个副词（这就是"o"所表示的意思），它是对基本概念"läb"的一种否定，"läb"意为"运气"，因此，"Neläbo"的意思就是"不幸地"。"Jimatel"更好理解。前缀"ji"的发音是"shi"（"j"在英语中表示为"sh"），它使词根变成阴性；"mat"是"mate"的词根，它完全派生于英语，"el"是一个后缀，表示一个行为主体或一个人。所以，"jimatel"的意思就是：一个作为伴侣的女性，即"妻子"。"Yagela"这个词中有两个我们以前见过的后缀：表示占有的属格后缀和表示施事格的后缀；"yag"是从德语"jagen"派生出来，意为"打猎"。所以，我们现在谈论的是"猎人的妻子"。现在我们来看

› 127

动词"pedlefof"。为了搭配第三人称单数阴性名词，需要变换这里的动词"dlefön"（击打）的形式，在词根"dlef"上加上后缀"-of"；与之相比，第一人称单数时，后缀是"-ob"，第一人称复数时，后缀是"-obs"。前缀"e"表示完成时态，附加前缀"p"表示被动。（这种后缀和前缀可以加很多；当时有一个人计算出每个沃拉普克语的动词可能有 505400 种不同的形式。）到这里，我们已经分析完了第一个从句。

第二个从句以"nendas"开头，意为"除非"——有时候，你只需要记住从属连词就行了！"Yuf"是一个词根，意为"帮助"，因为它没有后缀或前缀，所以我们可以放心：它是主格的形式，是这个从句的主语。然后，动词"äkanom"是"kanön"的一种变位，意为"能够"，与第一个从句非常类似，其后缀表示第三人称单数阳性，因为"yuf"是阳性的，而且我们知道它是动词的主语。前缀"ä"代表过去未完成时。"Blinön"是"to bring"（"带来"）的不定式，这里你可以看到"bring"中的"r"是如何变为"l"的，而且施莱尔在结尾处对辅音群进行了简化。前缀"p"很常见，它使事物变得被动。"Blinön"前面的"a"是一个虚拟前缀，以避免难以读出的辅音群"pbl"。到这里为止，"ofe"的意思可能已经不言自明了。我们已经把"of"看作是表示第三人称单数阴性名词的小品词；在这里它有后缀"e"，这让该词汇变成了与格，因为"她"将是我们的间接对象。现在我们就有了整句话：

"Neläbo jimatel yagela pedlefof, nendas yuf äkanom pablinön ofe."

用英语翻译过来就是："Unluckily the hunter's wife was struck, unless help was able to be brought to her."（"不幸的是，猎人的妻子被击中了，除非她能获得帮助。"）

很简单。我是说真的：沃拉普克语很容易。它当然比许多民族语言，很可能比大多数的民族语言要容易得多,比如对于一个意大利人而言,沃拉普克语比德语要容易。[29]

人们纷纷开始使用这种语言。1884年,就在该语言被发表四年后,施莱尔在康斯坦茨湖畔的腓特烈斯哈芬①召开了第一届沃拉普克语大会。3年后,第二届大会在慕尼黑举行,大约有200人参加,他们在那里建立了沃拉普克语者世界协会,该协会又创立了国际沃拉普克语学院。前两次会议上的讨论都是以德语进行,德语是大多数与会者的共同语言,而1889年在巴黎举行的第三次大会上,沃拉普克语是唯一使用的语言;就连服务员说得也是这种语言。迁往巴黎标志着这场运动的国际化,这一成就主要归功于法国巴黎高等商学院的现代语言学教授奥古斯特·柯克霍夫,他在1886年建立了法国沃拉普克语传播协会,并于次年被任命为国际沃拉普克语学院院长(施莱尔被称为终身宗师)。到1889年时,全世界共有283个沃拉普克语俱乐部,授予了1600个沃拉普克语的文凭,出现了以25种语言出版的316本关于沃拉普克语的出版物(仅1888年就有182本),其中有85本以德语写成,而有60本完全以沃拉普克语写成,此外还有25至35种来自全球各地的沃拉普克语期刊。[30]

之后,突然之间,这场运动便陷入崩溃。坦率地说,自从在慕尼黑会议上成立国际沃拉普克语学院以来,就出现了这样的征兆。柯克霍夫不知疲倦地努力传播沃拉普克语,他提出了一系列的改革措施,以使这门复杂的语言更容易学习。施莱尔则坚持自己的立场,拒不让步:这种语言是完美的,运动的成功证明了这一点。他认为,他应该对学院提出的任何改革拥有否决权,而柯克霍夫则只愿意多给他一些选票,比如单独给他3张投票权(大会一共有17名成员)。伴随着对这些提案的讨论,辩论在巴黎进入了高潮,1891年,柯克霍夫便辞职了。到那时,沃拉普克语者已经开始

---

① 译者注:Friedrichshafen,德国南部的一个城市,又称腓特烈港。

以惊人的速度消失了。[31]正如阿尔伯特·盖拉尔在 1922 年时所说："关于沃拉普克语，最奇怪的事情是它的突然崩溃。1888—1899 年，它似乎要征服世界；而 1890 年时，它却快要死了。"[32]（注意：对于人工语言，在宣布某种东西灭绝之前必须要谨慎。1904 年有一本为沃拉普克语辩护的小册子；1931 年，一位名叫阿里·德·容的荷兰医生单枪匹马地进行过一次复兴，他在 1956 年提出："沃拉普克语永远不会过时，就像其他任何一种国际语言一样，因为正是沃拉普克语保证了所有所需的准确性和中立性。"①[33] 1979 年，为了纪念沃拉普克语创造百年，也曾有过一次复兴。甚至有一个沃拉普克语版本的维基百科。尽管如此，我们还是可以放心地宣布沃拉普克语濒于消亡了。[34]）

这个故事有两个主要特征。首先是沃拉普克语运动的脆弱性。种种迹象表明它是如此的健康且富有活力，这一切怎么会结束地如此之快？为什么所有的沃拉普克语者都离开了？他们去了哪里？这个问题对于那一时代的人们而言同样重要。我会把这一问题留在下一章中剖析，在那里我们将看到，对沃拉普克语的消亡的解释是如何萦绕在关于一种科学的人工辅助语的争论中的。而另一方面，这里还有另一个经验：尽管沃拉普克语的词法和句法都很古怪，但在大约 10 年的时间里，它却一直行得通。这足以证明：人们会使用一种人工语言来表达自己。诚然，它已经死去，但也许重要的经验是，它曾经活过。

希望重燃：世界语方案的提出

沃拉普克语在学术界引发了极大的热情，学术界将其视为解决即将出现的巴别塔问题的可能方案。1887 年 10 月 21 日，为了考察这一方案，美

---

① "... le V. n'a jamais été dépassé, voire égalé par aucune autre L.I. précisément parce que le V. présente toutes les garanties voulues d'exactitude et de neutralité."

国哲学学会任命了一个3人委员会，由丹尼尔·加里森·布林顿担任主席。在1888年1月的报告中，他们宣布"他们在（施莱尔）的尝试中，发现了一些值得赞扬和很多值得谴责的东西。"这些费城学者认为，沃拉普克语与印欧语系（当时更为常见的叫法是"雅利安语"，"Aryan"）的每一个特征都相左，而他们认为后者才是唯一文明的语言："沃拉普克语是合成的和复杂的；而所有现代方言则变得越来越是分析的，并且语法越来越简单；沃拉普克语的形式要素早已被印欧语系所抛弃；它的一些发音对于所有印欧语系的人来说都是陌生的；它的部分词汇是临时编造的；它的表达也不可避免地带有模糊性。"它就是不可行。尽管如此，最近的一个人工语言方案可能会提供必要的语言简洁性。布林顿的委员会得出结论说："柴门霍夫博士（Dr. Samenhof）的方案在这方面尤其值得推荐，并且可以作为一个可靠判断的典范。"[35]他们建议密切关注这个方案。

1887年，路德维克·拉扎尔·柴门霍夫（Ludwik Lejzer Zamenhof，这里的名字使用了他喜欢的拼写形式，而不是布林顿那样屈折的德语拼写形式）博士发表了这个方案，截至目前，这个方案是当今世界上最主要的人工语言，与之相比，其他竞争者则显得微不足道。它就是你所知道的世界语。老实说，今天，大多数不是世界语者的人都认为它近乎荒谬。不过，这些人通常对世界语也不太了解。它是巴哈伊教的官方语言，它与和平主义和国际主义运动有关，它曾受到阿道夫·希特勒和约瑟夫·斯大林的积极迫害，在20世纪50年代，它甚至被美国在对抗外国势力的大规模战斗模拟中当作"侵略者，即演习中的敌人"，以免对任何现实国家造成不必要的恐慌。[36]1966年，有一部完整的电影也是用世界语拍摄的，名为《梦魇》，由年轻时的威廉·夏特纳主演。这些杂乱无章的联想使这种语言显得随意且幼稚可笑，我在这里提出它们是为了让它们脱离我们的思维体系。因为在1900年前后的岁月里，世界语一点儿也不幼稚可笑，而且欧洲最严肃的人们都在学习它，分析它，采纳它，或者拒绝它，他们将其视为克服语言混乱的一个可行方案。

与沃拉普克语一样，世界语是由一个人创造的，但两者的相似之处也仅此而已。比如，施莱尔希望用他卓越的创造取代所有的民族语言，而柴门霍夫的目标是为所有人提供一种第二语言，即一种在民族语言之外的交流工具——换句话说，一种辅助语。柴门霍夫是一位居住在华沙（当时是俄罗斯帝国最大的城市之一）的犹太眼科医生，他在一本简短的俄文小册子中发表了他的"国际语"计划，这本小册子于1887年5月21日通过了帝国的审查。他使用笔名"Doktoro Esperanto"（"世界语博士"，意为"希望者博士"写了这本小册子，该语言最终以此命名。这本书在运动中被称为《第一本书》，它包含了一个简短的导言，其中解释了这门语言的完整语法——这些语法被制定成了16条规则，还包含一个有900个词根的词汇表，用世界语写成的主祷文、一段圣经、一封例信和一些由柴门霍夫自己写的诗。柴门霍夫从年轻时起就一直致力于通用辅助语的研究，这种中立语言可以用于欧洲不同国家之间的交流，他的生平和语言之路在许多令人钦佩的研究中都有很好的记载，所以我不在这里重述。[37] 对于我们而言，更重要的是，了解一点这种语言是如何工作的，它是如何传播的，以及它的使用者是如何处理与科学交流有关的问题的。

世界语的规则非常简单。想一下本章题词中的第一句话：

"En Eŭropo oni ordinare pensas, ke en la tuta Ĥinujo oni parolas nur unu lingvon— la ĥinan."

其英文是："In Europe one ordinarily thinks, that in all of China one speaks only one language: Chinese."（"在欧洲，人们通常认为整个中国只说一种语言：汉语。"）

首先，世界语给人的印象是，它看起来像是一些常见语言的混合体。

这是因为世界语的词根来自六种广为人知的源语言：英语、法语、德语、意大利语、俄语和西班牙语。（俄语被大大低估了。）每个词都以其词尾表示该词词性。如果一个词以"o"结尾，它就是一个名词；如果以"a"结尾，它就是一个形容词；如果以"e"结尾，它就是一个副词。因此，"Eŭropo"是"Europe"（欧洲）的名词形式，我们也可以很容易地从同样的词根中造出形容词"Eŭropa"，意思是"European"（欧洲的；欧洲人的）。"Ordinare"意为"ordinarily"（通常地；一般地。副词），同样，"ordinara"意为"ordinary"（普通的；平常的；形容词）。要使一个名词变成复数，你需要加一个"j"，它的发音就像英语中的"y"，形容词必须和名词保持一致——比如，"all of China"（全中国）用世界语说是"la tuta Ĥinujo"，那么，"all of the Chinas"的世界语就是"la tutaj Ĥinujoj"。如果某物是一个动词的直接宾语，如"lingvon"（语言），我们会加一个"n"来标记其宾格词性，如果有形容词的话，我们也会在形容词后面加"n"。这就是关于世界语的名词你需要知道的一切。动词则更容易：如果一个动词以"as"结尾，那么对所有的人和数字来说都表示现在时；如果它以"is"结尾，则意味着过去时；如果它以"os"结尾，则意味着未来时。没有例外，没有不规则性。如果你有一本词典，再加上我刚才所说的东西，你就可以读懂大量的世界语。

但是，可以从"Ĥinujo"这个词中看出，这种语言有一些独有的特征。首先，那个扬抑符是怎么回事？世界语里有5个"戴帽"字母："ĉ""ĝ""ĥ""ĵ""ŝ"，它们代表静音，比如像词汇"chat""gem""Bach""joke"和"shut"中那样没有哪种语言具有这样的正字法——它可能看起来像捷克语中的"haček"，不过它是颠倒过来的。除了辅音之外，还有一个元音有一个独特的、几乎唯一的变音符号：ŭ，它代表一个滑音，类似于英语中的"w"。后缀"uj"也很有趣，它附加在词根"ĥin"的后面、最后一个字母"o"的前面（之前说过，"o"表示该词是名词）。"Ĥino"意为"Chinese person"（中

›133

国人)。"ĥina"意为"Chinese"(中国人的),与"Chinese food"(中国人的食物)里的"Chinese"意思相同。后缀"uj"意为"container of"(……的容器),所以在世界语中,"Ĥinujo"的意思就是"container of Chinese people"(中国人的容器)或者指"中国"这个国家。有很多这样的后缀——"id"意为"descendant"(后代;衍生物),"in"意为"feminine"(女性化的;阴性的),"eg"意为"intensified"(强化),等等,它们也可以作为单词的词根:"ujo"意为"container"(容器),"uja"意为"容器的或与容器有关的"。有了这些工具,你就可以从相对较少的词根中创造出大量的词汇。柴门霍夫有意识地把它设计得容易学习。

起初,接受他的方案的大部分都是俄国人,这是可以理解的,因为《第一本书》是用俄语写成的,大部分欧洲人都读不懂。著名小说家列夫·托尔斯泰作了一篇短文称赞这种语言极其简单(他声称他只花了两个小时就学会了它),尽管这可能产生了更多不必要的麻烦(但不管怎样,这都不算多),因为当时托尔斯泰对于沙皇政权而言是个不受欢迎的人物。[38] 1888年时,利奥波德·爱因斯坦——此人曾于1885年在纽伦堡创立了世界语言协会①,并致力于沃拉普克语——收到了一份柴门霍夫1888年写的那本小册子的译本。利奥波德·爱因斯坦一下子就被这种语言迷住了,于是带着纽伦堡的沃拉普克语者们一起转向了世界语。利奥波德·爱因斯坦在第二年就去世了,但他的追随者克里斯蒂安·施密特继续接替他,并开始发行《世界语者》杂志,这是用柴门霍夫的世界语发行的第一本期刊。[39] 1890年时,这本期刊被移交给柴门霍夫管理,并成为该运动中凝聚力的一支重要力量,直到1895年,由于出版了托尔斯泰被禁的《信仰与理性》的译本而被沙皇审查机构关闭。该期刊搬到了乌普萨拉(世界语在瑞典也很

---

① 译者注:Weltsprach Verein,也叫"Nürnberger Weltspracheverein"(纽伦堡世界语言协会或纽伦堡世界语俱乐部)。建立之初是一个支持沃拉普克语的组织,1888年时,随着利奥波德·爱因斯坦转向支持世界语,该组织变成了一个世界语者的组织。

流行。)世界语运动随后的发展令人震惊。到 1907 年时,《第一本书》已从俄语翻译成了波兰语、法语、德语、英语、希伯来语、意第绪语、瑞典语、立陶宛语、丹麦语、保加利亚语、意大利语、西班牙语、捷克语、拉脱维亚语、葡萄牙语、荷兰语、匈牙利语、爱沙尼亚语、加泰罗尼亚语、佛兰芒语①、日语、希腊语、乌克兰语和阿拉伯语。全世界至少有 756 个世界语组织,其中有 123 个在欧洲以外,另外还有 64 种期刊。[40]

世界语早期历史上最重要的发展是它从一种由俄国人主导的语言——俄国人赋予了世界语运动一些持久的理想主义并塑造了世界语的文学风格——转变为一场 19 世纪 90 年代以巴黎为中心的运动。重心的转移与路易斯·德·博弗伦特有关,原因在第五章中会讲到。德·博弗伦特后来成为世界语界极不受欢迎的人物,而且亲世界语的史学研究倾向于贬低他的重要性,中伤他的人格,批评他是"世界语史上最神秘、最可悲的人物。"[41]平心而论,这是很容易做到的,因为说德·博弗伦特的诚实性有问题一点都不为过。

据德·博弗伦特说,他一直在研究自己的人造语言:"辅助语",但当他遇到世界语时,他意识到了这种语言的内在优越性,并投入了全部精力支持它,用一本 1907 年的世界语教科书中的话说,他成了"最伟大和最狂热的世界语倡导者"[42]。1905 年后,为了回应一些人身攻击,他声称自己是一位侯爵,因贫穷被迫成为钱登·德布里亚尔斯伯爵家族的私人教师。[43]我们不知道"辅助语"是否存在过,[44]但我们知道,1892 年,德·博弗伦特用法语出版了一本大部头的世界语教科书,1895 年又出版了一本重要的宣传册。1898 年,他创立了世界语传播协会和双语期刊《世界语者》,这标志着法国在这场运动中的崛起。[45]不久,强大而顽固保守的阿歇特②成

---

① 译者注:比利时荷兰语的旧名称,主要通行于比利时北部地区。
② 译者注:阿歇特出版公司(Hachette Livre):法国综合性的出版公司,法国最大的出版集团,1826 年由路易斯·阿歇特(Louis Hachette)在巴黎创立。

为世界语文本的主要出版商，巩固了这种语言不同寻常的正字法。

德·博弗伦特的影响集中塑造了这场新兴运动的两项重要决议：道德和政治上的中立性；语言的保守性和稳定性。这两项决议都在 1905 年于滨海布洛涅[①] 举行的第一届国际世界语大会上取得了成功。这届大会发布了由柴门霍夫起草的《布洛涅宣言》，[②] 该宣言明确指出，世界语主义者并不试图取代自然语言，并且要使这一运动和宗教或政治保持距离——这是德·博弗伦特面对柴门霍夫本人对促进普遍情谊理想（"人道主义"深受犹太伦理教义的影响，有时被称为"希勒尔主义"[③]）的个人兴趣作出的公开声明。[46] 事实证明，这些重要的议题与科学交流问题无关。但是，《宣言》的第四点并非如此，部分内容如下（由世界语运动社会学家彼得·福斯特翻译）：

"世界语没有个人立法者，也不依赖于特定的人。世界语创造者的所有观点和作品，就像每一位世界语者的观点和作品一样，都具有绝对的私人性，不得强加于任何人。所有世界语者唯一且永远必须遵守的就是《世界语基础》这本小册子，任何人皆无权对本书进行任何修改。"[47]

人工语言面临着一个固有的问题：当每个使用者都倾向于将习语推向

---

① 译者注：滨海布洛涅（法语：Boulogne-sur-Mer）是法国上法兰西大区加来海峡省英吉利海峡沿岸的一座港口城市。

② 译者注：即《世界语主义宣言》（世界语：Dekleracio pri la esenco de Esperantismo），又名《布伦宣言》，是世界语运动上一份极具历史价值的文件。主要包括：明确世界语在道德、宗教和政治上的中立性；世界语是国际辅助语，不会取代民族语言；《世界语基础》是唯一的、永远的世界语权威，并且不能被修改；世界语不依赖于任何机构、政府及个人，包括柴门霍夫本人等内容。

③ 译者注：这是柴门霍夫根据犹太宗教领袖希勒尔长老的教义发展而来的一种哲学，著有同名书籍，主张消除民族间的仇恨和不公，达到人类精神上的统一，世界语的创立正是基于这样一种理想，即超越种族、语言和文化的界限，创立平等、和谐的人类大家庭。

个性化的方向时，如何让语言保持足够的稳定，从而建立一个说话者社群。民族语言有一套使语言稳定的文学和民俗，这是世界语者无法选择的。《世界语基础》强加了一项标准来防止这种分裂。该书包括《第一本书》的语法部分（即 16 条规则）；翻译成英语、法语、德语、波兰语和俄语的《通用词典》，以及 1894 年由柴门霍夫制作的练习集。《布洛涅宣言》将《世界语基础》提升为世界语者的统一标准；人们可以为这种语言添砖加瓦，但不能修改或远离这个中心。用这项运动的术语来说就是，它变成了不可触碰的。为此，还成立了一个由 68 名成员组成的语言委员会。

《布洛涅宣言》使这种语言固定了下来。在 1887 年的《第一本书》中，柴门霍夫宣称他"远没有认为我所提出的语言以某种方式是完美的，以至于没有什么语言比它更高或更好；但我尽我所能地满足人们对一种国际语言提出的所有要求。"①[48]他向公众征求意见，并且只有在考虑了这些意见之后，他才能使这种语言获得"最终的、永久的形式。如果有人认为这些修改不令人满意，他不应忘记，即使是在以后，这门语言也不会拒绝任何可能的改进，唯一不同的是，那时修改它的权利已经不属于我，而是属于一个权威的、普遍认可的该语言的学会。"②[49]即使在这些微小的修改完成之后（比如，在《第二本书》中），改革问题仍然存在。1894 年，《世界语者》的订阅者被要求在 8 月和 11 月就一系列改革进行投票，其中 8 月没有产生明确的结果，11 月的投票结果是：有 144 票，即大多数人选择让这种语言保持原样，而有 109 票是改革派的票，他们的选票又分成了 3 种。[50]

---

① "Я далек от того, чтобы считать предложенный мною язык чем-то совершенным, выше и лучше чего уже быть ничего не может; но я старался, насколько мог, удовлетворить всем требованиям, которые можно ставить интернациональному языку."

② "окончательная, постоянная форма. Если бы кому либо эти поправки казались недостаточными, тот не должен забывать, что язык и впоследствии не будет замкнут для всевозможных улучшений, с тою только разницей, что тогда право изменять будет принадлежать уже не мне, а авторитетной, общепризнанной академии этого языка."

到了 1905 年，支持改革的呼声再次高涨，尤其是因为世界语中科学命名法的处理问题。

1910 年时，理查德·洛伦兹指出："毫无疑问，人工国际语言要满足的一个最重要的条件是，它应该能够应用于科学。"[51] 比如，沃拉普克语者已经创作出了科学文本的译本，甚至写出了解析几何学的原创作品。[52] 而世界语界直到 1904 在巴黎创办了《国际科学评论》才产生了少量的科学文献。这种相对的沉默有些出人意料，因为这种语言是由一位医生创造的，而且在 1887 年的创始文献中，科学被单列为一项重要的应用：

"任何试图生活在一个由不同民族的人民组成的城市并挣扎其中的人们，无疑都会感到一种国际语言将给人类带来巨大的好处。这种语言不会扰乱人们内部的生活，并且可以作为一种政府和社会的语言，至少在拥有多语言人口组成的国家是如此。最后，我想我没有必要再详述一种国际语言将对科学、对贸易，总之对它们的每一个环节来说，有着多么重要的意义。"①[53]

尽管如此，在《国际科学评论》出现之前，科学术语一直都是明显缺乏的。在这本期刊中，一些关于用人工语言创制一套化学命名法的讨论非常清楚地表明了从零开始建立一套科学辅助语的问题，特别是国际性和统一性之间的张力问题。

《国际科学评论》有一个很好的开端。它由保罗·弗鲁西蒂埃（一位

---

① "Кто раз попробовал жить в городе, населенном людьми различных, борющихся между собою, наций, тот почувствовал без сомнения, какую громадную услугу оказал бы человечеству интернациональный язык, который, *не вторгаясь в домашнюю жизнь народов*, мог бы, по крайней мере в странах с разноязычным населением, быть языком государственным и общественным. Какое, наконец, огромное значение имел бы международный язык для науки, торговли—словом на каждом шагу, —об этом, я думаю, мне нечего распространяться."

从 1900 年开始学习世界语的医生）编辑，由阿歇特出版集团出版，并由众多著名人物赞助：除了柴门霍夫，还有法国物理学会，国际电气学会，以及科学家们（主要来自法国），包括米奇林·贝特洛、亨利·庞加莱、亨利·贝克勒尔和威廉·拉姆齐等人。（最后两位分别是 1903 年和 1904 年诺贝尔物理学和化学奖得主。）弗鲁西蒂埃在该刊首页宣布了该月刊的愿望："确切说来，《国际科学评论》旨在创建和确立各国专业同行之间交流所必需的专用术语。《国际科学评论》将通过一种自然的方法实现这一目标，即引入专业性和普及性的文章，并分析最有趣的作品。"①[54] 比如，读者们紧接着就在上面欣赏到了庞加莱的《科学与假设》序言的译文，同年晚些时候，弗鲁西蒂埃又连载了俄国化学家德米特里·门捷列夫关于世界上一种新的化学元素以太的假说的译文，据说，以太将在他著名的周期系统中占据一席之地。（译者伊万·切特维里科夫向门捷列夫承诺："在世界语的帮助下，对所有人而言，它将像白昼一样清晰。"）②[55] 然而，他所希望的清晰性和元素以太都没有完全实现。出于一贯的做法，那篇译文——包括解释新创制的世界语专业术语的编辑脚注在内，以及一整套新术语，都发表在了 1904 年 12 月那一期上。

一年之后，弗鲁西蒂埃高兴地指出，"有许多科学家对世界语感兴趣。"③[56] 有人可能会认为这是一种乐观的夸大，但美国旗舰刊物《科学》等其他期刊上的信息表明，科学家们确实注意到了这种人工语言。[57] 弗鲁西蒂埃继续担任《国际科学评论》的编辑，直到 1906 年 12 月，由于健康问题和其他事务而辞职，由瑞士数学家勒内·德·索绪尔接任，此人是

---

① "*Internacia sciencia revuo* celas ja krei kaj fiksi la terminojn specialajn, kiuj estas necesaj al diverslandaj samprofesianoj por komunikadi inter si. *Internacia sciencia revuo* tion faros per natura metodo, alportante artikolojn teknikajn aŭ vulgarigajn, kaj analizojn de plej interesantaj laboroj."

② "при помощи эсперанто, будет ясно для всех как белый день."

③ "l'intereso de multaj sciencistoj pri Esperanto."

著名语言学家弗迪南·德·索绪尔的弟弟。勒内·德·索绪尔为这本期刊的作品注入了新的活力，并通过当时席卷欧洲的标准化浪潮为世界语运动游说。

勒内·德·索绪尔执掌《国际科学评论》与1907年1月世界语科学协会的创建有关，他也管理过该协会。与这本期刊非常相似，该协会证明了在20世纪头10年间学术界对世界语的讨论是一种常态。世界语远不是一个笑话，它被认为是解决令人烦恼的辅助语问题的一个完全合理，甚至令人向往的方案，因为人们普遍认为，活的和死的民族语言都不可行。与其他标准化组织或语言学会完全相同，世界语科学协会有一个学术委员会负责收集和整理专业词汇。正如一本1907年的世界语教科书中热情地说道：

"这也许是迄今为止朝着专业术语标准化迈出的最实际的一步，这在所有科学学科中都是迫切需要的。一种通用语言是解决这个棘手问题的最佳办法，因为它完全从零开始。一旦某一特定科学学科的主管委员会将某一术语纳入那门科学的世界语专业词汇中，该术语就变得具有普遍性，因为它没有预先存在的竞争对手……"[58]

世界语科学协会还游说科学家们接受世界语作为国际会议的一门官方语言（这种游说有时是有效的），并劝说一些期刊接受世界语的稿件（相对前者，不是很有效）。

在1904年1月《国际科学评论》的第一期上，各种译文中只有一篇文章提议为一门特殊的科学创建一套统一的世界语命名法，这门科学就是：化学。范·梅尔克贝克和雷纳德指出："化学家们当然不需要一本完整的词典：这是不可能的事，因为化学物质的数量非常多。他们只要有一套构词的要诀和一些使用模板的示例就足够了，我们继续主要根据国际性原则开展工作，以德语、英语和法语为我们提供支持，这些语言是科学家们最常用的语言"。①[59] 简言之，他们是在假设化学已经起到辅助作用的基础上建立一种辅助语的。迄今为止，一切都还顺利。他们的大部分注意力都集中在无机化学上，无机化学比有机化学简单，但其进展却因为《世界语基础》的地位而受到了阻碍。人们可以从化学物质"汞"中最清楚地看出这一问题："'汞'在《通用词典》中是'Hidrargo'，而在英语、德语和法语的化学术语中是'Merkuro'。"②[60] 有人可以修改《世界语基础》，以使世界语成为一种科学辅助语吗？

这篇突袭充满争议的化学命名世界的文章所吸引的读者来信，比《国际科学评论》第一年的任何一篇文章都多。法国世界语运动的代表人物之一伊波利特·塞博特将军，在 3 月份那一期的一封来信中做了一些其他的修改。也许英语中称为"phosphorus"（"磷"）和"sulfur"（"硫"）的元素应该变成"fosfo"和"sulfo"，从而为"phosphorescence"（磷光现象）让出来"fosforo"这个词。遵循这种改革主义的精神，他在"汞"的问题上支持范·梅尔克贝克和雷纳德："同样，和'hidrargo'相比，我更喜欢'merkuro'这个词，因为英国人、意大利人和法国人都更熟悉后者；不过，我的立场不太坚定，因为'merkuro'这个词可能会与'Merkuro'（水星）这个词相混淆。"③[61] 另外一些人则拒绝了所有的建议，并为一个全新的元素后缀"iumo"而游说。[62]

俄语界则普遍反对改革，比如皮斯库诺夫说："我更喜欢'hidrargo'这

---

① "Kemiistoj ne bezonas certe plenan vortaron: ĝi estus neebla pro la tre granda nombro da kemiaĵoj. Sed sufiĉas, ke oni havos ŝlosilon por la vortfarado kaj kelkajn ekzemplojn uzotajn ŝablone.［...］Ni laboradis precipe laŭ la principo de internacieco, apogante nin sur la lingvoj germana, angla, kaj franca, kiuj estas la plej uzataj ĝenerale ĉe la scienculoj."

② "Hg. *Hidrargo* estas en la vortaro. *Merkuro* estas uzata kemie en lingvoj angla, germana kaj franca."

③ "Same mi preferus *merkuro* ol 'hidrargo,' ĉar la unua estas konata de angloj, italoj, ka［j］francoj; tamen mi estas malpli firmopinia, pro la ebla konfuzo kun la dio Merkuro."

个词，原因如下：(1) 它可以不和'水星'那个概念相混淆；(2) 它可以不和罗马商业之神'赫耳墨斯'（Hermeso）相混淆；(3) 它与'汞'的元素符号'Hg'更契合。"①[63] 波兰世界语者安东尼·格拉博夫斯基（Antoni Grabowski）拥有最权威的话语权，甚至在《布洛涅宣言》规定必须遵守柴门霍夫的术语之前，他就坚定地支持这些术语：

"《国际科学评论》并不打算在现有的国际标准之外强加给化学家们一个新的混乱的标准……柴门霍夫博士为增补我们的词典给出了确切的说明。词典中的内容应保持不变。一是要从现有的词根或新引入的国际词根中形成衍生词。我们要接受没有令人困惑的变化的国际词根，以便所有人都能轻松地学习它们。"②[64]

范·梅尔克贝克和雷纳德回应道："关于这一点，我们认为，如果柴门霍夫博士确实在《通用词典》中举了一些例子的话，他也根本不是在谈论他为采用专业词汇而制定的规则。"③[65] 这场辩论并没有决定性地结束，但自从《世界语基础》成为世界语界标准化力量的主要代表后，格拉博夫斯基的地位似乎上升了。弗鲁西蒂埃并没有站在任何一边，甚至在1904年4月发表了一份完全不同的提案。[66] 因此，这种情况一直持续到了1907年：事实证明，世界语者在创造适应科学的概念方面非常敏锐，但世界语界无

---

① "Mi preferas hidrargo a) por ne konfuzi tiun ideon kun ideo de l'planedo; b) por ne konfuzi ĝin kun nomo de roma dio de komerco: Hermeso; c) ĉar ĝi pli konvenos al sia signo mallongigita Hg."

② "*Scienca Revuo* ne havas la celon altrudi al la kemiistoj anstataŭ la ekzistanta internacia nomaro ian novan konfuzantan. [...] Por la plenigo de nia vortaro Do Zamenhof donis precizajn direktilojn. Kio estas en la vortaro, restu sen ŝanĝoj. Devenaĵoj oni formu el la ekzistantaj radikoj aŭ de novaj enkondukotaj radikoj internaciaj. Radikojn internaciajn ni akceptu sen konfuzigantaj ŝanĝoj por ke ĉiu povu ilin facile ekkoni."

③ "Pro tio ni rimarkas, ke se Dº Zamenhof donis ekzemplojn en *Universala Vortaro*, li pri tio tute ne parolis en la reguloj, kiujn li donis por la alpreno de teknikaj vortoj."

序的社群结构——某种意义上也反映了科学本身的社群结构——没有产生任何标准。

辅助语代表团

因此，许多主张一种人工科学辅助语的人们都清楚地认识到，任何语言层面的解决方案都必须要有相应的组织机构。1900年，随着国际科学院协会第一次会议在巴黎召开，建立这样一个权威机构的机会出现了。该协会成立于本次会议的前一年，总部设在维也纳，它代表了学者们在19世纪末激增的众多学术团体之间进行协调的冲动。1901年1月17日，在来自310个成员组织（其中一些不比当地商会更大）和1250位高等院校教职工个人成员的支持下，该协会内部成立了一个国际辅助语选定代表团。该代表团的章程在开头处写道：

（1）应当采用一种国际辅助语言，这种语言虽然无意取代各国内部生活中的自然语言，但应当适应不同母语者之间的书面和口头交流。

（2）这种国际语言为了实现其目标，必须满足以下条件：

（a）它必须能够满足科学以及日常生活、商业和一般交流的需要。

（b）所有受过普通基础教育的人，特别是那些属于欧洲文明国家的人必须能够轻松学会它。

（c）它不能是任何一种活的民族语言。[67]

路易斯·库图拉特被任命为该代表团的秘书，他是一位专门研究17世纪博学家莱布尼茨的工作的逻辑学家。在职期间，库图拉特与数学家利奥波德·劳合著了一本书，对当时的人工语言进行了最全面的描述。库图拉特开始广泛阐述需要一种人工的辅助语言，以便为代表团赢得更多的支持

（从而获得更多的权威），同时于 1901 年 10 月 26 日招募了国际著名的莱比锡化学家威廉·奥斯特瓦尔德为代表团成员。[68] 奥斯特瓦尔德于 1906 年 11 月 20 日成为该代表团主席。

随着代表团收集信息并听取各种人工语言的倡导者和发明者的报告，一种模式出现了。甚至早在 1903 年，一个可能的结果就隐约出现了。库图拉特和利奥波德·劳写道，似乎"越来越现代的方案（据我们所知，也是最好的方案）越来越多地集中在一种确定的类型上。"①[69] 这应该不会太令人感到意外，因为许多这样的努力都是由感知到科学交流的危机所引发的，或者至少从中获得了额外的动力。科学家们已经习惯了用英语、法语和德语等几种辅助语言进行国际交流，他们制定的命名法和惯例构成了代表团审议的背景。当这些对话在 1907 年达到高潮时，一位柴门霍夫所创语言的狂热者几乎抑制不住兴奋地说道："可以预见，所选的语言将会是世界语。"[70] 一种用于科学的国际辅助语就在眼前。

---

① "les projets les plus modernes（et selon nous les meilleurs）convergent de plus en plus vers un type déterminé."

第五章
伊多语的术士

"事实上，伊多语不像英语那么丰富，不像法语那么优雅，不像德语那么强劲有力，不像意大利语那么美丽，不像俄语那么细腻，也不像丹麦语那么令人轻松愉悦。但请注意，所有这些人们欣赏和赞美的自然语言中的优秀品质，只有在母语者说或写这些语言的时候才能发现，而在陌生人的口中或笔下却感觉不到。而伊多语则可以很容易地比法国人说的英语更丰富，比任何丹麦人的法语优雅得多；它可以比任何意大利人的德语更强劲有力，比英国人的意大利语更美丽，比德国人的俄语更细腻，比俄国人的丹麦语更令人轻松愉悦。"①

——奥托·叶斯柏森[1]

人们很容易觉得对科学中使用的人工语言的热情不值一提，并将其视为少数狂热的业余爱好者的喧嚣，认为他们几乎没有产生真正的影响。尽管不断有人呼吁一种人工的辅助语言——其中一些我们将在接下来的章节

---

① "Ido advere ne esas tam richa kam la Angla, ne tam eleganta kam la Franca, ne tam forta kam la Germana, ne tam bela kam la Italiana, ne tam nuancoza kam la Rusa, ne tam hemala kam la Dana. Ma merkez bone, ke omna ta bona qualesi, quin on prizas e laudas en naturala lingui, trovesas nur kande indijeni parolas e skribas oli, ma ne en la boki ed en la plumi di stranjeri. Ed Ido povas tre facile esar plu richa kam la Angla parolata da Franco, e multe plu eleganta kam la Franca di ula Dano; ol esas plu forta kam la Germana di ula Italiano, plu bela kam la Italiana di la Angli, plu nuancoza kun la Rusa di la Germani, e plu hemala kam la Dana di la Rusi."

中看到，但我们并不是生活在一个科学家经常用世界语交谈的世界里。尽管如此，把这些争论弃置一旁并将之视为科学边缘的历史上一条可笑的弯路，未免太草率了。许多科学家曾在一系列流行的科学期刊上反复表达了对早期语言不和谐的担忧，尽管这些预言家中的许多人并不是沃拉普克语或其同类语言的信徒。诚然，这些方案的许多倡导者都是边缘人物，但有些人显然不是。例如，数学家朱塞佩·皮亚诺和勒内·德·索绪尔，或者最著名的：化学家威廉·奥斯特瓦尔德。诚然，奥斯特瓦尔德是一位古怪的思想家，但他也是一位享誉世界的科学家，他几十年来对人工语言的倡导使我们走出了路德维克·柴门霍夫和约翰·施莱尔的领域，并进入了近代化学的核心。

奥斯特瓦尔德于 1853 年出生于里加，即今天的拉脱维亚的首都，不过在他出生时，里加还是俄罗斯帝国一个繁荣的波罗的海港口城市。因此，与在俄国统治下的波兰出生的柴门霍夫很像，奥斯特瓦尔德在讲多种语言的环境中长大，特别是俄语、拉脱维亚语和德语，其中，德语是奥斯特瓦尔德的母语，也是沙皇官僚机构中精英大臣们的主导语言。（奥斯特瓦尔德的父亲不在其中；他的父亲是一个熟练的箍桶匠。）1872 年，奥斯特瓦尔德进入多帕特大学（现位于爱沙尼亚塔尔图市）就读，并迅速成为一名天才的青年科学家。1882 年 1 月，他开始在里加理工学院[①]教书，1887 年 8 月又转往莱比锡大学，在那里，他成就了自己的事业。从具体的电化学实验工作开始，他通过物理化学的理论体系——即经典热力学在化学问题上的应用——而成名，该理论是他与他在莱比锡的学生斯凡特·阿伦尼乌斯（瑞典人，1903 年获诺贝尔化学奖）和雅各布斯·范特霍夫（荷兰人，1901 年获诺贝尔化学奖）共同建立的。（1909 年，就轮到奥斯特瓦尔德获奖了。）1906 年 8 月，奥斯特瓦尔德隐退到他在格罗斯博滕——大约位于莱比锡和德累斯顿之间——的一处名叫"能量"的庄园，在这里进行了多项研究：

[①] 译者注：里加理工学院成立于 1862 年，是当时俄罗斯帝国疆域内第一所多学科工程类学院，拉脱维亚第一所大学里加工业大学的前身。

发展能量一元论哲学（万物本质上都是能量的观念），积极倡议组织国际科学，以及人工语言。

对于那些因为与其同名的稀释定律而知道奥斯特瓦尔德的人来说，最后一项研究有点出人意料，然而，这是一个由来已久的兴趣。1880 年，在沃拉普克语刚刚兴起之际，多帕特大学的一位物理教授阿瑟·冯·厄廷根向他介绍过这种语言，这位物理教授在与外国人的通信中使用这种语言。[2] 尽管奥斯特瓦尔德当时没有成为一位坚定的支持者，但他愈加致力于将能量守恒原则作为生活各个领域的指导原则，这让他又回到了这个问题上来。1901年的夏天，他在莱比锡作了一些关于 18 世纪末德国哲学运动"自然哲学"的讲座，在一场讲座中，他从能量学的角度讲了语言障碍的问题。[3] 到了那一年的 10 月，路易斯·库图拉特已经将奥斯特瓦尔德征召到了国际辅助语选定代表团中，奥斯特瓦尔德开始走上成为一位历史学家所谓的"伊多语的大祭司"的道路。[4]

为了找到伊多语，奥斯特瓦尔德学会了世界语。1904 年 10 月，他在《国际科学评论》上发表了一篇文章，主张使用一种国际语言，尤其是为了满足科学的需要。同月，他离开德国，在美国做了几个月的交换教授。[5] 他在全美范围内为柴门霍夫的语言而游说奔走，比如他在抵达哈佛大学后不久，就参加了哈佛大学的学生世界语俱乐部，他也是该语言在该国迅速崛起的动力之一。[6] 作为在所有领域都享有最高国际声誉的代表团成员，以及世界上杰出的科学家和受欢迎的哲学家之一，奥斯特瓦尔德在回到欧洲后，继续坚守着自己的主张。正如他在 1906 年 12 月 28 日写给他的前学生阿伦尼乌斯的信中所说："我现在把大部分精力都花在国际辅助语言的问题上。"①[7]（他曾多次试图说服阿伦尼乌斯，让其请求瑞典王储支持代表团的倡议；几个月后，阿伦尼乌斯礼貌地推辞了："为此，我也必须遗憾地说，

---

① "Den größten Teil meiner Energie wende ich jetzt an die Frage der internationalen Hilfssprache."

我没有时间花在世界语上，虽然我也很赞同这个想法。"①[8]）这种狂热的活动与他决定放弃在莱比锡的职位有关，正如他在大约同一时间写给哈佛大学的查尔斯·艾略特·诺顿的信中所说："我已经放弃了我的教授职位和所有公务，过着自由职业者的生活，并把大部分的时间和精力都花在了国际辅助语言理念的传播上。"[9]

奥斯特瓦尔德对一种人工辅助语言的支持与他的能量哲学密切相关。他在20世纪头10年里关于语言障碍的许多小册子和演讲中把这个问题比作盖房子。房屋是为特定目的而建造的，但是，当情况发生变化，你需要将住宅改造以满足专门用途时，该怎么办？

"诚然，我们不会完全拆毁这座老房子，因为这里存有太多我们祖先的生活。但我们能否在它旁边建造一座特殊的房子来达到特殊的目的呢？说得更直接一点，实际上，我们可以在母语旁边建立一种通用的、简单的、商业的和科学的语言，这样就可以实现人们之间的交流，这种交流甚至比电报和铁路更有效。"②[10]

同样的道理，用奥斯特瓦尔德最喜欢的另一个比喻，试想一下每个过境点的汇兑费损失了多少钱——统一的货币可以简化汇兑，防止浪费。标准的铁路轨距也证明了统一性的好处；大多数欧洲国家都乐于使用同一标准的轨距，而在俄国边境，由于转换到一种不同的轨距而造成的浪费正好

---

① "Aus diesem Grund muss ich auch leider sagen, dass ich keine Zeit für das Esperanto übrig habe, so viel ich mit der Idee sympathisiere."

② "Freilich werden wir das alte Haus nicht ganz und gar abreißen und vernichten, dazu steckt eben zu viel von dem Leben unserer Vorfahren darin. Aber können wir uns nicht daneben ein besonderes Haus für besondere Zwecke bauen? [...] Wir können sehr wohl, um wieder ohne Gleichnis zu sprechen, neben der Muttersprache eine allgemeine, einfache Geschäfts- und Wissenschaftssprache erbauen, die für den Verkehr der Völker untereinander noch unvergleichlich viel nützlicher wirken kann, als Telegraph und Eisenbahn."

可以用来比喻需要一种通用的辅助物。[11]这些例子表明：它们都来自他的能量哲学，它们都涉及实际的事物，而不是抽象的语言。奥斯特瓦尔德熟悉化学研究所需的几种语言，但他不喜欢语言学。比如，他宣称语法的学习"并没有培养，而是实际上削弱了逻辑思维和创造性思维的能力"。[12]他想要一种辅助语言，因为这样可以节省能量；他想要一种人工的辅助语言，因为他认为语言学习的问题不在于规则，而在于存在太多的不规则。[13]

本章讲述了威廉·奥斯特瓦尔德在20世纪的头10年里作为人工语言的爱好者的事业，这也是他参与进这场运动的头10年。有3个原因可以解释为什么这一视角特别能说明科学语言的问题。首先，1907年，奥斯特瓦尔德领导的国际辅助语选定代表团宣布支持一种特殊的人工语言——伊多语，这件事造成了世界语界的分裂，并成为这场运动历史上影响最深远的事件之一，其留下的余震一直持续至今。[14]

其次，奥斯特瓦尔德让我们从抽象的语法中退一步，来探索语言使用和协调的问题是多么的个人化。最后，伊多语提供了一个最清晰的例子，它表明一种人工语言不仅被提议作为助力科学的一种方式，而且被认为是特别科学的；奥斯特瓦尔德通过使伊多语适应化学学科来例证这一特征。尽管并未实现，但这些希望在20世纪初期一名多语言科学家的生活经历中，仍然是至关重要的一部分。

代表：奥斯特瓦尔德

1907年年初，所有充满希望的目光都转向了库图拉特的代表团。自代表团成立以探讨辅助语言的问题之后——还记得吗？他们的章程要求辅助语言不应是一种活的民族语言，库图拉特开始招募多位专家，尤其是奥斯特瓦尔德，来研究各种人工语言的方案。在经过多年研究并出版了两本关于大量语言方案的历史学和语言学分析的学术专著之后，库图拉特和利奥波德·劳于1907年1月15日正式向国际科学院协会提交了他们的材料，并请求该协会选出用哪种方案作为国际辅助语言。5月29日，该协会拒绝进一步表态，以12票对8票（1票弃权）宣布自己没有能力解决这个问题。根据代表团章程，现在应该由库图拉特召集一个工作委员会来研究这个问题并提出它自己的建议了。

该委员会通过选举产生，而非由库图拉特任命产生。国际科学院协会的成员和成员组织一共投了253票（总共351票），其中有242票投给了相同的12个名字，而且似乎有理由推断，大多数人只是投给了法国人提交给他们审议的候选名单上的人。这份名单非常引人注目：利马医学院院长、秘鲁参议院议长曼努埃尔·巴里奥斯；圣彼得堡大学语言学教授简·伊格那修·鲍德因·考特尼；第戎大学校长埃米尔·博伊拉克；杰出医生，法国科学院院士查尔斯·布查德；匈牙利科学院院士罗兰·厄特沃什；国际计量委员会主席威廉·弗斯特；《北美评论》编辑乔治·哈维上校；哥本哈根著名语言学教授奥托·叶斯柏森；雅典大学前校长（不久后，又任希腊总理）斯皮里登·兰布罗斯；列日[①]数学家和比利时皇家科学院科学部主任康斯坦丁·勒佩吉；以及维也纳帝国科学院的一位语言学院士雨果·舒哈特。威廉·奥斯特瓦尔德也加入其中，担任该委员会主席。由于上述候选专家有人无法出席，有人辞任，以及反复出现的其他问题，委员会后来替换成了另一组成员，这些成员同样令人生畏：匈牙利科学院的古斯塔夫·拉多斯；伦敦的《评论之评论》的编辑威廉·托马斯·斯特德；都灵数学家，拉丁国际语的发明者朱塞佩·皮亚诺。由于布查德、哈维和斯特德不能出席，所以通常由保罗·罗德（一位来自巴黎的世界语者，医生）、保罗·休根（辞典编纂家）和欧内斯特·蒂姆尼特神父（一位巴黎现代语言教师）代替他们3个人。当博伊拉克不能出席一些会议时，则由比利

[①] 列日（Liège），是比利时列日省省会，比利时第三大城市。

时的和平主义者加斯顿·莫赫（Gaston Moch）代替。库图拉特和利奥波德·劳是委员会的秘书，这样一来，委员会的成员共计18人。[15]这是一批引人注目的学者，他们来自不同的国家，有着不同的语言和学科背景。他们被寄予厚望，希望他们在1907年10月中旬开会时将会解决这个问题。

但是奥斯特瓦尔德觉得这件事举步维艰。直到10月份，委员会的大部分工作都还是通过通信进行，不过，在10月份的马拉松式的会议上，成员们询问了一系列人工语言的发明者或者他们指定的辩护人（柴门霍夫无法前往巴黎，因此他委派了法国保守派世界语者路易斯·德·博弗伦特作为其语言的代表。）或许并不奇怪，在会议上，语言障碍是一个问题，因为代表们的母语有丹麦语、英语、法语、德语、意大利语和波兰语。会上大部分讨论都是以法语进行，因为法国成员中只有库图拉特熟练掌握德语。但是这给奥斯特瓦尔德带来了困难，因为他对法语的理解"一部分来源于学校的记忆，而这些记忆并不是很清晰，另一部分来源于阅读用这门语言撰写的科学文章，由于大量的练习，事实上他的法语阅读能力已经足够熟练了。"①[16]鲍德因·考特尼则坚持说德语，除了他之外，帕拉语的发明者卡尔·路德维希·斯皮策也说德语。皮亚诺的特点是，他有时候会说"拉丁国际语"[17]（显然，没有人抱怨这一点）。奥托·叶斯柏森的回忆录为我们提供了关于这些审议的一些最佳信息，这本回忆录由大卫·斯通纳从丹麦语翻译过来，其中提到，尽管面临诸多挑战，奥斯特瓦尔德"以高超的技巧主持了磋商"。[18]

据叶斯柏森回忆，尽管许多语言方案都很有趣，但最终是需要从世界语和中立语之中作出抉择。世界语似乎是一个公认的候选者，因为世界语运动很活跃，而且它也确实成功充当了代表团本应认可的那种辅助工具。

---

① "teils auf den Schulerinnerungen, die nicht sehr eingehend waren, teils auf dem Lesen wissenschaftlicher Abhandlungen in dieser Sprache, das sich zufolge vieler Übung allerdings geläufig genug vollzog."

而在 1907 年年初，中立语也是一个有力的竞争者。叶斯柏森本人"更倾向于把票投给经过一些修正之后的中立语。"[19] 令人难以置信的是，中立语是沃拉普克语的后代，它在 1902 年由国际通用语言学院公布推出，该学院是从已不复存在的国际沃拉普克语学院的废墟上重新兴建的一个机构。和世界语相比，中立语有着更"自然主义"的感觉，也就是说，它在外观和用法上更像民族语言，特别是罗曼语，但这也意味着这种语言会表现出明显的不规则性。[20] 对叶斯柏森而言，中立语是"第一种对整个语言科学地贯彻'最大限度地国际化'这一原则的语言。"[21] 然而，中立语也缺乏广泛的支持：1907 年，只有 4 个小组的成员支持中立语，他们分别位于圣彼得堡、纽伦堡、布鲁塞尔和得克萨斯州的圣安东尼奥市。[22] 代表团的其他成员则倾向于选择世界语。

但他们对世界语并不满意。（埃米尔·博伊拉克除外，他是一位坚定的世界语拥护者，但他没有参加最后的审议，而是由加斯顿·莫赫代表他出席。）正如 1906 年 11 月 20 日——即大约距离最终投票一年前，库图拉特写信给奥斯特瓦尔德时所说，他预计委员会的决定将是"在原则上采用世界语，条件是对其进行重要的修正和改进以适应科学和实际应用"。① 而就他而言，"只要把世界语的句法和构词法中某些奇怪的特征剔除掉，再把某些不恰当的词根改掉，他就愿意接受今天的世界语。"②[23] 关于世界语的异议现在已经很熟悉了：不常见的字母、宾格③，以及库图拉特对构词法的担忧（关于这一点稍后会有更多讨论）。

让奥斯特瓦尔德开始对世界语感到恼火的还有其他原因。1907 年 5 月，

---

① "das Esperanto im Prinzip anzunehmen, mit der Auflage, die für die Wissenschaft und für die Praxis nötigen Korrekturen und Verbesserungen einzufügen."

② "ich würde gern das aktuelle Esperanto akzeptieren, wenn es nur von einigen Eigentümlichkeiten in der Syntax und der Wortbildung gereinigt und einige schlecht gewählte Wortwurzeln verändert würden."

③ 译者注：在世界语中，宾语加上词尾"-n"表示宾格，所以世界语的语序比较自由，可以是主宾谓，也可以是主谓宾，有人认为这一语法规则容易导致混乱。

| 第五章 伊多语的术士 |

这位化学家在二女儿的陪同下，前往德累斯顿参加第二届德国世界语者大会。他的二女儿也学过世界语。这件事让他"有点震惊"，并感叹："我和什么样的船友一起进行了这次航行？！"① 与会者固执地捍卫这个荒谬的字母系统只是令他不满的一方面，真正决定性的原因在于他们对待《世界语基础》的方式：

"一个年长的女人——她是世界语事业的早期拥护者兼主要领导者之一——把我领进隔壁的一个房间，让我看看世界语者在这个问题上的态度。在墙边可以看到一张桌子，桌上摆着喜庆的绿色丝绒桌布（绿色是世界语的标志性颜色②）；桌子中间放着一本用绿色皮面装帧的、华丽的《世界语基础》，上面有大师（柴门霍夫）亲手题写的献词，书的两旁放着两盏点燃蜡烛的银灯。整个布置就是一座圣坛，专门供奉着对于不可触碰的《世界语基础》的疯狂崇拜。

这种宗教式的崇拜，以及经常倚赖宗教运动的盲目狂热，在世界语的信徒中非常普遍。"③ [24]

到了6月，奥斯特瓦尔德觉得他再也不能捍卫一成不变的世界语了；

---

① "ein wenig erschrocken, mit welchen Schiffsgenossen ich die Reise unternommen hatte."
② 译者注：世界语标志是一颗绿色的五角星，象征和平和希望。
③ "Und ein ältere Dame, welche als sehr frühzeitige Anhängerin der Sache eine führende Rolle spielte, führte mich in ein angrenzendes Zimmer, um mir die Einstellung der Esperantisten zu dieser Frage anschaulich zu machen. Dort befand sich an der Wand ein Tisch mit einer feierlichen grünen Sammetdecke (Grün ist die Wappenfarbe des Esperanto); in der Mitte lag darauf ein in grünes Leder gebundenes Prachtexemplar des 'Fundamento' mit eigenhändiger Widmung des Meisters und an beiden Seiten standen zwei silberne Leuchter mit brennden Kerzen. Das ganze war ein Altar, geweiht dem Kultus der Unberührbarkeit des Fundamento.Diese religiöse Verehrung, verknüpft mit dem blinden Fanatismus, der den religiösen Bewegungen so oft anhaftet, ist unter den Anhängern des Esperanto sehr verbreitet."

›153

"把世界语从某些最大的缺陷中解放出来已经变得非常迫切了。"①[25]

正是在这种心态下,奥斯特瓦尔德于 1907 年 10 月抵达巴黎,参加在法兰西学院举行的代表团委员会会议,会议总共进行了 18 场,冗长而颇费脑力,令人备感煎熬。10 月末的一天,经过一系列非常僵持的辩论之后,委员们来到会议室,发现在他们的座位前面摆放着一份打印好的新的人工语言方案,该方案由一位自称为"伊多"的匿名创造者所撰写。库图拉特告诉委员会,他已经承诺过不会透露这位创造者的身份,但他保证创造者既不是他,也不是委员会中的任何人。[26]在这份报告中的发现是鼓舞人心的,甚至是令人振奋的:伊多提出了一种系统的语言,其基本原理与世界语极为相似,但它认真对待了自 19 世纪 90 年代以来提出的许多批评,特别是库图拉特和利奥波德·劳在 1903 年写的关于人工语言的那本书中的批评。在伊多语中,那些带有抑扬符的字母、强制性的宾格以及其他一些让委员会的成员们踌躇不前的缺陷都消失了。叶斯柏森尤其高兴,他认为伊多语走的是介于中立语和世界语之间的"中间路线",有了它,"我们已经几乎有了一个解决方案,它可以满足所有人,甚至是世界语者的要求。"[27]

如此一来,1907 年 10 月 24 日,代表团一致投票同意接受世界语作为通用辅助语言,"条件是常设委员会根据秘书报告的结论和伊多语的方案作出某些修改,以寻求与世界语者语言委员会达成一致。"②[28]因此,最终的决定是使用世界语,但并不是无条件的。投票支持这一提议的代表们在离开会议时深信,伊多语只是建议在世界语内部作出修正。随着世界语界在接下来的 6 个月里开始对这一决定作出回应,不管是正统的世界语者,还是世界语的改革主义者都开始将这种被称为"世界语改革"的东西视为一

---

① "dringend nötig, Esperanto von einigen seiner grössten Unvollkommenheiten zu befreien."

② "sous la réserve de certaines modifications à exécuter par la Commission permanente dans le sens défini par les conclusions du rapport des secrétaires et par le projet de Ido, en cherchant à s'entendre avec le Comité linguistique espérantiste."

种独立的语言。1909年，瑞士牧师弗里德里希·施尼伯格——一位积极的世界语倡导者，在决定采用"伊多语"之前曾尝试使用"后代语言"和"国际语"，但它们从未被完全接受。[29]同年，库图拉特拒绝了"改革世界语"这个一般的绰号，以官方名称取而代之，即："代表团国际语言"。[30]但是两者都未能如愿成为这种语言的名字，随着世界语界发生的末日般的分裂，"伊多"这个名字从一位作者的笔名演变成了一种新语言的名字，即便连它的支持者都觉得这个名字"荒谬"而"愚蠢"。[31]

俄狄浦斯式的语言

什么是伊多语？它是如何工作的？当它的拥护者们（在1907年的秋天）认为它只是世界语的一种方言时——正如奥托·叶斯柏森所说的那样：伊多语是一种"净化了的世界语"[32]，他们是非常诚恳的，因为两者有着非常强烈的相似性，尽管它们的支持者在社会上的分裂导致它们开始了语言上的分离。事实上，伊多语的某些方面与1894年在世界语内部进行的改革尝试很相似，但这些改革被《世界语者》的读者拒绝了。[33]从过去到现在，世界语者都能理解伊多语，他们可以在几个小时内学会流利地说这种语言。[34]

从伊多语的基本规则就可以清楚地看出它受惠于世界语：给定一个词根，从该词根派生出来的所有名词都以"o"结尾，所有形容词都以"a"结尾，所有副词都以"e"结尾；动词的现在时、过去时和未来时分别以熟悉的"as""is"和"os"标示出来。然而，从视觉上看，这种语言给读者的印象更像拉丁语。让我们看一下叶斯柏森的题词中的一句话：

"Ma merkez bone, ke omna ta bona qualesi, quin on prizas e laudas en naturala lingui, trovesas nur kande indijeni parolas e skribas oli, ma ne en la boki ed en la plumi di stranjeri."("但请注意,所有这些人们欣赏和赞美的自然语言中的优秀品质,只有在母语者说或写这些语言的时候才能发现,而在陌生人的口中或笔下却感觉不到。")

伊多语和世界语相比,除了略微不同的词根外,还有许多不同之处。它的复数由"i"表示,而不是"j"(比如"stranjeri")。命令由"ez"这一后缀表示,就像在第二个词汇"merkez"中那样,这一点类似于法语,并以世界语所没有的方式将祈使句和条件句区分开来。它不再要求形容词和单复数必须保持一致(见上文中的"bona",用于修饰复数形式的"qualesi"),并且宾格只用于宾语在主语之前的情况,这是一种少见的强调式。但或许最明显的不同在于:那些带有抑扬符的字母消失不见了;世界语中用来表示发音的"ĵ"在这里写作"j",而世界语中的"j"用"y"代替了。伊多语者认为这样会使欧洲读者更容易理解,而且不需要特殊的排版。另一个重要的变化是,伊多语放弃了柴门霍夫用来表示关系代词和疑问代词的先验的相关性词表;"ke"被保留下来表示"that"("那;那一个;那些"),而两个明显来自拉丁词根的词汇"quin"和"kande"被加了进来。这看起来更加的自然,但也更加的不规则——你不可能什么便宜都占。

如果伊多语只是涉及几个形态上和词汇上的替换,为何那位匿名创造者还会费心去构建它?或者,更重要的是,这个系统对代表团委员会的成员有什么吸引力,以至于他们选择了这个改革方案,而不是成千上万的人已经在使用的"原始世界语"?答案在于语法和词汇中所包含的哲学。对于那些被称为伊多语者的人们来说,有三点可以证明伊多语的优越性,即单义性、国际性和可逆性。

对于第一条原则,库图拉特描述道:"国际语言的逻辑规则是奥斯特瓦尔德先生提出的'单义性原则':每个概念或者一个概念的要素都应该表达一次,而且只能表达一次,并且总是用同一个'词素'来表达;换言之,思想要素和词语要素之间应该有一种单一的对应关系。"①[35]这一点经常被认为是奥斯特瓦尔德对人工语言的主要理论贡献,这位化学家经常引用它。例如,他在1911年一篇关于伊多语在化学中的应用的德语文章中宣称(我们后面会再回到这篇文章):"目前为止,伊多语中还没有坏的习惯,人们可以从一开始就运用单义性原则,以使每个概念只对应一个词语,每个词语只对应一个概念。"②[36]这个想法很有吸引力。在英语中,单单一个名词"cast"就可以指"手臂骨折的医治(打石膏)""掷骰子"或"戏剧中的一群演员"等如此多的含义,这令人非常困惑。

那么,人们应该如何创建这种单义性的词汇呢?伊多语提出了一种基于国际性原则的系统方法,正如叶斯柏森所解释的那样,通过这种方法,伊多语"只不过是一种系统化的转向,以描述一切已经国际化的东西,并且在每一种情况下,都选择那个最容易为大多数文明的人类所理解的词根。"[37]("文明"是这些讨论中的关键词。汉语、印度斯坦语和阿拉伯语并不是这些"国际"词根的来源。这种排斥对讨论的参与者来说是不言而喻的,以至于它基本上没有被提及。[38])叶斯柏森将这一原则提升为一条简单明了的箴言:"为最多的人提供最大便利的国际语言是最好的国际语言……因此,为我们的中立语言选择词汇是一个纯粹的算术问题。"[39]但我们不能简单地把一种语言的使用者的数量加起来(这样算的话,在西欧和中欧,德语每次都是赢家),而是要计算有多少词根以及各种不同形式的词汇被文明的人们所使用,这就意味着西班牙语、意大利语、法语和英语

---

① "La règle logique de la langue internationale est le *principe d'univocité*, formulé parM. Ostwald: chaque notion ou élément de notion doit être exprimé une fois, et une seule, et toujours par le même 'morphème' (élément de mot); en d'autres termes, il doit y avoir une correspondance univoque entre les éléments d'idées et les éléments de mots."

② "Im Ido, wo noch keine schlechten Gewohnheiten bestehen, kann man von vornherein das *Prinzip der Eindeutigkeit* durchführen, so dass jedem Begriff nur ein einziges Wort zugeordnet wird, und dass jedes Wort nur einen einzigen Begriff bezeichnet."

中的法语要素开始变得非常重要，而且这样就赋予了伊多语比世界语更强烈的罗曼语的特征，或者可以说是更强烈的法语特征——一些伊多语者认为这一点是需要辩护的，但库图拉特（他是法国人）认为这一点完全没有问题。[40]对他而言，尽管伊多语与法语很相似，但它"只不过是一种净化了的、理想化的精华，是欧洲语言的精髓。"①[41] 柴门霍夫基于大致相同的想法选择了世界语的词根库，但他的选择有时是随意的。（为什么"鸟"在世界语中是"birdo"，而在伊多语中是来自法语和意大利语的"ucelo"？）世界语者不得不学习相当数量的新词汇了。

最后一项原则，即可逆性，显然最应该归因于库图拉特的影响，这可以追溯到他1903年对世界语衍生词汇的任意方式的批评。例如，"Kroni"意为"加冕"（"to crown"），但这个简单的派生名词"krono"是什么意思呢？是"皇冠"（"crown"）？还是"加冕"（"coronation"）？人们将如何推导出"corona"（日冕）这个词呢？你能从一个给定的名词中倒推出它的动词词根吗？这一点让作为逻辑学家的库图拉特感到不适，他支持伊多语的选择："每个词源都应该是可逆的，也就是说，如果一个词源通过某种规则从一个词中移动到另一个词中（在同一个语族中），这个词源也应该可以以一种和前一规则完全相反的规则反向地从第二个词中移动到第一个词中。"②[42]这一原则对世界语后缀系统的影响，可能造成了世界语与其最初形式之间的最广泛的差异。回想一下，后缀"id"意为"后代，源自"，因此伊多语确实是"源自"世界语，而伊多语从父代进化（或退化）了多大程度的问题是世界语界分裂中的根本问题。

在1907年，人们还无法想象世界语内部会出现分裂，当时的一个宣

---

① "n'est pas autre chose qu'un extrait purifié et idéalisé, une quintessence des langues européennes."
② "Toute dérivation doit être *réversible*, c'est-à-dire, si l'on passe d'un mot à un autre (d'une même famille), en vertu d'une certaine règle, on doit passer inversement du second au premier en vertu d'une règle exactement inverse de la précédente."

言得意得说道:"世界语本身组织得非常好,这里没有派系之争或者不和的征兆。"[43]然而,差不多在代表团于10月25日公布决定之后,这种说法就不再可信了。奥斯特瓦尔德作为代表团委员会的主席,被公认为是无党派人士,他承担了与柴门霍夫本人谈判的任务,并于11月2日写信给"大师"(即柴门霍夫),试图说服柴门霍夫进行改革,他的理由是沃拉普克语由于没有改革自身而消亡了。[44]两天之后,柴门霍夫言辞激烈地回应道:"像奥斯特瓦尔德这样聪明的人怎么可能不明白'沃拉普克语'恰恰是因为改革才失败的。"①[45]沃拉普克语迅速瓦解的记忆萦绕在世界语界的分裂中,在这场持续的论战中,几乎每一篇文章都提到了施莱尔那场注定要失败的实验。

1903年,也就是路易斯·库图拉特成为"一个分裂出来的小教派(即伊多语)的绝对正确的教皇"[46]之前的几年,库图拉特对沃拉普克语的兴衰做出了这样一个全面的判断:"因此,沃拉普克语的成功是因为它似乎回应了一种强烈的需求,尤其是在商业世界;它的失败是由于其固有的缺陷,其发明者顽固的教条主义,以及其拥护者的不团结。"②[47]这里有两种解释:内部的缺陷和社会上的不团结。伊多语者倾向于归因于第一种解释,世界语者倾向于归因于第二种解释。如果沃拉普克语的死亡源于它没有进行改革,那么世界语者应该紧紧握住代表团交给他们的橄榄枝——奥斯特瓦尔德本人也支持这一观点。[48]但是,有强有力的证据表明,沃拉普克语一直运转良好,就像1889年时巴黎会议上一样,而直到奥古斯特·克霍夫斯等改革者提议对其进行干预,才导致了那场灾难。

柴门霍夫在11月4日回应奥斯特瓦尔德时说道:"然而,不幸的是,你

---

① "dass Volapük gerade durch die *Reformen* zu Grunde gegangen ist."

② "Ainsi le *Volapük* a réussi, parce qu'il paraissait répondre à un besoin très vivement ressenti, surtout dans le monde commercial; et il a échoué à cause de ses vices intrinsèques, du dogmatisme inflexible de son inventeur, et de la désunion de ses adhérents."

迟早会相信，你的工作没有取得任何积极的成果，相反，却是有许多令人遗憾的消极效果。"①柴门霍夫指责库图拉特，说他"把所有'不满意'的世界语者的声音呈现给你，你自然听不到所有其他人的声音。因此，你自然而然地有了某种'错觉'，发现在自己的印象中，仿佛所有的世界语者都有改革的想法"。②[49] 11月12日，奥斯特瓦尔德回应了柴门霍夫并对他的假设提出质疑："我们之间最重要的分歧是，你把现在的世界语者视为一个民族，一个有着自己意志的完整有机体。恰恰相反，我确信，在目前的情况下，一切都取决于个别领导人。"③[50] 这里，奥斯特瓦尔德隐含的类比是科学界的结构，他认为科学界的结构是由其主要成员（比如他自己）的智慧所决定性地引导的。他在12月21日发表于《国际科学评论》上的公开呼吁中继续采取和解态度："但我不能接受世界语者群体和代表团之间存在对立的假设。选择世界语的基本决定让我们成为世界语者，而世界语者群体内部存在许多意见分歧，我们在其中代表了进步的一部分。"④[51]

起初，《国际科学评论》的编辑们考虑向代表团妥协，他们在12月那期上发表了一份由33位学者（包括编辑勒内·德·索绪尔和雷纳德，雷纳德的化学命名法在上一章讨论过）签署的声明。该声明为柴门霍夫的语言进

---

① "früher oder später werden Sie sich aber leider überzeugen, dass Ihre Arbeit nichts Positives, dafür aber unabsehbar viel Negatives geschaffen hat."

② "Er hat Ihnen die Stimmen aller 'unzufriedenen' Esperantisten vorgestellt, und die Stimmen aller anderen hören Sie natürlich nicht.—Sie haben daher natürlich eine gewisse 'optische Täuschung' und befinden sich unter dem Eindruck als wären alle Esperantisten reformistisch gesinnt."

③ "Der wesentlichste Punkt unserer Meinungsverschiedenheit ist, dass Sie die gegenwärtigen Esperantisten als ein Volk, einen geschlossenen Organismus mit eigenem Willen betrachten. Ich dagegen, bin sicher, dass im gegenwärtigen Stadium der Sache *alles von einzelnen Führern abhängt*."

④ "Sed mi ne povas akcepti la supozon, ke ekzistas kontraŭeco inter Esperantistaro kaj Delegitaro. Per la fundamenta decido elekti Esperanton, ni fariĝis Esperantistoj kaj tiel ekzistas pleje diferencoj de opinio *interne de la Esperantistaro*, kies progreseman partion ni reprezentas."

行了辩护，但以和解的调子结束。[52]然而，到了1908年1月，同一批学者开始认为，世界语不只是一种国际辅助语，而且也是一种接近民族语言的东西。他们宣布："首先，世界语属于世界语者，正如英语属于英国人一样。因此，没有人能够违背我们的意愿将改革强加于我们。"①[53]1月18日，柴门霍夫写信给奥斯特瓦尔德说根本没有妥协的余地——《世界语基础》将继续有效。世界语者对伊多语的语法和词汇提出了自己的批评。[54]1911年，世界语学院②院长莫里斯·罗莱·德莱尔发表了一段让人想起他的同胞伏尔泰的精辟之辞："如果伊多语不存在，那么就有必要发明它，以表明世界语比它更可取。"③[55]世界语组织驱逐了对新语言感兴趣的成员，巩固了社会裂痕，并将伊多语构建为一种与之竞争的语言。[56]后来，避免提及伊多语成为全球世界语界的一项政策。[57]

对伊多语的诅咒与伊多语诞生的环境有很大关系，世界语者认为伊多语起源于背叛。只是，"伊多语"的发明者是谁？11月14日，奥斯特瓦尔德在决定作出后的3周内写信给库图拉特，要求知道"伊多"的身份。[58]甚至在更早些的时候，柴门霍夫——他注意到了自己选择的代表、著名的改革问题上的保守派领袖路易斯·德·博弗伦特是如何迅速赞同代表团的决定的——在10月27日就带着同样的困惑写信给法国世界语领袖伊波利特·塞博特（由柴门霍夫的传记作者马乔里·博尔顿翻译过来）：

---

① "Unue, Esperanto apartenas al la Esperantistoj tute same kiel la lingvo angla apartenas al la Angloj. Konsekvence neniu povos trudi al ni reformojn kontraŭ nia volo."

② 译者注：世界语学院（Akademio de Esperanto AE 或 AdE）是独立的语言机构。1905年，依照柴门霍夫的建议，在第一届国际世界语大会上成立，当时名叫"语言委员会"（Lingva Komitato）。"世界语学院"这个名字最初是由语言委员会的一个高级委员会使用。1948年，语言委员会和其学院合二为一。它的任务是保护世界语的基本原则并督察其发展，就像其他民族语言的学院一样。

③ "si l'Ido n'existait pas, il eût fallu l'inventer pour montrer que l'espéranto lui est préférable."

"我对'伊多'这个人一无所知,也从未见过他的语法理论。我已经 3 个星期没有收到库图拉特的来信了。在我看来,德·博弗伦特的行为特别可疑;为了表示我对他的信任,我在代表团面前选择他作为我的代表,而他丝毫也没有问我,就突然令人意外地走到改革者那里,并给我写了一封信,说世界语肯定会死亡,5 年之后,留下来的只有世界语的记忆,等等。"[59]

正如叶斯柏森很快发现的那样,柴门霍夫的怀疑是完全正确的。有一天,叶斯柏森收到了一封库图拉特写给"我的朋友"("mon cher ami")的信,他对这个称呼语的异乎寻常的亲密感到惊讶。继续往下读,从信的上下文中,他意识到这封信实际上是写给德·博弗伦特的,而且它揭示了后者就是"伊多语"的创造者!叶斯柏森震惊了:"它一下子改变了我对德·博弗伦特和库图拉特的看法,并使我非常沮丧,以至于在一开始的那些不眠之夜里,我认真考虑了完全断绝与辅助语言的联系。"[60]他告诉了奥斯特瓦尔德这个消息,奥斯特瓦尔德和他一样愤慨,但比他更冷静一些。在库图拉特确认这一点后,两人都劝他说服德·博弗伦特亮明自己的身份。

1908 年 5 月,一篇由"伊多"撰写的文章出现在德·博弗伦特的双语期刊《世界语者》(*L'Espérantiste*)上,该杂志是法国世界语运动的旗舰刊物。在文中,"伊多"声称,他之所以向委员会提交他的提案,是因为他担心世界语会遭到"彻头彻尾的拒绝"①。德·博弗伦特在文后附加了一段篇幅相等的评注,他在开头处承认道:"你们刚才读到的声明是我的。"②[61]世界语界对此感到勃然大怒:柴门霍夫亲手挑选的在代表团面前为世界语辩护

---

① "le rejet pur et simple/la puran kaj simplan forĵeton."

② "La déclaration qu'on vient de lire est de moi./ La deklaro, kiun oni ĵus legis, estas mia."

的代表，结果却变成了叛徒，甚至是罪大恶极的出卖者。[62]（需要指出的是，叶斯柏森提到过，德·博弗伦特"确实以出色的口才和技巧捍卫了柴门霍夫的语言"。[63]）一直到20世纪30年代，大多数世界语学者都相信德·博弗伦特自我身份的揭晓，他们声称伊多语与"辅助语"（Adjuvanto）非常相似，后者是一种法国人在19世纪90年代为了支持世界语而放弃的语言。[64]（目前还不清楚他们是如何得出这一结论的，因为似乎没有人见过一本"辅助语"的书，德·博弗伦特说他已经把它销毁了。）1908年9月8日，德·博弗伦特被解除了法国世界语协会主席的职务。顾名思义，作为一位伊多语者，就意味着不是一位世界语者。

然而，今天的世界语者普遍认为德·博弗伦特甚至在他的"供认"中都撒谎了。在20世纪30年代，西方语（埃德加·德·沃尔于1922年发表的一种辅助语）的信徒里克·伯格（Ric Berger）指出，事实上，库图拉特本人——这位代表团的秘书，他也因此被禁止提交他自己的计划以供审议——就是伊多语的创造者，而德·博弗伦特只是为他打掩护。[65]后来的世界语史也认为德·博弗伦特是伊多语创造者的假设"几乎肯定是假的"，并基于伯格的相对薄弱的证据，认为库图拉特是那位创造者。[66]奥斯特瓦尔德继续相信，德·博弗伦特就是伊多，正如大多数伊多语者所认为的那样，其部分原因是德·博弗伦特的创造者身份的假设向世界语者发出了一个信号，即转向改革将是明智的。[67]也许这场关于创造者身份的争论中最奇怪的一点是，为何德·博弗伦特会同意保护库图拉特。不管怎样，显然，不管是谁发明了这种语言，库图拉特都把它当作自己的语言来使用；他在最重要的伊多语刊物《进展》中的几乎每一页上都留下了自己的印记，同时还写了大量恶毒攻击世界语和世界语者的文章。[68]

要是仔细考察那些尖刻言论中你来我往的指控就偏离科学辅助语的问题太远了。这里仅举一个例子来说明库图拉特的做法。他经常指责柴门霍夫对伊多语的抵制是一种商业伎俩,他说,"大师"(即柴门霍夫)是"受出版公司合同约束的人,这家公司从过去到现在一直都是通过坚持抑扬符来垄断世界语"。①[69]库图拉特的言辞越来越具有反犹倾向,他不停地暗示世界语是一种赚钱的主张,而且这一运动"越来越多地由实干家主导,即由商人、阴谋家、政客和商店店主所主导"。②[70]而伊多语起源于学术性的代表团这一点则"排除了它的所有商业假设和意图"③[71]。(柴门霍夫在给奥斯特瓦尔德的一封信中否认了这些指控;说他每天都在华沙的贫民区治疗眼疾,而参与世界语运动只占用了他非常有限的业余时间。[72])

随着愈加清楚地认识到世界语者不会按照伊多语的思路改革他们的语言,库图拉特便为他的语言建立了自己的组织机构。1909年2月,为了宣传伊多语,他在苏黎世成立了国际语言之友联盟④,5月24日,奥斯特瓦尔德当选为该联盟的名誉主席。伊多语很快开始蓬勃发展起来。据估计,世界语运动中大约有20%的主要人物,包括记者、知识分子和公众人物,都采用了这种新语言,不过其中仅有3%—4%的普通人物采用了这种语言。[73]这种新语言也传遍了大洋彼岸。作为美国的一本伊多语季刊,《国际主义者》很快由国际语出版公司发行,其总部设在西雅图,由麦金农担任编辑。到了1910年2月,它变成了一本在费城发行的月刊,其作品水平得到了明显提高。1910年8月,该刊身份又一次发生了改变,被合并到了由

---

① "esas *persone ligita* per kontrato a la librista firmo, qua penis i penas monopoligar Esperanto."

② "de plus en plus dominé par les hommes d'action, c'est-à-dire par les hommes d'affaires et d'intrigue, les politiciens et les boutiquiers."

③ "exclut toute hypothèse et toute intention mercantile."

④ 译者注:即Uniono di l'Amiki di la Lingva Internaciona(Union of Friends of the International Language)。当时与这一组织同时建立的还有伊多语学院(Ido Academy),都是为了完善并推广伊多语。"一战"之后,又成立了一个新的伊多语学院。现在国际上管理伊多语的机构是伊多语国际语言协会(Uniono por la Linguo Internaciona Ido)。

来自伦敦的杰拉德·摩尔先生编辑的《国际语言》中。到了1912年，伊多语者吹嘘说他们在全世界范围内拥有150个社团或协会（尽管如此，对这一说法应持保留态度，因为在当时，国际语言之友联盟也才只有600个会员）。[74]伊多语已经不再是世界语内部的改革运动，而是从外部成为一个竞争者。

为了科学的伊多语

代表团首先将他们给世界语者语言委员会提出的建议阐述为一个沿着语言学路线进行的改革方案。他们对世界语的批评集中在语法方面：难以理解的词根突变、先验的相关性词表、正字法等。但在这些批评的背后是对世界语的社会结构的更普遍的反对，尤其是对作为这种语言的"不变"核心的《世界语基础》的反对。我在上一章中讨论了1905年在滨海布洛涅举行的会议上，《世界语基础》是如何被确立为这种语言的基石以保持该语言的一致性，从而对抗日常使用中自然变异的力量的。然而，这种限制惹怒了一些世界语者，尤其是那些在语言上充满好奇并被代表团的方案所吸引的人。

《世界语基础》被许多世界语者视为这场运动的核心，而伊多语者却不喜欢它，3个理由都与他们将伊多语视为一种科学的辅助语有关。第一个理由是经验主义的：没有一种民族语言拥有一个单一的文本来作为其整套语法和词汇的基础，所以，伊多语，这门在语法学上和社会学上从这些语言中科学地衍生出来的语言，也不需要这样一个文本。[75]第二个理由已经可以从奥斯特瓦尔德对位于德累斯顿世界语者之家的圣坛的反感中看出来：它（世界语）带有太多宗教狂热的味道，而不是现代性的清醒。而伊多语"则没有这样一本圣书；正如叶斯柏森先生精辟地说道：一方面，除了科学原则之外，它没有什么其他原则。另一方面，它从各种欧洲语言中汲取材料，这些语言构成了它最广泛和最稳定的客观性基础"。①[76]最后，达尔文的进化论指出，达到稳定的最可靠途径是通过进化的压力，正如理查德·洛伦兹所解释的那样："因此，衡量一种国际语言的稳定性——即是否适合或适应于其目的——的充分标准只有一个，而且，我们认为，只有通过不断的改革和改进，它才能成功满足这一标准，从而最终实现稳定。"[77]

伊多语者不仅认为世界语对《世界语基础》的虔诚是反科学的，而且他们还说伊多语才是唯一科学的语言，这一观点也植根于三个方面：方法、技术和科学的用途。库图拉特、叶斯柏森和其他主要的伊多语者用了很多篇幅宣称伊多语基本原则的内在逻辑确保了"它比其他语言更有优势，并且它是基于理性的科学原则，因此，不必担心将来有一天它会被另一种完全不同的语言所取代"。[78]或者，正如库图拉特所说："总而言之，委员会的工作就是用科学的、批判性的、渐进的方法来代替经验性的发明方法，后者或多或少是亲切的，但总归是太随意了。"②[79]

上述说法仍然相对抽象。只有在把语言视为一种技术，即一种实现某些目的的工具时，伊多语者才更具体地将其语言方案与当时的科学发展联系起来，比如公制制度。[80]这一论点比标准化更进了一步。正如奥斯特瓦尔德根据能量原理，利用电报和铁路来论证人工辅助语言最适合现代世界一样，伊多语者也援引技术的不断进步来证明伊多语是人造语言的最新模型。库图拉特写道："伊多语之对于世界语，就像今天的自行车之对于一辆旧式自行车一样。"③[81]伊多语从世界语中进化而来，变得能够更好地适应

---

① "n'a pas de livre saint; il n'a pas d'autre *Fundamento*, comme l'a dit excellemment M. Jespersen, que ses principes scientifiques, d'une part, et d'autre part l'ensemble des langues européennes auxquelles il emprunte ses matériaux, et qui constituent pour lui la base objective la plus large et la plus stable."

② "En un mot, l'œuvre du Comité est la substitution de la méthode scientifique, critique et progressive, à la méthode d'invention empirique, plus ou moins géniale, mais toujours arbitraire."

③ "l'Ido est à l'Esperanto ce que la bicyclette est au vieux bicycle."

其环境。叶斯柏森1909年时写道:"没有任何伟大的发明,也没有任何伟大的科学发现,在它们一问世时就是完美的。以科学原则为基础,是有可能设计出一种更好的语言的,这种语言更具国际性,也许它'并不完美',但却总是'可以更完善'。"[82]事实上,尽管库图拉特对拉马克的后天获得性遗传观更感兴趣,但美国的伊多语者却极力主张一种严格的达尔文式的理解:"沃拉普克语、中立语、世界语和伊多语只不过是通向问题的解决方案过程中的渐进性的步骤。国际语言方案和其他所有事物一样,只有适者才能生存!"[83]

当科学家实际使用一种语言时,这种语言才是最适合在竞争激烈的科学世界中生存的语言。库图拉特在1910年时高呼:"科学已经表明:国际语言只能是伊多语,因为从双重的意义上讲,伊多语都是唯一的科学语言:首先,它是语言科学的研究成果,是唯一建立在不变和精确的原则基础上的语言;其次,它是唯一一种适合科学的使用,并且已经适应了国际科学术语的语言。"①[84]从某种意义上说,确实如此。我们可以找到一些美国人用伊多语写的关于制冷技术和脊椎疗法的文章,而且,1910年时,库图拉特曾不辞辛苦地编写了一部数学辞典,这部辞典把英语、法语、德语和意大利语的数学术语翻译成了伊多语。[85]但是,关于伊多语的科学用途的最有力的论据来自当时的中心科学:化学,而让化学成为使用伊多语的科学的正是威廉·奥斯特瓦尔德。

1910年4月20日,世界语界分裂之后,奥斯特瓦尔德又给范特霍夫写了一封信,说他"已经不对化学感兴趣了。国际主义、和平主义和文化能

---

① "La science a prononcé: *la langue internationale ne peut être que l'ido*, parce que c'est la seule langue scientifique, et cela en double sens: parce qu'elle est l'œuvre de la science linguistique et est la seule fondée sur des principes fixes et précis; et parce qu'elle est la seule qui soit appropriée aux usages scientifiques, et qui s'adapte à la terminologie déjà internationale des sciences."

量学是我现在关心的问题"。①[86]奥斯特瓦尔德决意要支持人工语言，尤其是伊多语，与此同时，在1908年的大部分时间里他又对这个决定充满犹疑，因为柴门霍夫和世界语者抵制改革的行为，以及库图拉特推动改革的行为都令他大失所望。1908年2月25日，他充满沮丧地给叶斯柏森写信说道："驱使我辞职的人是库图拉特。他有着硬橡胶的性格：他能承受每一次打击，但一旦这些打击消失，他就呈现出以前的样子。"②[87]库图拉特通过不断的通信击倒了对手，奥斯特瓦尔德说他再也看不下去了。叶斯柏森劝他冷静下来。

而且劝说的也很及时。1909年12月11日，奥斯特瓦尔德获得了诺贝尔化学奖，他迅速向国际语言之友联盟和其他的伊多语计划捐赠了至少4万美元的奖金（这是1909年时的4万美元；在2014年，它大约相当于100万美元。）奥斯特瓦尔德坚称，他"没有一分钱捐给世界语及其拥护者。我将只会给予伊多语帮助"。[88]如果他对伊多语的一些组织工作失去耐心，他就开始欣赏这种语言本身。他把他的一些能量论的著作翻译成了伊多语，并告诉一位评论家说，他"发现这种语言对于清晰并准确阐述他的思想非常有益"。[89]

在寻找其他具有类似价值的翻译项目时，他自然而然地想到了化学命名法。[90]奥斯特瓦尔德处于一个独特的位置，可以为19世纪末的巴别塔做点什么。他是世界上著名的化学家之一，他住在他的乡村庄园里，因而有着闲暇的时间，他是《物理化学杂志》的创始人和编辑之一。1911年年初，他再次写信给该刊的共同编辑范特霍夫，请求在这本杂志上用伊多语发表摘要："这样，许多不懂德语的人就能了解这本杂志的内容，因为

---

① "Interessen immer weiter von der Chemie fortwandern. Internationalismus, Pacifismus und kulturelle Energetik sind jetzt meine Probleme."

② "Die Persönlichkeit, welche mich zum Ausscheiden zwingt, ist Couturat. Er hat die Beschaffenheit von vulkanisiertem Kautschuk: er weicht jedem Druck, aber sobald dieser nachlässt, nimmt er seine frühere Form an."

所有法国、英国、意大利和西班牙等国家的人们都能很轻松地读懂伊多语。"①[91]奥斯特瓦尔德将在第一年给予该杂志 100 马克的年费作为补贴。

在此之前，范特霍夫对奥斯特瓦尔德的热情一直都默默忍受着，但这件事终于让他忍无可忍。3 天后，他作出了回复，说他"不能同意"这个摘要的想法，"如果这样的话，我将不再希望以我的名义支持该杂志"。②[92]奥斯特瓦尔德感到非常吃惊，尤其是因为范特霍夫似乎与威廉·恩格尔曼出版社站在了同一战线，后者也拒绝将伊多语引入该杂志，奥斯特瓦尔德将这一立场视为商业向科学内容的编辑决策的入侵。[93]奥斯特瓦尔德对恩格尔曼出版社拒绝发表他关于伊多语化学命名法的德文文章感到特别愤怒，而范特霍夫却没有提供任何支持。这件事导致了这两位友人之间的巨大隔阂，1911 年 1 月 21 日，奥斯特瓦尔德写了一封信，怒斥范特霍夫。但是，当这封信还在路上时，范特霍夫便已病入膏肓，并未回信。（一个多月后，他便死于肺结核。）奥斯特瓦尔德悔恨万分，在范特霍夫去世 3 天后，他便给其妻子约翰娜·范特霍夫写信并致歉（有些勉强）："我已经暂时把伊多语摘要的问题放在一边，关于这个问题，你的丈夫坚决反对我的期望和计划。"③[94]幸运即将到来：第二天，恩格尔曼出版社同意发表奥斯特瓦尔德的文章，但只是在一本增刊上，而且条件是关于人工语言的论战今后不得进入该刊。[95]

奥斯特瓦尔德一直在努力建立一套伊多语无机化学命名法，他翻阅了多本化学教科书，并将其中的索引项翻译成伊多语。[96]然而，最大的挑战是，编写出一本与伊多语的三原则（单义性、国际性、可逆性）相一致的完整的化学元素辞典，其中国际性是最核心的要素。1910 年的 5 月、7 月

---

① "Dadurch würden Viele, die nicht deutsch lesen können, doch den Inhalt der Ztschr. kennen lernen können, da Ido für jeden Franzosen, Engländer, Italiener, Spanier etc. sehr leicht verständlich ist."

② "nicht mitmachen" / "daß ich die Zeitschrift bei dieser Änderung nicht mehr mit meinem Namen stützen möchte."

③ "Ich habe die Frage der Ido-Referate, bezüglich deren Ihr Mann sich in bestimmten Gegensatz zu meinen Wünschen und Planen gestellt hatte, einstweilen zurückgesetzt."

和 12 月，奥斯特瓦尔德在《进展》上连载了他的化学命名法，但是，他主要期望的目标读者——国际上的化学家们——当然不会阅读伊多语，而且直到奥斯特瓦尔德用德语说服他们认真看待伊多语之前，一直都是如此。因此，奥斯特瓦尔德的文章在 1911 年 2 月 28 日的《物理化学杂志》的第一期增刊上发表时，下面附有恩格尔曼出版社强行加上的一条注释："本文作者对此文内容负全部责任。"①[97]

大多数的努力都是这样开始的，奥斯特瓦尔德也不例外：哀叹三种"主导"②语言（这就已经很多了）之外的"较小众"③语言的增长，但令人欣慰的是，化学是一门已经具有大量国际命名法的国际科学。既然拉丁语不再是一种合理的解决方案，人们就不得不转向一种人工语言，也就是伊多语：

"伊多语（一种改进了的世界语并且会在未来持续改进）这种辅助语言将会为我们提供一种交流的工具，其效用已经多次得到证明，而且一个国际性的组织也确保了它在未来也能够不断适应其目标。

该语言在形式上通常来自欧洲语言，只是根据简单性和单义性原则进行了简化。"④[98]

最后，在共同的化学概念和化学物质的基础之上，建立一个统一的命

---

① "Für den Inhalt dieses Aufsatzes übernimmt der Verfasser die alleinige Verantwortung."
② 译者注：grossen，德语：大的。形容主要的，使用人数较多的语言。
③ 译者注：kleinere，德语：小的。形容小众的语言。
④ "In der Hilfssprache *Ido* (ein verbessertes und für dauernde künftige Verbesserung organisiertes Esperanto) liegt gegenwärtig ein Verkehrsmittel vor, dessen Anwendbarkeit bereits vielfach bewährt worden ist, und dessen dauernde Anpassung an seine Zwecke auch für die Zukunft durch eine internationale Organisation gesichert ist.Diese Sprache schliesst sich im allgemeinen den gebräuchlichen Formen der europäischen Sprachen an, vereinfacht diese aber durchaus im Sinne der Einfachheit und Eindeutigkeit."

名法是有可能的。奥斯特瓦尔德将注意力转向了无机化学——大体来说，即元素周期表中的元素及其基本化合物——而不是更复杂的有机化学领域。当时所有主要民族语言的有机化学发表论文中，其为同分异构体命名的惯例本身就在不断变化。奥斯特瓦尔德试图为每种物质创建一个具有最大国际性的名称。这项任务由于国际符号和国际词汇之间偶尔出现的紧张关系而变得复杂。最显著的一个例子就是以"C"开头的化学符号，比如"carbon"（碳），因为在伊多语中（和世界语中一样），"c"的发音为"ts"，所以"carbon"在伊多语中表示为"karbo"。（奥斯特瓦尔德相信，下一代会把该化学符号改成"K"。）再看一下"silver"（银）的例子：

"Ag（'银'），argento（银）。《通用词典》中用'arjento'表示'银'，如果字母'g'没有出现在国际符号中，我们采用这一词汇没什么问题——国际符号应该尽可能地包含在名称中。因此，建议'银'作为化学物质的时候采用'argento'的形式，而用作一般用途的时候采用'arjento'。比如，'银色的月亮'翻译成伊多语是：'arjenta luna'（原文是：luno——作者注），而'银可溶于硝酸'（Silver is soluble in nitric acid）这个句子用伊多语说就是：'argento esas solvebla en nitratocido'。"①[99]

奥斯特瓦尔德举了上面一些有问题的化学元素名称的例子。有趣的是，他没有解释"iodine"（碘）这一特例。考虑到奥斯特瓦尔德是认同单义性原则的人，即一个词汇对应一个意思，而看了图 5.1 他的元素名称表后却令

---

① "*Ag* argento. Das allgemeine Wörterburch hat für Silber arjento, das wir ohne weiteres annehmen könnten, wenn nicht im internationalen Zeichen der Buchstabe *g* vorkäme, den man womöglich auch im Namen erhalten sollte. So ist vorgeschlagen worden, die Form argento für die chemischen Stoffe anzunehmen, während arjento für den allgemeinen Gebrauch bleibt. Der silberne Mond würde mit arjenta luna [sic：luno—MG] übersetzt werden, während der Satz：Silber ist in Salpetersäure löslich, in Ido hiesse：argento esas solvebla en nitratocido."

›171

人感到困惑，其中，"iodine"（碘）用伊多语表示成了"ido"（"伊多"）。

奥斯特瓦尔德仍然对这个结果感到非常自豪，他在 1914 年告诉美国的《科学》（Science）杂志："我向大家展示了一套使用可塑的人造语言的化学命名法比任何自然语言的化学命名法都更好、更一致、更容易理解。"[100] 作为回应，1912 年，世界语者制定了他们自己的化学命名法，而这一命名法被库图拉特指控为是无耻地从奥斯特瓦尔德那里抄袭来的。然而，世界语者却陷入左右为难的境地，因为在分裂之后，遵守《世界语基础》变得更为重要，好把他们的语言和伊多语区分开。亚历山大·巴特克在 1909 年

Ac Aktino (*Ak*).	*H* Hido.	*Ra* Radiumo.
Ag Agento.	*He* Helo.	*Rb* Rubido.
Al Alumino.	*Hg* Merkuro (*Mr*).	*Rh* Rodio.
Ar Argono.	*In* Indo.	*Ru* Ruteno.
As Arseno.	*I* Ido.	*S* Sulfo.
Au Auro.	*Io* Ionio.	*Sa* Samaro.
B Boro.	*Ir* Irido.	*Sb* Stibo.
Ba Bario.	*K* Kalio (*Ka*).	*Sc* Skando (*Sk*).
Be Berilo.	*Kr* Kripto.	*Se* Seleno.
Bi Bismuto.	*La* Lantano.	*Si* Siliko.
Br Bromo.	*Li* Litio.	*Sn* Stano.
C Karbo (*K*).	*Lu* Luteto.	*Sr* Stronco.
Ca Kalco (*Kc*).	*Mg* Magnezio.	*Ta* Tantalo.
Cd Kadmo (*Kd*).	*Mn* Mangano.	*Tb* Terbo.
Ce Cero.	*Mo* Molibdo.	*Te* Teluro.
Cl Kloro (*Kl*).	*N* Nitro.	*Th* Torio (*To*).
Cr Kromo (*Kr*).	*Na* Natro.	*Ti* Titano.
Co Kobalto (*Ko*).	*Nd* Neodimo.	*Tl* Talio.
Cs Cesio.	*Ne* Neono.	*Tu* Tulio.
Cu Kupro (*Ku*).	*Ni* Nikelo.	*U* Urano.
Dy Disprozo (*Ds*).	*O* Oxo.	*V* Vanado.
Er Erbo.	*Os* Osmo.	*W* Wolframo.
Eu Europo.	*P* Fosfo (*Fo*).	*X* Xenono.
F Fluoro.	*Pb* Plumbo.	*Y* Yitro.
Fe Fero.	*Pl* Palado.	*Y* Yiterbo.
Ga Galio.	*Po* Polono.	*Zn* Zinko.
Gd Gadolinio.	*Pr* Praseodimo.	*Zr* Zirkono.
Ge Germanio.	*Pt* Platino.	

图 5.1　威廉·奥斯特瓦尔德的伊多语化学元素命名系统，1911 年年初以德文发表。注意：文中提到的"银"（Ag，silver）的名称在该表中打错了。附加符号是奥斯特瓦尔德提出的建议，以使国际系统与伊多语更好地保持一致。参见：Wilhelm Ostwald, "Chemische Weltliteratur," *Zeitschrift für physikalische Chemie* 76（January 1911）: 1-20, on 8.

年末曾试图在《国际科学评论》发表另一套命名法的方案，他认为：“《世界语基础》并不是'专业'命名的基础，并且不可触碰性只适用于具有普遍意义的词语，"① 但是，他的影响并不大。[101] 世界语者把伊多语的挑战看作是把他们自己更好地组织起来以进行专业命名的一个信号，而在 1907 年之前，他们在这一方面明显是比较薄弱的。[102]

奥斯特瓦尔德继续操办着国际科学的事情。1911 年 6 月 12 日，他在慕尼黑建立了一个名为"桥梁"的组织，旨在推进各门科学之间的普遍标准化。除了统一化学中的命名法外，他还主张统一每一门科学的术语，以使它们彼此协调。甚至科学期刊的页面大小也应该是统一的。当然，在他的计划中，一个关键的部分是"为受到普遍关注的出版物准备一种国际辅助语言"，他坚持认为，现在是时候了："我们只需要选择一套已经近在咫尺的人工系统。由于伊多语是唯一一个已经制定出系统的化学命名法的语言，我们应该首先把注意力转向这种在科学上完善的习语。"[103] 1912 年 2 月，奥斯特瓦尔德采用伊多语作为"桥梁"的官方语言。

实验的结束

对伊多语来说，一切看起来都很好。这场运动的规模比世界语运动还小，但伊多语者吸引了很多领导层的人物，奥斯特瓦尔德等名人的支持使这种语言在短时间内获得了巨大的知名度。然而，福兮，祸之所伏，世界语那批人中的精英的背叛也为其自身带来了诅咒。这些人之所以在世界语运动中如此活跃，以及他们为什么被伊多语所吸引，部分原因是他们对语言实验的热爱和对一种完美的（不仅仅是"足够好的"）国际辅助语的追求。《世界语基础》束缚了他们，但是，既然他们使用了不受《世界语基

---

① "Sed la Fundamento ne estas fundamento por la nomigado 'faka,' kaj la netuŝebleco atendas nur sur la vortoj de universala signifo."

础》束缚的伊多语,那么就可以尽情甚至疯狂地进行实验了。

到了1910年7月,叶斯柏森开始慌了。他在《进展》上面写道:"我认为,在不改变作为我们的力量和引以为豪的自由原则的基础上,现在绝对有必要制定某些规则,以对该语言稍加限制,从而减轻学院(指的是伊多语学院)的任务,并使我们尽快达到足够的稳定。"[①]他建议,任何提交上来的改革方案都要附上一份来自不同母语人士的附议动议。甚至连伊多语的首席倡导者库图拉特也在该文之后表示,他同意"为了避免相同问题的泛滥或者对其没完没了的讨论,这样一些规则是绝对有必要的。"[②][104]1911年8月下旬至9月上旬,伊多语者在瑞士索洛图恩举行的一次会议上,宣布了伊多语十年的"稳定"。10年来,该语言在1913年7月1日获得的形式将保持不变,以便有时间巩固它自1907年以来获得的进步,届时将再次开放实验(这一时期随后被延长到1924—1926年,1934—1938年再次延长。)这种对稳定问题的赤裸裸的临时解决方案正是为什么1905年《世界语基础》在滨海布洛涅被奉为神圣的原因,而现在,伊多语者不得不面对采取类似行动的必要性。[105]

但是,伊多语真正的威胁不是其支持者的创新热情,也不是世界语者的背叛——世界语者对待分裂非常认真,以至于1908年成立了国际世界语协会,这是一个伞式组织[③],至今仍在运转——而是来自欧洲即将发生的大灾难。1914年6月28日,奥匈帝国皇储弗朗茨·斐迪南大公在巴尔干萨拉热窝市被一个名叫加夫里洛·普林西普的19岁塞尔维亚人暗杀。随后的

---

① "me opinionas ke esas nun absolute necesa havar certa reguli qui, sen chanjar la principo di liberaleso qua esas nia forto e pri qua ni esas juste fiera, povas poke restriktar ol e per to faciligar la tasko di la Akademio e duktar ni max balde posible a suficanta stabileso."

② "*ula* tala regulo esas absolute necesa, por evitar l''inundo' e la senfina diskutado di la sama questioni."

③ 译者注:像伞一样的组织,有一个总部,下设众多分支机构和附属机构。国际世界语协会于1908年4月28日宣告成立。从1955年起,国际世协的总部设在荷兰鹿特丹。

地缘政治阴谋和误判引发了长达 4 年多的大规模屠杀，摧毁了欧洲大陆。爱国主义高涨，随着法国人、英国人和俄国人与德国人、意大利人、奥地利人和匈牙利人之间的互相屠杀，曾经推动了追求辅助语运动的全世界团结一心的精神，就像一只泄了气的齐柏林飞艇①一样，消失不见了。定于 1914 年在巴黎举行的第十届世界语年会被取消了。第十一届世界语年会在中立国美国的旧金山举行，但其影响已经大不如前。世界语期刊的数量也从百种以上的高位骤降到了 30 种以下。[106]

伊多语受到的打击更严重。1914 年 8 月 3 日，一辆开往前线的动员卡车在法国乡村行驶时，撞上了一辆安静行驶的汽车，造成一名乘客死亡，这名乘客正是路易斯·库图拉特。由于伊多语运动在很大程度上是靠着这位巴黎的逻辑学家不屈不挠的力量推动的，因此，自此以后，这场运动便一蹶不振了。原定于那年 9 月在卢森堡举行的第一届伊多语大会被推迟了，虽然这场运动在战后曾经复兴，但从未恢复早期的活力。反过来，世界语却引起了和平主义者的注意。伊多语坚决避免这些政治问题，而是热衷于关注科学，与之相比，世界语则不顾及这些；另外，一些新的语言方案，比如西方语，也抢走了一些支持者。即使是代表团成员奥托·叶斯柏森，也在 1928 年放弃了伊多语，转而支持他自己的世界辅助语——诺维亚语②。到了 1923 年，整个苏俄大约只有 100 名伊多语者（那里的革命对国际主义运动造成了巨大的破坏）。只有 40 个人，包括苏联人在内，参加了 1929 年的伊多语世界大会。[107]尽管他们满怀希望，但战争沉重打击了他们对于科学辅助语的追求。

1914 年，奥斯特瓦尔德关闭了"桥梁"。战争开始了。

---

① 译者注：1900 年，德国的齐伯林伯爵制造了第一艘硬式飞艇，这种飞艇飞行性能好，装载量大。仅在最初的十年中该公司就制造了 113 艘军用飞艇，在"一战"中大显神威。

② 译者注：又称诺维阿尔语。Novial 即 nov（新）+international（国际）+auxilary（辅助）+language（语言），所以其学名应为新国际辅助语。由丹麦语言学家奥托·叶斯柏森于 1927 年创造。

第六章

世界大战的语言阴影

"病态的民族一定有病态的语言。其语言的疗愈同时意味着其民族本身的疗愈:其语言的国际秩序只不过是说这些语言的人们的秩序。因此,各民族的语言问题具有两面性:一个是向内的,每个民族都能按照自己的方式独立解决;另一个是向外的,任何民族都不能独立解决,而只能通过与所有其他民族的交流来解决。"①

——弗兰兹·蒂尔菲尔德[1]

威廉·奥斯特瓦尔德坚定地致力于依靠国际团结以及科学和语言的力量来统一世界——他一向如此。在20世纪第2个10年的最初几年里(没有人会想到这是"战前",因为人们认为这些文明国家之间肯定永远不会发生战争),他打着科学标准化的幌子,为欧洲的统一而奋斗。然而,在1915年,他推崇了一个完全不同的方案。奥斯特瓦尔德大声疾呼:"我们联合军队的突破,仅仅是德国向东南部和平推进的军事序幕,通过这一行动,地球表面最大的毗连大陆复合体,即欧亚大陆,将进入其历史的新纪元,从

---

① "Kranke Völker—und wie wenige sind heute noch gesund!—haben notwendig kranke Sprachen. Ihre Heilung bedeutet zugleich die Heilung des Volkskörpers selbst: ihre internationale Ordnung ist nichts anderes als die Ordnung derer, die sie sprechen. Das Sprachenproblem der Nationen trägt also ein doppeltes Gesicht: ein nach innen gewandtes, das jedes Volk allein und auf seine Weise, ein nach außen gewandtes, das kein Volk für sich, sondern nur in Gemeinschaft mit allen anderen lösen kann."

而进入整个世界历史的新纪元。"①[2]这个未来将是德国人的。

奥斯特瓦尔德从他的历史研究中得知，通往进步的道路总是由"运输工具"②铺就的——也就是沟通工具，从对商业大有裨益的货币，到运送人们的道路和火车，它们都属于沟通工具。最伟大的沟通工具当然是：语言。与几年前对路易斯·库图拉特的人工语言发表的观点类似，他又一次强调："只有通过语言，才能使孤立的个人存在，即个人或说着不同语言的民族，与其他人和其他民族建立起富有成效的关系。"③随着德国军队的前进，他们需要的不仅仅是弹药、军队和燃料："在征服世界的过程中，我们与盟友一起到达的每一个地方，以及我们希望保护我们的共同利益的地方，使用一种通用的精神沟通工具，即一种通用的语言，是绝对必要的先决条件。"④[3]用伊多语来征服世界这几乎是不可能的。很明显，这种通用的语言应该是：德语。

但遗憾的是，这也是困难所在，因为德语"还处于相对原始的状态"⑤；也就是说，它太复杂了。通过引用奥托·叶斯柏森的语言学研究，奥斯特瓦尔德坚信，随着语言的发展，它们会简化，会去掉屈折的变化、各种性以及一些特征，从而变得高效并适应现代性。这位曾把热力学引入化学的诺贝尔奖得主指出："这就是每一种语言的自然发展过程，它可以在所有的

---

① "Der Durchbruch unserer vereinigten Armeen ... ist nur das kriegerische Vorspiel zu einem friedlichen Vordringen Deutschlands nach Südosten, durch welches dergrößte zusammenhängende Komplex des Festlandes auf der Erdoberfläche, nämlich das europäisch-asiatische Landgebiet in eine neue Epoche seiner Geschichte und damit der gesamten Weltgeschichte eintreten wird."

② 译者注：Verkehrsmitel，运输，运输工具，相当于英文的"transport"。

③ "Nur durch die Sprache kann sich die isolierte menschliche Existenz, das Individuum oder das sprachlich begrenzte Volk, mit anderen Personen und Völkern in fruchtbringende Beziehung setzen."

④ "Überall, wo wir im Welttreiben mit unseren Mitmenschen zusammenkommen und unsere gemeinsamen Interessen pflegen wollen, ist die unbedingt notwendige Voraussetzung die Handhabung eines gemeinsamen geistigen Verkehrsmittels, einer gemeinsamen Sprache."

⑤ "ein noch verhältnismäßig primitives Gebilde."

沟通工具中发现，它只是表达了最普遍的一种发展规律，即能量的重要性（*energetic imperative*），通过它，旧的语言形式的多样性和不规则性所造成的能量的无意义浪费将受到越来越多的限制。"①[4] 德国军队的成功归功于德国人民的活力，他们没有因为法国化的文明而变得愚钝，但正是这样的活力阻碍了德语实现更高的简单性。幸运的是，我们可以学习其他殖民国家的做法，特别是英国，他们向非洲的进军得益于容易交流的洋泾浜英语。因此，奥斯特瓦尔德提出了一个谦虚的建议："我建议首先在那些（被占领的）地区制定一个基于科学技术原理的简化德语，以用于实际的工作中。这种语言中所有可以避免的多样性，以及所有的'丰富性'——从美学角度而言，这一点非常迷人，但是它会让语言的学习变得异常复杂——在这里都将被抛诸一旁，这样，所有人都可以轻松地学习和使用这种新的交流方式，我建议将之命名为'世界德语'。"②[5] 简化一下德语中的性，再（仿照许多方言）去掉几个元音变音符，德语就可以称霸全球了。

可想而知，伊多语者对此大为震惊。在1915年的倒数第2天，奥斯特瓦尔德昔日的战友莱奥波德·普丰德勒给这位莱比锡的化学家写了一封信，言语之中充满愤怒。在伊多语界刚刚接受了库图拉特于1914年夏天猝然离世这一令人震惊的事件，并且他的遗孀正在努力编写一本这门新语言的完整词典之后，突然之间，世界上最著名的伊多语发言人却转身离开了——竟然去忙于欧洲大陆的战火！普丰德勒写道："我们现在比以往任何时候都

---

① "Das ist die natürliche Entwicklung jeder Sprache, die sich auch bei allen anderen Verkehrsmitteln wiederfindet und die nicht als ein Ausdruck des allgemeinsten Entwicklungsgesetzes, nämlich des *energetischen Imperativs* ist, wonach die zwecklose Energievergeudung, die in der Mannigfaltigkeit und Unregelmäßigkeit der älteren sprachlichen Formen liegt, zunehmend eingeschränkt wird."

② "Ich schlage vor, für den praktischen Gebrauch zunächst in jenen Gebieten ein *vereinfachtes Deutsch* auf wissenschaftlich-technischer Grundlage herzustellen. In diesem müßten alle entbehrlichen Mannigfaltigkeiten, all jener für die Ästhetik so reizvolle 'Reichtum' der Sprache, welche ihr Erlernen so ungeheuer erschwert, beseitigt werden, so daß dieses neue Verkehrsmittel, für welches ich den Namen *Weltdeutsch* vorschlage, von jedermann mit leichter Mühe erlernt und gebraucht werden kann."

更需要一个中立的基础，而伊多语就是这个基础。"① 他恳求奥斯特瓦尔德停下来："因此，我冒昧地请求你们不要再继续推行这一计划，也请在这个被围困的时刻，继续给予我们极其宝贵的合作。尽管发生了战争，我仍然与瑞典和丹麦的伊多语者保持着联系，并且发现世界各地都非常愿意合作。我们必须推进这些中立国家和瑞士的工作，不要让它沉寂下去。"②[6]

奥斯特瓦尔德对普丰德勒的指责既不感到惊讶，也没有被他吓住。他在1916年1月12日的回信中说："我很清楚，我提出的'世界德语'的建议会引起我的伊多语朋友们的不悦，甚至是抗议，我自然应该对你友好而详细的来信作出回应。"③ 在回应中，他重申了德国的战争目标，并对库图拉特的阴谋提出了控诉，认为后者是为了"集权、垄断，同时赋予伊多语明显的法国特色。"④ 奥斯特瓦尔德认为随着德国文化的胜利，这种做法在现在已经不合时宜。此外，"世界德语"与伊多语不是同一类型的方案："它不是我提议的早期意义上的国际语言，而是一种应该为一个完全确定的目标服务的语言，这个目标至少具有相当的民族性，然后，我们可以看看它是否能用于全世界的普遍交流，我不会公开背弃伊多语，因为它在任何情况下都意味着比世界语有更多的进步，但是，基于上述明确的理由，我也不能

---

① "brauchen wir jetzt mehr als je eine neutrale Grundlage, wie es das Ido ist."

② "Darum wage ich den Appell an Sie, diesen Plan nicht weiter zu verfolgen, uns vielmehr in dieser ohnehin bedrängten Zeit Ihre uns so überaus wertvolle Mithilfe auch weiterhin zu gewähren. Ich stehe trotz des Krieges mit schwedischen und dänischen Idisten in Verbindung und finde überall grösste Geneigtheit zur Mitarbeit. Von diesen neutralen Staaten und der Schweiz aus müssen wir das Werk weiter fördern und es nicht einschlafen lassen."

③ "Ich war mir wohl bewußt, daß mein Vorschlag des Weltdeutsch bei meinen Idofreunden Befremden und wohl auch Widerspruch erregen würde, und ich bin Ihrem freundlichen und ausführlichen Brief natürlich Rechenschaft schuldig."

④ "zu zentralisieren, zu monopolisieren und gleichzeitig dem Ido einen ausgeprägt französischen Charakter zu geben."

再在这种语言上面花费任何特别的精力，在我看来，这是无望的工作。"①[7] 伊多语可能会遭受打击，但世界语受到的打击会更大。战争精神进行时！

对于科学和语言来说，这场大战从一开始就来势不善。1914年12月，沮丧的奥托·叶斯柏森从中立国丹麦写信给同样是中立国美国的纽约哥伦比亚大学的弗朗兹·博厄斯（Franz Boas），此人是德裔美国人类学家、文化人类学之父。叶斯柏森在信中写道："那场可怕的战争什么时候结束？它毒害了一切，不仅毒害了交战国人民，而且在很大程度上毒害了中立国的人们，并使一切和平的'文化工作'在未来很长一段时间内几乎变为了不可能的！"[8] 叶斯柏森的怀疑正确无比。第一次世界大战爆发之后，科学语言的故事非常明显地集中在奥斯特瓦尔德的研究领域：德语。19世纪后期，德语已经成为所有科学中发展最快的语言，尤其是在化学领域，而且它似乎将在1915年跟随德国军队的脚步主宰世界。但是，随着这些狂风暴雨般的进攻陷入战壕战，科学德语的声誉也随之陷入困境，在1918年11月停战和1919年颁布了惩罚性的《凡尔赛和约》之后，德语——这门奥斯特瓦尔德曾深信将获得至高无上地位的语言——的发展举步维艰，甚至被认为犯了罪。

德语为了科学，反之亦然

到了"一战"的最后一年，在协约国（法国、英国和后来才加入的美国；俄国此时已经退出战争）中，嘲笑德语已经成为一种全国性的消遣。

---

① "Es ist nicht eine internationale Sprache im früheren Sinne, welche ich vorschlage, sondern eine Sprache, die für einen ganz bestimmten Zweck von wenigstens halbwegs nationalem Charakter dienen soll, wobei sich dann herausstellen mag, ob sie für den allgemeinen Verkehr auf der ganzen Welt benutzt werden wird oder nicht. Vom ido werde ich mich öffentlich nicht abwenden, da es dem Esperanto gegenüber unter allen Umständen einen sehr bedeutenden Fortschritt darstellt, aber aus den eben dargelegten Gründen kann ich auch fernerhin keine besondere Arbeit auf diese, meines Erachtens aussichtslose Arbeit verwenden."

第六章　世界大战的语言阴影

正当欧洲大陆处于四分五裂之时,一位法国学者描绘了欧洲语言的地理图,当谈到日耳曼人的语言时,他的评价变得非常主观。他明确指出:"德语不是一种迷人的语言。它的发音粗俗,每个单词开头都带有强烈的重音。它的语法中充斥着无用的古语:例如,名词有多种不同的格形式,这些格形式没有任何价值和意义,因为单词的顺序是固定的,并且足以表示其意义",他进一步说道:"德语中的形容词有几种毫无用处的复杂形式。它的句子是以死板、单调的方式构造的。它的词汇完全是怪异的,所以,无论是斯拉夫人,还是讲日耳曼语的人,甚至是英国人或斯堪的纳维亚人都很难理解它。这种语言整体的外观也不够精致、灵巧、柔韧和优雅。"①[9] 与之类似,和这位法国学者同时代的、最杰出的法国语言学家安东尼·梅耶也按照法国人攻击其东方邻居的传统写道:"这种攻击甚至蔓延到了少有的科学论述中。正如与他同国的一位生物学家在1915年指出的那样:'德国学者的特点是有耐心、啰嗦和晦涩难解'②,他们的语言也是如此。"[10]

这是一个古老的故事,但它永远流行。说得委婉一点就是,德语是令人沮丧的。它有三种性(阳性、阴性、中性),而西欧语言通常有两种性(比如法语),甚至没有性(英语差不多就是这样)。俄语中,至少从名词的结尾就可以很容易地辨认出它的词性,但是德语却很难做到这一点。德语中名词的词性很混乱,比如"自由"(freiheit)这个词是阴性的,"死亡"

---

① "L'allemand n'est pas une langue séduisante. La prononciation en est rude, martelée par un accent violent sur le commencement de chaque mot. La grammaire en est encombrée d'archaïsmes inutiles: les noms par exemple ont des formes casuelles multiples, différentes les unes des autres, qui n'ont même pas la mérite de se trouver dans tous les mots, et qui ne servent à rien puisque l'ordre des mots est fixe et suffit à indiquer le sens. L'adjectif a des formes inutilement compliquées. Les phrases sont construites d'une manière raide, monotone. Le vocabulaire est tout particulier, tel que ni un Slave, ni un Roman, ni même un Anglais ou un Scandinave ne peut l'apprendre aisément. L'aspect d'ensemble manque de finesse, de légèreté, de souplesse, d'élégance."

② "Ce qui caractérise les savants allemands, c'est la patience, la prolixité et l'obscurité."

（tod）这个词是阳性的，而迷人的"小姐"（fräulein，未婚女子；也有妓女之意）却是严格的中性词。[德语的地域性只会让情况变得更糟：在柏林，"盘子"（plates）这个词是阳性的，而在慕尼黑则是中性的。]然后，德语中还有4种格：主格、宾格、属格和与格，它们通常只影响名词的定冠词或不定冠词的形式变化，而不影响词汇本身。名词至少是大写的，所以你可以认出它们；小写的动词才是真正麻烦的地方。无论一个动词的词形如何变化，它都会被放在句子中的"第2个"位置（尽管第2个位置可能是第10个词，如果一个冗长的副词短语把它隔断的话），然后，剩下的不定式、分词和其他琐碎的小动词会以相反的顺序塞进句子的末尾，这可能是一个很长的距离。（在从句中，动词的顺序又不尽相同。）动词的形式可以是极不规则的，而往往决定了词汇含义的大量前缀，在动词出现一些变位时，就有可能跳到句子的结尾处。（或许，最好不要详述那些庞大的复合词了。）

更为复杂的是，德语一直是一种多中心语言，它的发音，甚至词汇和句法都没有一个集中的仲裁者。[11]尽管不同国家有着不同的德语变体——比如德语、奥地利语和瑞士语，但是，每个国家内部又都有自己的方言，这导致同一国家不同地区的母语者之间也很难理解彼此。书面语言（德语是"schriftsprache"）会更标准化，但也有一些怪异之处，连一些本地人有时候也会弄错——它有两种虚拟式！——而口语（德语是"umgangssprache"）是一种一般化了的发音和词汇，从而有利于共同的交流，它必须适应于口语的"非方言"的交流。[12]

德语的历史可以理解为不断努力使该语言标准化的历史。现代德语属于印欧语系，它起源于原始日耳曼语，这是一种由在耶稣基督诞生前的某个时刻涌入中欧的部落所说的语言。（恺撒大帝曾与讲凯尔特语的高卢人作战；他的继任者们正与好战的德国人打得火热。）后来，日耳曼语族的语言分裂成了斯堪的纳维亚语、荷兰语（来自低地德语），当然还有英语的前身。不管是古高地德语——"高"指的是位于莱茵河上游的位置——还是其后继者中古高地德语（大约可以追溯至 1150 年）都没有标准化，而且，到了中世纪鼎盛时期，讲德语的人数量激增，使得该地区的语言更加多样化。[13] 在 13 世纪，德国的宫廷里确实出现了一种统一的诗歌语言，称为 "dichtersprache"（"诗人的语言"），但它受到了阶层的严格限制。在随后的一个世纪里，又出现了 6 种主要类型的用于官僚之间交流的"官僚德语"。而只有在 16 世纪马丁·路德的宗教改革之后，随着路德翻译的《圣经》和一些著作为德语标准化奠定了基础，才真正出现了一种（差不多）唯一的用于写作的学术语言。[14]

科学，作为一项主要由有学问的人进行的活动（在这一时期是这样，不过在之后很长一段时间里，几乎所有人都可以从事这项工作），与德语的发展同步进行。（有必要回顾一下德语单词"wissenschaft"，我在文中一般将其翻译为"科学"，事实上，这个词相当笼统，指的是"学术"或者系统化的知识。而在我引用的大多数例子中，这个词指的是更狭义的"关于自然的知识"。）拉丁语在近代早期仍然是科学交流的主导语言，然而至少早在 16 世纪，文艺复兴时期博学家阿尔布雷希特·杜勒就开始尝试把希腊语或拉丁语的专业术语翻译成德语词根了。[15] 拉丁语可能是 14 世纪开始兴起的德国大学的教学语言，但反对者很快呼吁把教学语言换成普通德语（不管它是什么）。炼金术士帕拉塞尔苏斯曾于 1526—1527 年在巴塞尔用德语授课。1687 年，法学家克里斯蒂安·托马西乌斯因坚持在莱比锡用德语授课而声名狼藉，并且被赶出了镇子。但是，1700 年在哈勒，以及 1733 年在哥廷根，德语被公认为教学语言。约翰·巴尔塔萨·舒普 1663 年以来的愿景开始变为现实："知识与语言无关。为什么我不能像用拉丁语那样，用德语很好地学习如何认识、爱和敬畏上帝呢？为什么我不能像用希腊语或阿拉伯语那样，用德语很好地学习如何帮助病人呢？法国人和意大利人就是用他们的母语教授和学习所有学科以及自由艺术的。"①[16]

然而，人们不能仅仅是放弃拉丁语而使用德语。德国的许多学者都是天才的古典学者，他们知道，他们每天使用的德语不具备足够的词汇或者灵活性，以再现学术通用语的那种丰富性。事实证明，这种由德国著名自然哲学家莱布尼茨等人表达的对德语品质的普遍不满，有助于推动德国学者改进他们的母语。在18世纪上半叶，哈勒的克里斯蒂安·沃尔夫比任何人都更努力地建立词汇库，以使德语能够"容纳"科学，就像我们看到的19世纪俄国人的努力一样。北方的标准德语开始巩固下来，成为学术、科学和诗歌的语言。[17]正是在这一时期，约翰·哥特弗雷德·赫尔德阐述了他极有影响力的民族精神观念，他认为一个民族的精神是通过其传统、民俗和语言来表达的，这一观念往往隐含地强调了对于德语作为一种科学语言的热情。

从拉丁语在中欧学术中的地位这一背景来看的话，德语在19世纪初便确立为一种科学语言，其速度是非常惊人的。拉丁语伴随着大批罗马军队首次抵达该地区（它见证了一些城市的建立，比如在公元40年建立的"科隆尼亚·克劳狄·阿拉·阿格里皮内西姆"②），而随着高卢人给未被征服的日耳曼部落带来了官僚秩序，拉丁语进一步蔓延到了最远的军事前哨之外。皈依基督教则进一步扩大了拉丁语的范围。[18]15世纪初，德国人约翰内斯·古腾堡——他的第一本出版物是用拉丁文写的《圣经》——发明了活字印刷术，随着这种印刷术的发展，新兴的书面德语开始与古德语竞争。我

---

① "Es ist die Weisheit an keine Sprache gebunden. Warum sollte ich nicht in Teutscher Sprache ebensowohl lernen können, wie ich Gott erkennen, lieben und ehren solle, als in lateinischer? Warum sollte ich nicht ebensowohl in Teutscher Sprache lernen können, wie ich einem Kranken helfen könne, auf Teutsch als auf Griechisch oder Arabisch? Die Franzosen und Italiener lehren und lernen alle Facultäten und freien Künste in ihrer Muttersprache."

② 译者注：Colonia Claudia Ara Agrippinensium，又名科隆市或"克劳蒂亚·阿格里皮娜的殖民地"，有"Cologne""Köln""Kölle"几种写法。

们可以从法兰克福书展的记录中估算出拉丁语书籍和德语书籍的比例，不过应该注意的是，这些文献不只列举了给德国国内读者看的书籍，还涵盖了给泛欧洲的读者使用的书籍，所以统计结果显示拉丁语书籍占了上风。尽管如此，以下的数字还是惊人的：在 16 世纪，德国只有 10% 的出版物以德语（包括所有类型的德语）出版；到了 1800 年，这个数字达到了 95%。这种戏剧性的变化发生在 17 世纪，特别是 18 世纪。直到 1570 年时，德国用拉丁语印刷的书籍所占的比例还是 70%，而在 1681 年时，德语书籍首次超过了拉丁语书籍，然后，在 1692 年之后，德语书籍的数量就一直处于拉丁语书籍之上。在 1754 年时，拉丁语作品仍然保持在 25% 这一合理的水平，而到了 1787 年法国大革命的前夕，却减少到了 1/10。1752 年以后，德语著作在所有领域都占据了主导地位，哲学和医学在 18 世纪早期已经从拉丁语转向了德语。[19] 拉丁语仍然很重要，只是现在，德国学者不再被认为是拉丁化的了。在 1780—1820 年，至少出版了 6 本不同的拉丁语－德语植物词典，以帮助在语法上有困难的人，尽管伟大的数学家卡尔·弗里德里希·高斯在他的个人数学期刊中继续使用传统的学术语言。[20]

除拉丁语外，法语自 17 世纪以后对受过教育的德国人的语言也产生了巨大影响。法语在外交上的主导地位正是得益于那些使德国各地相互孤立的条约，在应酬性的场合里，法语无处不在。众所周知，普鲁士国王腓特烈二世（被称为"腓特烈大帝"，1740—1786 年在位）使用法语管理他的柏林宫廷和柏林科学院。1750 年，伏尔泰访问普鲁士时，曾写信给蒂布维尔侯爵说："我发现自己就在法国。人们只说我们的语言。德语只是为士兵和骑兵们准备的；只有在旅途中才需要它。"①[21] 从 1750 年到 1780 年，在德国本土出版的书籍中，有 10% 是用法语出版的，其中大部分是面向国内

---

① "Je me trouve ici en France. On ne parle que notre langue. L'allemand est pour les soldats et pour les chevaux ; il n'est nécessaire que pour la route."

读者的，也有出口到巴黎的。在德意志邦联（1815—1866 年）[①]，法语继续作为一种交流的媒介语言使用，这是有必要的，因为某些德语方言相互之间很难理解。直到 1871 年，德国在普鲁士的支持下统一为德意志帝国之后，法语才被取代。[22] 德语成为一个自豪的新国家的语言。

到那时，德语已经是一种重要的科学语言，而且对化学来说绝对不可或缺。德国化学的惊人繁荣是 19 世纪最伟大的戏剧性事件之一。日耳曼化学家的这股热潮基本上有两个相关的组成部分，一个是学术上的，一个是工业上的。随着尤斯图斯·冯·利比希于 19 世纪 30 年代在吉森冷清的大学城建立了第一个大型化学实验室，在化学家的培养中，要求进行实际的实验室教学变得越来越普遍——首先是在德国国内，之后，国外也纷纷效仿。让化学家们在实验室随叫随到，意味着他们可以为自己的研究项目生产数据并在自己的期刊上发表，利比希利用了这两个优势，创造了一个学生帝国和一个来自远方的学生之学生帝国。1848 年革命失败后，德国各地区政府加强了本地区大学的化学设施，希望如利比希自己宣传的那样：更多的化学将意味着更好的农业（抵御饥荒）和更多的工业（抵御失业）。[23] 学术的繁荣推动了工业的快速发展，反之亦然，该模式被广泛效仿，其中尤为重要的是，伊拉·莱姆森在美国的约翰斯·霍普金斯大学推广了这种模式。[24] 在刚刚统一的德国，工业和学术之间的合作一直持续到 20 世纪，促进这一合作的核心人物正是威廉·奥斯特瓦尔德。[25] 很明显，这一前沿研究的语言是德语。

德国科学（合成染料、新药物）的惊人成功引起了国外，尤其是巴黎的恐慌。法国的科学家们羡慕地看着德国化学的资源和地位，法国政治家

---

① 译者注：德意志邦联（Deutscher Bund），又称日耳曼邦联（German Confederation）是一个存在于 1815—1866 年的全德意志国家组织，目的是团结在 1806 年神圣罗马帝国解散后余下所有的德国联邦州国，根据维也纳会议而成立，不过其松散程度比其原本的神圣罗马帝国有过之而无不及。

们仍在为德国在 1870—1871 年普法战争中的胜利而痛心,而德国的胜利通常被归因于德国技术的优越性,因此他们计划推动法国科学的发展,使其重新回到以前的巅峰。[26] 1915 年,从科学语言的角度看,对一位观察家而言,尤为令人担忧的是:"'从科学的视角看,年轻的国家'①,比如意大利、罗马尼亚、美国、日本和南美共和国等,都派学生到德国留学,而不是去法国。"[27] 他们把德语带回了国内,而且往往经常参考德语文献。

这里回顾一下德国人和法国人之间民族主义狂热的一次特别猛烈的爆发。一切始于 1869 年,当时索邦大学杰出的化学教授阿道夫·伍尔茨(我们提到过此人,他是第二章中门捷列夫-迈耶争端的煽动者之一。)以法语出版了他的《纯粹与应用化学辞典》,该书中的第一句话是:"化学是一门法国的科学。它是由不朽的拉瓦锡创立。"②[28] 鉴于德国化学家在过去 30 年里的大量发现,这句话必然会让莱茵河以东的人们感到非常震惊。由于法国和普鲁士之间日益军事化的紧张关系,某些德国化学家不会对这种挑衅置之不理。德国化学家从拉瓦锡的反燃素学说中提炼出"法国性",在此之后的悠久传统基础上,莱比锡的赫尔曼·科尔贝在其《实用化学杂志》上刊载了两段文字来回应伍尔茨。第一段出自雅各布·福尔哈德,他认为是德国的化学家,而不是拉瓦锡,真正建立了这门新化学。[29] 还有一篇是科尔贝本人写的主要社论,这篇社论攻击了法国化学家,尤其是伍尔茨,说他"作为一个出生于阿尔萨斯的人,完全了解德国语言及其之间的关系"③,因此,他应该更清楚那些挑衅性的措辞在化学界引发了广泛的争议。[30]

对伍尔茨-科尔贝争论最有趣的回应之一不是来自巴黎或柏林,而是来自圣彼得堡:一篇 1870 年 10 月的社论,该社论由包括门捷列夫在内的 4

---

① "nations jeunes au point de vue scientifique."
② "La chimie est une science française. Elle fut constituée par Lavoisier, d'immortelle mémoire."
③ "geborener Elsasser, der deutschen Sprach und Verhältnisse völlig kundig."

位科学家签名，发表在了俄国首都最重要的德语报纸上。这些来自新成立的俄国化学学会的重要人物声称，他们已经阅读了伍尔茨用法语写的原始声明，并对此感到非常惊讶，而对科尔贝的敌意同样感到非常震惊。他们认为，科尔贝陶醉于其国家军队的暴力性的胜利："两个伟大的国家在血腥的战争中相对而立；文明、科学和艺术的珍宝——几个世纪的遗产——现在，在几天之内就被遗忘了。其中一个国家最终即将取得胜利，而且沉醉于胜利之上，并渐行渐远。然而，现在看来，这种令人不快的胜利之瘾的威力足以蛊惑科学工作者们投入到战争中，即使他们通常是头脑清醒的和平人士。"[1] 许多德国人和法国人在读了科尔贝的社论后，也有同样的想法。（比如鲁道夫·菲蒂希，他是倒霉的《化学杂志》的编辑之一，该杂志曾发表了门捷列夫化学周期表的摘要，其中没有提到周期性。菲蒂希曾打趣说："《实用化学杂志》应该改名为《警察化学杂志》或者《化学警察》。"[2][31]）不过，俄国调解态度背后的理由是与众不同的。他们略带浮夸地说道："然而，我们站在中立的立场上观察，没有血腥和胜利的毒瘾，我们有了完全不同的看法，我们自由地站在一旁，可以有机会客观地观察一切。从这一观察中得出的结论是非常有意义的：即使是具有精确科学知识的人们，一个站在文明巅峰的民族的人们，一旦他们的国家被唤起的狂热所征服，也

---

[1] "Zwei grosse Nationen stehen im blutigen Kampfe einander gegenüber; Schätze der Civilisation, der Wissenschaft und der Kunst—der Erwerb von Jahrhunderten—fallen nun in wenigen Tagen der Vernichtung anheim. Die eine dieser Nationen hat beinahe schon endgültig den Sieg gewonnen, geht aber, siegestrunken, noch immer weiter. Nun ergiebt es sich aber, das [s] dieser Siegesrausch unglücklicherweise mächtig genug ist, auch friedliche Männer der Wissenschaft, Männer des gesunden nüchternen Denkens zum Kampfe zu begeistern."

[2] "Das Journal für practische Chemie sollte seinen Titel ändern u. sich Journal für polizeiliche Chemie oder chemische Polizei nennen."

可能丧失他们美好的人类情感。"① 因此，那些首先用俄语发表所有作品以丰富其民族的科学文献的化学家们选择了用德语写作，"这样就可以直接引起其作品所面向的国家，即德国的注意"②[32]。

伍尔茨写信给他的朋友、俄国科学家1870年社论的作者之一亚历山大·布特列洛夫，他在信中充满感激地写道："我还要感谢你：我很清楚当时俄国化学家抗议科尔贝怪诞而荒谬的论战，如果可以称之为一场论战的话。"③[33] 而在雅各布·福尔哈德看来，那些完全微不足道的俄国人就是在多管闲事；他讽刺地指出："俄国化学家在这句话中感觉不到侮辱很正常，因为在拉瓦锡时代，俄国化学在历史上还没有发挥任何作用。"④[34] 利比希本人也写信给科尔贝说："这些斯拉夫人对德国人充满恶意。"⑤[35] 正如历史学家艾伦·洛克所记载的那样，所有这些评论都没有抓住要点：伍尔茨所说的话不是为了惹恼德国人，而是为了羞辱法国人，因为法国人采纳了德国化学家最近提出的理论观点，而伍尔茨坚持认为（有充分的理由）这些理论起源于19世纪40年代和50年代法国的智识成就。[36] 但是，结果却事与愿违，不过，产生这种结果的部分原因是，伍尔茨不能在使用法语编写《纯粹与应用化学辞典》的同时，还希望只有法国人才能看到它。一个

---

① "Wir aber—von unserem neutralen, von Blut und Siegesrausche freien Standpunkte zuschauend—glauben ganz anders. Indem wir frei bei Seite stehen, ist uns die Möglichkeit geboten, dass sich Vollziehende objektiv zu beobachten. Der Schluß, den man aus dieser Beobachtung zieht, ist bedeutungsvoll: Sogar Männer der exakten Wissenschaft, Männer einer Nation, welche an der Spitze der Civilization steht—können die feinen humanen Gefühle, einbüßen, sobald ihr Land von einer leidenschaftlichen Erregung bewältigt ist."

② "das dieselben direkt zur Kenntniss der Nation bringt, an deren Adresse sie gerichtet sind."

③ "J'ai aussi d'autres remerciements à vous faire: j'ai été très sensible dans le temps à la protestation des chimistes russes contre la polémique grossière et absurde de Kolbe si on peut appeler cela de la polémique."

④ "es ist verständlich, dass die russischen Chemiker in jener Phrase keine Beleidigung finden, da zur Zeit Lavoisier's die russische Chemie noch keine Rolle in der Geschichte gespielt hat."

⑤ "Diese Slaven sind voller Bosheit auf die Deutschen."

人的母语是一种国际科学语言,这意味着他所写的东西对于所有熟悉这种语言的人都是开放的。俄国人可以用西里尔文来保护自己,而当他们选择面向世界公众的时候,便使用德语;当伍尔茨和科尔贝分别用法语和德语写的文章已经发表出来的时候,他们就已经将自己的观点公之于众了。

有人认为事实并非如此,正如根据各种语言的现状(或者,应该说单数形式的"语言")推断,即使是当时占主导地位的德国科学家也相信他们只需要自己的母语。德语已经联合法语和英语排挤掉了意大利语、荷兰语等其他科学语言;但是,它绝不是一个垄断者。德国物理学泰斗赫尔曼·冯·亥姆霍兹就是一个很好的例子。亥姆霍兹经常遇到学术进展以法语和英语发表出来的情况,其数量不亚于德语文献的数量。自然而然地,他就学会了阅读这些语言,很快,跟往常一样,他就不是只能阅读这些语言了。1853年,在前往爱丁堡参加英国科学促进会的会议时,亥姆霍兹一再写信给他年轻的妻子,说他担心自己会被英语难住。其实,他本不需要担心。在旅途结束时,他非常自豪地说道:"我已经完全适应了英语,我可以没有困难地听懂那些比我说的更好的人,而那些我听不懂的人,我的英语同事们通常也理解不了他们。库珀博士跟我说,在我来访期间,他又一次学习了如何正确地说英语,因为我不明白那些不严谨的用法和方言,而他已经习惯了。"①[37] 同样,亥姆霍兹的法语也非常好,他偶尔会被误认为是法语的母语者。[38] 亥姆霍兹的杰出之处只在于他所表现出来的技能,而不是他所面对的多语言的压力。(例如,连沙文主义者科尔贝,也曾在英国生活过一段时间,使用过英文资料,并在年轻时用英语发表过文章。他会尽量避免阅读法语,但他清楚地知道怎么读。[39])

---

① "Ich habe mich allmälig so an das Englische gewöhnt, daß ich die besseren Sprecher ohne Mühe verstand, und bei denen, die ich nicht verstand, hatten auch gewöhnlich meine englischen Bekannten Schwierigkeiten gehabt. Dr. Cooper sagte mir, durch meinen Aufenthalt lerne er wieder richtig englisch sprechen, weil ich alle Nachlässigkeiten und Provincialismen, die er sich angewöhnt hätte, nicht verstände."

随着普法战争在人们的记忆中渐渐褪去，以及横跨中欧平原的统一的德意志帝国变成现实，对德语作为一种科学语言的怨恨也逐渐消退。这是必然的，因为它无法避免，其至，科学发展带来的大量词汇的增长使得德语本身也在不断扩增。[40]在德国大学学习过的英国学生在回到国内后，会把他们导师的德文书籍翻译成英语，以供那些不懂德语的人们使用。[41]即使是在本节开篇充满诗意地蔑视德语的安东尼·梅耶也得出结论说："不懂德语相当于宣布放弃跟上当今科技的潮流。"①[42]尽管民族主义者势头强劲，但是那些时期对德语的态度暂时还是稳定的。然而，到了1914年夏天，对德语的旧怨又重新燃起。

联合抵制

尽管民族主义的矛盾在19世纪最后几十年不幸地加剧，但人们也可以把这个时代看作是科学的国际性的体现，并且科学有可能提供将各国团结在一起的黏合剂。国际会议层出不穷。1860年9月，一群横跨整个欧洲大陆的化学家们聚集在德国南部的城市卡尔斯鲁厄，讨论了原子量的标准化问题，那时，组织这样的会议即使不是前所未闻，也是相对罕见的事情，而到了1900年时，这已经变得很普遍了。在卡尔斯鲁厄会议之前的10年里，国际科学会议（在一个有限的地理范围内）大约每年举办两次，在1870—1880年，大约每年举办12次，而在19世纪、20世纪之交的前10年里，举办国际科学会议的频次增至大约每年30次。国际组织也如雨后春笋般大量涌现：1870年后的10年中，新成立了25个机构，随后的10年中又增加了40个机构，1890—1900年，又增加了68个机构。到"一战"爆发时，这样的国际学术机构约有300个，其中大部分集中在自然科学领域，

---

① "Ne pas savoir l'allemand, c'est presque toujours renoncer à être au niveau de la science et de la technique de son temps."

它们的"国际性"特征将在对大战的反应中发挥重要作用。[43]

科学冲突与外交和军事冲突有着某些共同的特点。人们可能会就谁是第一次世界大战的始作俑者展开激烈的争论——是以德国和奥匈帝国为首的三国同盟？还是由英国、法国和俄罗斯帝国（就在1917年布尔什维克革命迫使俄国人退出之前，美国人加入了进来）组成的协约国？同样，人们也会就谁应该为"一战"期间和战后科学国际主义的"崩溃"负责而展开争论。由于历史通常是由胜利者书写，而这场战争的胜利者无疑是协约国一方，所以我们可以从他们的版本开始。对于法国和英国的科学家来说，德国的《告文明世界书》，即《九十三人宣言》①，首先发起了攻击。

战争开始时是好是坏取决于你是谁。如果你是比利时人，战争一开始时的确很糟糕。德国军队在一次针对巴黎的侧翼攻击中，绕过德法边界坚固的马其诺防线，涌入了比利时，在堑壕战的出现使冲突陷入停滞之前，这种速度是非常惊人的。德国对中立国比利时的入侵导致英国作为交战国加入"一战"，也产生了大量强烈反对德国贪婪和暴行的宣传和报道。作为回应，一个德国著名的剧作家路德维希·福勒达（顺便说一句，他也是一个著名的法语作品翻译家）说服了另外92位杰出的知识分子在一份宣言，即《告文明世界书》上签署了他们的名字。该宣言的开头言辞愤慨地写道："作为德国科学和艺术的代表，我们在整个文明世界面前提出抗议，对于我们的敌人试图用谎言和诽谤来诋毁德国为强加给他们的生存之战而进行的纯粹事业的行为，我们表示坚决反对。"②[44] 这两页宣言书的其余部分的内

---

① 译者注：德语为"Manifest der 93"，1914年10月4日由93位杰出的德国科学家、学者、艺术家联名发布的声明，以表明他们对德国在战争初期军事行动的坚定支持。这些军事行动指的是比利时惨案。该宣言强烈激发了德国大学和其他学校对战争的支持，但同时在他国知识界引发极大愤慨。该宣言否认德国在比利时有任何攻击平民的行动，并继续宣称战争是必要的。签署人名单详见：https://www.beichengjiu.com/astronomy/182203.html。

② "Wir als Vertreter deutscher Wissenschaft und Kunst erheben vor der gesamten Kulturwelt Protest gegen die Lügen und Verleumdungen, mit denen unsere Feinde Deutschlands reine Sache in dem ihm aufgezwungenen schweren Daseinkampfe zu beschmutzen trachten."

容和你想象的差不多。

这份"德国科学和艺术的代表"由超过 10 页的签名组成,他们的资历震惊了协约国的知识分子们。这份名单中有 6 位是国际知名化学家:阿道夫·冯·贝耶尔[1]、卡尔·恩格勒[2]、埃米尔·费歇尔[3]、弗里茨·哈伯[4]、里夏德·维尔施泰特[5],以及,还有你吗?[6]——威廉·奥斯特瓦尔德。另外,还有其他一些科学家,其中很多是刚刚设立的诺贝尔奖项的获奖者,比如菲利普·莱纳德[7]、恩斯特·海克尔[8]、威廉·弗斯特、康拉德·伦琴[9]、

---

[1] 译者注:阿道夫·冯·贝耶尔(Adolf Von Baeyer,1835—1917),德国有机化学家,由于合成靛蓝,对有机染料和芳香族化合物的研究作出重要贡献,获得 1905 年诺贝尔化学奖。

[2] 译者注:卡尔·恩格勒(Karl Engler,1842—1925),德国化学家、学者和政治家,因早期在靛蓝中的工作而被人铭记。

[3] 译者注:埃米尔·费歇尔(Emil Fischer,1852—1919),德国有机化学家,1902 年因对嘌呤和糖类的合成研究被授予诺贝尔化学奖。

[4] 译者注:弗里茨·哈伯(Fritz Haber,1868—1934),犹太裔德国化学家,由于发明从氮气和氢气合成氨的工业哈柏法,荣获 1918 年度的诺贝尔化学奖。哈柏法对于制造化肥和炸药很重要。"一战"中,哈伯担任化学兵工厂厂长时负责研制、生产氯气、芥子气等毒气,并用于战争中,造成近百万人伤亡,遭到了美、英、法、中立国科学家们的谴责。

[5] 译者注:里夏德·维尔施泰特(Richard Martin Willstätter,1872—1942),德国化学家,因对叶绿素和植物色素的研究于 1915 年获诺贝尔化学奖。

[6] 译者注:"Et tu, Brute?"是一句拉丁语名言。被后世普遍认为是恺撒临死前对刺杀自己的养子布鲁图说的最后一句话。恺撒是罗马共和国的将军,执政官、独裁官,战功显赫,后期走向独裁,罗马元老院对其日益膨胀的权力不满,于是谋杀了恺撒,恺撒的助手、挚友和养子布鲁图也参与其中。中文一般译作"还有你吗,布鲁图?"。这句话被广泛用于西方文学作品中,代表背叛最亲近的人。

[7] 译者注:菲利普·莱纳德(Philipp Lenard,1862—1947),德国物理学家,莱纳德在研究阴极射线时曾获得卓越成果,1905 年获得诺贝尔物理学奖。

[8] 译者注:恩斯特·海克尔(Ernst Heinrich Philipp August Haeckel,1834—1919),德国动物学家和哲学家。

[9] 译者注:康拉德·伦琴(Wilhelm Röntgen,1845—1923),德国物理学家。1895 年 11 月 8 日发现了 X 射线,1901 年被授予首次诺贝尔物理学奖。

瓦尔特·能斯特①和马克斯·普朗克②等。[45]一方面是签署者们的尊贵身份及其义正词严的态度，另一方面是比利时农村平民被屠杀的可怕报道，两者形成了鲜明对比，它们（入侵中立国的行为）违反了国际法，同时也违背了科学的中立性。这一违反科学国际性的罪行，将在1918年11月11日停战协定签署之后，由民族主义的追随者们连本带利地偿还。

论战双方各执一词，你可能会认为第一个罪行是对"蹂躏比利时"的"野蛮的德国佬"的诋毁。但是，第二个科学上的罪行显然是德国人起的头儿，而且这个罪行可怕得难以想象。1915年4月22日，当交战部队继续在比利时的伊普尔小村庄外进行无休止的战斗时，一团绿黄色的云状物从德国战壕飘向了协约国的前线，这股云团就是氯气。就这样，德国军队创造了化学战，而精心组织了难以置信的物资和人员动员，并使化学工业军事化的人正是弗里茨·哈伯，这位才华横溢的化学家，因其发现如何固定大气中的氮这一改变世界的研究而受到赞誉（也因其在告文明世界书上的签名而受到谴责）。[46]"一战"后，引入毒气被谴责为是一种战争罪行；而在"一战"期间，各方迅速蜂拥而上，每支军队都将光气、芥子气和路易斯毒气作为自己的武器。这就是1918年枪声沉寂时国际科学的状况。

对中欧科学家，尤其是德意志帝国（事实上，德意志帝国将在战后消失，并让位给德国第一个民主政府：魏玛共和国）的科学家实施战后惩罚的计划，在一战结束前的几个月就开始了。[47]这种惩罚似乎是显而易见的：德国人已经丧失了参与国际科学的权利，并且应该被排除在战后新的科学秩序之外。正如一位法国生物学家所宣称的，这是那份宣言书的一个显而易见的结果：

---

① 译者注：瓦尔特·能斯特（W.H.Walther Hermann Nernst，1864—1941），德国化学家和物理学家。因研究热化学，提出热力学第三定律的贡献而获1920年诺贝尔化学奖。
② 译者注：马克斯·普朗克（Max Karl Ernst Ludwig Planck，1858—1947），德国著名物理学家、量子力学的重要创始人之一。曾获1918年诺贝尔物理学奖。

"那份宣言书的签署者们已经使他们自己丧失了作为科学家的资格，并且，在与日耳曼军国主义共事的过程中，他们就像残暴的畜生一样，在命令之下犯下了最可怕的罪行。而与这些畜生相比，他们更加难辞其咎，因为他们的智慧是人们所公认的。我们再也不能相信他们的科学成果了，我们只能接受那些已经经过严格的评判并为自己所证实的东西是正确的；我们必须把他们所有的发表物视为可疑的，就像德国制造的任何东西一样。"①[48]

排斥德国科学家的法律效力产生于令人耻辱的《凡尔赛和约》(这是第一个重要的国际条约，其英文文本被宣布与法文文本同为官方版本，从而结束了法语在外交领域近两个世纪的支配地位。美国总统伍德罗·威尔逊坚持要求这一改变；法国人一开始自然反对，但后来当意大利人和其他各方明确想要向外交的巴别塔敞开大门时，法国人便同意了。[49])《和约》的第282条和第289条允许对战败国实施智力惩罚，一群企业家式的科学家分两个阶段抓住了这个机会。[50]

第一个，也是最臭名昭著的，就是联合抵制。[51] 1919年，英国、法国和比利时的科学家在布鲁塞尔成立了一个新的科学组织，即国际研究理事会，以取代国际科学院协会——该机构曾拒绝对国际辅助语选定代表团关于人工辅助语言的提议作出裁决。国际研究理事会是一个伞状组织，下

---

① "Les signataires du manifeste se sont disqualifiés, en tant qu'hommes de science, et, en se solidarisant avec le militarisme teuton, ils se sont mis au même niveau que les brutes féroces accomplissant par ordre les crimes les plus monstrueux. Ils sont beaucoup plus coupables que ces brutes, car on ne peut leur dénier l'intelligence. Nous ne pouvons plus avoir aucune confiance dans leurs productions scientifiques et nous ne pourrons accepter comme exact que ce que nous aurons soumis à une sévère critique et vérifié par nous-mêmes; nous devrons considérer comme suspectes toutes leurs publications comme tout objet *made in Germany*."

面有一系列的"国际联合会",用以取代战前的国际科学组织,其中许多组织的总部设在德国。国际研究理事会的执行委员会主要由强硬的反德人士组成,尤其是埃米尔·皮卡、乔治斯·莱科因特、维多·沃尔泰拉和出生于德国的英国物理学家亚瑟·舒斯特爵士。其中只有美国代表乔治·埃勒里·海尔的态度比较温和。按照规定,至少在1931年之前,同盟国——即德国和奥地利,因为奥匈帝国已不复存在——都不能成为国际研究理事会的会员。此外,为了防止有人修改条约,胜利者们还预谋,要求即便是之前的中立国,只有在它们拿到理事会四分之三的绝对多数投票后才可以加入该组织。[52]自然,这样一个组织的官方语言将是法语和英语(不管瑞士人怎么抱怨)。[53]

对于一个德国科学家来说,那是一个坏的时代。这一时期的大部分科学实践活动都是在国际会议上进行的,这也是联合抵制行动的主要目标。1919年共有14次国际会议;没有一个德国人受邀参加。次年,有20个类似的活动,其中有17个将德国人排斥在外(达到了85%)。在接下来的5年里,抵制行动的强度有所下降,但幅度很小:1921年,36个会议中有22个(占到60%)把德国排斥在外,1922—1924年的106个会议中,有86个会议(占到81%)没有德国人参加。困境中唯一的一线希望来自中立国,在那里,21个会议中仅有1个会议禁止德国人和奥地利人参加。联合抵制时期,在275个国际科学会议中,有超过60%的会议将德国人和奥地利人拒之门外。[54](阿尔伯特·爱因斯坦是个例外,自从他公开反对《告文明世界书》以后,他被公认为是一个和平主义者和"好的德国人"。然而,爱因斯坦痛恨联合抵制行动,他经常充当中间人,帮助他的德国同事在国外发表研究论文。[55])

德国科学家对此表示愤怒,并进行了反抵制的行动。例如,1922年,国际理论与应用湖沼学联合会在德国北部的基尔举行了大会,接待了来自20个国家的学者,而协约国的学者被禁止参加此次会议。会议最初的论文征集是用英语、法语和德语进行的，但会议本身是用德语进行的。[56]这次反攻在很大程度上成功地影响了公众舆论，而且无疑对最终撤销禁令起到了重要作用。1926年，法兰克福的报纸宣称："到目前为止，这种抵制一个特定文化群体（这里是指中欧文化群体）的行为是史无前例的。这一决定的荒谬性在医学和科学领域最为明显。它们不是民族性的，至少不是沙文主义意义上的，而是国际性的。对这一科学群体的暴力排斥是对科学本身的侵犯。"①[57]

与此同时，德国科学的领袖们，特别是弗里茨·哈伯，于1920年10月30日在柏林建立了德国科学应急协会②，将5个科学院、其他2个学术团体以及许多大学和技术、兽医、农业、林业和矿业院校统一起来。前普鲁士文化部长弗里德里希·施密特－奥特自1920年10月至1934年7月23日执掌该自治机构，向德国科学家提供政府和行业资助。在整个魏玛共和国时期，它和亥姆霍兹物理技术研究促进会一道，成为大学教授最重要的资金来源。[58]通过这种方式，德国人在脱离了国际交流的情况下创造了他们自己的科学。

中立的瑞典给予了陷入困境的德国科学家们极大的世界认可，从而帮助了他们。瑞典科学院在其中发挥了巨大的作用，因为它能够颁发科学领域的诺贝尔奖。并且，瑞典学术界有强烈的德国导向——许多瑞典学者都在德国学习过，而且大多数瑞典科学家更喜欢用德语发表，他们会在德国需要的时候，为其提供帮助。战后第一个诺贝尔化学奖授予的正是弗里茨·哈伯，当时他正因在化学战的爆发中所起的作用而受到严厉谴责。

---

① "Eine derartige Boykottierung eines bestimmten Kulturkreises, hier des zentraleuropäischen, ist bisher in der Geschichte ohne Beispiel. Die Widersinnigkeit eines solchen Beschlusses liegt vor allem für das Gebiet der Medizin und der Naturwissenschaften auf der Hand. Sie sind nicht national, wenigstens nicht im chauvinistischen Sinne, sondern international. Eine gewaltsame Zerreißung dieser Wissenschaftskreise ist ein Vergehen an der Wissenschaft selbst."

② 译者注：全名为：The Notgemeinschaft der Deutschen Wissenschaft。

1919年，德国人更是横扫了各种奖项。20世纪20年代，很多其他学科的诺贝尔奖也纷纷授予了德国人（当然，许多诺贝尔奖获得者都是当之无愧的科学家），尽管和哈伯一样，没有人获得前协约国科学家的支持。[59]从战争一开始，诺贝尔奖就偏向了亲德立场；奥斯特瓦尔德本人曾在战争期间北上，鼓吹为德国人颁发的奖项在展示德国文化优越性方面是有价值的。[60]正如权威的诺贝尔科学奖历史学家所说的那样，瑞典科学院"对德国的偏爱从未掩饰过"[61]。瑞典对联合抵制行动不予理睬。

对德国人的声援还有一个更出人意料的来源：新成立的苏联。尽管德国和俄国学术界之间长期存在紧张关系，但讲俄语的科学家们在战前更倾向于用德语发表，并与德国同事合作，其中一个重要原因是，在俄国国内有一个庞大的波罗的海德语和俄国德语社群。"一战"期间，俄罗斯帝国是德意志帝国的敌人。在俄国工人阶级在布尔什维克党的领导下联合农民完成了伟大的社会主义革命之后，建立了世界上第一个伟大的社会主义国家——苏维埃社会主义共和国联盟（简称"苏联"）。德国人和苏联人很快就相互合作。1921年5月，德国与苏联签订了一项临时贸易协定；次年4月，在热那亚举行的三十四国经济峰会期间——这是为数不多的双方都受邀参加的一次国际会议，俄国和德国的代表偷偷跑到附近的拉帕洛，签署了一项恢复全面外交和经济关系的条约。随后，双方开展了大量的合作。1925年，《德俄医学杂志》创刊，为苏联科学家提供了一个西方语言的出口。德苏合作项目也大量涌现：这里有一个西伯利亚考察队，那里有一个大脑研究所，等等（实际就在两个地方：柏林和莫斯科）。[62]

如果抵制德国学者参加会议是对其战争期间罪行的短期惩罚，那么，国际研究理事会的第二个行动将对德语作为一种科学语言的命运产生更持久的影响。该机构的"国际联合会"为战后的科学治理提供了一个整体的框架，其中有3个是在战后立即成立的：国际天文学联合会、国际大地测量和地球物理学联合会以及1919年7月成立的国际纯粹与应用化学联合会（IUPAC）。时至今日，IUPAC仍在管理着全球化学，对新元素发现的优先权有着最终的裁决权（同时也有为新元素命名的权利，进而可以制定国际公认的标准命名法，这在19世纪是非常缺乏的。）与许多这样的组织一样，IUPAC实际上是战前机构国际化学学会联合会的重新启动，后者是由威廉·奥斯特瓦尔德和法国化学学会主席阿尔宾·哈勒于1910年建议成立的，而现在，IUPAC却将德国人排斥在外。[63]

排斥德国人意味着排斥德语。德语曾和英语和法语一起，作为国际化学学会联合会的官方语言；而对于国际研究理事会的掌权者们来说，德语显然是不允许在国际纯粹与应用化学联合会中使用的。一段时间以来，人们一直担心德语的主导地位，尤其是在化学领域。在宣布停战的4天前，美国科学促进会杂志《科学》发表了由埃德温·比德韦尔·威尔逊撰写的社论，题为"隐秘的科学控制"，其中指出："许多师生都认为德语在科学用途上比任何其他语言都更为重要，而且如果我们的毕业生对自己国家的成果不满意的话，他们就应该转而学习德语。美国人的这种感觉无疑是由德国政府专门培养出来的。"[64]确实很隐蔽，更为严重的是，人们普遍认为，德国人垄断了至关重要的参考工具书的市场。[65]甚至像国际联盟（该组织也将德国和奥地利拒之门外）这样的国际组织，以及像洛克菲勒基金会这样的慈善机构，其医学和科学资助也明确试图遏制德语。[66]在所有这些国际场合中，德语都被禁止了，只有在1929年时，德语才（和意大利语一起）在国际纯粹与应用化学联合会中被授予了附属的地位。[67]

拒绝将德语作为国际科学机构的一种科学语言，这可能听起来像是一种并不严重的侮辱。毕竟，谁会想去参加那些无聊的会议呢？但是，正是这些为全球科学治理制定基本规则的标准化机构产生了长期的巨大影响，并几乎不可逆转地封锁了德语，尽管有一段时间的延迟。官方的反对意见以不同的方式传达给科学家们，影响了其日常做出的决定，比如给哪种期

›199

刊提交论文或者讲哪种语言，等等。与大多数情况一样，这种影响在继续使用母语的德国人身上表现得并不明显，在使用自己母语的法国人和英国人身上也不明显。相反，那些曾经使用过多种媒介语言的人们，比如荷兰人、挪威人和葡萄牙人，现在可能要做出不同的选择了。很多会议上允许的官方语言限制了他们的选择。例如，在1932年，有351个（98.5%）国际会议允许法语作为官方语言，298个（83.5%）国际会议允许英语作为官方语言。在联合抵制结束后，允许德语作为官方语言的国际会议达到了60.5%，这个水平没什么可嘲笑的，但与人们在战前几年预期的水平相比的话，则相差甚远。[68]德国也从未恢复其作为国际科学会议东道国的领先地位；在"一战"前夕，德国主办的国际科学会议大约占到了20%，而到两次大战之间时，这一数字骤降到了大约3%。[69]

"一战"后，外国人在德国期刊上的投稿量也比战前少得多，这意味着在语言上发生了可衡量的变化，只是不同学科的变化情况有所不同。比如，与1913年相比，1920年德语医学期刊的外国投稿量下降了50%（占到了投稿总量的23%）。物理学和化学领域的德语期刊也出现了类似的情况：1913年时，有37%的投稿来自外国人，而在1920年，只有13%的外国人投稿。天文学的变化则更激烈。"一战"后，《天文学通报》上刊载的文章中，来自英国和美国的投稿才不到5%，低于1910年时的15%—20%，而来自比利时人和法国人的投稿为零。这产生了一个自相矛盾的结果，相比之下，德文天文学稿件从1910年的60%上升到了1920年的95%以上。[70]当然，另一方面，外国天文学家已经转移到了其他地方。

讲英语的美国

"一战"之所以成为科学语言史上的一个转折点，另一个主要原因是，协约国成员国，特别是美国，惊人地消除了作为一门外语的德语知识。在这里我主要关注美国的原因有两个：首先，那里对德语发自内心的抗拒比其他胜利国更显著、更强烈、更持久；其次是因为美国化学工业在"一战"期间和战后的巨大发展，很快就把这个遥远的大西洋彼岸的边缘地区变成了世界上生产力最高的科学国家。很明显，这个国家中的人们大部分都是讲英语的；"一战"的遗产又让它变成了通常不讲德语的国家。

今天，美国人以外语不好著称，但原来并非一直如此。德语是美国独立战争之前来到美洲大陆的移民们使用的主要语言，大陆会议曾将其诸多宣言或声明翻译成德语和法语出版。[71]在美利坚共和国的早期，建立起正式的外语教育是一个相当缓慢的过程。哈佛学院（哈佛大学前身）第一位拥有执照的德语教师是1816年的梅诺·波尔斯，尽管早在1733年，那里就教授了乏善可陈的法语以补充古代语言。[72]但在整个19世纪，学外语的学生人数都在增长，在这个幅员辽阔的工业化国家，没有一种现代语言比德语更受欢迎。到1900年时，德语在各级学校的课程中都已站稳脚跟。在加利福尼亚州，多达38%的获得官方认证的高中在那一年提供了至少两年的德语课程，到1908年时，这一比例上升到了令人震惊的98%，其中许多学校提供了长达4年的德语课程。1913年，该州72%的高中，无论是否经过官方认证，都在教授德语，以显而易见的方式在全国范围内超过了法语。大学也纷纷效仿。1910年，在340所高等教育机构中，除3所外，其余都教授德语，其中有101所院校要求掌握一定的法语或德语才能毕业。[73]当然，在中西部地区，可以经常在街上听到中欧移民的子孙后代讲德语，而教区学校（和一些公立学校）有时则完全用德语授课。1914年战争爆发时，美国人保持中立；1915年时，美国人学习德语的势头仍与战前一样强劲。

1917年4月6日，在伍德罗·威尔逊总统多年的游说之后，美国人加入了这场战争，接着，全国范围内开始了针对德语的迅速而激烈的反抗。为了应对迫在眉睫的战争冲突，国会于1916年8月下旬成立了一个国防委员会，接着，在州、县和市镇一级，具有高度自治权的类似地方机构也大量涌现。地方上的国防委员会为民粹主义者攻击德语提供了机制：得克萨斯州维多利亚市议会在1918年禁止德语；俄亥俄州芬德利的市议会会向在街上说德语的市民罚款25美元；费城特别委员会和公共委员会呼吁美国众议院禁止在公开会议上使用德语，而在费城，德语曾经几乎和英语一样流行。1918年5月，爱荷华州州长沃伦·哈定（不久，就成了伍德罗·威尔逊的继任者，不过很短命）发布了一项命令，禁止在公共场所、电话中和火车上使用除英语以外的任何语言。（尽管哈定针对的目标是德语，但此项禁令波及范围太广，引起了爱荷华州的捷克人和丹麦人的抗议。）每种语言的报纸都受到监管，德语报纸尤其如此。1918年4月，出生于德国的社会主义者罗伯特·普拉格在伊利诺伊州的科林斯维尔被以私刑处死。到战争结束时，有16个州已经禁止使用德语，这一举措得到了前总统西奥多·罗斯福的支持，战后又有6个州加入其中，使得禁止德语的州达到了22个。[74]

这些法规没有维持多久。在《凡尔赛和约》签订之后，内布拉斯加州汉密尔顿县的一名德语教师因为教授10岁的雷蒙德·帕尔帕特"德语阅读"而被定罪，因为他的行为违反了内布拉斯加州1919年4月9日通过的一项法规，该法规中明确写道：

第1条：任何人，无论是个人还是作为教师，都不得在任何私立、教派、教区或公立学校以英语以外的任何语言向任何人教授任何科目。

第2条：所有语言，除英语外，只有在学生完成八年级的学习，通过考试并获得由该生所在县县长颁发的毕业证书之后，才可以作为一门语言来教授。

该案以"迈耶诉内布拉斯加案"的形式被提交到了美国最高法院，最高法院以 7 票对 2 票的表决结果宣布这类禁令违宪。麦克雷诺兹法官在判决中指出，虽然"这项法规的明显目的是让英语成为本州所培养的所有儿童的母语"，但"纯粹的德语知识不应该被理所当然地视为有害"。麦克雷诺兹总结说："内布拉斯加州以及其他有着类似法规的州已经僭越了宪法第十四条修正案赋予他们的权利，因为宪法保护所有人，它既保护那些以英语为母语的人，也保护那些讲其他语言的人。"[75]对此结果持有异议的人包括极端保守的乔治·萨瑟兰（此人由哈定任命）和自诩为自由主义之狮的奥利弗·温德尔·霍姆斯（此人曾在一个类似的案件"巴特尔斯诉爱荷华案"中大胆地表达了自己的意见："我想我理解人们对这项法规的反对，但在我看来，这似乎提出了一个人们可能会有合理分歧的问题，因此我不能说美国宪法阻止了这项试验的进行。"[76]）。

不管怎样，这些法规已经造成了巨大的伤害。在 1915 年时，这还是在高中入学人数大幅增长之前，就有 315884 名学生学习德语，占到了美国中学入学人数的 28%；而在 1922 年，即在迈耶事件以及随之而来的德语被禁的高峰期之前，学德语的学生只有不到 14000 人，勉强超过全国 250 万学生的 0.5%。即使在拥有大量德国人口的俄亥俄州，1925 年也只有 5 所高中开设了德语课程。到 1949 年时，高中人数翻了一番多，达到了 540 万，德语学生的绝对人数增至原来的 3 倍，达到了 43000 人，占比为 0.8%。德语再也没有恢复过来。法语（1922 年有 15.5% 的学生学习法语）和西班牙语（1922 年有 10% 的学生学习西班牙语）的学习曾经一跃而起，补上了德语的缺口，但时间并不长。[77]德语暂时被定为有罪的，这其中一个难忘的教训是，当一门外语受到影响时，所有外语都会受到牵连。不仅外语学生的绝对数量会下降，从而使得那些有可能成长为多语言科学家的人变得稀少，而且外语教师的骨干队伍也垮掉了，从而开始了一种恶性循环，美国将在冷战初期面临这样的恶性循环。

大重组

当战争仍在肆虐时,一位美国评论员曾经哀叹战后美国科学家的命运,认为他们要被迫处理科学日耳曼人的遗产:"我们的学生不应感到,绝大多数与其课程相关的最好的说明性作品只能在一个有着低级理想和不惜一切代价主宰世界的病态愿望的民族的语言中找到。"[78]这位作者暗示出了一个科学语言之间相互关系的微妙重组问题,这一问题在两次世界大战之间的那几年里,也影响到了科学精英们。在战后的那些年里,美国人仍然在德国学习,德国科学家的声誉也有所回升,但是对于美国人而言,有些事情已经发生了变化。尽管像亥姆霍兹这样的科学家对能说多种语言感到自豪,甚至高兴,但走进两次大战间的化学这一美丽新世界的美国年轻人,却因受到外界环境的影响而对外语充满了敌意。美国的政治变得越来越孤立主义,美国的教育也越来越成了使用单一语言的。当美国的科学巨人攀登到前所未有的高度时,它带来了一种普遍的对语言学习的不情愿——毕竟,世界上重要的科学不是已经以英语的形式出现了吗?"一战"所产生的变化的影响现在与我们同在。

但在当时,几乎没有人注意到这些影响。欧洲人注意到了袭击美国心脏地带时英语人士的阵痛,但他们是在反日耳曼主义的背景下看到的,反日耳曼主义在战后开始盛行,不过似乎很快又渐渐消失了,其消失主要归因于在外交上打破联合抵制的行动,这些行动由著名的德国科学家们所领导,比如弗里茨·哈伯,他作为普鲁士科学院和柏林大学的德国代表,于1924年参加了费城富兰克林研究所的百年纪念活动。正如历史学家弗里茨·斯特恩(他的家族与哈伯关系很好)在他的回忆录中指出的那样,哈伯"认为科学成就是德国实力仅存的物质支柱,同时他也希望恢复几乎被战争摧毁了的国际关系。"[79]小国和中立国,尤其是那些东欧国家(这里之前是主要讲德语的哈布斯堡帝国的领土)仍然偏爱德语,他们反对国际研究理事会的限制。[80]

在罗马尼亚布加勒斯特举行的第六届国际纯粹与应用化学联合会大会上，联合抵制行动终于被打破。会上，荷兰化学家恩斯特·科恩当选为主席，科恩曾于早些时候组织过一次小型会议并邀请了德国人和奥地利人参加，因此他的当选标志着德国人被排斥的时代即将结束。1926年6月，联合抵制行动被取消，比原计划提前了5年，德国、奥地利、匈牙利和保加利亚被邀请参会。1928年，这些国家的代表们作为嘉宾来到海牙参加当年的化学会议，科恩愉快地用德语和他们打招呼。最终，德国同意加入国际纯粹与应用化学联合会，前提是必须修改规定，授予德国在国际研究理事会的完全自治权，而这一方面的进展要慢得多。匈牙利于1927年加入国际研究理事会，保加利亚于1934年加入，而德语国家一直处于观望状态。奥地利在1949年才加入国际科学联合会理事会（国际研究理事会的继任者），联邦德国则一直等到了1952年，而被国际社会遗弃的民主德国则一直被冷落，直到1961年才加入。[81] 另一方面，语言上的分裂还在继续。德语仍然被排除在国际纯粹与应用化学联合会和国际研究理事会的官方语言之外。这个问题曾在海牙会议上提出，但是，连对所谓的"次要语言"敞开大门都被视为一种威胁，这意味着这一问题很快又被搁置了，尽管德国人最初坚持要把德语作为加入国际研究理事会的先决条件。

在这个新的国际时刻——一个出现了国际联盟，以及联合抵制行动被击败的时刻，奥斯特瓦尔德怎么样了？他生活在世界语的全盛时期。国际联盟曾就允许世界语作为官方语言进行了辩论，1921年，英国科学促进会和法国科学院都积极讨论了支持世界语作为语言障碍解决方案的决议。这些都是美好的梦想，但从长远来看，它们并不比短期存在过的"世界德语"更可行。奥斯特瓦尔德花了越来越多的时间研究新的颜色理论，但几乎没有花任何时间来宣传人工语言。1931年10月，由于过去的缘故，他同意被任命为新的伊多语学院的名誉院长。次年，他就去世了。

第七章
无法言说

"一个人能说多少种语言、说什么样的语言，就能接触到多少种这样的事物、世界或自然。他所说的每一句话，都会改变他所处的世界，改变他自己以及他在这个世界上的位置。因此，没有什么是与语言无关的，也没有什么比说话方式更重要。语言的灾难就是人的灾难。我们要保持警惕！语词和语句可以是花园，也可以是囚禁我们的地牢，语言仅仅是个人天赋的说法并不正确。"[1]

——道夫·史腾贝尔格，格哈德·斯托尔茨，
威廉·伊曼纽尔·聚斯金德[1]

德国科学以胜利的姿态走进20世纪30年代。对德国的抵制行动在1926年得以取消，德国人重新出席并主持国际会议，虽然德国曾是前所未闻的违反科学国际主义的受害者，但现在，他们又沐浴在了自以为是的光辉之中。德国科学家获得了一个又一个的诺贝尔奖，外国学生纷纷涌入德

---

① Soviel und welche Sprache einer spricht, soviel und solche Sache, Welt oder Natur ist ihm erschlossen. Und jedes Wort, das er redet, wandelt die Welt, worin er sich bewegt, wandelt ihn selbst und seinen Ort in dieser Welt. Darum ist nichts gleichgültig an der Sprache, und nichts so wesentlich wie die *façon de parler*. Der Verderb der Sprache ist der Verderb des Menschen. Seien wir auf der Hut! Worte und Sätze können ebensowohl Gärten wie Kerker sein, in die wir, redend, uns selbst einsperren, und die Bestimmung, Sprache sei allein die Gabe des Menschen oder eine menschliche Gabe, bietet keine Sicherheit.

国大学，跟随新兴的量子物理学巨头学习，掀起了物理科学的风暴。尽管如此，德语被排除在国际组织之外的慢性影响、来自美国科学的竞争威胁以及大量美国年轻人在成长过程中较少接触外国语言，这些都对作为科学语言主导地位的德语构成了无形的威胁。虽然德语仍然与法语及英语同台竞技，但前者显然处于缓慢衰落的过程，至于英语——尽管美国人已经取代英国人成为英语科学的领导者，期刊中也充斥着大量美国用英语发表的科学成果，但人们总会对其质量有所质疑。

然而，到了20世纪30年代末，德语的地位发生了明显的变化。从那时起，科学家、语言学家和历史学家就把这种变化归咎于一个人：阿道夫·希特勒。[2]这种说法与时间轴十分吻合。1930年9月，纳粹党在魏玛共和国的议会中赢得了107个席位，这说明激进的右翼民粹主义的吸引力越来越大。的确如此，虽然战争英雄保罗·冯·兴登堡①在1932年3月的总统竞选中击败了希特勒，但这只是暂时的，4个月后，纳粹党在议会选举中便又赢得了230个席位。希特勒，这位出生于奥地利的极具魅力的领导人，被任命为总理似乎只是时间问题，而这的确发生在1933年1月30日。那时，德国仍然是一个民主共和国，只是好景已不长。1933年2月27日，国会大厦在一次纵火事件中起火，其原因至今仍不明朗，即使在这样的危机之后，在3月5日的竞选中，由于共产党人的成功，纳粹党也未能获得多数席位②。然而，希特勒在3月23日推动了所谓的《授权法案》，他利用该法案将共产党人排除在地方政府之外。从这以后，故事就非常熟悉了：违反《凡尔赛和约》扩大武装部队；在新近的"第三帝国"（第三，即继神圣罗马帝国和德意志帝国之后）境内持续迫害犹太人；越来越多的中欧地区成为希特勒的牺牲品；1939年9月1日，德国入侵波兰，点燃了第二次

---

① 译者注：保罗·冯·兴登堡（1847—1934），1925年起担任魏玛共和国第二任总统。
② 译者注：国会纵火案是德国纳粹党策划的焚烧柏林国会大厦，借以打击德国共产党的阴谋事件。

›207

世界大战的战火。①

从宏观来看，纳粹德国是欧洲历史的重大停滞，它破坏了德国的经济、城市及道德声誉，并犯下了屠杀犹太人及其他无辜者的可怕暴行。在这期间，德国科学语言的历史应该也会受到相应影响。然而，从微观层面考察导言中所绘图表，会发现情况并非如此。在20世纪30年代，德语仍然是一种重要的科学语言；事实上，其所占比例在某些情况下还有所增加。纳粹德国期间，德语在科学界的地位并没有急剧下降，相反，我们看到的是一种逐渐的降低，但这是一个从"一战"就已经开始的过程。如果我们想要探究纳粹对作为科学语言的德语的影响，考察出版情况并不是最好的方式。本书的大部分内容都集中于科学家之间的书面交流上，这非常好，但语言对科学的影响还有其他方式，本章强调了语言的这些通常不为人知的方面，这些方面因困扰德国科学的独特创伤而变得明显。

强调纳粹国家政策的研究者指出了历史的一个重要方面，因为纳粹德国中后期，德语科学的开展方式对随后德语的衰落形式及衰落速度有很大的影响。除了出版之外，科学家们还从事教学工作，即便是使用母语，他们也要投入大量精力筹备课程，更不用说使用外语了。科学家们还与同事合作，通过口头及书面进行交流。最后，同样重要的是，他们处于一个包括政治言论、日常生活及工作都被他人话语所淹没的环境中。本章探讨了生活在德语——一个人的母语——被政治化的环境中意味着什么，在这种环境中，德语被赋予了迄今为止意想不到的重担。因此，在把个别德语科学家在德国境内外的言论及写作方式联系起来之前，必须退一步研究结构性问题（如就业和失业）、旅行限制以及知识分子、语言学家和思想家对

---

① 译者注：历史上的德国大致可以划分为三个阶段，分别是第一帝国（962—1806年，又称神圣罗马帝国）、第二帝国（1871年德意志统一至1918年"一战"结束，又称德意志帝国），"第三帝国"（1933—1945年，又称纳粹德国）。在第二帝国与纳粹德国之间，是魏玛共和国时期，这是德国第一次走向共和的尝试。

德语意义的看法。人们也生活在这些语域中，但有时他们也会被踢出这些语域。

本章第一部分接续前一章开始的历史解释，关注科学领域的政策变化，但该部分只能给出故事梗概。对科学德语的反对不仅仅直接源于就业情况及学术生涯方面，也是关于被仇恨和暴力压垮的人的生活。语言也许是我们最私人化的财产，而作为每个人"母语"的语言——"母语"是20世纪30年代最常使用的术语，带有性别以及（恰好）与纳粹党有关的内涵——表达了一种与我们的深层亲密关系。本章的后半部分将聚焦于科学家，我们将看到科学家是如何运用语言的这些个人价值，既表达他们真诚的沮丧，也向他人展示（有时是耸人听闻的）纳粹推行移民所带来的长期关系的断裂。

希特勒的大清洗

希特勒的议会毫不犹豫地实施了他十多年来一直在德国宣传的种族主义和反犹太议程。对于科学家来说，他们中的许多人受雇于高等教育机构，因此，其身份多为公务员。1933年4月7日，议会通过了《重设公职人员法》。该法案将三类职员从公务员队伍中开除：首先是"非雅利安"血统的人（主要是犹太人），第二是社会主义或共产主义政党的成员，第三是魏玛共和国任命的官员。（这一法案在冯·兴登堡的坚持下有所软化——豁免了"一战"中的退伍军人及在战争中失去父亲或儿子的人。）在这样的背景下，几乎从一开始，德国的大学就充斥着解雇与辞职。

毫无疑问，该法案的影响十分严重。受其冲击最大的学科似乎是物理学，特别是理论物理学，多年来，德国已经拥有相当比例的犹太裔科学家（特别是在德国北部）。有人估计，全国有多达25%的物理学家被解雇，在某些中心，最突出的是哥廷根，几乎整个物理数学系都被清除了。如果把其他科学考虑进来，后来估计的数字可能要低一些，但也并没有低很多：到1935年，大约五分之一，即20%的科学家被赶出了他们的工作岗位。随后的1938年，奥地利被吞并，当其机构（以及在纳粹德国工作的公民）被纳入纳粹法律之下时，又出现了另一波解雇浪潮。[3]与物理学相比，一些学科，如生物学，得到了"宽松"的待遇，但这只是由于生物学中任职的犹太人相对较少：从上述法案通过到1938年间，大约13%的生物学家被解雇，其中五分之四与种族原因有关。在被解雇的科学家中，有四分之三选择了移民，并且从此再也没有返回德国。[4]

化学也受到了严重的破坏。弗里茨·哈伯——他是化学战的设计师，也是"哈伯法"（固定大气中的氮气）的发现者，同时还是1918年诺贝尔化学奖得主。尽管如此，在1933年11月，他还是被剥夺了恺撒·威廉化学研究所主任的职位，随后，他绝望地移民到了伦敦。在这个新的纳粹化的研究所中，5位部门主任都是纳粹党员，其中有3位是在希特勒1923年慕尼黑啤酒馆政变失败前就入党的"老战士"，而这是对纳粹政权及其政策忠诚的重要标志。在研究所的"协调"之后，28名犹太职员被立即开除。尽管德国化学家较高的地位及其传统的政治保守主义意味着他们中有较少的犹太人会被解雇，但德国化学学会和德国化学家协会的巨大规模（4000名成员中有40%居住在纳粹德国之外）意味着对纳粹政权的高度服从会产生广泛的反响。[5]

在这些受影响的科学家中，幸运的人得以移民，他们的国际声誉——当然是通过外国科学家愿意阅读他们的德语出版物而获得的——使其在国外获得了职位。尽管绝对数量不多，但这些移民的质量非常高。几乎所有的移民都选择前往美国，以数学家为例，绝大多数被解雇的德国数学家都通过埃利斯岛进入美国；此外，100多名难民物理学家也在1933—1941年间赴美。他们不仅是有天赋的科学家，而且都很年轻，大多数在40岁以下，且在1921年之后获得博士学位。他们的年轻和高质量并非偶然，这缘于美国特设应急委员会（the ad hoc Emergency Committee）试图为流离失所的科学家安排工作，而其重点是 35 岁以上（年龄大到足以使自己名声在外）、58 岁以下（以避免对雇佣机构的养老金系统造成压力）的学者。[6]另外，还有一小部分科学家，主要是医生，他们向东前往苏联，在那里，学习新的语言成为主要的障碍。[7]

尽管这是德国学术界公认的重大转变，但我们在把一些科学家移居国外的影响夸大之前应该谨慎。精英科学家只代表了德国庞大知识生产系统中的一部分。移民并没有使德国的大部分人才流失，但它确实对作为科学语言的德语造成了三方面的重大伤害。首先，象征性地，外国科学家开始对德国这个国家产生反感，并表示不愿意以任何方式与该政权"合作"。其次，那些离开的科学家几乎都前往英语国家，他们开始用英语继续从事研究工作。第三种变化是最直接的，或许也是影响最持久的，即研究生和博士后交流网络的断裂。

正如我们在上一章中所看到的，德国科学的重要性最突出的表现之一是德国大学作为外国学生出国学习的主要选择。一些美国最著名的科学家，如罗伯特·奥本海默和莱纳斯·鲍林，都是在德国大学完成研究生学习的。作为一个连带结果，他们掌握了德语，并在后来持续使用。日本科学家的情况也是如此，19 世纪末，现代化的明治政权聘请了数十位外国教授在日本大学工作，并坚持要求这些学者用他们的母语授课，以鼓励学生学习西方语言。其中，大多数教授是德国人。当这些教授把他们最优秀的学生送到西方学习时，自然会优先选择德国，在 20 世纪初，有 74% 的日本留学生在德国学习。[8]即使一些外国人——特别是处于孤立主义和大萧条时期的美国人——愿意到纳粹德国重新定居，但解雇风波还是打消了许多人前往德国的动机。[9]这些网络直到战后才重新组合起来，但那时的中心已变为美国。

科学家进出希特勒统治下的德国变得更加困难。1935 年，帝国教育部控制了外国人在德国境内教授的所有课程；它还决定着德国学者是否能够成为合适的海外代表。国际交流的洪流枯竭了，德国人不得不改变他们的合作模式（例如，作为轴心国团体的一个分支，德国人与意大利数学家的合作得到了发展）。生活在德国控制区的科学家，如从捷克斯洛伐克划出的波希米亚和摩拉维亚保护国①，也不允许出国，除非是作为"德国"代表团的一部分。如果他们想使用捷克语或斯洛伐克语以外的任何语言，就必须说德语（他们被禁止在帝国本土进行授课。）[10]

这些障碍产生了一个可以预见的后果，即中断了德国与外国科学家的联系。为了说明这种断裂的程度，可以参考住在哈纳克庄园的客人，哈纳克庄园于1929年在柏林达勒姆附近建立，用于接待访问学者。（许多一流的恺撒·威廉科学研究所就在附近。）1930—1933年，其人数稳定，每年大约有200名访客，其中，大约一半是外国人。1933年，外国人的数量减少了近一半，取而代之的是从全国各地到柏林旅游的德国人的增加——来访外国人占比从1932—1933年的45%，下降到下一学年的23%。直到1937—1938年，外国人与德国人的比例才得以恢复，但那时的国家组合已相当不同：在1930—1933年，每年大约有30名美国人（约占所有外国人的三分之一），而现在每年只有不到15人，取而代之的是南非人、罗马尼亚人、荷兰人和法国人（后两者随后被军事占领）。[11]

但是，即使在所有的清洗、移民及破裂的合作中，德国科学似乎仍在运作。纳粹统治下的科学期刊仍旧定期出版，其成果依然拥有较高质量，（"二战"之前）大多数科学家在工作中也几乎没有感觉遭到破坏。外国科学家可能没有那么频繁地前往德国，但他们仍然大量向德国期刊投稿（尽管国家的分布发生了变化）。然而，看似正常的背后的确发生了诸多变化，正如埃米尔·耿贝尔——一位著名的反纳粹数学家，他于1932年被迫离开

---

① 译者注：波希米亚和摩拉维亚保护国，是纳粹德国在捷克斯洛伐克西部建立的傀儡政权。1939年成立，后随着纳粹德国投降而灭亡。

在海德堡大学的职位，前往法国——所观察到的那样：

"单纯从外部看，大多数物理和数学期刊似乎都没有变化，它们保留了原貌。但在仔细考察后，可以看到世界知名人士的缺席：犹太人被淘汰了。另一方面（与此相对应），由于这些期刊早期质量较高，因此具有相当大的吸引力，外国合作者的比例有所增加。国内合作者的水平降低了；下一代的学术人员部分地退出了。该系统对学生人数减少了一半感到自豪。奇怪的是，过去的事情经常发生变化。某些作者不再被引用；他们早期的成就被归功于无可挑剔的北欧人；而他们当前的成果也被忽略了。"①[12]

外国对德国期刊的投稿减少，一方面是因为新规定限制了每期出现的"非雅利安人"的比例，但主要还是因为外国人已不再把德国期刊作为他们的发表渠道。[13]引文也发生了变化：1921—1925年——抵制运动的高峰期，数学文章的引文约有37%来自德国期刊；1926—1930年，这一数字上升到了39%；而到了1931—1935年，却又下降到28%。与此同时，美国期刊的引用率从14%上升到25%，恰好填补了德语失去的部分。[14]不过我们不应夸大其词：在纳粹时代，德语仍然是科学的基本语言；只是它的重要性在逐渐降低。

---

① "Rein äusserlich sehen die meisten physikalischen und mathematischen Zeitschriften unverändert aus. Ihr Gesicht haben sie gewahrt. Erst bei näherer Betrachtung bemerkt man das Fehlen von weltbekannten Namen; die Juden sind ausgemerzt. Dagegen wuchs der Anteil der ausländischen Mitarbeiter, da die Zeitschriften auf Grund ihres früheren Niveaus eine beträchtliche Anziehungskraft ausübten. Das Niveau der inländischen Mitarbeiter senkte sich; der wissenschaftliche Nachwuchs setzt zum Teil aus. Das System ist stolz darauf, dass die Zahl der Studenten auf die Hälfte herunterging. Eigentümlich wandelt sich vielmals die Vergangenheit. Gewisse Autoren werden nicht mehr zitiert; ihre früheren Leistungen werden einwandfreien Nordmännern zugeschrieben; ihre jetzigen Arbeiten werden ignoriert."

德国人的"褐色化"

对于外国科学家来说,德语的一些光辉可能已经褪去,但这不仅仅是纳粹德国对其语言的过度关注所造成的。为了理解移民科学家对其母语的反应方式,这些更广泛的语言背景至关重要。在阅读纳粹政权或对纳粹政权友好的学者关于德语的任何言论时,几乎都会看到对其"母语"的赞美。关于"母语"这个词的首次记载可以追溯到1119年(是在拉丁语中),在1424年和1520年,又分别出现在低地德语和高地德语①中,并成为高地德语的重要词汇。在纳粹德国时期的语言学中,没有比它更重要的概念了。[15]

今天,"mother tongue"可能与"native tongue"具有大致相同的含义,但对于20世纪30年代和40年代生活在德语世界的人来说,情况却并非如此。对他们而言,母性传达了正统遗产、与生俱来的权利以及亲密的关系,并且很快就陷入了纳粹大量智识成果的反犹泥潭。与之不同,据说犹太人没有母语,他们放弃了祖先的希伯来语——几个世纪以来,德国语言学家对这一主题非常感兴趣——而选择了混杂化的意第绪语,这是世界语等其他犹太语言特洛伊木马的早期变体。语言对犹太人来说,只是用于交流,这就是为什么尽管他们在内心深处无法真正理解德语的深度和丰富性,却如此轻易地吸收了德语等主流语言。[16]

德国语言学家的新共识是,德语本质上是为德国人服务的。(这里没有暗示要创造一种类似于威廉·奥斯特瓦尔德那样简化了的"世界德语";也不是要对被征服者作出语言上的让步)。出生于洛林的凯尔特语言学专家莱奥·魏斯格贝尔在1941年写道:"人们经常听到这样的说法:没有哪个民族

---

① 译者注:低地德语和高地德语是不同的德语方言。

能像德国一样，对自己的母语有着如此密切和深刻的联系"①，因其表述的清晰度及作者的知识声誉，或许没有什么比魏斯格贝尔的想法更能说明这种新语言的意识形态要旨了。[17]即使对自己的"母语"充满热情，魏斯格贝尔也愿意承认"其他民族也知道与他们语言之间的联系，如果法国人为发展他们的语言而不断努力，或者英国人把他们的语言带到世界各地，那么这些都是一种非常强烈的联系的表现，就其直接的成功而言，它们非常有说服力。"但魏斯格贝尔的包容是有限度的，他说：

"尽管每个民族都在自己的生活中感受到了语言的深远影响，但对我们德国人来说，有一件事仍然值得不断思考，那就是在欧洲各民族中，德国是唯一以其母语命名的民族。这清楚无误地表明，母语在我们民族生活的发展中发挥着特殊作用。"②[18]

与之类似，魏斯格贝尔很乐意将德国人的智力成就归因于语言，他说："德国的技术成就，应感谢其语言工具的运用；德国科学在追求真理的努力

---

① "Man hört oft sagen, kein Volk fühle sich mit seiner Muttersprache enger und tiefer verbunden als das deutsche."

② "Auch die anderen Völker wissen um die Bindung an ihre Sprachen, und wenn die Franzosen in unentwegtem Mühen an dem Ausbau ihrer Sprache gearbeitet oder die Engländer in einer uns überraschenden Selbstverständlichkeit ihre Sprache durch die ganze Welt getragen haben, so sind das auch Ausdrucksformen einer sehr stark gespürten Verbundenheit, und in ihrem unmittelbaren Erfolg sind sie sogar mancher Schwärmerei für die Muttersprache weit überlegen. Aber ungeachtet der Tatsache, daß jedes Volk die weitreichenden Wirkungen der Sprache in seinem eigenen Leben spürt, bleibt doch uns Deutschen eines als Anlaß zu immer erneutem Nachdenken, daß nämlich *unter den Völkern Europas das deutsche das einzige ist, das sich nach seiner Muttersprache genannt hat*. Das ist ein unverkennbarer Hinweis darauf, daß am Aufbau unseres Volkslebens die Muttersprache in besonderem Maße beteiligt ist."

中也绝不可能完全摆脱德语。"①[19]在所有的科学中，没有一门是像语言科学本身这样专门针对德国的。科隆大学英语语言学教授赫尔曼·弗拉斯迪克说："诞生于德国的语言学的历史是对德语和英语两种语言的性质及思维风格进行研究的一个方面，作为所有科学中最具德国特色的语言学在英国没有找到生存土壤，这并非巧合。"②[20]

魏斯格贝尔和弗拉斯迪克只是重复了主流思想的核心内容，反映了纳粹领导人对德语及其使用的痴迷。[21]在漫骂性社论和群众集会谴责的压力下，德语本身开始转变。这些语言上的转变很少由上级立法，尽管这种情况有时也会发生——例如，1937年12月13日，国家"废除"了"Völkerbund"（国际联盟）一词，而就在第二次世界大战德国入侵波兰的那一天，国家规定"tapfer"（勇敢）一词只能用于形容德国人。[22]随着公共立法反映在私人话语结构，特别是词汇中时，德语用法的大部分明显变化是以一种更加有机的方式发生的。[23]

纳粹政权的批评者——他们不亚于弗拉斯迪克和魏斯格贝尔这样的德语主义者，对这些发展感到震惊，并仔细记录了这种（大部分）无意识的德语纳粹化的形态。一个明显的变化是军事隐喻的日益丰富，但其影响超出了内容和形式。纳粹话语倾向于将动词和形容词名词化：名词才是表达思想的方式。尤金·塞德尔和英格伯恩·塞德尔－斯洛蒂在1961年出版的一份他们在20世纪30年代就开始秘密撰写的手稿中指出：动词变得更加暴力，更加富有激情，他们写道："纳粹主义的语言不是想'解释'，而是

---

① "wo uns Leistungen der deutschen Technik vor Augen treten, werden wir in der gedanklichen Vorbereitung dieser Schöpfungen auf den Einsatz sprachlicher Mittel stoßen; wo deutsche Wissenschaft wirkt, wird sie bei allem Streben nach Wahrheit sich von den Voraussetzungen der deutschen Sprache nie ganz loslösen können."

② "Die Geschichte der deutschgeborenen Sprachwissenschaft ist ein Teilaspekt der Auseinandersetzung deutscher und englischer Wesensform und Denkart, und es ist kein Zufall, daß gerade die Sprachwissenschaft als die vielleicht deutscheste aller Wissenschaften keinen Nährboden jenseits des Kanals findet."

要'敲打'。①[24]此外，我们还应再次指出，纳粹主义的语言不是全新的，而是来自不同的风格和方向，只有这种影响的强度和程度才标志着这种语言的新东西。"②[25]

另外的一些人，比如维克托·克伦佩勒，一位在整个战争期间躲在德累斯顿而幸存下来的犹太学者，他的日记对纳粹德国的生活进行了深入的描述。一些新的情况正在发生，它们如此新奇以至于他将其命名为"LTI"，即"Lingua Tertii Imperii"（纳粹德国的语言）。他清楚地记得，他听到的第一个"LTI"词语是"strafexpedition"（惩罚性远征），从那时起，他就对这种现象产生了兴趣："在德国，所有的印刷品和言论都是完全按照纳粹党的标准进行的；任何偏离允许形式的东西都不会渗透到公众中去；书、报纸、官方信件和求职表——一切都处于褐色化的统治下，这种书面语言的绝对统一性解释了说话形式的同质性。"③[26]克伦佩勒和其他批评家认同类似于沃尔夫的假设，即语言塑造思想：

"语言不仅为我写作和思考，它还引导我的感情，控制我的整个灵魂——它越是不言而喻，我就越是不自觉地把自己交给它。而如果形成的语言是由有毒元素构成的，或者被做成了有毒物质的载体？语言可以像小剂量的砒霜：它们在不知不觉中被吸收，它们似乎没有任何影响，而在一定时间后，毒药的效果便会显现。如果一个人在足够长的时间里用'狂热'

---

① "Die Sprache des Ns. will nicht darlegen, sie will 'einhämmern.'"
② "Ferner ist auch noch einmal auf die Tatsache hinzuweisen, daß die Sprache des Ns. nichts vollkommen Neues ist, sondern aus verschiedenen Stilarten und Richtungen entnommen, und daß nur die Stärke und Verbreitung dieses Einflusses etwas Neues für die Sprache bedeutet."
③ "alles, was in Deutschland gedruckt und geredet wurde, war ja durchaus parteiamtlich genormt; was irgendwie von der einen zugelassenen Form abwich, drang nicht an die Öffentlichkeit; Buch und Zeitung und Behördenzuschrift und Formulare einer Dienststelle—alles schwamm in derselben braunen Soße, und aus dieser absoluten Einheitlichkeit der Schriftsprache erklärte sich denn auch die Gleichheit der Redeform."

这个词来代替'英雄'和'勇敢',他实际上最终相信,狂热者是一个勇敢的英雄,而没有狂热就不能成为英雄。"①[27]

这种看法在该政权的追随者和批评者中很常见。具体到科学论述的语言,洛塔尔·蒂拉拉——一位因其种族卫生学说而声名狼藉的奥地利心理学家和动物学家,他注意到,德国科学的主动语态特征反映在语言中,反之亦然:"拉丁语对被动结构的偏好与德语对主动结构的偏好完全一样。"②[28] 对于战后美国的观察家们来说,科学德语的结果是相当黑暗的:"德语中的罗曼语元素本来可以使其科学词汇与世界各地的科学词汇相同,但却被激进分子的靴子反复踢打,直到其重要性明显减弱。"[29] 不仅仅是在语言方面,还有人试图将德国科学部分纳粹化。

这次从语言学的角度来考虑,产生"雅利安物理学"的计划流产了,学者们对此进行了广泛的研究。在两次世界大战之间的德国物理学界的名人中,有两位"老战士",菲利普·莱纳德和约翰内斯·斯塔克,他们都是诺贝尔奖获得者(前者因其对光电效应的实验测量,后者因其发现原子光谱线在电场中的分裂)。随着希特勒巩固了权力,莱纳德和斯塔克看到了一个将纳粹意识形态引入物理学核心的机会。他们向教育部请愿,要求用一种基于实验和具体直觉的更"德国"的物理学来取代在他们看来是"犹太"科学中占主导地位的高度数学化、理论化的精英物理学。雅利安物理学的

---

① "Aber Sprache dichtet und denkt nicht nur für mich, sie lenkt auch mein Gefühl, sie steuert mein ganzes seelisches Wesen, je selbstverständlicher, je unbewußter ich mich ihr überlasse. Und wenn nun die gebildete Sprache aus giftigen Elementen gebildet oder zur Trägerin von Giftstoffen gemacht worden ist? Worte können sein wie winzige Arsendosen: sie werden unbemerkt verschluckt, sie scheinen keine Wirkung zu tun, und nach einiger Zeit ist die Giftwirkung doch da. Wenn einer lange genug für heldisch und tugendhaft: fanatisch sagt, glaubt er schließlich wirklich, ein Fanatiker sei ein tugendhafter Held, und ohne Fanatismus könne man kein Held sein."

② "Die Vorliebe für eine passive Konstruktion ist für den Lateiner gerade so kennzeichnend wie für den Deutschen die Vorliebe für das Aktive."

核心是对量子理论和相对论的敌视，这两种理论都是由主要理论家、著名的和平主义者以及犹太复国主义名人阿尔伯特·爱因斯坦提出。斯塔克并没有为国际合作关系的瓦解而感到悲哀，而是对纳粹德国的科学自治感到欣喜，正如这本 1934 年的小册子中所表达的：

"犹太人方面已经创造并宣传了这样的口号：科学是国际性的。对此，纳粹方面必须强调，在纳粹国家，对国家的义务同样适用于科学家；科学研究人员必须感到自己是国家的成员和雇工；他本身是为科学而存在，但首先必须用自己的工作为国家服务。因此，在纳粹国家里，没有任何外来的人可以站在科学的领导岗位上，而只有具有民族意识的德国人可以。"① [30]

1934 年对雅利安物理学来说是个好年头，因为教育部长伯恩哈德·拉斯特把文化部从它此前所在的帝国内政部夺了过来，开除了弗里德里希·施密特·奥特，结束了他对德国科学应急协会长达 10 年的控制，该组织曾在抵制时期支撑了德国的科学。拉斯特用斯塔克取代了他。[31] 然而，从那时起，雅利安物理学开始走下坡路，因为拉斯特痛恨自己的领域受到干涉，而纳粹政权的其他强大派系也开始相信，军事上有价值研究的发展需要量子力学和相对论——当然，它们应该在没有参考爱因斯坦的情况下被教授。现存的物理期刊在很大程度上没有受到莱纳德和斯塔克计划的影响；意识形态的

---

① "Es ist das Schlagwort geprägt und besonders von jüdischer Seite verbreitet worden, die Wissenschaft sei international. Demgegenüber muß von nationalsozialistischer Seite mit allem Nachdruck betont werden, daß im nationalsozialistischen Staat auch für den Wissenschaftler die Verpflichtung gegenüber der Nation über allen anderen Verpflichtungen steht; auch der wissenschaftliche Forscher hat sich als Glied und Diener der Nation zu fühlen; er ist nicht um seiner selbst oder um der Wissenschaft willen da, sondern hat mit seiner Arbeit in erster Linie der Nation zu dienen. Darum können im nationalsozialistischen Staate an den führenden wissenschaftlichen Stellen nicht volksfremde, sondern nur nationalbewußte deutsche Männer stehen."

文章被归入一个新的杂志:《整体自然科学期刊》[32]。雅利安物理学由于缺乏自上而下的支持而崩溃,但并非没有造成损害。

　　雅利安物理学显然揭示了科学和纳粹国家之间的紧张关系,但它也展示了语言的一个重要特征,一个经常不加评论的特征:沉默。斯塔克并没有称赞德语对科学至关重要,莱纳德撰写的关于雅利安物理学的新教科书也没有强调这一点,在这本书中,种族显然是占主导地位的类别。[33] 只有当一种语言似乎受到威胁或语言的选择不明显时,才会出现对科学语言的明确评论。在抵制运动中,无论是复仇的胜利者还是被围困的德国人都不断地提出这个问题,因为他们都觉得自己受到了外国语言的威胁;在关于世界语和伊多语的辩论中也是如此。在今天的科学中,几乎完全由全球化的英语主导,英语国家的人几乎从未提出过科学语言的问题——那是由其他语言的母语者,特别是德语国家和法语国家的人提出的,他们对这种转变感到遗憾。拉丁语的消失也是如此,直到它已经成为既成事实时才被哀叹;当它占主导地位时,人们很少讨论用它写作的必要性。

　　对莱纳德和斯塔克来说,德国科学家用德语写作是理所当然的,而且最好是减少数学的形式主义,从而增加语言内容。这不仅是爱国主义和意识形态上的正确做法,而且用德语写作也不会给国际交往带来成本。因此,语言监管仍然是一个次要的问题:纳粹德国的每个人都会通过简单地遵循自我利益来维持德语的统一性。要想看到这种自信带来的变化,可以对比一下莱纳德在第一次世界大战初期对英国科学的猛烈抨击。"在过去的 10 年里,人们在我的科学文献中注意到类似以下的情况",莱纳德在 1914 年写道:"英国给了自己一个单独领导的形象;从外表上看,所取得的成果被大量使用,但只是在它们没有发挥重要作用的地方公开使用;否则,它们是在某种规避的帮助下被附加的。在这些情况下,起源会在出版物内部的某个深处被发现,或者只在难以获得的附属出版物中被发现;有时还通过直接歪曲历史来使用有用的材料。"①[34]也就是说，英国科学是德国原创的衍生品，但拒绝恰当引用，它可以躲在外语的面纱后面逃脱。

纳粹狂热者对德语在科学界的持续主导地位充满信心，但这并不意味着德国没有采取措施来保证其长期存在。例如，德国军队在被占领的荷兰和丹麦积极推行德语。[35]一些美国的德国观察家劝说他们自己的专家学习外语，以便他们能够吸收外国工程师和科学家的进展，就像通晓多种语言的德国人通过阅读外国出版物的来吸收英语、法语、意大利语和西班牙语资源一样。[36]另一方面，像德国物理学会会长卡尔·拉姆绍尔这样更有鉴别力和细心的观察家，预言了一个不同的未来。他在20世纪30年代末给拉斯特写了一份备忘录，认为美国物理学出版物的增长正在使德语出版物黯然失色。[37]拉斯特可以让斯塔克屈服，但他无力反抗。

失去母语

雅利安物理学的宣传很自然地认为，科学的语言将继续是德语，至少在德国境内是这样。然而，正如我们所看到的，曾经的德国科学家中有相当多的人不能再把德国当作他们的家。在移民过程中，这些科学家面临的是一种非常普遍的错位体验，一种开始新生活的体验。几乎在每一种情况下，这都意味着学习一种新的语言。对大多数移民来说，需要适应新的语言环境——通常是英语，由于他们从事科学研究，因此对英语有一定的熟悉——只是生活的一个方面，他们选择了适应。但极少数人，这是一个非

---

① "Man bemerkt da aus den letzten zehn Jahren in der Literatur meiner Wissenschaft etwa das Folgende: England gibt sich den Anschein alleiniger Führung; auswärts erzielte Fortschritte werden reichlich benutzt, offen aber nur, wo sie keine wesentliche Rolle spielen, andernfalls werden sie mit Hilfe einer gewissen Umgehung annektiert; der Ursprung findet sich dann irgendwo an einer versteckten Stelle tief im Innern der Publikation oder nur in irgend einer schwer zugänglichen Nebenpublikation angegeben; manchmal wird auch das Hilfsmittel direkter historischer Verdrehung benutzt."

典型的子集，具有双重特点：一方面，他们年龄太大，无法适应新的语言；另一方面，他们非常有名以至于其私人信件得以幸存，通过历史学家的研究，这类人会反复援引与母语疏离的情况。尽管他们的陈述真诚可信，但我在这里的观点不过度偏重心理学，更多的是工具性的，目的就是要阐明"失去德语"的戏剧化故事是如何以及为什么在这些极其精英的科学家中表现出来。

纳粹德国的罪行对其受害者语言的影响，显然不是一个只针对科学家的问题。战后，一些受纳粹影响流浪他乡的最杰出的德国知识分子将回到与语言疏离的话题上，将其变成一个伤感的隐喻来描述德国历史的断裂，这暗示了一种潜在的补救措施。在汉娜·阿伦特最感人的一次采访中（1964年10月，在她的英文版著作《艾希曼在耶路撒冷》出版后，与记者君特·高斯的采访），她直接面对了失去母语的可能性。她在回答记者的问题时说："母语是不可替代的。但人可以忘记自己的母语，这倒是真的，我已经看到了这一点。我说话时总是带着很重的口音，无法用地道的语言讲话，而许多移民却都能做到。但这是一种别人的语言，在自己语言中所拥有的生产力会随着母语的遗忘而被切断。"①[38] 那么，在纳粹德国的罪行之后还留下什么呢？

"母语保留了下来，我一直有意识地拒绝失去母语。虽然我曾经说法语很好，但我一直与其保持距离；虽然我今天用英语写作，但我也与英语保持距离。母语和另一种语言之间存在着巨大的差异。就我自己而言：我对相当多的德语诗词了如指掌。它们总是萦绕在我的脑海中；这自然不是一

---

① "[E]s gibt keinen Ersatz für die Muttersprache. Man kann die Muttersprache vergessen. Das ist wahr. Ich habe es gesehen. Diese Leute sprechen die fremde Sprache besser als ich. Ich spreche immer noch mit einem sehr starken Akzent, und ich spreche oft nicht idiomatisch. Das können die alle. Aber es wird eine Sprache, in der ein Klischee das andere jagt, weil nämlich die Produktivität, die man in der eigenen Sprache hat, abgeschnitten wurde, als man diese Sprache vergaß."

种语言可以再次实现的。我在德语中可以做一些在英语中不允许自己做的事情。"①[39]

与阿伦特一样，法兰克福学院的哲学家西奥多·阿多诺用一个简单的声明为他战后回到德国辩护："有一些客观的东西，那就是语言。"②[40]作为英语自学者（战前曾在牛津大学学习3年），他声称英语不适合哲学。"可以看到，当用一种外语写作时，不管是否承认，这只是一种交流，以便他人能够理解你"，他继续说，表达了我们从这本书的开头就看到的身份和交流之间的紧张关系，"然而，在自己的语言中，只要尽可能准确无误地进行陈述，就会获得他人理解。"③[41]阿多诺和阿伦特都使用了"失去和恢复"德语的比喻，来表明与前纳粹时代的重要联系，这是一种值得挽救的诗意的、哲学的文化。

我追踪到的大多数移民科学家的通信，都不像阿伦特和阿多诺那样愿意原谅德语，即使他们仍使用这种语言。杰出的反纳粹生物学家朱利叶斯·沙克瑟认为，"对于一个具有健全民族情感的德国人来说，听到希特勒、

---

① "Geblieben ist die Sprache. Ich habe immer bewußt abgelehnt, die Muttersprache zu verlieren. Ich habe immer eine gewisse Distanz behalten sowohl zum Französischen, das ich damals sehr gut sprach, als auch zum Englischen, das ich ja heute schreibe. Ich schreibe in Englisch, aber ich habe die Distanz nie verloren. Es ist ein ungeheurer Unterschied zwischen Muttersprache und einer andern Sprache. Bei mir kann ich das furchtbar einfach sagen: Im Deutschen kenne ich einen ziemlich großen Teil deutscher Gedichte auswendig. Die bewegen sich da immer irgendwie im Hinterkopf—in the back of my mind—; das ist natürlich nie wieder zu erreichen. Im Deutschen erlaube ich mir Dinge, die ich mir im Englischen nicht erlauben würde."

② "Auch ein Objektives machte sich geltend. Das ist die Sprache."

③ "Schreibt man in einer ernsthaft fremden Sprache, so gerät man, eingestanden oder nicht, unter den Bann, sich mitzuteilen, so es zu sagen, daß die anderen es auch verstehen. In der eigenen Sprache jedoch darf man, wenn man nur die Sache so genau und kompromißlos sagt wie möglich, auch darauf hoffen, durch solche unnachgiebige Anstrengung verständlich zu werden."

罗森堡、弗朗茨等人的坏德语是令人反感的"。①[42]所以不要使用德语这种特殊的话语体系；当我们不使用德语，但为了生存必须使用英语作为表达智力劳动的语言时，情况会怎样？在国外的工作不仅仅是一间办公室和一份薪水，同时也需要使用当地语言：在生活和购物中，需要卷曲舌头来讲外语，在授课时，必须用一种新的当地语言来表达曾经用德语思考的科学。这往往是很困难的。虽然移民们通常能听懂一些英语，但也有一些人面临困境，如德国数学家伊赛·舒尔，他拒绝了威斯康星大学麦迪逊分校的工作，因为他觉得自己无法用英语授课。[43]有些时候，在语言方面也会做出一些调整：例如，心理学家经常被允许推迟他们的第一次讲课，或者被允许用德语授课，这主要是因为心理学还没有物理科学中常见的国际词汇。[44]一些学者有幸在新泽西州的普林斯顿高等研究院工作，这是一个没有教学的研究机构；在战争年代，它几乎完全以德语运作。[45]

再来看出版情况。到1940年，基本上所有讲德语的欧洲国家（瑞士除外）都在纳粹的控制之下，这意味着大多数德语的科学工作渠道都因为与纳粹政权的联系而受到影响。尽管如此，一些流亡在美国的犹太人继续向德国期刊投稿。在美国普渡大学，来自柏林的科尼利厄斯·兰佐斯，这位曾经的爱因斯坦的助手，他所从事的数学物理学形式与大多数美国期刊的实用主义风格格格不入，他发现自己受到了美国期刊编辑们的阻碍。面对一次又一次的拒稿，他决定向德国的《物理学杂志》提交论文。爱因斯坦感到非常愤怒。他"无法理解，作为一个犹太人，你竟然还在德国发表论文。这是一种背叛。总的来说，德国知识分子在所有可恶的不公正面前表现得很不光彩，理应受到抵制。当国外的非犹太人不进行抵制就已经够可

---

① "Es ist für einen Deutschen mit gesundem Nationalgefühl widerwärtig, das schlechte Deutsch der *Hitler*, Rosenberg, Franz usw. zu vernehmen."

悲的了，何况是被迫移民的本国犹太人"。①[46]兰佐斯则拒绝将国家的行为归咎于所有德国人："我认为《物理学杂志》完全是德国物理学家的杂志，而非德国的杂志，所以我觉得我的工作在那里发表没有任何问题。"②他感到自己在美国受到了歧视，部分原因是他没有在德国那么出名，但拒稿信也针对他从事的科学类型。编辑们甚至会以他糟糕的英语作为借口："由于我已经对众所周知的'语言不好'的借口采取了预防措施，与好朋友进行了彻底的修订，因此，随之而来的困难并不在于英语的表述。"③[47]在这种交流的背后，我们可以推断出一种普遍的做法，即通过对语法和句法的监督，将移民德国人约束到特定的科学礼仪规范中。

虽然爱因斯坦在此后与兰佐斯的通信中放弃了这个话题，但这些行为不可能令他满意。爱因斯坦对德语以外的其他语言的熟悉程度不太稳定。他在苏黎世联邦理工学院的期末考试中学习了法语，中学时随父母搬到米兰至少会让他对意大利语有了一些了解（尽管他认为他的能力很差）。[48]米歇尔·贝索是爱因斯坦大学时代的密友，在与贝索的终生通信中，爱因斯坦方面完全使用德语，但贝索有时会用法语或意大利语写信，这对收信人爱因斯坦来说没有明显的困难。1913 年——考虑到他的国际声誉从 1905 年发表狭义相对论、光电效应和布朗运动以来开始上升——爱因斯坦向贝索坦言：

---

① "kann aber nicht begreifen, dass Sie als Jude noch in Deutschland publizieren. Dies ist doch eine Art Verrat. Die deutschen Intellektuellen haben sich im Ganzen bei all den scheusslichen Ungerechtigkeiten schmachvoll benommen und haben es reichlich verdient, boykottiert zu werden. Wenn es die Nichtjuden des Auslands nicht tun, ist es schon traurig genug."

② "Da ich die 'Zeits. f. Phys.' durchaus also ein Organ der deutschen Physiker und nicht als eine Zeitschrift Deutschlands betrachte, empfand ich keinen Hinderungsgrund, meine Arbeit dort zu placieren."

③ "Dabei sind mir die konsequenten Schwierigkeiten durchaus nicht aus der englischen Formulierung entstanden, denn ich habe der bekannten Ausrede mit der 'schlechten Sprache' immer dadurch vorgebeugt, dass ich den Text mit guten Freunden einer eingehenden Revision unterzog."

"我正在学习英语，缓慢但彻底。"①[49] 这在他 1932 年移民美国并在普林斯顿居住后被证明是相当有用的，但他总是不太习惯："由于英语暗含的正字法，我不能很好地用英语写作。至于阅读，我听到它在我面前，但不记得这个词的形式是如何出现的。"②[50]

爱因斯坦因对德语的依恋而闻名，他使用德语时的优雅和诗意是其不合语法的英语所缺乏的。然而，他显然觉得在晚年的出版物和通信中必须使用后一种语言，而在与移民同胞或美国人交谈时则保留德语。从他得知纳粹大屠杀的那一刻起，他就拒绝将他与德国学术界联系在一起，1948 年，爱因斯坦在给铀裂变的共同发现者奥托·哈恩的信中慷慨激昂地写道：

"德国人的罪行是所谓的文明国家历史中所展示的最令人厌恶的。德国知识分子的态度——作为一个阶层来考虑——并没有比乌合之众好到哪里去。悔恨和诚实的意愿，是在巨大的谋杀之后为了挽回可能被挽回的东西所能做的最起码的事情，但却一次也没有表现出来。在这种情况下，我感到有一种不可抗拒的厌恶，不愿意与体现德国公共生活的任何一件事联系起来，这仅仅是出于保持清洁的需要。"③[51]

这种观点甚至与他最亲密的朋友也产生了矛盾，比如马克斯·玻恩，

---

① "Ich lerne Englisch (bei Wohlwend), langsam aber gründlich."

② "Englisch aber kann ich nicht schreiben von wegen der hinterhältigen Orthographie. Wenn ich lese, höre ich es vor mir und erinnere mich nicht, wie das Wortbild aussieht."

③ "Die Verbrechen der Deutschen sind wirklich das Abscheulichste, was die Geschichte der sogenannten zivilisierten Nationen aufzuweisen hat. Die Haltung der deutschen Intellektuellen—als Klasse betrachtet—war nicht besser als die des Pöbels. Nicht einmal Reue und ein ehrlicher Wille zeigt sich, das Wenige wieder gut zu machen, was nach dem riesenhaften Morden noch gut zu machen wäre. Unter diesen Umständen fühle ich eine unwiderstehliche Aversion dagegen, an irgend einer Sache beteiligt zu sein, die ein Stück des deutschen öffentlichen Lebens verkörpert, einfach aus Reinlichkeitsbedürfnis."

他是因《公务员法》而被赶出哥廷根大学的众多科学家之一（玻恩最终在苏格兰的爱丁堡大学找到了庇护所）。他在布雷斯劳（今天波兰的弗罗茨瓦夫）长大，接受了古典教育，包括希腊语和拉丁语他特别喜欢希腊语。[52]作为量子力学的建造师之一，他建立了特别广泛的国际联系，根据他在马萨诸塞州剑桥市麻省理工学院的一系列讲座，用英语编写了很可能是第一本量子力学的教科书（他几乎立即出版了德语版本。）[53]当他突然发现自己被驱逐出所在机构时，他当然会考虑移民。起初，他的选择是严峻的。正如在1933年6月写给爱因斯坦的信中所说，使他感到绝望的是，最好的机会可能是来自贝尔格莱德。"那里的科学荒地及语言都令我害怕。我的语言天赋极差，几乎不可能学会斯拉夫语。但如果没有其他办法的话，我也会去。"①他写道，"我更愿意让我的孩子在西方国家入籍，最好是英国。26年前，我曾在那里学习，我懂英语，还有很多朋友。"②[54]当英国剑桥大学向玻恩抛出橄榄枝时，他欣然离开，"因为我懂得这个国家及其语言。"[55]

在这些艰难的岁月里，玻恩继续与爱因斯坦保持通信，甚至有一次——就在不列颠战役之前——他用英语写了一封信（爱因斯坦用德语回信）。玻恩后来在谈到这份文稿时说："这是第一封用英语写的信，在那个时候，我几乎不怎么熟悉英语，但在战争爆发后，它比德语更合适。"③[56]战后，就在他获得1954年诺贝尔物理学奖之前，玻恩突然发现自己面临经济困难，需要退休。他选择了回到德国定居。1953年，他曾给爱因斯坦写信说道："在德国的生活重新变得愉快了，人们从根本上动摇了纳粹政权——

---

① "Mich schreckt die wissenschaftliche Öde, die da vermutlich noch herrscht, und die Sprache. Für Sprachen bin ich äußerst unbegabt, und eine slawische zu lernen, scheint mir fast unmöglich. Aber wenn nichts anderes kommt, so würde ichs unternehmen."

② "Ich möchte meine Kinder in einem westlichen Lande einbürgern, am liebsten in England. In England habe ich auch vor 26 Jahren studiert, kenne die Sprache und habe viele Freunde."

③ "Dies ist der erste Brief in englischer Sprache, die mir damals kaum geläufiger, aber nach Kriegsausbruch meiner Stimmung gemäßer war als die deutsche."

无论如何，那里还有许多好人。我们别无选择，因为在那里我有退休金，但在这里却没有。"①[57]爱因斯坦不同意，他痛斥英国财阀的吝啬以及玻恩对回到"屠杀我们同胞的土地"②[58]的轻描淡写。对爱因斯坦来说，坚持或拒绝使用德语是一个道德原则问题——尽管困难，但却是必须的——对玻恩来说，则是一个权宜之计。两位科学家都被实用主义和严谨性之间更大的冲突所困扰，但语言选择是他们辩论的主要话题之一。

最有趣的案例之一是莉泽·迈特纳——一个在奥地利出生的犹太人（虽然在成年后接受了洗礼），她曾与哈恩一起研究铀核问题。直到1938年，当奥地利并入纳粹德国后，她被迫逃离该国。臭名昭著的是，瑞典皇家科学院将战后的第一个诺贝尔化学奖授予了她的合作者哈恩，不仅抛弃了她，还抛弃了哈恩的助手弗里茨·斯特拉斯曼。[59]迈特纳和哈恩都是语言方面的能手——迈特纳年轻时曾在一所女子学校教过法语，而哈恩也曾在伦敦学习过几年——但结果是，哈恩被允许留在德国，而迈特纳则被驱逐。[60]

迈特纳最终去到瑞典，她没有任何语言能力，只能勉强在皇家科学院的曼内·西格巴恩实验室工作，那里并不喜欢迈特纳这个难民。[61]在没有其他选择的情况下，她努力学习瑞典语，并且花费大量时间阅读瑞典文学（但她更喜欢沉浸在对古希腊经典原文的热情中）。[62]马克斯·冯·劳厄是留在德国的最直言不讳的反纳粹物理学家，也是与迈特纳保持通信联系的少数人之一，他对迈特纳的语言能力感到惊讶。迈特纳在1940年写信给冯·劳厄说道："就我的语言知识而言，我担心你高估了它，我在生活中的无能也体现在我的语言能力上。我可以很容易地学会阅读每一种语言，只是在说的时候非常困难。另一方面，就英语而言，你对自己是不公正的，

---

① "Das Leben in Deutschland ist wieder recht angenehm, die Leute sind gründlich zurechtgeschüttelt—jedenfalls gibt es viele feine, gute Menschen. Wir haben keine Wahl, weil ich dort eine Pension habe, hier nicht."

② "das Land der Massenmörder unserer Stammesgenossen."

我记得你曾充满热情的阅读过英语版本的《飘》。我之所以记得这件事是因为那本书在当时也给我留下了非常深刻的印象，虽然在某些地方它看起来几乎像一本低俗小说。"①[63]

尽管阅读过玛格丽特·米切尔②的故事，尽管在学校接受过拉丁语、希腊语、法语和德语教育，但冯·劳厄还是认为自己在外语方面存在障碍。问题出在了口语上："如果现在必须用外语说话，我便会立即陷入痛苦之中，我永远无法达到流利和正确的发音。"③[64]英语问题对冯·劳厄尤其严重，他在自传体回忆录中说："当时在德国的学校中没有英语课程；我后来觉得这是我教育中最可怕的缺失。我在上学后从科学杂志和书籍中学到了英语，这些杂志和书籍在很长一段时间内不可或缺；我曾在美国待了几个月，在那里接受了英语指导。"④[65]迈特纳同样对英语感到不自在，但"为一系列在交战国有亲属的朋友和同事通信，意味着要进行双倍的写作及改写，而且部分要使用英语，这对我来说并不容易。"⑤[66]

战后，迈特纳的未来就业和居住地仍然不明确。与玻恩不同，她觉得

---

① "Was meine Sprachkenntnisse anbetrifft, so fürchte ich, Sie überschätzen sie. Meine allgemeine Lebensuntüchtigkeit macht sich auch in meiner Sprachbegabung geltend. Ich lerne jede Sprache sehr leicht lesen und sehr schwer sprechen. Übrigens tun Sie sich selbst Unrecht mit dem Englischen. Ich erinnere mich zufällig, daß Sie das Buch 'Gone with the wind' englisch gelesen haben und mit Begeisterung gelesen haben. Ich habe das in Erinnerung behalten, weil mir dieses Buch seinerzeit auch einen sehr starken Eindruck gemacht hat, obwohl es stellenweise fast wie ein Colportageroman wirkt."

② 译者注：玛格丽特·米切尔是《飘》的作者。

③ "Und wenn ich nun gar in einer fremden Sprache reden mußte, so wurde mir dies geradezu zur Qual und erlaubte mir nie, bis zu einem fließenden und aussprachrichtigen Vortrag zu kommen."

④ "Es gab damals keinen Unterricht darin auf den deutschen Gymnasien; das habe ich später als den bösesten Mangel meiner Bildung empfunden. Ich habe Englisch nach der Schulzeit aus wissenschaftlichen Zeitschriften und Büchern gelernt, die sich, je länger, als umso unentbehrlicher herausstellten; ich habe Monate in Amerika zugebracht und war dort auf das Englische angewiesen."

⑤ "Ich vermittle für eine Reihe von Freunden und Kollegen, die Verwandte im kriegsführenden Ausland haben, die Korrespondenz und das bedeutet ja ein doppeltes Hin- und Herschreiben dazu teilweise in englischer Sprache, was mir nicht leicht fällt."

自己不能回到德国（她拒绝了美因茨大学的教席。）[67]虽然爱因斯坦谴责那些留下来的德国人（不管他们自己感觉与纳粹有多大的共谋），但迈特纳在最黑暗的岁月里与冯·劳厄、哈恩等人的工作和交流使她相信他们所承受的压力。同时，迈特纳也觉得他们不无责任。她毫不吝啬地赞美马克斯·普朗克，普朗克曾与迈特纳坦诚地谈论德国人正在从事的可怕的事情；他承认自己有责任，这对迈特纳来说是一种安慰。[68]

战后，当哈恩和冯·劳厄指责反法西斯同盟折磨德国人时，迈特纳失去了冷静，痛斥他们两人没有认识到希特勒和他的爪牙所犯下的滔天暴行。[69]反法西斯同盟和纳粹主义受害者认为在战后占领期间对德采取措施是合理的，而在冯·劳厄继续抵制这一事实后，迈特纳选择用失去母语的描述，使之对他生动易懂：

"我怀疑你不能完全理解，当一个60岁的人来到一个从未说过该国语言的异国他乡时，想要依赖这个国家的接纳，他必须对自己的自然和不受约束的行为进行控制。她从来没有享受过平等的权利，在内心总是孤独的。她总是说外语——我不是指语言的外部表述，我是指精神上的。她没有祖国。我希望你永远不要经历这些，甚至不要理解这些。"①[70]

通过使用这种感性的意象，迈特纳试图引起一种感性的回应。如果冯·劳厄无法通过抽象的分析理解迈特纳的愤怒与沮丧，那么对他来说，

---

① "Sie können vermutlich nicht ganz realisieren, wie viel man von seiner natürlichen und unbefangenen Art unter Kontrolle haben muß, wenn man als Mensch von 60 Jahren in ein fremdes Land kommt, dessen Sprache man bis dahin niemals gesprochen hat, und wenn man dazu noch auf die Gastfreundschaft des Landes angewiesen ist. Man ist niemals gleichberechtigt und ist immer innerlich einsam. Man spricht immer eine fremde Sprache, ich meine nicht die äußere Sprachformulierung, ich meine das Gedankliche. Man ist heimatlos. Ich wünsche Ihnen nicht, es zu erleben, und nicht einmal, es zu verstehen."

使之具体化的方法就是把流亡描述为语言上的疏离。当玻恩和兰佐斯（以及阿伦特和阿多诺）用他们对德语的舒适感来表达对德语的宽恕及持续使用时，迈特纳和爱因斯坦一样，用她的语言地位说明纳粹给她的世界带来的创伤。

从来都不是抵制

在"二战"期间及战后，对德国人的旧有愤慨又重新出现了（其中一些是从"一战"中遗留下来的）。如果德国人在"一战"后受到了抵制的惩罚，并且那时他们的罪行比希特勒要温和得多，那么，在纳粹大屠杀之后，不也应该同样受到惩罚吗？哈佛大学物理学家珀西·布里奇曼在1939年就已经产生这种想法了，当时他主张对轴心国的科学家，特别是对德国人进行自愿的预防性抵制——这更像是一种自我设定的命令。"我决定从现在起不向任何极权主义国家的公民展示我的仪器，不同他们讨论我的实验。这些极权国家终结了此前在不同国家的个人之间自由分享科学知识的情况。"[71]这种措施可以理解为战争努力的一部分；现在战争已经胜利，应该对德国科学家进行什么样的惩罚呢？

匈牙利航天工程师和数学家西奥多·冯·卡门向沃伦·韦弗——洛克菲勒基金会国家科学部主任（我们将在下一章再次见到他）大发雷霆，认为抵制是绝对必要的。韦弗在他的日记中记录道："卡门认为，目前所有的德国教师和德国学生中至少有80%是完全不知悔改的、他们十分傲慢。他说，如果我们为他们做点什么，只会让他们觉得我们很愚蠢。当我问他我们应该对做些什么时，他耸耸肩说：孤立他们50年吧。"[72]卡门的观点得到了许多科学家的支持。[73]战后第一次大型会议没有德国科学家参加，但这更多是反法西斯同盟施加的旅行限制的结果，而非明确的抵制。由于冯·劳厄反纳粹的声誉，到1946年7月，他已经被允许旅行。[74]

第二次世界大战的大部分内容似乎都在重复第一次世界大战的错误，出生于荷兰的伦理学家尼科·廷伯根希望不要重复"一战"后的失败案例。考虑到他与奥地利动物行为专家康拉德·劳伦兹的长期合作——洛伦茨与纳粹党的关系比廷伯根这样坚定的抵抗战士所能承受的还要密切——廷伯根觉得"我不可能与他或他的同胞恢复联系，我是说从心理上不可能。我们灵魂的创伤必须愈合，而这需要时间。……为了避免1918—1926年的错误，我不想像当时那样，在联盟科学家之间进行合作，而把德国人完全排除在外。"[75]

廷伯根反映了一种日益增长的共识，甚至得到了荷兰出生的物理学家塞缪尔·古德斯米特这样的强硬派的认可，他在集中营中失去了父母，并带头在美国调查纳粹的铀项目。他在战后指出："如果我们不愿意像什么都没有发生过一样再次与德国同事交谈，这是可以理解的，但这种个人的怨恨必须被克服，以避免损害德国的复兴。我们必须再次与他们交流，就像在希特勒之前一样。由于我们的冷漠，科学文献的交流现在几乎处于停滞状态，我们应该积极促进。"[76] 只有少数移民认为抵制是个好主意，迈特纳是其中之一，她对这种想法不可能成为现实感到欣慰。[77]

然而，没有抵制并不足以使德国科学的状况恢复到战时的高度，更不用说回到它在20世纪头10年的上升轨迹了。德语作为一种科学语言所受到的损害被锁定在国际组织的管理章程和美国教育的基础结构中，而美国的科学界和语言在第二次世界大战期间继续蓬勃发展。前科学超级大国和新兴大国之间的教育联系也有待重建；正如1978年的一项分析所指出的那样："30年代美国知识界与德国之间的断裂是彻底的。除了少数例外，战后恢复断裂关系的努力是从零开始的。"[78] 东方也出现了一个新的科学强国，他们使用不同的语言交流及书写。苏联对美国科学提出了多种新的挑战，而对德国物理学家和化学家进行报复并不在优先考虑之列。

随着德国在战后开始重建,阿伦特对她的国家和语言感到一丝乐观。她对冈特·高斯说:"除此之外,在大街上也有人说德语,这让我无比开心。"①[79] 这至少是件值得欣慰的事。

---

① "Und außerdem das Erlebnis, daß auf der Straße Deutsch gesprochen wurde. Das hat mich unbeschreiblich gefreut."

第八章

陀思妥耶夫斯基机器

"我们说：'好吧，现在是外国科学家学习俄语的时候了。'

我的邻居用怀疑的眼光看着我：'这话是认真的吗？'

'是认真的，而且非常认真！如今，如果没有俄语，就不可能成为一个真正受过教育的人……'"①

——大卫·扎斯拉夫斯基[1]

人们都说这是一次实验，但它更像是一次演示。1954年1月7日，在位于曼哈顿中城57街和麦迪逊大道上的国际商业机器公司（即IBM）全球总部，记者们排队进入一个由701计算机占据的房间，这是IBM公司第一台商用科学计算机。701计算机本身就很吸引人：它的成本约为50万美元（按2014年计算，超过440万美元），它由11个独立的单元组成，所占面积与网球场一样大（见图8.1）。计算机在当时是稀缺商品：1954年年初，美国只有70台左右。701计算机则更加稀有，一年前它才被运往第一个客户——美国核武器设计机构洛斯阿拉莫斯国家实验室（监管该实验室的原子能委员会控制着全国超过25%的大型计算机。）[2]在场人员将见证这台神奇的机器完成10年前几乎无法想象的壮举。

---

① Что же, сказали мы, —пора иностранным ученым изучить русский язык. Сосед покосился недоверчиво, —да всерьез ли это сказано?Всерьез—и очень всерьез! Без русского языка уже сейчас нельзя быть подлинно образованным человеком. ...

第八章 陀思妥耶夫斯基机器

图 8.1 1954 年 1 月 7 日乔治城 – IBM 实验的报道，描绘了 IBM 701 计算机。图中所有物体（除椅子外）均为该计算机的一部分。本图由乔治城大学档案馆提供

701 计算机是要将俄语翻译为英语。乔治城大学语言与语言学研究所所长莱昂·多斯特及 IBM 应用科学部主任卡斯伯特·赫德主持了当天的公开揭幕仪式。这项工作筹备时间长达一年多，主要由乔治城大学语言学家保罗·加尔文及 IBM 数学家彼得·谢里丹合作完成，他们应用 250 个俄语词汇及 6 条"操作语法"规则，将 60 余个俄文句子翻译为可读的、符合语法

规则的英语，速度为每 6—7 秒翻译一个。IBM 发布的新闻稿中充满热情地写道:"一个对苏联语言一窍不通的女孩在 IBM 卡片上随机敲出一些俄语信息后，'大脑'①便以每秒两行半的惊人速度在自动打印机上呈现出其英文译文。"[3]

不过，那天真正的明星是多斯特。他衣冠楚楚，留着一贯修剪整齐的小胡子，他知道怎样迎合观众。他把这项实验称为机器翻译的"雏鹰"，这意味着在机器翻译被广泛应用及其功能无误之前，在语言和计算两方面还有很大的进步空间。尽管如此，多斯特还是流露出乐观的态度。他说"负责这项实验的人们现在认为，通过电子翻译进行意义转换是绝对可行的"，并预测道:"5 年，或者 3 年后，在几种语言的重要功能领域中，通过电子过程进行的语际意义转换很可能成为现实。"[4]

多斯特的实验是从俄语开始的。正如 IBM 公司总裁小托马斯·沃森指出的那样:"我们选择俄语是因为我们相信，今天能够在最短的时间内与俄国人交流是非常重要的，希望通过增加了解，我们能够更快实现世界和平的目标。"[5]对多斯特来说，科学交流同样重要:"研究如何使讲不同语言的人们及时、方便地获取现有科学文献，是该实验的另一个实际目标。"[6]科学文本的机器翻译将为全面的自动翻译打开大门，它不仅能将俄语科学翻译为英语，而且能将任何语言中的任何词汇翻译为任何其他语言。新闻界对此感到惊讶，一系列关于"乔治城－IBM 实验"和机器翻译未来的文章充斥着大众及科学媒体。[7]

然而，1 月那天发生的事情没有太多"实验性"。1953 年 10 月初，多斯特高度受限的语言程序进展顺利，预计在"11 月初"[8]可以进行公开展示，但当时出现了一些复杂的情况，公开试运行由此推迟。在乔治城大学的档案中，可以找到一份使用点阵法打印的文件，上面印有一些俄文句子

---

① 译者注：指 IBM701 计算机。

及其英文译文，它们与 1954 年 1 月公开实验中出现的句子相似，但并不完全相同。这份文件由多斯特签署，并写信寄给乔治城大学校长爱德华·伯恩神父（Edward B. Bunn，S.J.），信中透露着多斯特刚刚完成壮举般的激动之情：

"在这一天（1953 年 11 月 24 日）上午 11:45，在纽约 57 街和麦迪逊大道上的国际商业机器公司（IBM）总部，在这张纸上首次通过电子 - 机器方法完成了一段语言翻译。这项实验是由我校语言与语言学研究所及 IBM 共同参与的结果。我起草了基本原理的检验公式。此刻，我充满感激，特将这份文件赠予您，以示纪念。"[9]

到 11 月下旬，多斯特和赫德知道这项实验将获得成功。多斯特在 1 月 7 日安排了两次演示活动；上文所述是第 2 次。此前，约 40 名政府官员分别收到了简报，"因为许多政府官员都具有安全意识，他们不希望公开与该项目有任何关联。"[10] 的确如此：当天，中央情报局、国家安全局和海军研究办公室的代表都在其中。

机器翻译的诞生代表了冷战初期科学语言复杂历史中几股力量的汇合。一方面，对科学，特别是对苏联科学的关注不断提升。毫无疑问，在美国对其地缘政治对手科学和技术的认知中，最重要的事件是苏联于 1957 年发射了第一颗人造卫星斯普特尼克。但实际上，对后者成就的焦虑至少可以追溯至 1949 年苏联第一个核装置的提前引爆。在某种程度上，冷战是一场科学竞赛，保持对另一方科学进展的了解至关重要。20 世纪 50 年代，苏联的科学基础设施规模已领先世界，原则上讲，人们可以通过大量已发表的文献获得足够的苏联信息。然而，却存在一个实际障碍：俄语。因此，几乎在 1945 年"二战"的枪声一停，美国科学界就开始认为自己深陷科学语言危机的阵痛之中。

显然，美国政府对苏联在苯的氯化方面的发现并无太大兴趣；相反，他们专注于为情报目的而阅读苏联文件。其目标是快速翻译俄语。那么，科学有什么特殊之处？在战后的第 1 个 10 年中，我们看到科学语言被急剧地重新定义为一种特殊的语言亚种——一种在词汇、语义和句法上都比较简单的语言，因此对于计算机有限的能力来说更容易处理。机器翻译是在两种力量的相互作用下产生的：希望阅读苏联出版物的科学家，以及相信科学语言是解开俄语语法秘密的赞助人。为了了解这一切是如何发生的，必须深入探究 20 世纪 40 年代末人们对于俄语的情绪。也就是说，我们会感到恐慌。

俄语科学的持续增长

从数字上来看，情况很糟糕，而且越来越糟糕。根据 1948 年的一项估算，在以外国语言出版的所有技术资料中，超过 33% 为俄语；即使是德语，在其高峰期这一比例也只达到了 40%。[11] 关于外国出版物最全面的信息来源是美国化学学会的刊物《化学文摘》，虽然它仅限于化学学科，但却展示出许多信息。1913 年，该刊摘录的俄语出版物数量占总数的 2.5%；1940 年，这一数字上升到 14.1%，在某些分支领域，如矿物化学，其占比为所有已发表论文的 17.3%。这种扩张在很大程度上源于德语的衰退：同一时期，德语这一曾经占主导地位的化学语言从 34.4% 衰减到 13.4%。到 1958 年，在《化学文摘》所摘录信息的 50 种不同语言来源中，俄语占 17%，落后于英语的 50.5%，但已经超过了德语 10% 及法语 6% 的总和。1970 年，俄语占比更是达到 23%，苏联的化学出版物已与美国一样多。[12] 化学并不是一个极端的例子；美国地质学会在 20 世纪 60 年代初曾做出计算，苏联出版了世界上 29% 的地质学文献，美国则为 23%。[13] 值得注意的是，必须将这些数字与不断增长的基线一起解读：例如，从

1909 年到 1939 年，世界上的化学活动量翻了 4 倍，所以俄国人在这里的占比是不断扩大的蛋糕中更大的一块，它是一座不断增长的西里尔科学山峰。正如《化学文摘》的编辑在 1944 年所说的那样："在化学中，阅读俄文的必要性将会增加。"[14]

这未必会引发危机。毕竟，在德语占统治地位时，美国人曾通过学习德语而成功地追踪德语文献。但是，突然之间，随着"二战"的结束，美国科学家发现他们来之不易的德语知识越来越不重要了。在 1958 年的一项调查中，49% 的美国科学技术人员声称他们至少可以阅读一种外语，而其中只有 1.2% 的人可以读懂俄语（日语的情况更糟糕，在这一时期，日语出版物与法语一样多，但在该调查中，却只有约 0.2% 的人能够阅读日语。）[15] 1953 年，国家科学基金会资助了一项针对 40 万名科学家和工程师进行的抽样调查，发现大约有 400 人（千分之一）能够毫无障碍地阅读俄语。[16] 一些科学家则反对上述预言家们的观点，他们宣称苏联科学过分偏向应用，因此可以放心地将其忽略，不过这种论调越来越少。[17] 美国的科学政策制定者们非常担心，到 1962 年，约有 5.6% 的美国科学家主张要阅读俄语。这似乎是一种进步，但与 50% 懂德语及 35% 懂法语的情况相比则又相形见绌。[18] 对于新生的国家科学基金会（创建于 1950 年）来说，语言是核心问题："获得俄科学知识的主要障碍是俄语。很少有科学家和工程师能够阅读原版的俄语科学论文。"[19]

我们能做些什么呢？俄语正在压倒英语、德语和法语之间的微妙生态。对于科学家来说，主要是英语受到了影响。那么，有什么办法能够应对这种刚刚开始（不，是已经存在）的"反叛"民族语言的巴别塔呢？我们以前遇到过这个问题，极少数评论家再次提出了同样的解决方案：使用人工语言。对某些人来说，就是使用我们在第四章中提到的语言：世界语。1954 年 12 月 10 日，联合国教科文组织通过一项决议，鼓励采用世界语进行国际交流。在欧洲（一直是世界语的大本营）之外，日本人是该语言的主要倡导者，巴西国家地理与统计研究所甚至在更早的 1939 年 7 月 18 日就正式将世界语作为辅助语言。[20] 然而，世界语在科学语言中仍然处于边缘地位。

"国际语"是另外一个不同的故事，尽管源于两次世界大战之间，但它的确代表了以美国为中心的应对科学巴别塔的冷战方法。1924 年，化学家弗雷德里克·科特雷尔、大卫·莫里斯大使及其妻子爱丽丝·范德比尔特·谢泊德（美国铁路巨头威廉·亨利·范德比尔特的孙女）成立了国际辅助语协会，致力于创造一种可行的辅助语言。该协会由科学家、工程师、记者及各类知识分子组成，由德裔美国语言学家亚历山大·戈德来建立最终的解决方案。[21] 或者，更确切地说，从科学语词中进行提取。对戈德来说，科学中已经存在一种国际语言：

"从语际的视角看，所有这一切意味着，尽管科学和技术的'语言'不是一种成熟的语言，尽管它只能为我们提供大量具有国际效力的词汇和短语——尽管其形式具有特殊的民族性，却仍然易于识别，但它确实代表了一种完整语言的核心。它确实代表了我们所拥有的唯一国际语言的一部分。"[22]

也就是说，当人们研读收集到的全球科学文本时，"其结果将是（人工语言）几个系统和方案令人愉悦的和解，从而可以更清楚地认识到它们的真实面目：同一种国际语的变体或方言。"[23] 1951 年，他们发表了自己的系统，并制作了一系列的初级读物来教人们如何阅读这种语言。[24]

到 20 世纪 60 年代中期，国际语逐渐淡出了人们的视线，但在 10 年前，它似乎是语言混乱的一个潜在解决方案。在从科学出版物中进行提取的过程中，国际语逐渐形成。由于戈德的推动及爱丽丝·莫里斯的资助，一些出版物开始使用国际语出版摘要：首先是《海景医院季刊》[①]，然后是《口腔医学杂志》，还有非常有名的《美国医学会杂志》以及《丹麦医学公报》。与这一浓厚的医学主题一致，1954年在华盛顿特区举办的第二届世界心脏病学大会中，英语和国际语摘要被同时包含在了官方计划中，这是国际语的首次大规模试验。[25]除此之外，以国际语出版的期刊也相继涌现，1952年有了《分子光谱学》，之后又出现了一个通讯类刊物《国际科学》。正如人工语言历史学家阿里卡·奥克伦特所言："通过将自己与科学联系在一起并避免提出宏大的主张，国际语得以传播得更远。"[26]

让我们反思一下这段对人工语言的短暂兴趣——戈德的去世让该运动失去了指导精神——这种精神是冷战时期"科学语言"的缩影。10年之后，即1980年，《分子光谱学》停刊。国际语是戈德从科学中选取词汇的基础上构建而成的，因此和伊多语一样，它似乎与国际科学项目有关，但又与伊多语不同，它仅被用于阅读，不涉及说或写。专业的摘要人员会把英语、法语、俄语或马拉雅拉姆语翻译为国际语，这些翻译会向所有人开放。但当你从摘要转到文章时，这种有限的国际性就不复存在了，后者在很大程度上反映了一个文本层面的科学社群。在冷战初期，这似乎是合理的，因为苏联和美国科学家之间的个人接触有限，而对摘要和出版物的关注则反映了美国人对科学语言障碍的主要看法，同时也解释了国际语出版物的西方导向。最终，这种人工语言并不足以吸引美国人，更不用说苏联人了。苏联人面临着更大的语言障碍——在德语和法语之外，他们不得不面对大量的英语出版物，这就提出了一个问题：他们是如何应对美国人理解的语言灾难的。

[①] 译者注：海景医院是纽约历史上著名的结核病疗养院，1905年至1938年间建造，是美国迄今为止最大，最昂贵的结核病治疗市政设施。

苏联人如何阅读科学

想要了解苏联科学家是如何对待语言障碍的，必须认识到苏联并不是一个讲单一语言的地区。尽管美国的外来移民、讲传统语言的人和原住民之间存在着相当大的语言多样性，但它主要作为一个英语社会在运行（并且仍然在运行）。相比之下，苏联更类似于印度：存在巨大的语言异质性，在官方使用主要文化语言（俄语、印地语/英语）的同时，还允许，甚至鼓励区域间的语言差异。苏联的部分地区，特别是高加索地区，仍然是世界上语言最多样化的地区之一。在政治上，苏联领导层利用其多语种国家的地位——15个加盟共和国有15种官方语言，每个加盟共和国内还有许多地方语言，在非殖民化的世界里宣传其价值观，这引起了一些美国评论家的担忧。语言在苏联如此重要，以至于它"被认为是苏联国籍的主要标准。"[27] 苏联的民族与语言一样多，而那里有非常多的语言。

这就是当时的情况，在苏维埃政权的头20年里，或多或少也是如此。从1917年开始，列宁给予许多"少数民族语言"以巨大的语言（当然不是政治）自主权。为了消除的宗教影响，1929年8月，苏联要求讲突厥语的民族（如阿塞拜疆或乌兹别克）放弃他们基于阿拉伯语的字母系统，但并非令其改用西里尔语——这可能会让人想起的沙皇所推行的俄化政策，而是为他们和几十个"尚无文字"的少数民族创造了源自拉丁语的字母系统。这一政策在1938年发生了变化，当时学习俄语成为苏联学校的必修课，1939年，所有的拉丁字母系统都被抛弃了，数百种苏联语言的每一种字母系统——除8种例外——都变成了西里尔语的。[28] 这两项措施导致了这些语言显著的俄化，特别是在名词的储备方面，任何领域都不像科学那样，有着如此完备的俄语词汇。

1938年的语言政策改革大大有利于以俄语为母语的人，其部分原因来自于红军等全联盟机构需要一种共同语言的驱动。从官方来看，尽管教育可能仍然由当地的少数民族语言主导，但俄语仍然是首要语言，每个孩子从二年级起都要开始学习俄语。在一些地区，如达吉斯坦，学校使用 7 种语言，这种情况并不多见。随着孩子们年级的增长，俄语地位更加牢固，少数民族语言被逐渐淘汰；俄罗斯和 5 个中亚共和国的所有高等教育都以俄语进行。[29] 科学领域，则完全由俄语主导。例如，学位论文的写作必须使用俄语或所在共和国的语言；但如果学者选择了后者，则必须将其翻译为俄语，这样才能获得高等认证委员会的批准。[30] "二战"使苏联日益以俄语为中心的特点进一步强化，到 1949 年，很容易看到这样的说法："俄语是伟大的、丰富的、强有力的，它是世界上最先进文化的工具。"①[31]

在多语言联盟中对俄语的压倒性强调并不意味着对外语的忽视。相反，苏联的科学家和工程师们被要求至少掌握一种外语，以便他们能够阅读科学文献。这一政策的发展反映了国内少数民族语言的边缘化。1932 年，苏联学校正式引入外语，他们关注的重点是语法而非使用，其目的显然是为了培训翻译人员。到了 1948 年，苏联的主要城市都建立了学校，那里的教学语言本身就是一门主要的外语。[32] 在苏联的学校系统中，一个 14 岁的孩子往往已经接受了 3 年的外语学习；除了极少数例外（如体育或农业领域），必须通过英语、德语或法语的口语考试才能进入大学，1955 年又增加了西班牙语的考试（苏联和美国就这些考试的严格程度进行过激烈的辩论）。诚然，强制性语言学习的时间从 1950—1951 年的 270 小时（每周 4 小时，持续 2 年）下降到 1953 年斯大林去世时的一半，但在 1954 年，苏共又提高了语言要求，并特别提到对科学的关注。尽管关于外语学习的质量存在争议，但一位美国分析家还是指出："苏联高等院校的每个学生都至少学习了一种外国语言。"[33]

---

① "Русский язык велик, богат и могуч, он является орудием самой передовой в мире культуры."

对于化学家来说，尽管他们中的一些人认为德语对于依然重要的战前文献必不可少，但他们通常使用英语。[34]在苏联人的引用中，以俄语文献为主（根据1966年的一项研究，当时苏联人的俄语文献引用率为51.6%），但所有人都是如此：例如法国人主要引用法语作品，德国人主要引用德语文献，英国人和美国人则主要引用英语文献等等。尽管如此，苏联人的引用中仍有48.4%为外国文献，其中，几乎一半是英文，大约80%的苏联科学家能够阅读这些英文文献。[35]早在1951年，一项关于化学语言的书目调查就指出："俄国化学家比美国化学家更依赖其他国家的化学文献。"[36]斯普特尼克发射一年后，科学俄语评论员雅各布·奥恩斯坦直截了当地表达了这种普遍的看法："毫无疑问，考虑到所有因素，苏联在语言方面的努力是所有领先的现代国家中最具规模的，相比之下，美国则相形见绌。如果说这是一场'语言竞赛'的话，所有迹象都表明，苏联完全处于领先地位。"[37]

原始数字只说明了一半的问题。20世纪40年代末，正是冷战开始和科学社会封闭开始的时候，语言在苏联内部变得高度政治化，这在接下来的十年里使西方人接触俄国科学的机会严重缩减。在围绕俄语重新开始的战斗中，有两个关键事件，其中一个是在1947年的裁定，另一个是1950年的一场公开辩论。二者在根源上都涉及科学争论，而且都将推动机器翻译的发展。

先来看后一个事件。从苏联执政初期开始，各学科领域内就充满了激烈的论争，只是冲突的强度会随着克里姆林宫内部的动态变化而消长不定。战后是冲突再起的时刻，也许是整个苏联时期最激烈的一次，而最明显的两个领域是生物学和语言学。生物学的故事令人悲伤。从20世纪30年代开始，一位名叫特罗菲姆·邓尼索维奇·李森科（Trofim Denisovich Lysenko）的年轻农学家对快速巩固的科学共识提出了挑战，这种科学共识即，遗传特征是由基本上不受生物体周围环境影响的基因传递的。而李森科则基于 19 世纪初让 - 巴蒂斯特·拉马克（Jean-Baptiste Lamarck）的获得性状遗传理论提出了"米丘林主义"学说——以俄国一位植物育种家伊万·米丘林（Ivan Michurin）的名字命名。李森科认为遗传过程可以通过一系列"春化处理"（vernalization）的实践加以操纵，以产生理想的种子品质（如更强的抗寒能力或更高的产量），并将其传给后代。李森科发表了关于他对遗传学家的攻击的论述。这场冲突在战争期间被搁置，但在战后又立即重新爆发，结果在 1948 年 8 月，李森科宣布党中央，批准了他的理论并谴责了遗传学家。在 1965 年前，遗传学在苏联一直是官方禁止的科学。[38]

各类学者都注意到：李森科事件表明，苏联国内发生了一场学术争论，并围绕更具马克思主义色彩确立了一种正统的观念。大多数学者试图保持沉默；而另一些学者则嗅到了机会。一个特立独行的语言学流派认为，将尼古拉·马尔（1865—1934）的语言学理论像李森科"创造性的苏联达尔文主义"那样果断推行的时机已经到来。从 20 世纪 20 年代开始，马尔积极推广他的"语言新学说"，该学说反对西方语言学主流的历史比较框架——即根据从原型语言推断出的共同血统，将语言分为印欧语或闪米特语等"家族"，相反，马尔认为语言在世界各地独立而重复地发展，其发展阶段与社会经济条件有关。也就是说，诸如希腊语和拉丁语等印欧语系语言在地中海地区的兴起，并不是讲该语系语言的民族迁入该地区的结果，而是基础的"雅弗"语言的转变。马尔坚持认为，与来自同一地区不同社会背景的人相比，全球类似阶层的人所说的语言（在某些语言特征方面）更为相似。[39] 马尔似乎是米丘林对苏联语言学正统观念的完美补充：一种本土生长的学说，对西方理论的敌视，以及充斥着马克思主义的修辞。到了 1950 年 4 月，这些语言学家似乎已经准备好接管这个领域，并且已经开始根除传统的语言学范畴。（例如，科学院印欧语言比较语法部更名为"通用语言学"。）剩下的只有斯大林的干预。

事情并没有像预期的那样发展。1950年6月20日，斯大林在《真理报》上发表了《马克思主义和语言学问题》一文来反驳马尔的观点，即认为语言不是受社会经济关系影响的"上层建筑"的一部分。马尔主义被击溃了。斯大林这样做的原因有很多：使学术派别保持一致、减轻马尔主义思想对苏联语言教学产生的负面影响、改善与卫星国的关系（它们希望通过这些方法在斯拉夫语之间实现统一）。[40]斯大林干预的一个重要结果是重新强调俄语。在1930年夏天的第十六次党代会上，年轻的约瑟夫·斯大林曾预言，未来的通用语言"不会是俄语或德语，而是一些新的东西"①[41]，看来他的观点已经发生改变。

另一项重大事件没有那么大张旗鼓，但其影响却不小。考虑到斯大林任下的苏联一直在营造自给自足的氛围，特别是在他1953年去世时，因此，当意识到战争结束，与西方的科学合作似乎可行时（例如，1945年，举办了科学院建立225周年活动），十分令人惊讶。[42]合作的希望很快被一场关于两名生物医学研究人员尼娜·克柳耶娃和格里戈里·罗斯金的争议打破了。他们在美国期刊上发表了两篇关于潜在癌症疗法的论文，随后，苏联认定二人是科学间谍，并以他们名字的缩写命名了这一事件——"KR事件"②，这使斯大林的副手安德烈·日丹诺夫等文化精英得以宣传苏联。1947年7月14日，基于克柳耶娃和罗斯金被认为是违法的行为，苏共最高统帅部发布了一份关于出版物的裁决（由历史学家尼古拉·克列缅佐夫翻译）：

"中央委员会认为，以外语出版苏联科学期刊损害了苏联的国家利益，同时还向外国情报部门提供了苏联的科学成果。科学院以外语出版科学期

---

① "конечно, не будет ни великорусским, ни немецким, а чем-то новым."
② 译者注："KR事件"是苏联反世界主义运动的序曲。苏联当局认为克柳耶娃和罗斯金是为了个人荣誉在美国期刊发表成果，没有为本国的研究保密，他们受到了苏联荣誉法庭的审判。

刊，而其他国家却没有以俄语出版期刊，这伤害了苏联的自尊，也不符合以苏联爱国主义精神对科学家进行再教育的使命。"[43]

这一决定对苏联的科学出版物产生了重大影响。首先，苏联境内以外语出版的3种"权威期刊"被关闭了，它们是：以法语出版的《法国科学院院刊》，以英语出版的《物理化学学报》和《苏联物理杂志》。[44]（德文版《苏联物理杂志》于1938年停刊，它是纳粹主义的受害者）。更糟糕的是，俄文出版物通常包括英文或德文（有时是法文）的文章摘要，或者至少包括以这些语言翻译出来的文章目录，但在1947年9月后，二者都被取消了，这让非俄语母语者几乎无法理解期刊中的内容。[45]就在美国人比以往任何时候都更加关注苏联科学，并且有越来越多的苏联科学可供阅读时，苏联科学的巨大宝库却被封锁在难以逾越的俄语藩篱背后。

发明"科学俄语"

当然，学习俄语并非不可能。数以百万计的儿童经常这样做，数以百万计的成年人同样如此（尽管他们要付出更多努力）。苏联科学交流的斯大林式转变重新给美国人带来了学习阅读俄语的压力，"二战"结束时，学习俄语的条件已经具备。问题是他们应该学习哪种俄语。

美国大学的第一批俄语课程可以追溯到19世纪的最后5年。在图书馆馆长阿奇博德·柯立芝的倡议下，哈佛大学于1895年聘请了莱奥·维纳讲授俄语，1901年维纳被聘为助理教授，1911年升为正教授，后于1930年退休。在整个职业生涯中，维纳在全国范围内为俄语教学的发展播下了种子。他的学生乔治·诺伊斯于1901年被伯克利大学聘用，不久，芝加哥大学和耶鲁大学也聘任了俄语讲师。[46]尽管入学率很低，但这些机构以及少数加入它们的机构在20世纪最初的几十年中一直存在。

很多美国人都懂俄语，但他们并不热衷于说这种语言。根据1910年的人口普查，在统计的92228496名美国人中，有1184382人将俄国列为其出生地，其中有57926人将俄语列为其母语。[47]（出生于俄国的人中有许多可能是犹太人，其母语是意第绪语，但可能有相当多的人也懂俄语。）这意味着当时可能有1.3%的美国人能够理解俄语，这种情况比我们的科学家在1950年开始感知到的翻译危机要好得多。

在冷战初期，受过教育的专业人士的俄语能力并不低，这与第二次世界大战有很大关系。随着战时多条战线的动员——配给制、征兵和大规模军备建设等等，美国开始积极培训军官学习他们在这场全球战争中需要的语言。陆军专业培训计划最终涵盖了约40种语言，承担起了改变美国语言教学的任务。1914年之前，美国只有5所大学拥有常规的俄语教学，到1939年已经增至19所。1941年珍珠港事件时，又增至86所，而当苏军在斯大林格勒取得胜利后，这一数字在1946年又升至112所。康奈尔大学以及之后的乔治城大学（多斯特领导的语言项目所在地）是首批接受这一培训计划的学校。[48]

到1953年时，尽管已有211所院校开设了俄语课程，但入学人数却比1947—1948年的高峰期下降了25%，这与其他外语的增长趋势相反。1954—1955年，有4000名学生选修了俄语课程，相比之下，却有70000名学生选修了德语，95000名学生选修了西班牙语，还有110000名学生选修了法语课程。[49]这一困局部分源于高中衔接课程的缺失。1957年，只有10所美国高中提供俄语课程，而10年前最多时也只有17所。[50]然而，在斯普特尼克发射后，整个情况似乎在一夜之间发生了变化。

多斯特一直在关注上述情况。正如他在1960年指出的那样，似乎只有一场危机才能使美国人摆脱对外语的习惯性漠视："在意想不到的外部发展的推动下——无论是珍珠港事件还是人造卫星的入轨，我们突然意识到，国家在外语教学及相关领域的努力还不足以满足我们的需要。"[51]美国国会在1958年通过了《国防教育法》，仅用于大学前外语教育的资金就超过了2800万美元（按2014年计算，为2.3亿美元），此外，还有更多资金用于科学教育。到了1959年，400所美国高中都至少提供一门俄语课程。由于以上激励措施，19.1%的美国高中生参加了外语课程，虽然仍低于1934年的19.5%，以及1915年35.9%的现代语言学入学率，但这已是一个巨大的进步。（1915年，37.3%的美国高中生学习拉丁语。）[52]

然而，这还远远不够。尽管美国未来科学家的俄语培训相对复苏，但面对海量的苏联出版物，其绝对数字仍然很小，而且对当前需要处理学术文献的科学家来说也没有任何帮助。人们的态度需要改变。1953年11月，国家科学基金会的第一任主任艾伦·沃特曼宣布："只有通过对理工科学生提出更严格的语言要求，才能长期解决语言问题。"[53]为了应对这一挑战，政策制定者们重新定义了俄语，这样，当科学家学习俄语时，他们将不用学习我们传统上理解的"俄语"。

相反，他们将学习"科学俄语"或"技术俄语"。大多数评论家认为，这与陀思妥耶夫斯基和普希金的语言不同，它更加温顺、更加友好。早在1944年，这种观点的一个支持者就指出："许多使俄语对话和写作如此令人生畏的因素在科学俄语中并不存在，而且俄语科学写作中固有的大量新因素对读者会有帮助。"[54]后者是最容易理解的：国际科学词汇（与启发国际语创作的词汇相同）以及数学和化学公式的存在使理解变得更加容易。但这并不是像乔治·兹纳明斯基（他在麻省理工学院教了几代科学家阅读俄语）等人在宣传"科学俄语相对简单"时的意思。[55]他们的意思是俄语本身就是不同的。考虑一下弗拉基米尔·亚历山大·帕佐夫在1964年对代词的极端看法：

"让我们做一点统计分析。不算不定代词，如果你想在"格－性系统"中找到一个特定代词的适当位置，你必须在头脑中储备大约350个信息。

为了避免不必要的劳动，我们承担了这项相当艰巨的任务，即确定哪些代词在科学文本中最常用。科学语言是专门化的，当然，这些发现只适用于这种类型的论述。"[56]

不需要学习不必要的代词或所有的动词形式？这让俄语变得更加容易了。此外，还有句法上的变化：对被动语态的依赖（俄语有 3 种表达被动语态的方式也没关系），从句的简单性，以及作者对清晰性的强调，而非风格上的华丽。[57] 一位倡导者认为："除了字母和发音，关于技术俄语的几乎所有东西，与我们通常所了解的俄语学习都有一定程度的不同。其目的、范围、学生群体、教师、教材和教学方法，都是专业化的。"[58]

美国科学家和俄国教师发明的这一类"科学俄语"意味着需要为这些精通技术的学生提供不同种类的课程。"二战"前，美国物理系通常要求博士生掌握法语和德语的阅读知识，很少有人会学习其他语言。然而，在整个 20 世纪 50 年代，许多研究生课程都允许用俄语代替以满足这一要求，1958 年秋，伊利诺伊理工大学机械系成为第一个将俄语作为其两种语言要求之一的项目。[59] 与此同时，化学家"构成了学习俄语的最大群体"，早在 1944 年，主要的化学期刊上就开始出现俄语自学指南以满足这一需求。[60]

新的课程如雨后春笋般涌现，并迅速弥补了技术俄语教学的缺口："在所有提供博士研究生课程并附带语言要求的机构中，由于其语言要求，技术俄语课程确实是必要的。"[61] 早在 1942 年，兹纳明斯基就开始为麻省理工学院的学生提供为期一年的技术俄语课程，该课程每周 3 小时，"以使优秀的学生在年底能够阅读俄语科学文章。"[62] 关于必须投入多少时间来学习这种简化了的"科学"语言的争论异常激烈。有 3 个月的课程，有 16 周的课程（每周 2 次，每次 1 小时），还有每周 2 小时、共 18 周的课程等。[63] 截至 1951 年，当俄语总体入学率下降时，所有教授俄语的学校中仍有 24%

提供科学俄语课程，到 1957 年，在 4000 余名学习俄语的学生中，有 10% 到 20% 的学生参加了这些专业课程。[64] 为了消除学生对这门艰深语言的恐惧，传统的方法是将这门语言比作"在句子结构和倒装语序方面与技术德语非常相似，"[65] 或者更常见但完全矛盾的说法是："也许最重要的相似之处在于语序，两者几乎完全相同，以至于一旦将相应的英语单词写在俄语句子中的连续单词下面，往往不需要重新排列就能产生可理解的英语句子，而稍微重新排列一下就足以产生地道的英语。"[66]（鉴于英语和德语的语序不尽相同，两者都不可能是正确的。就我个人而言，我认为英语一方赢得了这场争论。）

教科书和科学读物层出不穷，从詹姆斯·佩里的巨著《科学俄语》到精简的小册子，这些小册子读起来更像是参考手册，而不是适合课堂学习的文本。[67] 人们甚至尝试通过广播或电视进行教学。后者的第一个例子是"专业阅读基础俄语"，由欧文·本格尔斯多夫博士讲授，他是在纽约斯克内克塔迪通用电气公司实验室工作的化学家。该节目为期 12 周，每周两个上午，它原本是为纽约州北部地区的 250 名科学家准备的，但却获得了巨大的成功——其最终听众达到了 1 万—1.2 万人。[68] 其他与科学无关的俄语培训也随之而来，这说明了一个重要的问题：在冷战初期的语言培训问题上，科学语言往往处于领先地位，因为它不但突出了语言障碍，而且——至关重要的是——还明确了需要掌握的俄语种类。在这一片混乱中，一个来自乔治城的不太可能成为救世主的人出现了。

多斯特的神奇装置

多斯特是人们最不可能想象到的致力于取代人工翻译的人。[69] 1904 年 5 月 14 日，他出生在离比利时边境几公里远的法国龙韦。10 岁时，他发现自己的村庄在"一战"中被德军占领。作为被占领土上的一名学童，他被迫学习德语，由于很快就掌握了德语，德国人便让他做翻译。在美国人解放龙韦后，多斯特开始学习英语，同样，他很快便掌握了英语，这个因战乱而体弱多病的少年又继续从事翻译工作，而美国士兵也开始喜欢上这个孩子。当多斯特恢复健康后，一些士兵便资助他到美国学习。1921年，多斯特进入帕萨迪纳高中，3年后进入位于洛杉矶的西方学院。之后，他又从西方学院转入乔治城大学，并于1928年获得外交学院的理学学士学位（1930年和1931年又分别获得乔治城大学的哲学学士学位和硕士学位）。在索邦大学学习了一年后，多斯特开始在约翰斯·霍普金斯大学攻读博士学位（1936年完成课程）。1939年，他被任命为乔治城大学法语教授及现代语言系主任。

多斯特有两个无可争议的天赋：语言能力和让他人帮其做事的才能。[70]当欧洲——以及世界——再次陷入战争时，这两点都使他处于有利地位。1939年9月，法国再次与德国开战，多斯特（仍然是法国公民）作为步兵服役并在法国驻华盛顿特区大使馆中担任随员。1940年7月法国沦陷后，多斯特拒绝了采取合作主义政策的维希政权，于1941年8月成为美国公民。卸任后，他在加利福尼亚的斯克里普斯学院担任法国文明教授，并撰写了一本小册子来向美国公众介绍法国近代史，以动员对干预欧洲的支持。[71]珍珠港事件后，多斯特被任命为美国陆军少校，并担任自由法国将军亨利·吉罗在北非的联络官以及德怀特·艾森豪威尔将军的法语翻译。他还曾在战略情报局工作，该机构是战时的情报组织，也是中央情报局的前身。

1945年，在法国、摩洛哥和突尼斯政府的邀请下，多斯特（现为上校）被分配到一项前所未有的任务，即在纽伦堡战争罪行审判中安排英语、法语、德语和俄语的同声传译。他观察到让口译员在翻译时一直低声耳语十分令人分心，更糟糕的是，连续的口译会带来巨大的延迟，因此，他想到了将口译员隔离在一个小房间里，通过耳机将声音传输给各方。他说服了战前的熟人小托马斯·沃森（他于1952年成为IBM的第二任总裁），让他的公司为这项事业捐赠了设备。[72] 1946年，多斯特被要求为纽约法拉盛地区新生的联合国做同样的工作，随后他便在国际翻译界崭露头角，1948年，多斯特前往墨西哥城担任联合国主办的国际高频广播大会秘书长。1949年，他被召回乔治城大学，担任新成立的语言与语言学研究所首任所长。

多斯特发表的著述不多（基本上没有语言学方面的内容），但做了大量的组织工作；他的大部分努力都是针对语言教学的技术或制度现代化。除了管理36种语言的教学外，他还在南斯拉夫和土耳其建立了英语教学项目，其目的是让军官在来美国受训前有机会熟悉英语。他还是语言实验室的积极倡导者，这在当时是一个有争议的创新，他还开创了"双耳设备"，使学生能够同时听到同一文本的母语和外语版本（纽伦堡技术的改进）。[73] 多斯特，这个对正式语言学兴趣不大且不懂电子技术的多语言口译者，最终成为机器翻译的主要倡导者。

在经历了两次世界大战之后，显然，防止第三次世界大战是多斯特出人意料地进军计算领域的根本原因。他的研究所位于美国首都华盛顿杜邦圈西北部马萨诸塞大道1717号，这里在地理上处于冷战的压力之中，多斯特深信翻译对国家安全至关重要。1951年，在陆军期刊《装甲》上，多斯特对北大西洋公约组织武力承诺的有效性提出质疑，理由正是语言上的不可通约性，他指出"除非认识到一支综合性的国际部队所固有的多语言问题，对其进行适当的定义和分析，并采取实际行动加以解决，否则我们将无法在这一重要领域发挥我们的潜在效力。""相互平等的主权政府"所承诺的其队伍会讲英语、法语、荷兰语、丹麦语、挪威语、意大利语、葡萄牙语，还有可能会讲冰岛语——这是一场正在酝酿的军事灾难。[74] 西方能做得更好吗？在这篇文章发表后的一年内，一颗银弹①出现了，可以杀死这

---

① 译者注：比喻灵丹妙药，一劳永逸的解决办法，良策。

个噩梦般的巴别塔。

就像冷战本身一样，多斯特的灵丹妙药也出现在"二战"的废墟中。在战争期间开发的典型技术中——包括核武器、雷达和喷气发动机，也许最后一个得到广泛关注的是电子计算机。众所周知，在战时，计算机被用于各种目的（包括核物理学中计算横截面），但最有魅力的是密码破译，正是在这种背景下，机器翻译突然出现在沃伦·韦弗的脑海中，他是洛克菲勒基金会自然科学部的长期负责人。根据自己的战时经验和1947年与英国电气工程师安德鲁·唐纳德·布斯的交谈，韦弗于1947年3月4日写信给麻省理工学院的多面手诺伯特·维纳——美国第一位俄语教授莱奥·维纳的儿子，信中韦弗谈到了机器翻译的可能性，后来他在1949年7月15日撰写了关于这个问题的备忘录，并广为流传：

"我完全认同，多义性必然会带来模糊性和语义上的困难，尽管如此，我仍想知道，设计一台可以翻译的计算机是否真的难以想象。即使它只是翻译科学材料（那里的语义困难明显较少），即使翻译出来的结果不怎么优美（但可以理解），对我来说，也值得一试。

另外，我对密码学中强大的新机械化方法不甚了解，但对这些方法进行了大量的猜想和推理工作——我相信即使人们不知道被编码的是什么语言，这些方法也会成功——人们自然会问，翻译问题是否可以被想象为密码学问题。当我看到一篇俄语文章时，我会说："这实际上是用英语写的，但它被编码成了一些奇怪的符号。我现在开始解码。""[75]

这段话中有几个有趣的地方：语言障碍在战后世界秩序复杂化中的角色；对俄语的特别关注；以及对科学文本的强调。这三点都将成为机器翻译前10年的主导主题。精通几种语言的维纳认为这个想法在计算科学和语言学上都是不可行的："坦率地说，我担心不同语言中的词汇界限太模糊，表达的情感和言外之意太广泛，这使得任何准机器翻译方案都没有什么希望。"[76]其他人则更乐于接受，包括世界科学政策大师范内瓦·布什，他在1949年10月回应说："我认为这项工作可以以一种非常迷人的方式完成。"[77]

韦弗能够为自己钟爱的想法买单。1952年，他赞助了首届机器翻译会议，该会议于1952年6月17日至20日在维纳所在的麻省理工学院举行。[78]此时，对机器翻译感兴趣的学者群体还相当小，而麻省理工学院已经任命以色列哲学家约书亚·巴尔－希勒尔在该领域担任为期一年的职务（与电子研究实验室合作，该实验室是雷达实验室在战后的继承者，后者在战争期间曾开发过雷达），他关于机器翻译的哲学及方法论问题的早期论文被证明具有基础意义。[79]希列尔将这个新兴领域的所有倡导者聚集在一起（这时与机器翻译相关的总书目仅有不到两打的研究报告及出版物。）奇怪的是，多斯特也选择了出席会议。

不清楚为何会议的组织者会想到邀请多斯特，他在被邀请到麻省理工学院之前对这个问题并没有表现出兴趣。他在1952年提交的语言与语言学研究所5年计划中也没有提到机器翻译，而直到该计划的最后期限（1958年），乔治城大学才将拥有全国最大的机器翻译项目。[80]（多斯特的研究所在20世纪50年代的另一项伟大事业是推广拉丁语口语，这是管理该大学的一些耶稣会牧师钟爱的项目。[81]）他的题为"普通翻译与机器翻译"的演讲没有留下任何书面文本，但据一位与会者回忆，多斯特利用他在纽伦堡及联合国的经验，提出了人工翻译的观点，描述了"在国际会议上建立高效的同声传译及快速印刷翻译所采用的系统。这些系统在组织上与计算机应用的机器组织非常相似。他承认他是作为一个怀疑论者来参加会议的。"[82]

多斯特并没有在那里待太久。他后来回忆说："在那次会议上获得的经验和印象，使我得出这样的结论：首先，为了找到解决整个问题的合理方法，我们必须首先接受一个假设，即主要困难是语言上的困难。其次，与其试图从理论上解决这个问题，不如做一个实际的实验，尽管范围有限，但却能够产生广泛的影响。"由此，不难看出，"从某种意义上说，乔治城 – IBM 实验是这次会议的直接结果。"[83] 多斯特在会议上提出进行机器演示，正如一位与会者所回忆的那样，他建议"尽早创造一台或一些试验性的机器，这样不仅可以向世界证明机器翻译的可能性，同时还能证明其实用性。"[84]

正如埃尔温·赖夫勒所说，机器翻译群体从一开始就"清楚地意识到所涉及的语言学及工程学方面的问题"，并且没有在"对这项任务的多重困难一无所知的情况下"进行。[85] 在磁鼓有限的存储空间下，如何编排一本词典？应该为动词的每一种形态（比如"think"/"thinks"）插入一个词典条目，还是创造一些算法来取消转换（但这样又如何解释过去式"thought"）？能否为词序的转换编纂规则？如果省略一些英语中没有的源语言的特征（比如俄语中的小品词"же"和"ли"）会怎样？或者在目标语言中加入源语言所没有的特征（如俄语中缺少的定冠词和不定冠词）？文本是否必须事先由源语言的母语者进行简化，以消除词汇和句法上的歧义（"预编辑"）？或者是否需要依靠目标语言的母语者来修正输出的结果（"后编辑"）？从 1951 年第一本关于机器翻译的出版物开始，这些问题就在计算机和书面上从实践和理论方面进行了讨论。[86]

无论是在乔治城实验之前还是之后，机器翻译作为一个领域，都被各种假设和方法之间的争论所撕裂，但有两个方面具有明显的一致性。首先是翻译的语言。尽管麻省理工学院坚持使用德语，布斯在英国的实验室也有法语翻译项目，但绝大多数讲英语的研究人员都对俄语感兴趣，就像沃伦·韦弗在 1949 年时所做的那样。将俄语作为源语言进行翻译有明显的地缘政治原因，但也有智识方面的原因，即他们认识到了苏联技术成就的质量，这就把我们带到了第二个共识点：关注科技文本。这是对"科学俄语"这类俄语给予广泛关注的一个直接结果。如果因为赞助商的意愿而必须关注苏联，那么，处理这项任务的唯一方法是关注科学俄语，因为它是唯一易于处理的类型。当你在晚上寻找丢失的钥匙时，最好待在灯柱下，在那里祈祷能看到它们。

大多数研究人员都会赞同肯尼斯·哈珀在1953年的断言："只有在这个有限的'科学俄语'范围内，我们机械化的、或许天真的方法才是有效的。"[87]在乔治城-IBM实验后的第二年，他继续沿着同样的思路，声称简化不仅仅是词汇上的（有限的选词），而且是句法上的（词汇如何组合以产生意义），因为在"科学写作中，俄语的句子结构更接近于英语——与其他形式的俄语文章相比是如此。"他把他的推理延伸到了词语形态学本身——在一个存储量有限的时代，这是词典创建的难题：

"在科学俄语中，动词形式的识别问题不像普通俄语文章中那么困难；科学家很少使用祈使句、现在时第一人称单数，或者现在时第二人称单数及复数。因此，在现在（或未来）时态中，我们只需要关注3种形式：第三人称单数，以及第一和第三人称复数。以下内容也需要识别：不定式，过去时（4种形式），以及现在时和过去时的副动词（4种可能的形式）。这样一来，共有11种形式，我们必须准备好加以区分。"[88]

我们可以看到科学俄语概念的影响贯穿于乔治城-IBM实验方案的构建过程中。[89]在实际使用机器之前，多斯特安排了一次人工模拟，来看看计算机是如何处理语言的。也就是说，他试图在不关注意义的情况下拆解一个句子的分析和翻译过程。计算机不会"理解"文本，因此人必须接近这种状态。最终，人工模拟采用的是"卡片测试"法：

"这涉及向不懂源语言（俄语）的人提供用罗马字母书写的该语言的句子。他们按照书面指导进行查询，不仅要查询词汇项，还要查询句法的操作。查询基于简化为严格的机器术语的指令，而不是"思维"操作。受试者能够将一个罗马化的俄文句子，通过机器可以遵循的指令，得出俄文句子的正确英文译文。诚然，他们花了10—15分钟才翻译出一个由10—15个单词构成的句子。但重要的事实是，在不懂俄语的情况下，除了查询能力外，他们没有贡献任何东西，而这正是计算机所能做的，他们得到了正确的英文版本。"[90]

通过这种方法，加尔文和多斯特分离出了将俄语翻译为英语所需要的最低限度的语法规则，最终确定了6条基本操作——负责编程的IBM数学家谢里丹称之为"规则标签"。[91]然而，在确定了机器可以处理的句法模式后，语言学家反过来又被限制在选择输入的句子，这些句子可以使用这些规则处理，并且只能使用这些规则处理。这6条规则只是他们预计处理任意科学俄语样本（更不用说来自任何语言领域的文本）所需的一百多条规则中的一小部分。

乔治城 – IBM 系统后来被称为"直接"翻译系统。[92]该系统旨在从俄语翻译为英语，无需"国际语"来处理语义特征。（结果是，它不能被反向应用，即从英语翻译为俄语。）语法规则被标记到词典中的单个单词上。250个俄语单词中的每一个都有最多3个数字代码：程序启动变音符（Program Initiating Diacritic，PID），以及两个选择决定变音符（Choice Determining Diacritics，CDD_1 和 CDD_2）。这些代码定义了一个二叉决策树，这样程序就可以在两个词典定义之间进行选择（多斯特的词典中没有一个词有两个以上的定义，如果不是大多数的话，也有很多词汇只有一个定义），或者在保留与颠倒词序之间进行选择。例如，如果一个词的"PID"是"121"，那么计算机应该扫描下面的完整句子单词，看看其"CDD_1"是"221"还是"222"。如果是前者，它应该选择词典中的第一个英文对应词；如果是后者，则选择第二个。如果"PID"是"131"，那么，它的"CDD_2"

是"23"吗？如果是，就选择词典中的第二个英文对应词，并保留词序；如果不是，就选择第一个对应词，并颠倒词序。[93]这个系统有明显的局限性：假设所有的选择都可以减少到两个；需要对每一个词典术语进行冗余编码；缺少否定词或复合句和疑问句；只能向前或向后扫描一个词，从而无法处理复杂的倒置或形容词短语的重新排列。[94]

尽管如此，无论从哪个角度看，结果都令人印象深刻。为了便于编程，罗马化的俄文句子（使用一个相当特殊的音译系统）被呈现在穿孔卡片上（图8.2），然后运行到机器中。下面是1954年1月7日演示中的部分句子及其译文：

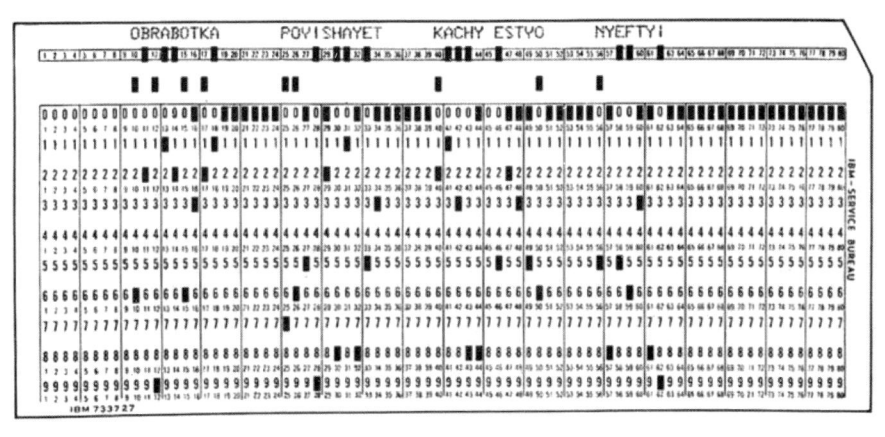

图8.2 乔治城－IBM实验中的穿孔卡片。这句话被翻译成"加工提高了原油的质量"。乔治城大学档案馆提供。

· KRAXMAL VIRABATIVAYETSYA MYEKHANYICHYESKYIM PUTYEM YIZ KARTOFYELYA.

Starch is produced by mechanical methods from potatoes.（淀粉是用机械方法从土豆中提取出来的。）

· VYELYICHYINA UGLYA OPRYEDYELYAYETSYA OTNOSHYE-NYIYEM DLYINI DUGI K RADYIUSU.

Magnitude of angle is determined by the relation of length of arc to radius.（角

度的大小由弧长与半径的关系决定。)

· MI PYERYEDAYEM MISLYI POSRYEDSTVOM RYECHYI.

We transmit thoughts by means of speech.（我们通过语言来传递思想。）

· VOYENNIY SUD PRYIGOVORYIL SYERZHANTA K LYISHYENYIYI GRAZHDANSKYIX PRAV.

A military court sentenced a sergeant to deprival of civil rights.（军事法庭判处一名中士被剥夺公民权。）

· DOROGI STROYATSYA YIZ BYETONA.

Roads are constructed from concrete.（道路是用混凝土筑成的。）

· DYINAMYIT PRYIGOTOVLYAYETSYA XYIMYICHYESKYIM PROTSYESSOM YIZ NYITROGLYITSYERYINA S PRYIMYESYIYU YINYERTNIX SOYEDYINYENYIY.

Dynamite is prepared by chemical process from nitroglycerine with admixture of inert compounds.（炸药是由硝化甘油和惰性化合物的混合物通过化学方法制备的。)[95]

在1954年的1月，甚至在今天，这一实验都令人大为惊奇。

没有赞助人

惊奇正是多斯特所期望的。在进行展示后的5个月内，他已经开始向那些财力雄厚的潜在赞助人——如海军、国家安全局及其他组织——兜售他的系统，其中几个组织表现出了兴趣。[96]从当代语言学的规模来看，多斯特雄心勃勃:"按照现在的设想,该计划将包括指派4名兼职的高级研究顾问以及8—10名全职的初级研究人员来进行语言学处理;根据需要与各相关领域的专家进行磋商;并在处理语言材料时偶尔在现有仪器上进行测试。"多斯特相信，如果有人能提供12.5万美元（按2014年计算，为110万美元），那么在12—18个月内，"处理好的语言数据将允许进行大量的技术翻译，并为设计专门用于处理语言翻译的电子仪器提供宝贵的经验。"[97]然而，尽管有一些人表现出了初步的兴趣，但还没有人真正去投资。

价格标签只是问题之一。保罗·豪尔顿，一位研究苏联化学文献的专家以及中央情报局在1月演示中的代表，他向同事们提到，这个实验是"操纵的"和"为时过早的"。消息传到多斯特那里，他非常愤怒。在部分自我辩解中，豪尔顿解释道：

"我确实用实验室化学家的行话把这个实验称为"操纵的"。（对化学家来说，'操纵的实验'是指没有未经测试的变量的实验；即一个确认实验）。我认为'操纵'一词是'控制'的同义词。在任何意义上，我都不是要指责纽约演示的有效性或客观性。"

但他不会在时间问题上让步："我觉得演示还为时过早，因为要将该仪器投入实际的日常运行，还需要进行几年的研究。"[98]

或许如此，但机器翻译似乎正在确立自己的地位。尽管后来的批评者宣称乔治城–IBM实验"没有科学价值"，但他们仍然相信机器翻译提醒了从业者们需要进行密切的沟通，这样才能不再盲目。[99]因此，同样是在1954年，麻省理工学院的威廉·洛克和维克特·英格夫建立了该领域的第一本期刊《MT：机器翻译》。同年，哈佛大学将该主题的第一个博士学位（应用数学）授予了安东尼·奥廷格。他的课题是：创建一本将俄语翻译为英语的词典——当然是技术俄语。[100]然而，这些都还是微小的进步。在多斯特设法找到合适的赞助人（1956年）之前，该领域一直不温不火。直到1956年，中央情报局终于与多斯特签约，之所以这样做是因为来自莫斯科的消息再一次令他们恐慌。

第九章
所有适合印刷的俄语

"有机化学已经消除了活物质与死物质之间的界限。把人分为活人和死人是错误的:因为不仅有活着的活人,还有活死人。活死人也会写字、走路、说话、行动,但他们不会犯错。机器也不会犯错,但它们只生产死物。活生生的人则存在于错误中,存在于找寻中,存在于问题中,存在于痛苦中。"①

——叶夫根尼·扎米亚京[1]

1954年的一天,控制论——由机器翻译的怀疑论者诺伯特·维纳在美国开创的反馈和控制科学——在苏联的领军人物阿列克谢·李亚普诺夫正在翻阅《文摘杂志》,这是一本新的科学摘要期刊,在翻阅时,他看到一个有趣的报告:乔治城;将俄语转换为英语;机器翻译。就在这时,他产生了一个有趣的想法。由于能读懂英语,他便拿到了原始文章并写了一些备忘录,然后在科学院的斯特克洛夫研究所组织了一个研究小组。多斯特开启了用机器翻译设备进行实验操作的大门,而李亚普诺夫将直接走过去。他带来了同伴。

---

① Органическая химия уже стерла черты между живой и мертвой материей. Ошибочно разделять людей на живых и мертвых: есть люди живые-мертвые и живые-живые. Живыемертвые тоже пишут, ходят, говорят, делают. Но они не ошибаются; не ошибаясь—делают также машины, но они делают только мертвое. Живые-живые—в ошибках, в поисках, в вопросах, в муках.

毫无疑问，乔治城-IBM实验，或者更准确地说，关于该实验的报道推动了苏联的早期研究。在科学院的支持下，有两个主要小组得到了发展。除了李亚普诺夫侧重于将法语翻译为俄语的项目外，德米特里·帕诺夫在精密机械与计算技术研究所则强调从英语到俄语的直译。帕诺夫甚至还访问了纽约的IBM总部，观察了701计算机的运行情况，他还委托了两位计算机科学家为苏联语言学的主要期刊撰写了相当详细的关于该实验已知情况的报告。[2]帕诺夫和他的同事们甚至被允许在党的中央报纸《真理报》上发表关于其工作的评论，该评论受到人们的广泛关注。[3]

自此，苏联的机器翻译持续发展。1955年年底，第一批关于机器翻译的苏联出版物开始出现。仅仅3年后，在莫斯科举行的一次会议就吸引了来自79个不同机构的340名代表（其中21个机构来自科学院），他们听取了70场报告。到1964年，约书亚·巴尔-希勒尔——1952年世界上第一位全职的机器翻译研究者——宣布苏联是"机器翻译的领先国家。"[4]鉴于早年苏联与西方团体之间的接触相对有限，编程策略开始出现分歧也就不足为奇了。他们之间最重要的区别是苏联将程序"分为两个基本部分——分析和合成，"①也就是说，先对句子进行解析，然后根据不同的协议对词根词尾进行形式变换。[5]苏联人还率先开发了"中间语言"程序，将源材料转化为抽象代码，然后通过独立的协议转化为其他几种语言，这一策略既得益于编程和语言学传统，也得益于苏联人因其国家的多语言性质而需要进行多边翻译。[6]

苏联出于对美国人的顾虑，建立了这个庞大的机器翻译研究队伍；美国也对此作出回应。苏联对机器翻译感兴趣的消息使多斯特为开发有限的乔治城-IBM实验却未能获得大量资助的努力再次兴起。他在1957年非

---

① "на две основные части—анализ и синтез."

常满意地指出（甚至更加轻描淡写），苏联对其在 BESM[①] 计算机上实验的宣传"与美国对机器翻译工作的兴趣和支持不无关系"。1956 年 6 月，乔治城大学收到了国家科学基金会的一笔巨额拨款，用于开展将俄国科学材料翻译为英文的深入研究，这项资助随后被延长，以保证第二年的持续研究。[7]美国与苏联之间"机器翻译竞赛"相互博弈的特点，在全球研究界是一个公开的秘密。领导哈佛大学项目的安东尼·奥廷格后来将其描述为"一种友好的阴谋，从各自的政府那里榨取钱财，用各种有时近乎欺诈的'实验'和'演示'来互相博弈。"[8]这些指责引起了对最初多斯特实验的一些负面评价，但无论是正面还是负面，1954 年的演示已然成为后来发展的试金石。

美国人仍然认为自己处于翻译危机的阵痛之中，这是笼罩在超级大国之间科技竞争的必然结果。机器翻译只是为处理苏联自然科学出版物持续涌现而提出的解决方案之一。光是苏联期刊的数量就几乎呈指数级增长，而每一种期刊都在呼唤美国读者来了解苏联人在做什么（见图 9.1）。因此，敦促学习俄语成为与机器翻译并行的策略。（具有讽刺意味的是，机器翻译的研究人员本身也非常需要这种策略。苏联在这一领域投资的结果之一是产生了有价值的俄语研究成果，而许多美国研究人员抱怨说他们无法阅读这些研究！[9]）

语言障碍在 20 世纪 50 年代中期开始呈现出不同的特征。那些提出"科学俄语"概念的科学家和语言学家将其视为个人决定的范畴：学习俄语，研究机器，撰写关于危机的社论。在这 10 年的后半段，语言危机开始被认为是一个国家问题，可以由国家来解决。这在苏联并不奇怪，因为那里的

[①] 译者注：BESM 是指 20 世纪 50—60 年代制造的一系列苏联大型计算机。全名为："Bolshaya Elektronno-Schetnaya Mashina"，字面意义是 "大型电子计算机"。该系列开始于 MESM 的后续版本。MESM 建于 1948—1951 年，是欧洲大陆最早生产的电子计算机之一。

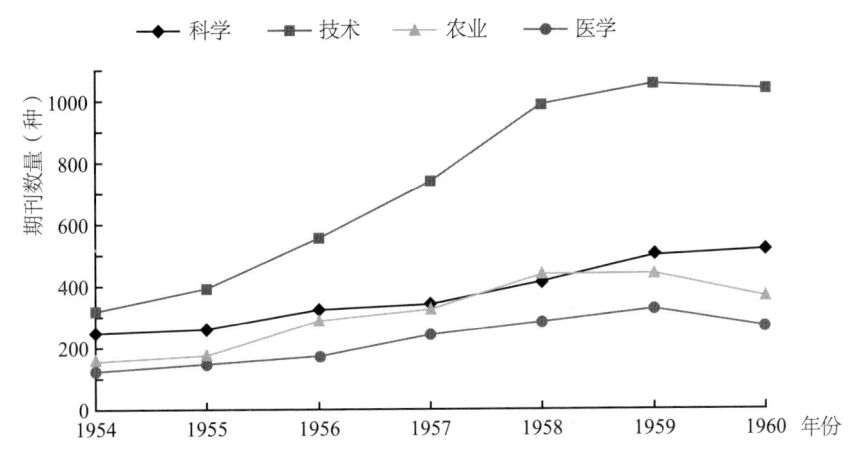

图 9.1　1954—1960 年苏联出版的各类科技期刊数量。数量庞大和增长迅速是冷战期间苏联科学生产的特点。引自: Boris I. Gorokhoff, *Providing U.S. Scientists with Soviet Scientific Information*, rev. ed.（Washington, DC: Publications Office of the National Science Foundation, 1962）, 4.

多数科学问题都被这样看待，但在美国，则代表着某种巨大的变化，并将永久地改变争论的领域。因此，在 1955 年前后，不仅美苏两国都向机器翻译发起进军，而且在美国，甚至连刚刚起步的对苏联期刊进行全刊翻译的事业——这将占据本章的大部分篇幅——也从企业家的赌博行为变成了科学史上最大的翻译项目。在跟踪机器翻译与全刊翻译的这段交织的历史中，我们看到"语言障碍"包括 3 个有所差异但又有所联系的问题：出版的语言、出版的信息量以及材料的获取。机器翻译专注于第一个问题，而忽视了其他问题，这一疏忽是导致其在 1966 年的灾难性崩溃的部分原因。

机器翻译淘金热

1956—1966 年机器翻译热潮的开始，与其说是源于乔治城－IBM 实验，不如说是源于它的发起人多斯特。正如我们所见，多斯特说服了 IBM 的小托马斯·沃森捐赠录音设备，使同声传译在纽伦堡和联合国取得成功，随后，得益于 IBM701 计算机的面世，在 1954 年，多斯特又进行了机器翻译实验。在战争期间，在美国战略情报局（美国的情报组织）工作时，他遇到了最大的赞助人：艾伦·杜勒斯。1956 年，在海军研究办公室及陆军情报局拒绝为机器翻译提供资金后，杜勒斯出现了。早在 3 年前，杜勒斯就在德怀特·艾森豪威尔总统的新政府中担任中央情报局的负责人。杜勒斯想知道苏联人在做什么，但他的俄语分析员太少了，而多斯特声称他可以通过机器实现这一目标。[10] 杜勒斯乐意为其提供赞助。

杜勒斯的赞助起初并不完全是公开的。1956 年，多斯特向国家科学基金会提出了一个看似非常温和的目标："集中研究，以便在化学领域，主要是有机化学领域，通过机器方式实现尽可能完整的俄语到英语的翻译。"以苏联最重要的化学出版物《苏联普通化学杂志》的文本为基础，多斯特的研究小组"将致力于在输入端呈现未经编辑的俄文文本，并努力在输出端用英文呈现语义准确的译文。如果有必要的话，还需对输出的材料进行文体编辑，从而减轻存储负担。"现在，他扩大了先前的计划，提议雇用 7 名语言学家、8 名语言研究助理、5 名俄英词典编译者、6 名双语助理文员、1 名双语秘书以及 1 名行政秘书，预算为 103850 美元（按 2014 年计算，超过 90 万美元）[11]。多斯特确保这项资助在乔治城大学的出版物和华盛顿的报纸上都得到了广泛的报道。[12] 但这些报道没有提到的是，这些钱有很多都来自中情局，只是借助了国家科学基金会的渠道而注入。1956—1958年，国家科学基金会的资助金额分别为 10 万美元、12.5 万美元和 18.6 万美元——其中 30.5 万美元来自中情局——随后，在没有国家科学基金会这一中间人的情况下，中情局直接注入共计 1314869 美元（按 2014 年计算，超过 970 万美元）。这是迄今为止美国所有机构中获得的最大一笔机器翻译资金，到 1962 年，甚至乔治城大学的宣传团队也公开承认了中情局的赞助。[13] 1960 年，当国会中的一个委员会就资助的金额提出质疑时，一位匿名的中情局资助的见证人（几乎可以肯定此人是保罗·豪尔顿，他曾一度怀疑机器翻译，后来成为中情局中该项目的专职负责人）和多斯特都为这些数字进行了辩护，他们简明扼要地指出，苏联对机器翻译的投入甚至比美国人还要多。[14]

多斯特在乔治城大学建立了一个与这些资助相匹配的机器翻译项目，这在除核物理或公共卫生以外的几乎所有项目中都是前所未闻的。[15]他强调有机化学，因为有机化学本身就适合进行机器翻译，正如这份1959年的内部报告所表明的：

"这一例程的理论必要性在于，首先，有机化合物的数量在理论上是无限的；在现实中也是庞大的，因此，将成百上千个极长的条目载入主词典中似乎低效且无用。其次，为了研究化合物，实验室里在持续制造它们，并按照既定规则为它们命名，而这些新名称可以通过该类例程进行翻译。在实验室测试之后，这种特殊的化合物往往可能再也不会被制造出来，它的名字也不会再出现在文献中。第三，碳可以自由地与自己及其他元素反复结合，这意味着一本在化学语言的其他领域相对全面的词典永远也不可能包含所有的有机化合物，因此，需要一种机器技术来分析化学术语。"[16]

仅仅通过分析几年内的《苏联普通化学杂志》，就获得了巨大的语料库（截至1957年，已有24000个词汇）。[17]

语言学的结果是有希望的。例如，在化学文本中为复数名词添加定冠词的规则适用率大约为80%，这似乎相当不错，而且该规则"甚至适用于一般文本（尽管适用程度较低）。"[18]编码工作持续快速推进。到1960年年末时，又有85000个有机化学术语被编入，它们由大约8000个不同的词汇组成，这些词汇又缩减为3200个条目（注意科学语言的简练性）。劳动力成本成为一个问题，于是多斯特于1960年在德国法兰克福租了一个商业用地，以每人每月80美元的价格（相当于美国人工资的四分之一）聘用了

200名打卡（孔）员。[19]乔治城大学赢得了令人垂涎的合同——为田纳西州橡树岭的原子能委员会及意大利北部伊斯普拉的欧洲原子能共同体将俄国原子能文件翻译为英文。[20]

不出所料，多斯特的成功引发了怨恨。当安德鲁·唐纳德·布斯和威廉·洛克在1955年出版1952年麻省理工学院会议的论文集时，唯独在多斯特的文章中加入了警示性的补充说明："将该文纳入本书反映了编辑们希望涵盖机器在翻译中的应用的所有方面，而不应被视为他们接受作者的所有观点。"[21]多斯特缺乏权威的语言学著述可能是这种担忧的核心，但也与他的表演技巧有关。安东尼·奥廷格后来回忆说，多斯特是"一个很健谈的人，但作为一名研究者，我不确信他是否只是一个傀儡，或者是一个骗子——乔治城大学机器翻译的演示似乎总是预先被设计好的；他们为赞助商做了令人印象深刻的宣传，但他们也通过提高没有人可能实现的期望而使气氛恶化。"[22]比如，布斯洋洋得意地把多斯特斥为"美国机器翻译界不太受尊重的成员之一。"[23]也有人无意中听到，多斯特机器翻译项目的同事温弗雷德·莱曼曾将多斯特描述为"语言学领域一个令人讨厌的人。"[24]

然而，多斯特的崛起让所有人都从中受益：他越为机器翻译游说，每个人获得的拨款就越多。作为对苏联斯普特尼克人造卫星的回应而于1958年9月2日通过的《国防教育法》中特别指出，国家科学基金会及其他团体"承担开发新的或改进方法的项目，包括获取科学信息的机械化系统。"[25]同年，陆军和海军也加入到资助热潮中。到1960年，5个独立的政府机构——国家科学基金会、中央情报局、陆军、海军和空军——都在以稳定的增速资助机器翻译。

与此同时，麻省理工学院的维克特·英格夫及威廉·洛克致力于建立一个由机器翻译研究者组成的专业社区。1954年，也就是乔治城-IBM实验的那一年，他们创办了一个期刊《MT：机器翻译》，这是第一本专门讨论该主题的期刊。该刊早期的内容是在洛克办公室的电动打字机上编撰完成的，并最后走向了商业化排版。《MT：机器翻译》只能通过收取版面费来维持这一变化，而资助机构最初也很乐意提供补贴。1962年6月，一个机器翻译专业学会成立了，此时，《MT：机器翻译》已经不定期出版了52篇文章和187份摘要，共计532页。它和英格夫一起搬到了芝加哥，之后又搬到了芝加哥大学出版社，但事实证明，由于成本太高，这本期刊于1970年便停刊了。[26]《MT：机器翻译》的故事是机器翻译事业的缩影：1954年被寄予厚望，获得巨额资助，然后在1965年左右，急剧地崩溃。

但是，在那些涌入机器翻译领域的数十甚至数百位语言学家、程序员、统计学家和工程师看来，灾难还远未到来。机器翻译开始反过来重塑语言学。有些人将机器翻译与结构主义的复兴联系起来。结构主义是几十年前在弗迪南·德·索绪尔（世界语者，《国际科学评论》的编辑勒内·德·索绪尔的哥哥）的学说的基础上发展起来的一种方法论。语言的结构主义分析在战后的大量兴起，通常被认为与诺姆·乔姆斯基在20世纪50年代末那部极具影响力的作品有关，而接受这部作品的读者部分受到了不断涌现的机器翻译出版物的影响。1963年，多斯特指出，"当代语言学中结构主义的发展是建立在机器翻译概念的基础上的，因为如果没有结构化的程序，符号替换或语言的自动转换将难以想象。"甚至他的宿敌布斯也认为："结构语言学作为一门科学已经发展到这样一种状态，即完全有可能设计出足够的程序规则，并以计算机可以理解的术语从一种语言翻译为另一种语言。"[27]结构主义在西方语言学、哲学和人类学中的复兴，完全符合流入机器翻译的大量原始财政支持所营造的环境。

这一点在地缘政治的差异中尤为明显。正如我们在前一章中所看到的那样，斯大林在1950年对语言学的干预，导致了历史比较语言学在苏联的牢固确立。在苏联的背景下，对语言的历时演化与转变的关注有效地抵消了结构主义对语言结构共时分析的强调。斯大林去世一年后,李亚普诺夫启动了苏联的机器翻译。鉴于基于算法的机器翻译过程和语言的结构主义分析之间的共生关系,可以毫不夸张地说,苏联在这个交叉领域的研究拯救了苏联的结构主义,使苏联的语言学成为也许是世界所有民族共同体中最具结构主义特征的语言学。[28]

摘要期刊

我曾将俄语英语语言障碍的故事主要描述为一个美国的故事。在这个故事中,美国科学家和政策制定者面临着苏联技术出版带来的挑战。这种片面地强调与参考的资料的相关:在美国人的著述中,他们更多的是把这个问题当作一个问题来看待。而尽管美国人感到恐慌,他们仍然可以对语言障碍问题不以为然,毕竟,到了20世纪50年代,世界上超过50%的化学等科学方面的出版物都是以英语出版的。苏联人则不能忽视这项工作,因此,他们对语言障碍的处理方法往往比美国人更全面,美国人有时会随意地将苏联的工作视为不合格。对苏联人来说,这不仅关乎语言,也关乎信息的数量和信息的获取。苏联对后两个问题的解决方案将反过来挑战美国对科学信息的组织和分配的态度。

请考虑一个看似简单的问题:你是如何了解发生在你实验室之外的科学发现的?不管是在大街上,还是在大洋彼岸(假如这是在没有互联网、在线数据库和搜索引擎的时代。)一种方法是选择你所在领域的主要期刊,然后定期翻阅每一期,研究它们的目录,阅读许多的摘要,并重点关注相关的文章。当然,如果一篇文章引用了一篇来自常规期刊以外的重要论文,那么就会引出另一篇文章,而沿着这些引文提供的线索进一步检索文献,就可以丰富你的研究。但是,这种方法是非常不完善的,除非另外一位科学家碰巧有一个更广泛的文献库并将其发表出来,否则你很有可能会错过自己领域内的重要文章。必须有一个更好的方法才行。

这种方法就是：摘要期刊。英文中最全面的摘要期刊是美国的《化学文摘》（该刊覆盖的期刊数量在两次大战期间超过了德国的《化学文摘》）。美国《化学文摘》的编辑们考察了大量以不同语言出版的期刊，随后请了大批化学家对所负责期刊中的文章进行总结，并向他们支付每份摘要的费用。这本期刊使用起来就像一个庞大的索引，但是，这个方法存在3个困难：规模、速度和范围。《化学文摘》非常庞大。到20世纪50年代末时，每期年刊会出版100000份摘要，密密麻麻地印刷了10000页；甚至索引也有5000页之多。[29] 这些卷宗处理起来，光是在身体上都是一件苦差事了，更不用说从中提取有用的信息了。与之相关的是时间问题：文章越多，需要涵盖的期刊就越多，为当年的期刊编制摘要的耗时就越长。此外还有范围问题：《化学文摘》局限于化学领域（尽管关于这一点有着宽泛的理解）。摘要期刊能够固定下来吗？

到了20世纪50年代末，在铁幕两边的科学家看来，苏联人已经做到了。长期以来，俄国人一直都在进行摘要工作，但是并不完备。第一本俄文摘要期刊《物理、化学、自然史和技术发现指南》出版于1824—1831年，尽管其标题很不全面，寿命也很有限。在俄国，个别领域也有他们自己的摘要期刊：1874—1914年有一份医学摘要期刊，1883—1916年有一份铁路工程摘要期刊，但"一战"和俄国革命让它们走向了终结。在苏维埃政权的第一个十年里，科学信息系统化方面的工作几乎没有展开。1928年1月9日，苏联成立了一个科学文献索引编纂和出版委员会，旨在出版所有苏联出版物的摘要，但在材料获取非常困难的压力下，它很快就陷入了困境。20世纪30年代，几个领域的摘要期刊得以恢复，但战争的到来再次结束了许多项目。医学摘要于1948年回归，但其他学科仍然没有摘要期刊。[30]

之后，在1952年6月19日，苏联科学院专门成立了一个研究所，来负责整理和出版世界各地科学出版物的信息，不久，苏联部长会议[①]中的国家新技术引进委员会[②]共同分担了这项工作。这个新机构被称为全俄科技信息研究所，其俄语缩写为"VINITI"。起初，VINITI 的核心产品是《文摘杂志》——李亚普诺夫从该刊了解到了乔治城-IBM 实验，这本期刊对国际文献进行了认真的筛选。与之相比，它的西方对手很快便黯然失色了。从 1956 年开始，VINITI 还出版了《信息速递》，将西方的重要文章和小册子翻译为俄语，1957 年，又出版了专著系列《科学技术前沿》。该研究所还发行了大约 300 份西方期刊的影印本（如美国的《物理学评论》），它们除了纸张质量明显较差外，与原版完全一样。1966 年 11 月 29 日，VINITI 还控制了联盟各共和国内的所有科学信息服务机构，按照一个英国代表团的说法，它成了"世界上最大的科学信息中心"。在第一个 10 年结束时，VINITI 的固定员工达到了 2500 人，这还不包括在其出版社工作的人员，以及每年为其提供 70 余万份摘要的 22000 名专家。[31]

VINITI 旨在将语言障碍的 3 个方面全部解决。通过集中信息和重印外国期刊，它可以更轻松地驯服呈指数级增长的全球科学信息，并允许在苏联境内获取外国科学期刊。至于语言方面的障碍，《文摘杂志》绕过了它。16 种附属的摘要期刊（按学科划分，化学是其中规模最大的）的每份摘要都有相同的形式：俄文标题、以俄文转写的作者姓名、原文标题、原文中的作者姓名、期刊名称、出版年份、卷号、期数、页码、原文所使用的语言、俄文摘要以及摘要者姓名的首字母。所有的外语文本都以原始的排版方式翻印，无论其书写系统是西里尔文、拉丁文、阿拉伯文、梵文还是中

---

① 译者注：苏联部长会议是 1946—1990 年苏联国家权力的最高行政机关，即苏联政府的一部分。其前身是 1917 年十月革命胜利后建立的苏联人民委员会。该机构由众多部委和主管机构组成。

② 译者注：国家新技术引进委员会（俄语为：Gostekhnika，英文为 the State Committee for the Introduction of New Technologies）1948 年建立，1965 年被国家科学技术委员会（Gosudarstvennyi Komitet po Nauke i Tekhnike—GKNT）接管，后者于 1991 年被废除。

文。[32]苏联科学家预计要掌握几种外语，事实上他们很多人都做到了，但VINITI仍然将世界上85%的科学文献翻译为西里尔文，以便一切都能以标准化的形式呈现。[33]

正如人们所料，这样一个企业很难无限期地发展下去。到了20世纪70年代末，《文摘杂志》失去了优势，VINITI也在资源和人员方面变得越来越紧张，其覆盖面稳定在每年130万份摘要的惊人水平，而科学文献则以更快的速度如雨后春笋般涌现。[34]但在20世纪50年代、60年代，VINITI是美国的科学规划者们羡慕的对象，它清楚地证明了苏联为什么能够在太空竞赛中占据领先地位，并在科学家和工程师的培训方面超越了美国。美国在机器翻译方面的巨大投资，必须在西方观察家痴迷追踪苏联科学信息工作的总体背景下加以理解。就在苏联人将大量资金投入自动翻译的同时，美国人认为他们需要做些别的事情来超越（或至少跟上）苏联人。在美国的政治气候下，完全的中央集权是不可能的，不过，即使是部分的干预，以弥合语言的差距，也会是受欢迎的。

零售、批发及福利翻译

根据20世纪50年代的科学报道，机器翻译在冷战时期科学语言的故事中扮演了主要的角色。然而，随着这十年的发展，另一项不起眼的工作开始在其中扮演愈加重要的角色，即直接通过人工将俄文文章翻译为英文。机器翻译侧重于语言障碍的语言方面，而人工翻译则通过向读者提供他们能够读懂的译文来增加资料的获取途径。（然而，这两种方法都被数量所困扰：材料越多，需要翻译的东西就越多，而且越难跟上进度。）当然，训练美国人阅读科学俄语的背后，是想让每位科学家都成为自己的译者。翻译期刊被认为是一种权宜之计。

如果你想阅读一篇安东·契诃夫的短篇小说，但又不懂俄语，你通常会找一本能看懂的译本。因此,毫不奇怪,从很早的阶段开始,翻译精选文章的观念就被视为冷战时期翻译危机的一项补救措施。从20世纪30年代末开始,一个由美国石油公司组成的财团就雇佣了苏联科学的主要文献学家之一托尔平,来编辑并私下分发翻译后的目录、摘要和苏联有关碳氢化合物和石油化学的精选文章,这项工作持续了8年。[35]消费者的共同利益推动了对翻译内容的选择,而该行业的雄厚财力为巨额成本提供了资金。[36]

对于联邦政府来说,挑选问题更令人担忧。"二战"后,它将译本的编辑挑选工作外包给了那些很可能更懂行情的人。例如,美国数学学会在1948年启动了一项计划(由海军研究办公室资助):将最新的苏联数学中最重要的部分翻译出来。此外,在长岛新成立的布鲁克海文国家实验室也开始翻译重要期刊的目录,但他们很快发现,即便是这些数量有限的资料,也让他们感到应接不暇。[37]为了汇集私人委托的翻译,国家科学基金会在国会图书馆资助了一个翻译中心(以及哥伦比亚大学针对原子能的精选文章翻译计划),该翻译中心是在纽约专业图书馆协会开发的《翻译索引》的基础上建立而成的。1953年,纽约专业图书馆协会的翻译库搬到了芝加哥的约翰·克瑞拉图书馆,并在1956年完全承担了国会图书馆的职责,每月发布由他们保管的译文目录。[38]英国科学和工业研究部尝试了一种将翻译库和翻译服务混合起来的模式:如果两名或两名以上的研究人员分别要求翻译同一篇文章,国家将为此付费,并将译文存入系统,以供通用的访问。[39]这些方法存在两个固有的缺陷:其一是缺乏系统性,编辑们跟随自己的兴致随意选择翻译的内容;其二是不及时,因为当译文被保存和编辑时,其他人可能已经将其委托翻译了,或者信息可能已经过时了。

厄尔·麦克斯韦·科尔曼——一个自认为"没有任何翻译技能的人",无意中走进了这个摇摇欲坠的技术翻译世界,并在1946年与妻子弗朗西斯·科尔曼（以 100 美元的微薄资金）创立了一个名为咨询局的出版公司。那一年，科尔曼得知有 21 吨的德国技术文件被缴获，并意识到可以通过把这些资料翻译为英文来赚钱。科尔曼找到了美国石油学会，该学会拥有 100 卷、每卷 1000 页的德语技术报告的缩微胶卷，科尔曼向他们提出了一个前所未闻的价格方案：每千字 2 美元，而不是按照行业标准，每千字支付 12 美元（科尔曼付给他的员工 10 美元），但如果有多个订单，价格将逐渐降至最低每千字 50 美分。也就是说，通过分摊翻译的内容，只有订单足够多时，他才能保证自己的利润。在这种约定下，科尔曼一直在亏损，而他的翻译人员却在不断增加。随后，科尔曼产生了新的想法："尽管我让他保持全力以赴的工作状态，但我还是以自由职业者的工资水平向他支付报酬。这就好像在一个周薪 50 美元的世界里，我是按照每周 1000 美元的价格给他支付工资的。"科尔曼跑回办公室，大幅削减了工资：从 10 美元降到了 4 美元——一个自由职业者难以维持温饱的工资。"他[①]对此抱怨连天，发誓说他要辞职。但他从未这样做。毕竟，他还能在哪里得到这么多的工作呢？这才是关键所在。"通过将翻译变成流水线的劳动，科尔曼改变了这个行业的经济状况。他雇佣了更多的翻译人员，并在 1947 年按照他职业生涯结束前一直坚持的规则对这项工作的要求进行了规范化的描述：

1）必须以英语为母语。

2）必须掌握目标语言：你学过它，或者，你的家人可以很流利地说它。

3）如果你要翻译化学，你必须是一名化学家，或者至少要有化学方面的高级学位。

4）尽管上述要求令人印象深刻，但你必须愿意以每千字 4 美元的薪酬

---

① 译者注：指科尔曼公司的翻译人员。

为我工作。薪酬如此之低意味着：你必须能够快速翻译，否则将无法赚到足够的钱以维持你的兴趣。"[40]

1949 年，也就是沃伦·韦弗写下关于机器翻译备忘录的同一年，科尔曼彻底改变了科学出版业。他发展了一个新的行业，但却没有市场。其中的困难来自两个方面：首先，他专注于德语，但市场对德语的需求并不足；其次，他生产的译文太过零散，其内容互不相关。他决定在这两方面作出改变："我猜想，假设你翻译了一整本的俄语杂志。"[41]在位于纽约市西 33 街 153 号的咨询局办公室，科尔曼决定翻译整期的《苏联普通化学杂志》（大约一个世纪前，门捷列夫曾在该杂志上发表文章，尽管刊名此时已发生改变）。该刊 1949 年第一期的英译本于当年 11 月出版，比俄文原版晚了 11 个月，共有 13 个订阅者。科尔曼通过借钱来维持他的生意；他在 5 年之内出版了 5 本期刊，7 年之内出版了 12 本，这些期刊完全是在他自己的公司内部发行的。科尔曼已经成为科学出版界最有权势的人物之一。[42]

科尔曼按照工厂的模式建立了咨询局。首先，俄文原版刊物通过空运送达，接着，邀请译者从中挑选出特定的期刊，之后，由编辑人员进行分发，并确保没有遗漏，6 周后，再由他们回收译文。这些译文经过统一编辑行文格式后，会再转给译者复审，然后进行排版，并在 6 个月后上架。[43]通过使用这种大规模的生产模式，科尔曼将翻译费用降低到了每千字 18 美分，也就是不到 1946 年的 2%（未考虑通货膨胀因素）。[44]这些薪酬低得惊人的译者是谁？1970 年对科尔曼团队进行的一项研究发现，他们中的大多数人都拥有博士学位，并在业余时间从事翻译工作，但也有一些从一开始就在那里工作的全职译者。这群人每年从俄文原版期刊中翻译出 34000 多页的英文译文。[45]

这些期刊的译本并不精美。它们最初是用 8.5 厘米 ×11 厘米大小的纸张出版的——比排版紧凑的原版期刊使用的纸张还要大，只不过是一些装订好的油印文稿而已。虽然在"1949 年 9 月"那期（1950 年的某个时候出版）的开篇，目录列出了两套页码，但译本中的页码与苏联原版并不一致。图片也是粗劣的油印版，所有注释均为俄文原文，并附在文章末尾，而不是像在苏联那样置于文中。到第二年时，翻译后的期刊包含了作者、主题以及有机化学实验式的索引。这些译本也不便宜。科尔曼收取的费用为：每篇文章 7.5 美元，每期 12 美元，全年 95 美元（按 2014 年计算，将近 940 美元）。咨询局非常重视"全刊翻译"：没有对文章进行挑选，而且苏联原版期刊的一些特点（对元素周期表的高度关注、优先权追求中的民族主义倾向、讣告、历史文章）都被忠实地再现出来，没有添加任何评注性的文字。

真正的问题是：作为译本，它真的有那么好吗？很少有美国化学家能够阅读俄文原稿，所以这是他们能看到的最好的产品了——但是，美国化学家能从科尔曼的产品中得到准确的翻译吗？这里，让我们分析一篇随机挑选出的关于硫化乙烯与胺类化合物反应的文章，这篇文章由布拉兹所写，取自第 3 年（1952 年）的出版物。在译文中，可以看到这样一句话：

"正如我们所期望的那样，硫化乙烯与二乙胺的表现类似。当在室温下将新蒸馏的硫化乙烯加入到含有二乙胺的甲醇溶液中时，不含氮的聚合化合物的白色析出物便在几分钟内开始沉淀，沉淀过程在几小时内完成。"[46]

以下是我完全按照这段话的俄文原文进行的直译：

"正如人们所期望的那样，与二乙胺相比，硫化乙烯也有着类似的表现。如果在室温下将新蒸馏的硫化乙烯加入到含有二乙胺的甲醇溶液中，那么在几分钟内就开始分离出不含氮的聚合化合物的白色沉淀物，这一过程将在几小时后结束。"①[47]

可以看出，上面这段译文没有什么可挑剔的。但是，在这篇文章的中间部分，当作者描述其核心的实验过程时，我看到了以下内容："这种溶液在室温下静置 5 天后，将其在氮气流中分馏，结果产生了 60% 的 β- 苯氨基乙硫醇。"[48]以下是俄文原文中的实际说法，由我翻译出来："这种溶液在氮气流中分馏之后，再在室温下静置 5 天，会产生 β- 苯氨基乙硫醇，产出率为 60%。"②[49]这里列出的化学生成物是不同的，但实际上它们是同一种化合物，而译者在整篇文章中对它的表述都不一致，有时使用现代化的名称，有时却使用较旧的命名法。这可能是排版人员的错误，也可能是仓促翻译的结果——无论如何，对于读者来说，这篇文章充其量只是一种困惑。正如同时代人所指出的那样，这个问题恰恰在该领域是无法消除的："有机物命名的问题源于错误的翻译。这种类型的错误在编辑中极难发现。"[50]然而，读者有什么选择呢？他们无法检查俄语原文。全刊翻译中这样的错误比比皆是。

很快，全刊翻译便得以普及。关于全刊翻译历史的现有的学术成果强调了美国物理联合会在国家科学基金会支持下的大规模翻译行动。[51]1955年，美国物理联合会向 300 名物理学家发送了一份调查，以了解他们对于提供完整的或精选的翻译的看法，其中有 269 人作出回复，最终的调查结果是："（a）绝大多数人赞成建立俄英翻译服务；（b）认为对苏联期刊的完

---

① "Как и следовало ожидать, аналогично ведет себя этиленсульфид и по отно-шению к диэтиламину. Если к раствору диэтиламина в метаноле прибавить при комнатной температуре свежеперегнанный этиленсульфид, то уже через несколько минут начинается выделение белого осадка не содержащих азота полимерных соединений, заканчивающееся через несколько часов."

② "При стоянии такого раствора при комнатной температуре в течение 5 суток после фракционированной перегонки в токе азота β-фениламиноэтилмеркаптан получается с выходом 60%."

整翻译优于精选翻译的人远超半数；（c）大约90%的人认为他们或他们所在的机构会订阅此类期刊。"[52]根据这项调查，79.8%的人支持全刊翻译，"因为苏联目前正在进行的研究具有技术价值"，72.3%的人发出了这样的警告："低估苏联的实力——尤其是它取得的科技成果，会给我们的国家带来危险。"[53]

科尔曼通过计算利润率近乎偶然地创造了这个行业，而美国物理联合会在投入资源之前则从各个角度讨论了该行业的合理性。1954年，埃尔默·哈奇森——此人后来成为美国物理联合会的主任，也是1955年调查的幕后推手——提出了一份详细的清单，列出了为什么全刊翻译比精选翻译更具优势的原因：

"首先，精选翻译的项目，其管理和运行要比对期刊以常规方式进行的完整翻译复杂得多。第二，在许多情况下，至少需要翻译摘要，以便决策者能够确定哪些文章应该翻译，哪些不应该翻译。第三，任何试图进行精选的做法无疑都会造成延迟。人们希望，在这个过程建立起来并定期收到空运的书刊稿样后，英文版能在俄文版之后不久推出。此外，由于人们相信所有的东西都会被翻译出来，并且其译文都可以在一本特定的期刊中看到，因此，译本的吸引力会更大，而且会在图书馆和工业组织中找到一个更为现成的市场。"[54]

上述理由在国家科学基金会看来是有道理的，他们承担了第一批期刊的翻译费用，这有助于降低期刊的订阅价格。美国物理联合会为他们的第一份期刊《苏联物理学——实验与理论物理学杂志》（由布朗大学物理学教授罗伯特·拜尔编辑，译自苏联的《实验与理论物理学杂志》）制定的程序，与咨询局制定的生产流程非常相似，那些在凌晨时分进行翻译以赚取尿布钱的物理学家的经历也令人想起了科尔曼的员工。[55]

事实上，美国物理联合会在 1954 年便惊讶地发现，咨询局已经在该领域开展工作——他们已有 5 种不同的期刊在售，而且没有任何政府补贴。美国国会图书馆的一位联络人指出："这项事业或许是成功的，因为它已经进行了好几年。"[56] 在国家科学基金会的支持下，美国物理联合会的经济状况甚至比科尔曼的还要好。一本典型的苏联期刊每页有 500 个词汇；由于科学期刊含有表格、图片和公式，因此每页大约有 300 个词汇。如果一卷期刊有 1000 页（如果放在 1955 年的话，这个数字是合理的，如果是在 50 年代末的话，就远不止这些了），这意味着一年要翻译 30 万个词汇。按行业价格计算，组织翻译一本期刊将花费 6000—9000 美元，但在国家科学基金会的支持下，生产成本可以降至每页 2.5 美分。这意味着当有 150—200 个订阅者时，就可以覆盖翻译所需的费用；有 600 个订阅者时，就可以覆盖制作的费用；有超过 750 个订阅者时，就可以实现盈利，并可以资助一份新的期刊。[57] 到 1956 年时，《苏联物理学——实验与理论物理学杂志》的年度订阅者已经增至 700 人，以翻译 10—12 页的成本出版了 2600 页的翻译材料——这真是一个划算的买卖。国家科学基金会很快同意支持 3 份新期刊：《技术物理学杂志》《苏联科学院院刊》的物理学部分以及《声学杂志》[58]。现在，这项事业已经全面启动，全刊翻译的项目大量涌现。随着每本期刊订阅者的增多，补贴的重要性也随之降低，而这些补贴可以用来翻译新的期刊。如此往复，私人公司也开始加入到这一赚钱的行列中来。1958 年，美国已有 54 个苏联期刊的全刊翻译公司，到了 1961 年，增长到了 85 个。[59]（见图 9.2）想象一下这里正在发生的事情：每个月都有一本厚重的大部头的书到达美国的一个办公室，然后被拆开、分发、翻译、编辑、装订并印刷，所有这些流程都要在 6 个月内完成——每个月会完成数十种期刊的翻译，这种情况持续了几十年。这是世界历史上最大的科学翻译项目。

与此同时，在一些人看来，这也是一场管理和书目上的灾难。无论是在美国物理联合会的内部会议上还是在公开的科学杂志上,抱怨声都不绝于耳,涉及这一事业的方方面面。全刊翻译侵犯版权了吗?(由于苏联还没有加入国际版权公约,这一担忧得以消除。)[60] 美国物理联合会的领导人也非常担心苏联科学期刊中明显带有宣传性的文章。是否应该将这些文章与一般的科学文章一起翻译出来?在这个问题上,多年来双方意见不一,但美国物理联合会最后决定删去这种"非科学"的文章[61]。(这个问题并没有困扰科尔曼;《苏联普通化学杂志》将约瑟夫·斯大林70岁生日时收到的一封贺信直接翻译了过来,没有添加任何评注。[62])。此外,缺乏标准化的问题也困扰着全刊翻译的企业,至少存在14种不同的西里尔文音译系统,不同译者、编辑和期刊翻译的作者名字也各不相同,这使索引和摘要的编制工作难以进行。[63]

两个最重要的问题是延迟与费用。时间上的滞后是不可避免的,因为我们必须等待苏联期刊的出版,再将其翻译出来,并制作成一个全新的期刊。在从事这项工作两年之后,罗伯特·拜尔于1957年1月提到,他的期

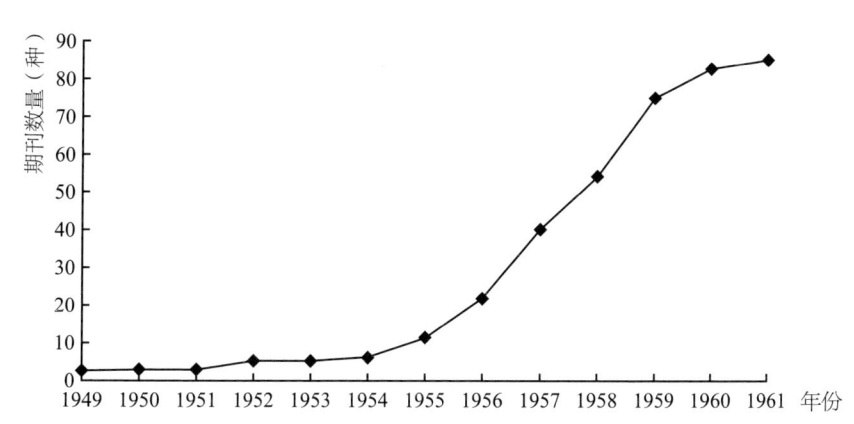

图9.2 1949年(以《苏联普通化学杂志》为开端)至1961年,从俄文到英文的全刊翻译期刊数量分布图。注意1955年美国物理联合会与美国国家科学基金会合作后,进行全刊翻译的期刊数量开始快速增加。引自:Boris I. Gorokhoff, *Providing U.S. Scientists with Soviet Scientific Information*, rev. ed.(Washington, DC: Publications Office of the National Science Foundation, 1962), 15.

刊"比其正式出版的日期晚了7个月。"[64]微观和宏观上的政治因素也是部分原因。1948年,苏联暂时搁置了所有运往美国的科学期刊,因为一项并不明智的规定要求所有的国际邮件都要经过外交部长维亚切斯拉夫·莫洛托夫办公室的审核,从而造成了大量的积压。另一方面,当期刊到达美国时,纽约邮局要对这些材料进行隔离检查,以免其中含有危险的宣传内容。[65]这些小问题很快就得到了解决(相对而言),但它们掩盖了一个更深层次的问题。全刊翻译期刊制作过程中的内在延迟以及冷战的变幻莫测意味着,那些希望立即得到译本的科学家们将不停地自行翻译,这导致了无用的重复,并进一步加重了有限的技术翻译队伍的负担。[66]

成本问题更加严重。《苏联物理学——实验与理论物理学杂志》在1955年有1500页,年度订阅净价为30美元(换算成每页的话是2美分,这样的翻译成本低得惊人)。然而,到了1965年,苏联原版期刊的价格上涨为原来的3倍,这意味着译本的订阅价格必须飙升到90美元(不考虑通货膨胀)才能达到收支平衡,价格的上涨反过来会抑制需求。[67]这是美国物理联合会旗舰期刊的情况,它拥有最丰厚的补贴和最多的读者需求。对于规模更小的一些期刊,如《苏联航空》,全刊翻译的成本达到了俄文原版价格的28倍,而期刊的平均发行量仅为200—300份,远远无法达到收支平衡。[68]尤金·加菲尔德,这位开创了科学引文索引并改变了科学文献学的信息科学家,在1972年对这种做法及政府的干预进行了严厉的批评,那时,全刊翻译已经成为美国了解苏联科学的主要战略:

"由于政府不允许国际科学交流的实际需求影响信息市场,因此,经济及其他自然选择的力量就不会被允许。结果,政府的强制措施产生了一个怪物,它不断困扰着图书馆、科学管理人员,并且归根结底,困扰着养活这个怪物的纳税人。许多研究型图书馆被迫同时购买苏联重要期刊的俄文版和英文版,尽管后者通常在原版出版6个月到1年后才出现。而那些只拥有翻译版本的图书馆经常发现，这些期刊并不像预期那样经常被使用。从文献学上看，这种情况非常可怕。"[69]

实际上，在试图阅读苏联科学的过程中，美国人复制了苏联科学体系中最低效的特点。作为期刊，全刊翻译符合图书馆的传统采购模式（与翻译库不同），却产生了过高的预算和过于拥挤的图书馆，并且没有帮助任何人找到信息，从而加剧了信息过剩的问题。[70]语言障碍已经变成了信息过载。期刊的确是以英文呈现的，但却没有人有时间去阅读。

机器翻译的退出

全刊翻译的困境开始影响到另一个超越语言障碍的希望：机器翻译。当多斯特围绕有机化学的文本语料库开展项目时，他选择了《苏联普通化学杂志》，这样他就可以使用这个现成的双语语料库来输入术语并制定语法算法。全刊翻译将与机器翻译密切合作，从而不需要从头翻译。至少他是这么想的。多斯特很快就了解到，"英文版本并不适用于机器翻译，于是安排了两个人，让他们负责准备一个标准化的译本，这个译本将免去独特的风格特征，并尽可能保持前后一致。"[71]正是由于这本期刊是由不同的人组成的团队所翻译的，所以句法和词汇的对应关系没有标准化，而标准化正是机器所需要的。

很快，学界出现了持不同意见的人，他们提出了尖锐的批评，威胁要推翻整个项目的基本假设。到目前为止，最有力的攻击来自巴尔－希勒尔，这位以色列哲学家早在1952年就在麻省理工学院召开了第一次机器翻译会议。1958年，巴尔－希勒尔考察了西方所有重要的机器翻译机构——他尤其关注乔治城大学的机器翻译项目，因为"在美国或英国，没有其他团体在这方面进行过如此广泛的研究。"——这个行业有200—250人从事全职工作，每年的支出大约为 300 万美元。而在 6 年前，大约只有 3 名全职研究人员，总预算仅为 1 万美元，唯一专门从事机器翻译工作的人是他自己。1960 年，巴尔-希勒尔发表了一份关于这次考察的修订版的研究报告，其中包含了他从西方对苏联研究的描述中得出的结论："全自动、高质量的翻译"——大多数研究项目的既定目标，"不仅在不久的将来不可能实现，而且以后也不可能实现。"语言不可能被简化为算法规则，因为人类不断引入具有严肃语义含义的语境。他举的最重要的例子是"The box is in the pen"（"盒子在围栏里"）和"The pen is in the box"（"笔在盒子里"）的区别，这个例子很快成为经典。我们凭直觉可知，前一句中的"pen"可能是一个有动物的地方（指围栏），而后一句中的"pen"可能是一种书写工具；在这两种情况下，我们都应用了一定的语境知识——这是计算机无法做到的。他并没有放过科学语言："全自动、高质量的翻译不是一个合理的目标，即使对科学文本来说也是如此。"[72] 实际上，巴尔-希勒尔早在 1953 年就说过类似的话（"全自动、高准确度的翻译在近期似乎是不可能的。因此，要么牺牲高准确度，要么牺牲翻译过程的完全自动性"），甚至在 1951 年时他就已经认为"在可预见的未来，高准确度、全自动的机器翻译不可能实现。"[73] 只是现在，赞助人听到了这种观点。

暴风雨即将来临，1960 年 5 月，国会传唤多斯特在一系列关于机器翻译的听证会上提供证明。1959 年 9 月，多斯特辞去了语言与语言学研究所所长的职务，这样他就可以把所有的时间都投入到机器翻译中。不久，他就有了一个操作系统：乔治城自动翻译系统（Georgetown Automatic Translation，GAT）。1964 年，乔治城大学向美国原子能委员会和欧洲原子能共同体交付了为 IBM7090 设计的 GAT 系统，用于将俄语翻译为英语。欧洲原子能共同体一直使用这个系统，直到 1976 年才用 SYSTRAN 系统取代它，而美国人至少在 1979 年之前一直都在用 GAT 系统。机器翻译界对这个系统的评价相当尖刻；一位后来的分析家抱怨道："GAT 系统设计的背后没有真正的语言学理论;而且,考虑到计算机科学的最新进展,这个系统也没有基本的计算理论。"[74]GAT 系统输出的结果仍然需要由学科专家进行后期编辑(尽管他们不一定具有俄语知识)。然而,它的终端用户对他们得到的结果很满意。橡树岭和伊斯普拉地区 92% 的用户认为结果是"好的"或"可以接受的",96% 的人声称他们会向同事推荐机器翻译。[75]

尽管如此,国会还是想知道这台神奇的机器发生了什么。多斯特带着他的团队穿过市中心,向国会小组委员会讲述了机器翻译的进展情况,并又一次进行了演示——现场翻译一段随机选择的化学文本,多斯特的系统大部分都做到了(尽管评估人员花了 4 倍的时间才将译文理解成对应的英文译文的意思)。[76]多斯特还有其他王牌:审查他的两位议员是他在乔治城大学的校友,其中一位曾是他的学生。[77](他总是通过个人关系将工作完成的极为出色。)多斯特只获得了暂时喘息的机会。3 年后,即 1963 年,中央情报局从乔治城大学的机器翻译项目中撤回了所有资金,同年,多斯特离开乔治城大学,前往他的另一个母校——位于洛杉矶的西方学院。[78]不过,他仍然继续为机器翻译游说,并于 1963 年表示(也许是在含蓄地回应巴尔 - 希勒尔的批评):"我们应该接受这样一个事实,即'完美'的翻译既不能通过人工实现,也不能通过机器实现,那么,我们的目标应该是什么呢?"[79]

答案即将揭晓,但并不是多斯特所希望的那样。1964 年 4 月,国家科学基金会主任利兰·霍沃斯要求国家科学院组建一个自动语言处理咨询委员会,"以向国防部、中央情报局和国家科学基金会就外语机器翻译一般领域的研究和发展提供建议。"该委员会由贝尔实验室的约翰·皮尔斯担任主席,并由计算机科学、语言学甚至机器翻译方面最杰出的专家组成(安东尼·奥廷格是成员之一)。自动语言处理咨询委员会在各种获得资助的机器翻译项目中寻找进步和效率。它得出的结论是,让专家们投入较短的时间来掌握俄语会更经济。如果做不到这一点，委托特定的翻译也是一件划算的事情，而且美国稳定的翻译人员足以胜任这一任务。他们认为"翻译领域没有什么紧急之事，问题并不在于通过不存在的机器翻译来满足一些不存在的需求。"

具有讽刺意味的是，机器翻译"不存在"的主要证据正是乔治城－IBM实验的成功。自动语言处理咨询委员会的报告提供了一段俄文经由不同的系统而翻译成3段译文的例子，这些译文都十分糟糕。报告指出"读者会发现，将上述样本与10年前在简单的或精选的文本之上得到的翻译结果（乔治城－IBM实验，1954年1月7日）进行比较是有意义的，因为早期的样本比后期的样本更具可读性。"当年乔治城－IBM实验中那些译文的问题在于它们太完美了："早期对简单的或精选的文本使用机器翻译的结果，如上面给出的那些，具有欺骗性的鼓舞作用，就像一般科学文本的'机器翻译'，一直都令人沮丧一样。"[80]注意"欺骗性"这个词。多斯特的表演技巧已经播下了崩溃的种子。

崩溃确实发生了。自动语言处理咨询委员会的报告于1966年发表，7年之后，对该领域的一项调查显示出一片荒芜，又过两年之后，剩下的3个由政府资助的机器翻译中心关闭了。[81]1965年，机器翻译与计算语言学协会接管了《MT：机器翻译》杂志，并在其标题中加入了"计算语言学"；3年后，该协会将"机器翻译"从标题中删除，并于1970年停办此刊。[82]正如苏联一位重要的机器翻译研究者所回忆的那样，这些连锁反应也跨越了铁幕，影响到了苏联：

"1966年自动语言处理咨询委员会的报告在苏联的影响和在美国一样大。许多项目不再得到资助；机器翻译开始衰落。当局看到了自动语言处理咨询委员会的文件并得出结论：如果美国人认为不值得支持机器翻译，如果他们认为机器翻译没有任何希望，那么我们也不应该继续支持机器翻译。"[83]

苏联人和美国人曾相互激励，在机器翻译方面加大投资，现在他们将同样遭受灾难。机器翻译作为一个领域，直到20世纪80年代才真正恢复。多斯特没能活着看到这一切。他于1971年9月1日在罗马尼亚布加勒斯特的一次会议上突然离世。

占领世界

与此同时，科尔曼这10年过得很好。咨询局毫不费力地发行了新的期刊。到1956年，它无疑已是科学领域全刊翻译出版物的最大生产商。与之相比，《苏联物理学——实验与理论物理学杂志》的编辑罗伯特·拜尔则被迅速增长的苏联期刊压得喘不过气来。他与美国物理联合会主任哈奇森商议，将他们的一些期刊分包给科尔曼的团队。[84]虽然有关咨询局的翻译人员对低工资感到愤怒的谣言四起，但美国物理联合会认为，有限的合作或许值得一试。华莱士·沃特福尔认为，毕竟，"为了提高自己的声誉，科尔曼夫妇无疑将为我们尽心工作。"[85]美国物理联合会将3种期刊分包给了科尔曼，很快，这位出版商就在美国、加拿大、英格兰、波多黎各和印度雇佣了45名全职员工和译员。1958年，为了获得翻译苏联科学的特权，科尔曼成为第一个向苏联缴纳版税的西方出版商。由此，他获得了西方独家版权（并阻止了英国出版大亨罗伯特·马克斯韦尔对其领地的觊觎）。[86]

专业学会（及其政府资助者）与私营出版公司之间的合作关系并不总是顺利的。1965年，科尔曼愤怒地指责拜尔说："美国物理联合会毁掉了翻译领域——首先是因为它付给译者太多的报酬，其次是因为它出版了太过高雅的翻译期刊。"[87]最终，他将一切恢复如初，而译者则继续因为科尔曼的薪酬逻辑而陷入贫困。1966年，美国物理联合会放弃了他们刚刚开始的中文期刊全刊翻译工作，理由是科尔曼可能会接手它，到了1968年，科尔曼开始生产美国物理联合会所有的期刊。[88]到1970年时，更名后的普莱南出版公司仍然是最大的竞争对手。它每年出版72种期刊，包括75000页的文本——其中有62种由其独立出版，8种是为美国物理联合会而出版，其余是为美国数学学会及美国土木工程师学会而出版。科尔曼最新近的竞争对手是纽约市的法拉第出版社，该出版社拥有29种期刊；其次是伦敦的科学信息咨询公司，该公司拥有9种期刊。科尔曼控制了一半以上的全刊翻译市场。[89]

事实上，这个市场正准备占领整个世界。在评估全刊翻译的全球范围时，我们必须要小心，因为这个行业的某些特征是美国特有的。在1968年出版的162种此类期刊中（在2600—4000份的苏联科学期刊中，这仅占了很小的一部分），约有85%是由美国人生产的，其余都是由英国人出版的（只有两份除外，一份是加拿大的一本关于北极的期刊——《北地问题》。另一份是法国一本关于地质学的期刊——《地质勘探与保护》，这是唯一一本非英文的期刊）。[90]仅在1960年一年中，美国政府就通过国家科学基金会，至少部分资助了45家独立企业。[91]

然而，尽管机器翻译与全刊翻译都有明显的美国特色——大量的冷战资金、对苏联科学的持续关注、对英语的压倒性强调，但是，后一项事业的长期存在被证明在很大程度上得益于美国以外的因素。1954年，弗朗西斯·科尔曼解释说，如果《苏联普通化学杂志》被迫只依赖其国内市场，它将永远无法存活下来。"但是，随后，来自荷兰、法国、印度、日本及其他地方的订阅与咨询源源不断地到来。我们意识到，这些译本不仅将在我们预想的英语国家中发挥作用，而且在其化学家不懂俄语，但懂英语的那些国家中也会有市场。"她指出："在第一年结束时，我们有一半以上的订阅者来自非英语国家。"[92]在乔治城-IBM实验的同一年，咨询局将这本期刊寄往了17个不同的国家，它们拥有11种不同的母语。美国物理联合会也发现了同样的情况：到1965年时，有三分之一的订阅者来自美国以外的国家。[93]

这是全刊翻译与机器翻译的一个重要区别。机器翻译，无论多么国际化，都完全专注于文本的生产，而建立在私营企业基础上的全刊翻译，从一开始就需要考虑为他们的产品创造消费需求。机器翻译对国家支持的依赖意味着，当自动语言处理咨询委员会让资助机构停止拨款时，它就没有什么可以依靠的了。多斯特的梦想是纯粹通过语言手段超越科学的巴别塔，而不关注信息的数量或信息的获取，这个梦想已然破灭。与此同时，翻译期刊也在国外传播开来。如果你是巴基斯坦、意大利或巴西的科学家，你必须同时关注美国和苏联的科学。而美国人则不用学习两种语言，他们已经可以完全依靠英语立足于世，因此，英语作为默认的科学语言变得越来越流行——不是了解苏联人在做什么，而是作为了解苏联人在做什么的一种工具。

有趣的是，这一结果在美国科学政策的基础性文献——范内瓦·布什的《科学：无尽的前沿》（1945年）中就曾有所预示。在讨论将俄文翻译为英文时，作者指出"由于这样的工作不仅对美国的科学普遍有益，而且很可能促进英语在其他国家的使用，因此，应当建议美国政府考虑解决这类项目所需的费用。"[94]在第二次世界大战之后，美国制定了一系列的决策，以应对苏联科学带来的挑战，这些决策开始打破平衡，并使英语以压倒性的优势成为一种垄断全球的科学语言。这一点在美苏之间的冷战战场上最为明显，在这里，几乎所有领域的科学出版物都曾由德语主导。

› 289

第十章

铁　幕

"即使是同一民族、使用同一语言的人们之间也存在着教育、培养、天赋和个性方面的障碍，这些障碍阻碍着他们之间的充分沟通和理解。"①

——赫尔曼·黑塞[1]

1945年5月，德国再次战败。回顾历史，在1648年《威斯特伐利亚和约》结束了宗教战争后，构成神圣罗马帝国的德语公国分裂成了遍布欧洲大陆中部的多个缓冲国，从那时起，历史之箭似乎指向了越来越大的统一。首先，普鲁士吞并了较小的公国和王国，到19世纪60年代，它已可以挑战德意志地区的政治重心：哈布斯堡帝国的所在地维也纳。然后在1871年，大多数讲德语的国家统一为了德意志帝国，这一新的大陆帝国成了奥匈帝国的竞争对手，同时也引起了法国和英国的恐慌。更加令人惊愕的是，1938年，奥地利被并入了可怕的纳粹德国。现在，这一切都结束了；奥地利独立了，德国分裂了——但还没有人确定如何划分德国。

战后的德国分为了两部分。严格来讲，德国已经向反法西斯同盟投降，这一同盟在美国、苏联、英国和法国4个大国组成的理事会领导下管理着德国这个被占领的国家。这些国家也各自控制着一个单独的区域（法国的

---

① Auch zwischen Volks- und Sprachgenossen stehen Schranken, die eine volle Mitteilung und ein volles gegenseitiges Verstehen verhindern, Schranken der Bildung, der Erziehung, der Begabung, der Individualität.

区域是从英国的区域中划分出来的，以示欧洲的礼让精神）。由此，被占领的德国立即成为多语言区，在其投降后，全国范围内掀起了德英、德法、德俄词典的热潮。[2]而对于占领国来说，彼此之间的交流仍然困难重重，尤其是美苏之间。懂俄语的美国人很少，反之亦然；通过德语这样的第三语言进行交流，也几乎没有什么效果。[3]

然而，交流对于任何形式的战后解决方案都是至关重要的。以苏联为例，他们于1945年6月6日成立了代理政府——驻德苏联军事管理委员会，由格奥尔吉·朱可夫元帅领导。朱可夫直接或通过他的副手瓦西里·丹尼洛维奇·索科洛夫斯基上校和伊万·亚历山德罗维奇·谢罗夫，在他们位于柏林西南的波茨坦总部指挥着8000人的苏联军队，辅之以分布在整个苏占区的273000名步兵、29000名空军、2700名海军、20000名驻德苏联军事管理委员会特种兵，以及20000名苏联内务部步兵。[4]以上是苏占区的情况，该区域的中心是柏林市，它被分成4个区，成为战败德国的一个缩影。3个西方大国，尤其是美国的核心关切之一是谈判进入柏林的通道问题，而苏联将其限制在一条公路和一条铁路线上，声称苏军的复员工作占用了其余的过境点。[5]这很快成为冲突的永久根源，并导致苏联于1948年6月24日关闭了进入柏林的通道，以及随后英美开始向柏林西区空运食品和燃料。柏林的封锁标志着德国将成为两个国家：西部的德意志联邦共和国以及东部的德意志民主共和国，它们分别处于美国和苏联的控制之下。1961年竖起了同名的柏林墙，它就像是温斯顿·丘吉尔1946年3月提出的文学性概念"铁幕"一样将柏林分割开来，并标志着柏林将成为冷战的首都。

1945年夏，在制定治理德国的短期计划时，这种冲突就有所预示。从前两章可以看出，美苏都通过他们的母语来管理各自的区域。美国和英国办事处的工作几乎都是以英语进行（少数官员除外，他们在到达该国之前碰巧会说流利的德语），这与其说是由于禁止往来（这项政策在

1945年7月14日取消），不如说是由于社会和经济的隔阂，以及一些美国人对德国的纳粹暴行怀有的强烈敌意（这一点与德国人对占领的怨恨相呼应）。[6]

事实上，驻德苏联军事管理委员会也基本采用单语管理，尽管官方对这一情况感到相当不适。该机构的领导层多次试图让官员们学习德语，但常常以失败告终。1946年3月，该机构曾颁布一项要求学习德语的命令，但很快就不了了之；在马格德堡报名参加德语课程的30名官员中，真正来上课的不超过三分之一。许多在抵达这里时已经会说德语的苏联人在双重负担下工作：他们主要是犹太人，而且他们经常交到德国女朋友（这当然与他们的语言能力有关）。1948年中期，苏联召回了一批真正能够与当地人交谈的人。随之而来的是更多的学习德语的命令，以及更多的搪塞。[7]

如果说当时的德国在语言上和政治上都是分裂的，那么许多德国人担心，科学的状况甚至更糟：科学没有什么可分裂的，因为它已经被摧毁了。德国当地的科学家很难评估事态进展，因为区域壁垒和审查制度阻碍了他们的出行和邮件通讯，科学出版也几近崩溃（战后纸张短缺加剧了这种状况）。[8] 外国观察员埃文斯在《物理杂志》（一份试图在废墟中重新绽放的期刊）上描绘了一幅物资亟待解决的画面："所有的科学教育和研究材料都严重缺乏，书籍没有了，科学期刊停止发行，实验室的常规需求——试剂、仪器以及其他每一种材料，甚至是最简单的材料——都几乎无法满足。当这些材料需要从另一地区运送时尤其如此；而如果所有材料都需从国外获取，困难就更大了。"①[9] 除了战争结束时造成的满目疮痍和大规模的流离

---

① "Dazu kommt der schärfste Mangel an allem wissenschaftlichen Unterrichts-und Forschungsmaterial. Bücher sind nicht zu haben, wissenschaftliche Zeitschriften haben ihr Erscheinen eingestellt, Reagenzien, Apparate und jedes andere, auch das einfachste Material, der laufende Bedarf des Laboratoriums ist fast unerreichbar, besonders wenn die Lieferung aus einer anderen Zone erfolgen muß; die Schwierigkeiten könnten nicht größer sein, wenn alles aus dem Ausland bezogen werden müßte."

失所之外，德国科学界的几位战时领袖也被盟军拘留，等待着对其战争罪行的裁决。德国科学界的格局开始发生变化，例如，在西方，绿树成荫的哥廷根逐渐取代气氛紧张的柏林成为物理学的中心。适应战后世界给德国人带来了巨大的心理和生理困难。[10]

德国科学能否恢复？这部分取决于作为科学语言的德语能否经受住占领政策的冲击。1951年，研究苏联文献的美国专家指出："德国科学对俄国有机化学研究的影响从工业化初期（1920年代末）的59%下降到了现在的30%—36%。当前，俄国化学家使用的本国文献已和德国文献一样多。"[11]在苏联，由于战争的到来，德语知识的崩溃十分严重，以至于战后的分析家不得不放弃所有关于德语实际使用人数的统计数据，并通过猜测拼凑出现状。[12]与此同时，新兴的联合国承认了5种官方语言——汉语、英语、法语、俄语和西班牙语（1973年增加了阿拉伯语）——显然将德语抛在了后面。这似乎是合理的，因为德国战败了，它不会再作为战后世界秩序的设计师发挥作用。但是，当联合国教科文组织允许意大利语享有有限地位，也允许印地语享有官方地位，却明确拒绝给予德语这种在教育、科学及文化方面都取得巨大成就的语言任何地位时，我们很难不把这看作是战胜国的一种惩罚行为。[13]

虽然德国作为一个国家，乃至作为一个世界大国的地位明显下降，但许多德国科学家认为他们可以通过重建德国科学来为德语保留一些文化力量。这门科学不止一次，而是两次从纳粹的废墟中重建起来：在日益美国化（和英语化）的西方科学机构下，重建为联邦德国的科学；以及在苏联的资助下，重建为带有苏联和苏联语言印记的民主德国科学。本章探讨了美国和苏联之外的冷战科学的发展，记录了德语作为科学语言的持续衰落（尽管有许多英勇的努力来挽救它）。随着基础设施和政治方面的巨大变革，科学德语漫长而动荡的故事似乎就要结束了。

联邦德国的去纳粹化

本书中语言转变的主要机制是教育,被占领的德国也不例外,尽管那里的教育变化受到了西方盟国和苏联去纳粹化政策的独特要求的强烈影响。[14] 教育是战后按照超级大国的形象对科学进行更广泛重建的突出案例。美国人投入了大量资金,在欧洲建立了一种西方的科学,这种科学与美国紧密相连,而且以英语为主要语言。例如,马歇尔计划对科学的援助,直接导致法国基础设施的重新定位:从超中心化的巴黎转向各省,并转向更大规模的英语出版。与此同时,哥伦比亚大学物理学家伊西多·艾萨克·拉比——一位值得信赖的科学顾问,游说将新生的"联邦德国"科学纳入与北大西洋公约组织国家的合作中。[15]

为了实现拉比的目标,他们需要德国科学家。当然,问题在于如何在德国的大学中留住一些对美国友好的学者,此时这些机构已经并入了纳粹的基础设施,并拥有众多的纳粹党员,这些人即使没有因为战争罪受审,至少也应该被解雇。(当然,一些专家,特别是火箭工程师,被苏联人和美国人"偷"走了。)去纳粹化的影响是巨大的,其导致的解雇人数是希特勒1933年《公务员法》的两倍,原因很简单,"二战"结束时,接受高等教育的纳粹党员比纳粹德国成立之初在这些岗位上的犹太人多得多。海德堡大学解雇了72名教师,法兰克福大学解雇了33名,规模较小的埃尔朗根大学解雇的人员也多达30名(占其教学人员的27%),等等。[16] 在布雷斯劳大学被割让给波兰(布雷斯劳后来更名为弗罗茨瓦夫),以及柯尼斯堡大学被割让苏联(柯尼斯堡后来更名为加里宁格勒)之后,苏占区剩下的6所主要大学失去了大约75%的教授和大约80%的兼职教师,这种情况在柏林尤其严重,那里许多"干净的"学者直接逃往了西方。超过85%的被解雇的教师再也没有回到东部苏占区的高等教育中去。[17]

重开大学是当务之急，这不仅是为了恢复常态，也是为了培养能够重建未来德国（或者应该说，两个德国）的精英队伍。尽管美国、英国和法国的占领区重建为了联邦德国，但是该地区的教育事务仍被分配给各国酌情解决，因此西部占领区的战后补救措施差别很大。[18]例如，法国人认识到他们在政治或经济上无法与美国人竞争，因而通过关注"文化"来强调其占领行为的仁慈性，并在美因茨迅速重建了恺撒·威廉化学研究所。[19]哥廷根大学的校长在战后估计，在西部占领区的 16 所大学及 8 所高等技术学校中，只有 6 所相对完好，有 6 所损失过半，另有 8 所学校的基础设施减少到了战前的 25%—30%。（例如，明斯特大学损失达 80%，慕尼黑大学损失 70%，维尔茨堡大学同样损失了 80%。）北部的英国人可能面临着最大的破坏，因为鲁尔工业区遭受了无数次的轰炸；尽管如此，他们还是在 1945 年年底前重开了所有的大学，从 9 月 17 日重开未受影响的哥廷根大学，一直到 12 月 12 日重开科隆大学。[20]

西柏林是一个特例，它被苏占区包围，因而促进了更大程度的自治，并导致对战时和战前教育系统进行了最彻底的改革。[21]其中最重要的努力是 1948 年 12 月在封锁中的达勒姆建立了柏林自由大学，这个绿树成荫又十分安谧的地方正好位于美国占领区的中心，长期以来一直是精英科学传统的发源地（例如，1938 年在那里发现了核裂变；弗里茨·哈伯的恺撒·威廉物理化学研究所也在附近。）柏林自由大学在很大程度上由德国人组织和管理，其语言重点是德语。几年后，当外国学生涌入时，他们被要求学习两个学期的德语，此外，几乎所有的教学都是用德语进行。[22]这里的毕业生被告诫说"学位论文必须用熟练的德语清晰地撰写出来。"①[23]另一方面，20 世纪 50 年代的访问学者却用各类语言进行授课——一位西班牙艺术史学家用西班牙语授课，许多人文学者用英语授课。然而，自然科学

---

① "Die Dissertation muß klar und in gutem Deutsch geschrieben sein."

院系却几乎只接受以德语进行的交流,他们会优先接待讲德语的瑞典人和美国人(其中许多是移民)。美国的政策与德国草根阶层的努力相辅相成。与其委派美国教授到德国短期任教,不如优先安排德国学生到美国学习,讽刺的是,这正是对两次大战之间被纳粹破坏的博士后交流网络的一种反转。[24]

活跃在被占领的德国的科学家们认识到,德国的变革,特别是民主德国和联邦德国之间正在出现的分裂,是他们无法控制的:"我们什么都改变不了,我们的杂志,我们将德国物理学家的团结和联系作为最崇高任务的《物理杂志》,对这种发展也完全无能为力。"①[25] 1946 年秋天,英国当局允许在哥廷根成立一个新的德国物理学会——"英占区德国物理学会",马克斯·冯·劳厄作为留在纳粹德国但不与纳粹政权合作的"好的德国人"之一,而被任命为学会主席。奥托·哈恩则被选为马普学会主席,该学会的前身是恺撒·威廉学会。哈恩和冯·劳厄都是在联邦德国的环境下工作的,令占领当局沮丧的是,与惩罚过去的政治"错误"相比,他们更感兴趣的是重建科学共同体。[26] 其他"一战"后的机构也适应了这个新的、受限制的德国。德国科学应急协会最终转变为德国研究协会,该协会为研究提供联邦资金,且不通过有纳粹背景的机构进行工作。[27] 最后,新的出版物,如《物理杂志》和《自然研究杂志》一跃而起,填补了因推迟批准的《物理年鉴》《物理学杂志》等老牌德语期刊的去纳粹化续刊而造成的空缺。[28] 联邦德国科学在很大程度上失去了它的国际性。例如,参加德国物理学会会议的外国人从 1950 年开始减少了。[29] 这些会议现在是用德语举办的,而且是为德国人举办的——好吧,是一半的德国人。

---

① "Wir vermögen nichts daran zu ändern, und unsere Zeitschrift, die den Zusammenhalt und die Verbindung der deutschen Physiker zu ihren vornehmsten Aufgaben zählt, ist gegenüber dieser Entwicklung völlig hilflos."

民主德国的苏联化

对柏林实施封锁的 1948 年,从此,德国分为不同阵营的两个国家:德意志联邦共和国和德意志民主共和国(以下简称联邦德国和民主德国)。德意志民主共和国对苏联的巩固计划至关重要:它是通往西方的非斯拉夫门户,是社会主义进步的展示窗口,而且在纳粹的废墟上经过适当修复后,也可以为新的政体提供动力的工业引擎。[30] 它还是有着历史最悠久的教育基础设施的战后卫星国,因此,驻德苏联军事管理委员会以及后来的德国统一社会党①对那里的高等教育进行了比华约其他任何地方都更广泛的改革。[31] 作为对比,化学工业则与其纳粹前身保持着巨大的连续性。[32]

总体来讲,民主德国高等教育的改革是仿照苏联高等教育的模式,后者在 20 世纪 20 年代就已经完成了自己的布尔什维克改革。[33] 在适应了去纳粹化带来的巨大人事清洗和纯粹的人员外迁之后,民主德国取得的成果确实显著。1951—1955 年,德国高等教育中技术科学专业的入学人数增加了 463%(为防止有人认为这么做仅仅是为了适应被占领后的稳定,可以参考人文学科,其入学人数只增长了 112%。)[34] 普鲁士科学院也被完全改造,到 1969 年时,它从一个全德的荣誉机构完全转变成了一个社会主义研究机构。为了对抗柏林自由大学的显著成功,普鲁士科学院和柏林大学(后更名为洪堡大学)被赋予了大量资源,以促进研究与合作,其着眼点在于技术应用和经济增长。1946 年时,科学院只有 131 名员工;到 1967 年时,科学院的在职人员达到了 12923 人;到 1989 年民主德国结束时,几乎又翻了一番。[35] 为了与联邦德国不断涌现的期刊和技术书籍相抗衡,民主德国也在

---

① 译者注:德国统一社会党(德语:Sozialistische Einheitspartei Deutschlands,SED)是德意志民主共和国(民主德国)的执政党,1946 年成立。

科学出版方面进行了相应的基础设施建设：1951 年，独立的专业期刊问世，次年，创办了大学学报，第三年又建立了无处不在的德国科学出版社。[36]

阻碍驻德苏联军事管理委员会运转的语言障碍并没有消失。苏联官员既不太了解德国的教育，也不懂德语，因此，几乎所有的谈判都是用最基本的"洋泾浜语"进行的。甚至到了 20 世纪 50 年代末，当苏联专家来德演讲时，他们仍是在不懂俄语的听众面前用俄语讲话；而往往在最后一刻，又不得不请翻译人员协助。[37] 另一方面，那些精通俄语的民主德国人可以获得良好的职业发展。[38] 当然，民主德国人坚持说德语也有一些好处，这意味着他们可以与联邦德国同事交谈，从而成为民主德国蓬勃发展的工业情报专业的一个重要渠道。[39]

尽管如此，让德国人只说德语却不懂其他语言也是行不通的。科学就是国际性的，如果德意志民主共和国的公民能够了解苏联科学在当代取得的巨大进步，肯定会从中受益。对于社会主义朋友而言，就像对于资本主义敌人一样，学习苏联人的知识，关键在于学习他们的语言。苏联领导层特别热衷于在其势力范围内鼓励学习俄语。俄语很快成为东欧的第一门外语。例如，在匈牙利，8 年的俄语学习成为必修课，并一直持续到 1989 年。其他地方也是如此，只有罗马尼亚除外，1963 年起，俄语不再是那里的必修课；法语在罗马尼亚教育中恢复了传统地位，60% 的学生更喜欢法语，而不是俄语或英语。[40]

民主德国更像匈牙利而不是罗马尼亚，而且像匈牙利一样，学习俄语的义务并不意味着真正学会俄语。和往常一样，有些人确实对这门语言充满热情，正如 1961 年一份主张编纂俄德词典的提案中所述：

"俄语是世界主要语言之一。这一事实可以通过苏联作为世界大国的地位以及它在政治、科学、技术、经济、文化、体育等领域的成就所获得的声望来解释。全世界对俄语的兴趣不断增加。俄语首先是社会主义阵营中最重要的谈判语言（经济互助委员会、华沙条约等）。俄语对民主德国来说具有完全特殊的意义。对民主德国的很大一部分人来说，了解俄语的必要性客观上来自与苏联密切的、不断深化的合作和友谊。"①[41]

俄语教学的尝试始于占领时期。驻德苏联军事管理委员会在整个苏占区的大学里开设了斯拉夫语系，其明确目标是培养一支从俄语到德语的现成翻译队伍（一般来说，不是从德语翻译为俄语）。翻译也是科学院②的目标，其所属的文献研究所在1954年开始用干巴巴的德语翻译了大量的俄文技术论文。[42]只有在缺乏一种语言知识的情况下才会需要翻译人员，而俄语的知识似乎并不需要（这至少部分是因为，有些人将俄语视为入侵占领者的语言，并把自己拒绝学习它看作是抵抗的标志）。尽管如此，灌输这种语言的努力仍在继续。1958年，科学院开办了22门课程，共有215名学员；1962年，课程达到37门，共有370名学员。[43]这些学员都是科学院体系中的人，因此，他们都接受过高等教育，这意味着他们应该都已经学过俄语，因为在1951年时，俄语就已成为大学的必修课。他们的加入使俄语课程的人数大为增加，同时也带来了管理上的麻烦。[44]然而，俄语对民主德国的影响似乎不如英语对联邦德国的影响更大，这在很大程度上是因为英语在民主德国也是一种声望很高的语言。[45]

---

① "Russisch ist eine der führenden Weltsprachen. Diese Tatsache ist durch die Rolle der UdSSR als Weltmacht und ihr Prestige zu erklären, das sie dank ihrer Leistungen und Erfolge auf politischem, wissenschaftlichem, technischem, wirtschaftlichem und kulturellem Gebiet sowie im Bereich des Sports besitzt. Das weltweite Interesse, das der russischen Sprache entgegenbracht [sic] wird, steigt ständig. Russisch ist vor allem die wichtigste Verhandlungssprache des sozialistischen Lagers (RGW, Warschauer Pakt usw.). Von ganz besonderer Bedeutung ist die russische Sprache für die DDR. Die Notwendigkeit der Kenntnis der russischen Sprache ergibt sich für große Teile der Bevölkerung der DDR objektiv aus der engen, sich ständig vertiefenden Zusammenarbeit und Freundschaft mit der Sowjetunion."

② 译者注：指的是柏林德国科学院，后来也叫民主德国科学院，与"柏林科学院""普鲁士科学院"指的是同一机构，只是多次易名。本章多次提到的"科学院"多是指此。

在民主德国高等教育的旗舰学校洪堡大学的档案中，可以找到许多努力将完成动词和工具格塞进不情愿的日耳曼人脑袋里的痕迹。在 1957 年的一份政策声明中，"外语"教学一下子就变成了"俄语"教学：

"对于现代专业人才的培养而言，至少两种语言的知识必不可少。

从德国人民的国家利益与德国科学、技术和文化的进一步发展与繁荣来看，俄语知识对于那些在大学和高等学校接受专业训练的人来说是绝对必要的。同样，为了德国科学、文化和技术的发展，科学、技术和艺术学科吸收其他民族的成就并获得其他语言的知识也很重要。"[1][46]

从那一年的 6 月 6 日开始，俄语和另一种"世界性语言"（这里指的是英语、法语、意大利语或西班牙语）的教学成为强制性的，尽管俄语被大量的强调（教学质量并不是特别高，例如，档案中充斥着对英语教学水平低下的抱怨[47]）。然而，这些语言的学习不能以牺牲德语为代价。正如西区的柏林自由大学一样，洪堡大学的外国学生——这些学生主要来自东方阵营，需要明确一件自 18 世纪以来就很明显的事情："对这些外国学生来说，德语是必修课，他们第一年的学习将会安排每周 6 个小时的德语教学，第 2 年的学习每周会有 4 个小时的德语教学。"[2][48]

1956 年，洪堡大学的管理部门对其内部约 150 个机构和院系进行了一

---

[1] "Für die moderne fachwissenschaftliche Ausbildung ist die Kenntnis von mindestens zwei Weltsprachen unerläßlich. Vom Gesichtspunkt der nationalen Interessen des deutschen Volkes und der weiteren Entwicklung und Blüte der deutschen Wissenschaft, Technik und Kultur ist die Kenntnis der russischen Sprache für die an den Universitäten und Hochschulen auszubildenden Fachkräfte unbedingte Notwendigkeit. Ebenso ist es im Interesse der Entwicklung der deutschen Wissenschaft, Kultur und Technik wichtig, daß sich die wissenschaftlichen, technischen und künstlerischen Fachkräfte die Errungenschaften anderer Völker aneignen und Kenntnisse in anderen Weltsprachen erwerben."

[2] "Der Deutschunterricht ist für solche Auslandsstudenten obligatorisch und wird im ersten Studienjahr mit sechs, im zweiten Studienjahr mit vier Wochenstunden erteilt."

项委托民意调查，以了解对各个科学学科而言最重要的外语是什么，并希望据此分配资源。即使考虑到数据收集中的偏见和结果中明显的政治倾向，这项调查也从一个特殊的视角反映了柏林科学语言的概况，柏林曾经是欧洲科学的中心，而此时德语的衰落已不容忽视。在代表87个学科的100份反馈中，有64份选择了英语，42份选择了俄语，他们分别认为这两门语言对于自己领域的研究是绝对必要的。（其他语言的统计结果是：有39份选择拉丁语，17份选择法语，11份选择希腊语以及7份选择希伯来语。这里需要谨记的是，德语的"科学"比英语的"科学"概念更为丰富，而且有几个学科选择了不止一种语言）。当被问及哪些语言也是"理想的"语言时，又有23份选择了英语，这样，选择英语的回复就达到了87份，另外还有35份选择了俄语，55份选择了法语。除此之外，还有一些反馈提到了其他一些语言，它们包括：意大利语、西班牙语、丹麦语、瑞典语、挪威语、现代希腊语、波兰语和捷克语。调查结果很明确："总而言之，主要语言似乎是英语（87份）、俄语（78份）、法语（72份）、拉丁语（61份）、古希腊语（15份）。"①[49]

当目光转向数学与自然科学学院时（该院由17个学科组成），情况更加引人注目。英语在该院所有系中都是必修课，俄语在8个系中是必修课，其余系中是选修课，法语和拉丁语则明显落后（分别在3个系和2个系中是必修课）。[50]如果加上医学院的15个学科，那么将拉丁语作为必修课的系就会增加（医学院有13个系将拉丁语作为必修课），同时将英语作为必修课的系也会增加（医学院有8个系将英语作为必修课），而俄语却会受到影响（医学院只有2个系将俄语作为必修课）。[51]这些数字最令人惊讶的特点是对拉丁语的热情，以及拉丁语甚至得到了化学家的支持。

无论是在无产阶级的东区还是在资产阶级的西区，如果德语作为一种

---

① "Insgesamt erscheinen also die Hauptsprachen Englisch 87 x，Russisch 78 x，Französisch72 x，Latein 61 x，Altgriechisch 15 x."

科学语言想要在俄语或英语的风暴中生存下去，它都需要一种不同以往的策略。换句话说，除非能够利用德语曾作为化学主导语言的先发效应，以使德语在世界科学家中保有一席之地，否则解决办法可能不是强调当代的前沿研究，而是强调乏味的参考书目这一不那么迷人的领域。

德国《化学文摘》的努力

没有一位化学家读过全部的《化学文摘》（德国期刊），但一个多世纪以来，也没有一位化学家的研究能脱离它。创刊于1830年的《化学文摘》是化学界最古老的摘要期刊，它提供了编辑们认为最重要的化学文献的摘要。《化学文摘》在其创刊之初就体现了至少自文艺复兴以来（可能更早）学者们的一个主要焦虑：有太多的东西需要阅读。[52] 在1907年美国化学学会取得对《化学文摘》①的控制权之前，德国《化学文摘》在控制化学文献洪流方面没有真正的竞争对手，而美国《化学文摘》直到"二战"时期才成为领先的摘要期刊。因此，德国《化学文摘》以缩影的形式反映了德国化学以及作为科学语言的德语的兴起和消亡。

1834年，当《化学文摘》的首任编辑古斯塔夫·西奥多·费希纳决定辞职时，该刊包含了长达950页的约500份摘要——这确实是一本大部头的刊物，但也相当冗长。《化学文摘》在19世纪中叶占用了很多编辑，也摆脱了原标题中对药学的提及。1870年，也就是德国统一为强大的民族国家的前一年，它的格式和排版也进行了全面修改，以适应持续的扩张。例如，在1886—1887年，其内容从860页激增到了1580页，上面的摘要来自273种化学期刊。1895年，也就是创刊65年后，由于研究及其使用的语言越来越多，《化学文摘》变得越发笨重，从而无法作为一家私营企业继

---

① 译者注：美国的《化学文摘》（*Chemical Abstracts*）与德国的《化学文摘》（*Chemisches Zentralblatt*）不同。

续经营。之后，德国化学学会同意将其收为自己的内部刊物，当德国政体经历一次又一次的冲击时，《化学文摘》正是在这里度过的。1929年，在一篇庆祝《化学文摘》创刊一百周年的文章中，语言障碍的问题被单独提了出来："即使所有参与者都怀有最美好的意愿，但只有当所有德国、法国、英国、美国和其他国家的人们对外语投入更多的关注和精力时，这种交流才会成功。"①[53] "二战"前，《化学文摘》再次扩大了近52%。纳粹德国时期，德国化学可能与世界其他地区基本隔绝，但外国人仍然可以通过《化学文摘》来了解全球文献，当时该刊是由马克西米利安·普鲁克在柏林的霍夫曼大厦进行编辑。1944年，一颗炸弹冲进大厦中心，只留下一片废墟。1945年，《化学文摘》的最后一卷出版。这本期刊就像统一的德国一样，已经灭亡。

同德国一样，它也将再次崛起，只是以一种特殊的分裂的形式。当战后方案的迷雾开始消散时，官员和化学家们环顾四周，发现《化学文摘》的编辑工作已经被搁置了。科学院的一位高级官员宣称，它必须被恢复："德国的化学工业和研究想要跟上时代的步伐，必须重刊《化学文摘》。"②[54] 但是怎么做呢？《化学文摘》是位于柏林的德国化学学会的期刊，但没有人知道是哪个占领国控制了它。1947年时，化学学会总部位于柏林的英占区，但在战争结束时，编辑部已经被迅速转移到了美国的飞地达勒姆。由于战争的破坏，曾位于英占区的出版商化学出版社有限公司也搬到了美占区。这样看来，美国人要赞助出版《化学文摘》了。[55]

苏联人，或者更确切地说，民主德国的德国化学家们，对此提出了异议。科学院由于位于民主德国，而且有一批现成的《化学文摘》的合作者，

---

① "Dieser Austausch wird auch beim besten Willen aller Einsichtigen nur gelingen, wenn wir alle in Deutschland, Frankreich, England, Amerika und in den anderen Ländern den Fremdsprachen mehr Aufmerksamkeit und Fleiß zuwenden."

② "Das Wiedererscheinen des Chemischen Zentralblattes ist notwendig, wenn die deutsche chemische Wissenschaft und Forschung in Gang kommen soll."

所以尽管存在繁琐的批准程序等方面的困难，它还是在 1946 年就开始出版《化学文摘》的第 116 卷。1946 年 11 月，美国人授权化学出版社有限公司出版这本期刊；1947 年 7 月 1 日，在驻德苏联军事管理委员会的授权下，科学院也开始委托其内部机构柏林科学院出版社出版这本期刊。一份曾经非常笨重的期刊现在变成了两份。1947 年 10 月，格奥尔格·库尔特·肖尔从美占区美因河畔的法兰克福写信给东区的柏林科学院出版社的管理部门时说道："在占领国将自己遗留的问题解决之前，这种奇怪的状态将持续下去，一份科学期刊将由两个不同的出版商出版，并拥有各自的编辑委员会、员工及合作者，尽管它们保留了传统的形式，并使用了相同的卷号。"①[56]

马克西米利安·普鲁克也存在问题，他自 1923 年起就担任《化学文摘》的编辑，1933 年加入了纳粹党。负责去纳粹化的官员有时会对那些纯粹出于机会主义原因而加入纳粹党的人网开一面，如果普鲁克能够证明其政治信念的淡薄，他可能会获得豁免；但不幸的是，"他在纳粹政权期间也积极从事法西斯的工作。"②[57]因此，他失去了在苏占区担任编辑或者其他公职的资格。但是，美国版的《化学文摘》的出现缓和了人们的看法。一位官员在 1948 年指出："现在美国也批准出版了一本《化学文摘》，在我们看来，让普鲁克博士参与进来，从而宣称我们的期刊是在富有 35 年经验的编辑领导下出版的老牌经典《化学文摘》，这一点特别重要。"③[58]不管是不是纳粹，普鲁克都象征着一种连续性，而这种连续性可以驳斥美国人对这本期

---

① "Bis zur Entscheidung des Falles, den die alliierte Kommandatur den Besatzungsmächten vorbehalten hat, besteht der seltsame Zustand weiter, dass eine wissenschaftliche Zeitschrift von zwei verschiedenen Verlagen, mit zwei verschiedenen Redaktionen und Mitarbeiterstäben, mit gleicher Bandzahl und Numerierung in der früheren traditionellen Form herausgebracht wird.

② "Hat sich auch während des Nazi-Regimes aktiv im faschistischen Sinne betätigt."

③ "Jetzt auch auf das Bestehen eines unter amerikanischer Lizenz herauskommenden 'Chemischen Zentralblatts' erscheint es uns als besonders wichtig, Herrn Dr. Pflücke nach aussen hin in Erscheinung treten zu lassen, um so zu betonen, dass unsere Zeitschrift das alte klassische 'Chemische Zentralblatt' unter der 35 Jahre bewährten Leitung ist."

刊的所有权。

这一方案很可能与宏观结果非常相似：德国东西区之间看似永久的分裂，它们各自有着反映其社会的出版物。但是，化学家和科学出版商们最终在1949年选择了一个在政治上被证明并不可行的方案。他们主张，可能会有两个德国，但是只能有一本《化学文摘》。哥廷根的汉斯·布罗克曼（一位有机化学家，也曾于1933年加入纳粹党）和柏林科学院的埃里希·蒂洛共同创办了一本《化学文摘》，并于1950年1月1日开始出版。最后所有人都做出了妥协，并达成了一个折中方案，即由普鲁克担任该刊总编辑及其在东区办事处的负责人，由欧根·克莱沃担任西区办事处的负责人。《化学文摘》作为东西区的联合出版物，其所有事务均由德国化学学会、柏林科学院和位于哥廷根的联邦德国科学院共同赞助（这还是在联邦德国拒绝承认德意志民主共和国存在的时候）。普鲁克和他的合作者们立即处理了大量积压的工作，并在1950至1954年间编写了16册的增补卷。[59]到1966年时，柏林科学院自豪地称赞《化学文摘》是其最重要的出版物。[60]然而，3年之后它还是停刊了。

《化学文摘》之所以停刊，既是因为存在太多的语言，也是因为一种特定的语言。几十年来，化学家们一直在担心日益加重的语言负担，但是到了20世纪50年代中期，即使是这一想法的坚定分子普鲁克也开始怀疑，在一个多语言的世界里维持一份单一语言的摘要期刊是否可能。诚然，由于全世界的化学家都要查阅德国《化学文摘》，德语的重要性在接下来的几年里又得到了加强，但是保持这本期刊的德语特性却带来了巨额成本。他们要么必须通过精选摘要来克服语言增加的问题，要么必须支付这本期刊所涵盖的36种语言所带来的人力成本。[61]

英语方面的问题也是显而易见的。在第二次世界大战之前，世界上相当大的一部分化学成果是以德语完成的。现在，英语已经覆盖近65%的世界化学出版物，所以德国人要么需要学习英语，要么需要让讲英语的合作者加入进来——在维利·勃兰特的东方政策（1969—1974年）使两德关系正常化之前的几年里，维持民主德国和联邦德国合作的微妙平衡已经非常困难。美国经营的《化学文摘》面临着与此相反的情况，因为日益高涨的英语浪潮使他们的工作在语言上越来越容易。1957年，美国《化学文摘》出版了24600条摘要，比同年的德国《化学文摘》多了41.3%。[62]两年后，70岁的普鲁克退休了，海因里希·伯茨和威廉·克莱姆试图挽救该刊，他们又成功了10年。到了20世纪80年代，用于出版德国《化学文摘》的基础设施被并入了美国《化学文摘》的输入服务以及为工业提供付费服务的书目资源库中。[63]如果参考书目是挽救化学德语的最大希望，那么民主德国和联邦德国的合营企业是无法完成这项工作的。联邦德国人必须依靠自己来拯救德语。

一步险棋:《贝尔斯坦有机化学手册》

在广泛的背景下，联邦德国承担了战前德国的重担。经济巨头的角色、知识政治文化的中心、纳粹大屠杀的罪责和耻辱——德意志联邦共和国在开启20世纪50年代的经济奇迹时肩负着这些责任。当英语开始在联邦德国的教育中扮演越来越重要的角色时，联邦德国政府试图与推动这一发展的美国人保持一定距离。如果一定要教授英语，那就教授英式英语，而玻恩也在国外继续推广着德语，这一艰巨的计划从19世纪德意志第二帝国时期就开始了。[64]俄语是一个不太需要担心的问题，尽管没有哪个科学发达的国家可以完全忽视这种语言。联邦德国人密切关注着美国的全刊翻译期刊，同时也建立了一些自己的翻译企业和评论期刊，以在冷战中也能了解苏联的成就。[65]当联邦德国人想要维持德语作为一种科学语言的地位时，它的敌人是英语，而科学英语的故乡现在在美国。

联邦德国科学政策的制定者们主要开展了两项活动，以维护其国家作为科学大国的重要性，以及维护其语言作为一种基本的交流方式：一项以人员为中心，另一项以出版为中心。今天，人员方面的问题被称为"人才流失"，在20世纪50年代没有人这样称呼它，但事实上，这并不是一个新的现象，而是20世纪20年代经济危机和1933年《公务员法》引发的人才外流的延续。德国科学家正在离开中欧，前往他们认为"更光明"的地方（主要是美国）；此后，他们倾向于用英语讲话和发表。据德国研究委员会估计，在1950—1967年，约有1400名科学家通过移民离开联邦德国。[66]德国的主要研究机构马普学会的内部估计甚至更为严重：1957—1964年，仅移民到美国的3400名科学家和工程师中，就有973名是自然科学家。[67]不过，到1968年时，返回联邦德国工作的经济移民似乎已经抵消了外流的人员。[68]这是一项积极计划的结果，该计划旨在招募移民担任高级职位，从而为德国科学留住最优秀、最聪慧的人才。[69]

然而，这项计划只能为讲德语的人保留德语科学。如何才能说服外国科学家们学习这门语言呢？对马普学会的人来说，显而易见的答案是，遵循曾经说服几代外国科学家学习德语的方法，即为他们提供只有通过德语才能获得的高质量成果。这一策略最显著的案例源于19世纪60—70年代的俄国，案例的核心人物是我们在关于门捷列夫周期系统激烈的优先权争议中初次遇到的那些人。

这是关于一个人成为一本书的故事，这是一本非常庞大且十分重要的参考书，在大约一个世纪的时间里，它一直都是职业有机化学家们的必备书目。这个人就是弗里德里希·康拉德·贝尔斯坦，我们第一次提到他时，他是《化学杂志》的编辑，负责将门捷列夫的俄文摘要翻译为德文供国外读者阅读，他把这项任务委托给了一名研究生，结果却搞砸了这件事。贝尔斯坦于1838年2月出生于圣彼得堡一个讲德语的家庭，这家人向东移民，想要在不断发展的俄帝国首都碰碰运气。他在双语的环境中长大，后来在德意志接受科学训练时又掌握了几种语言，最终在哥廷根大学获得了职位。1866年，在父亲突然去世后，为了改善家庭的经济状况，贝尔斯坦来到了圣彼得堡理工学院。在这里贝尔斯坦发展得很好：他从圣彼得堡理工学院光荣退休，并于1886年当选为帝国科学院院士。然而，对他来说，这是一个艰难的环境——在一个民族主义日盛的环境中，他的德国名字、习惯和语言让他倍感孤独。[70]

贝尔斯坦化孤独为动力，将他一直在编写的有机化学教科书发展为一个索引，其中列出了所有尚未发现的含碳分子及其详细性质，以及相关的学术文献。他的《有机化学手册》第一版第一卷在1881年出版（1882年出版第二卷），这部两卷本的巨著共有2200页，详细介绍了大约15000种有机化合物。[71]该书的出版立即为他带来了来自欧洲各地的赞誉。[然而，在国内，民族主义的嘲讽并未停止。正如他在1881年写给海因里希·格珀特的信中所说："甚至《有机化学手册》用德语出版这件事（俄文作品不会有人问津），也给我带来了来自爱国者的指责"。①[72]]不久，贝尔斯坦便开始着手编写《有机化学手册》第二版，并于1886—1889年以三卷本的形式将其出版。接着，在1893—1899年又发行了第三版，共分4卷，长达6800页，增加了5万种化合物。贝尔斯坦已经受够了。有太多新的有机分子源源不断地被发现，化学文献的数量也是如此的庞大，而他却在渐渐老去。

就这样，这个由居住在俄国首都的德语科学家独自发起的项目被推到了柏林的中心。1896年，贝尔斯坦开始安排德国化学学会承担《有机化学手册》未来版本的出版工作，并委托当时36岁、即将被任命为学会秘书长的保罗·雅各布森担任编辑。[73]并非所有人都对这一安排感到满意；例如，雅各布·福尔哈德认为，"在我看来，最好把《贝尔斯坦》②和《化学文

---

① "Selbst *die* Thatsache, daß mein so eben erscheinendes großes Handbuch der organischen Chemie in *deutscher* Sprache erscheint (für ein russisches Werk würde es an Abnehmern fehlen), hat mir den Tadel der Patrioten zugezogen."

② 译者注：《贝尔斯坦有机化学手册》的简称，下同。

摘》都交给私营企业。但是贝尔斯坦如此热情地坚持让化学学会负责这个项目未来版本的编辑工作,以至于没有任何理由反对它。"①[74]贝尔斯坦于1906年去世,他很高兴自己的巨作能够流传下来。1914年,德国化学学会将《贝尔斯坦有机化学手册》第四版的印刷工作委托给了斯普林格出版公司,该版本包含1910年1月1日之前发现的所有分子。同年,"一战"爆发了。

令人惊讶的是,战争对《贝尔斯坦》的进展影响甚微,因为这本书已经广为人知。到1916年中期,第四版的全部材料都被集中存放在霍夫曼大厦(与《化学文摘》的地点相同)的123个防火文件柜中,并有一张整个手稿的照片作为备份。第一卷在当年11月被送到印刷厂,尽管纸张短缺,但还是在1918年完成了印刷。[75]尽管协约国对德国在科学上的主导地位感到愤怒,但在1918年4月,《贝尔斯坦》被特别引用,来说明为什么化学家需要"阅读德语知识,如果可能的话,还要阅读法语知识"。[76]在两次大战之间时,试图将《贝尔斯坦》翻译为法语的努力并未成功。[77]由于德国化学家在抵制行动之后备受歧视,雅各布森希望"也许可以让第四版自己承担(任务),从而帮助各国人民在追求科学进步的共同道路上走得更近!"②[78]雅各布森于1923年去世,比抵制行动解除的时间早了3年。他的长期合作者除了伯恩哈德·普拉格之外,现在又加入了弗里德里希·里希特,里希特于1937年负责出版了《贝尔斯坦》第四版的最后一卷(第27卷)。《贝尔斯坦》一生中最艰难的时期即将开始。

---

① "Sowohl den Beilstein als auch das Centralblatt hätte man meiner Meinung nach besser der Privatindustrie überlassen. Aber Beilstein war so Feuer und Flamme für diesen Plan, daß die weiteren Ausgaben von der chemischen Gesellschaft herausgegeben werden, es war kein Aufkommen mit Gründen dagegen."

② "Vielleicht ist es der 4. Auflage beschieden, auf sich zu ziehen und daran mitzuhelfen, daß die Völker sich einander wieder in der Verfolgung des wissenschaftlichen Fortschritts auf gemeinsamen Wegen nähern!"

1934年，普拉格去世。6名犹太合作者也被开除，里希特担心无法遵守出版期限，于是恳求董事会将进一步的解雇推迟到1936年。从那一年开始，又有4名核心员工和另外5名犹太裔雇员被解雇。失去30%的员工（1933年为28人，1937年为31人，包括编辑在内）是令人崩溃的。[79] 1943年，里希特的团队因为空袭离开了霍夫曼大厦，并将他们的资料室搬到了西里西亚布雷斯劳附近的佐布腾市①（考虑到第二年的战争破坏让《化学文摘》措手不及，这么做真是有先见之明），尽管如此，在整个战争期间，里希特仍然让他的骨干团队继续工作。之后，在苏联红军的入侵下，里希特和他的工作团队背负着庞大的资料库继续撤退到了塔兰特，并在那里安顿下来。直到1945年1月，苏联的入侵又迫使他们回到了柏林。7月，美国人愉快地迎接他们，并安排他们开始工作。

《贝尔斯坦》搬进了原恺撒·威廉生物研究所的办公室。1946年，其工作人员已经仅剩7人。1951年，重新命名的"贝尔斯坦有机化学文献研究所"已经发展到了39人，并在远离苏联和民主德国的法兰克福赫希斯特扎下根来，6年后又搬到了美因河畔法兰克福新建成的卡尔-博施大厦。[80] 所有这些都花费了大量的资金，而在战后的联邦德国很难找到资源。正如国际纯粹与应用化学联合会的官方历史所指出的那样，"人们普遍认为这些出版物"——《贝尔斯坦》和它在无机化学方面的姊妹篇《盖墨林无机化学手册》——"被一些国家视为战利品，因此，本联合会应该采取积极行动，以确保整个化学界能够从这些出版物的编辑人员收集的信息中受益。"[81] 尽管财政负担十分沉重，但科学精英们相信——就像他们在"一战"后所相信的那样，或许现在更加坚信，"《贝尔斯坦》如今作为德国文化的海外传播者，对我们德国人来说具有特殊的意义。"②[82]

---

① 译者注："Zobten am Berge"，1945年起更名为"Sobótka"（索布特卡）。

② "Für uns Deutsche ist seine Rolle als deutscher Kulturträger im Ausland in der heutigen Zeit von besonderer Bedeutung [...]."

《贝尔斯坦》可以拯救德语，而还有谁能比奥托·哈恩更好地提供这种拯救呢？哈恩刚刚因为发现核裂变而获得了诺贝尔奖，他是一个"好的德国人"，在经历了纳粹的攻击后，他的良好声誉并未受到较多的损害。作为马普学会的新任主席，哈恩愿意接受《贝尔斯坦》，以避免德语作为科学语言的崩溃。他于1952年写信给经济部，请求向贝尔斯坦研究所拨款83000德国马克（按2014年计算，约为177000美元，这在当时是一笔巨款）。哈恩写道："一部权威的化学作品以德语的形式出现，对于德语在科学领域重新获得认可具有特殊的价值。我时常伤心地注意到，德语在国际会议上的减退最终对德国的经济和整体形象产生了破坏性影响。因此，在我看来，贝尔斯坦研究所——它的领导人享有最大的认可和尊重——应得到贵部的进一步支持。"①[83]

哈恩明白，职业化学家们需要不断查阅《贝尔斯坦》这部大部头的书，而要做到这一点，他们至少要有一定的德语水平。一大堆的指南被制作出来——有些是德语，有些是英语，还有许多是双语的，从而教那些不熟悉的人学习足够的"《贝尔斯坦》德语"，以取得进展。[84]斯普林格公司免费分发了一本薄薄的2000字的词典。[85]后来，一份英文指南中写道，"即使在德语入门书籍的阅读方面有困难的学生，也会发现他们在阅读这部书中的大部分术语方面几乎没有什么困难。"[86]只要《贝尔斯坦》是不可或缺的，那么，德语就不可或缺。

然而，欧洲科学出版界并不平静。1950年，爱思唯尔出版公司（斯

---

① "Gerade die Tatsache, dass ein Standardwerk der Chemie in deutscher Sprache erscheint, ist für die Wiedergeltung der deutschen Sprache auf dem wissenschaftlichen Gebiet von besonderem Wert. Ich habe oft leider feststellen müssen, dass gerade der Rückgang der deutschen Sprache auf internationalen Kongressen sich letztenendes auch schädlich für die Wirtschaft und für das Ansehen Deutschlands überhaupt auswirkt. Es scheint mir deshalb besonders erwünscht, dass das Beilstein-Institut, dessen Leiter international grösste Anerkennung und Wertschätzung geniesst, auch von seiten Ihres Ministeriums eine weitere Unterstützung erfährt."

普林格在荷兰的主要竞争对手）宣布，它正在考虑用英文出版一部内容与《贝尔斯坦》大体相同的有机化学百科全书。（具有讽刺意味的是，这个项目本身就是德国化学家流亡国外的结果；《贝尔斯坦》被解雇的员工将构成其工作队伍的核心。）哈恩在法兰克福召开了一次会议讨论这件事的影响，并多次宣称，如果《贝尔斯坦》想要获得他的学会（即马普学会）的支持，就必须要继续使用德语出版。"此外，'美国年轻人'在《贝尔斯坦》那里有机会练习德语，这是好事。而且，这样一部作品对德国人来说也是很好的宣传。"①[87]参加此次会议的还有联合国教科文组织的弗雷泽博士，他也坚持认为《贝尔斯坦》无论如何都要用德语出版。这不仅仅是因为，这样一来，'美国的年轻人'将会学习德语，也是因为《贝尔斯坦》一直以来就是德国人的事业，它属于德语。"②[88]作为《贝尔斯坦》在纳粹德国时期以及现在的联邦德国时期的编辑，里希特感叹道："国外对德语以及德语知识的兴趣已经大大下降了。"《贝尔斯坦》能够拯救科学德语吗？他继续说道："然而，最终对《贝尔斯坦》的销量起决定性作用的是它的高质量，而其独特性和不可或缺性也在于此。"③[89]《贝尔斯坦》将继续使用德语。

1981年开始，《贝尔斯坦》决定此后的所有卷本都改为英文。那时，贝尔斯坦研究所已经扩大到拥有160名员工，其中110人拥有化学博士学位，另外还有大约350名全部拥有化学专业本科以上学历的外部撰稿人（大多数是联邦德国人）。[90]这些人了解化学文献的状况，看到了德文文献的贡

---

① "Ausserdem waere es gut, wenn die 'American boys' wengistens noch im Beilstein Gelegenheit haetten, sich in der deutschen Sprache zu ueben. Ein solches Werk waere eine *gute* Propaganda fuer Deutschland."

② "der Beilstein auf alle Faelle in deutscher Sprache gedruckt wird. Nicht gerade aus dem Grunde, damit die 'amerikanischen Jungens' auch Deutsch lernen, sondern weil Beilstein immer ein deutsches Unternehmen gewesen ist und es zur deutschen Sprache gehoert."

③ "das Interesse an der deutschen Sprache und ihre Kenntnis im Ausland sehr zurückgegangen seien. Letzten Endes entscheidend für den Absatz des Beilstein-Handbuchs sei aber eine hohe Qualität, die dem Handbuch seine Einmaligkeit und Unentbehrlichkeit wahren werde."

献微乎其微，于是接受了似乎不可避免的事实。1978年4月1日，莱纳·卢肯巴赫接替汉斯－格奥尔格·博伊特成为《贝尔斯坦》的编辑，并将19世纪沙皇统治下的一个个人项目变成了数字时代的化身。[91]《贝尔斯坦》只要还是一本系列专著，就会受到延期问题和价格过高问题的困扰。而转向电子搜索引擎，其过程虽然缓慢，但却解决了大量的拼写困难，尤其是语言障碍方面的困难，同时也使高昂的投资——到20世纪90年代时，它的成本超过了3万美元——变得有价值。[92] 1998年，一位数十年来一直在使用《贝尔斯坦》的化学家对这一转变表示了赞赏；将化学反应的各种成分收集到一本精装的大部头书籍里曾经是一项烦人的工作；"而现在这项工作只需要几秒钟就能完成，因为数据库是计算机化的，而且信息基本上都是英文的。"[93]

诸神的黄昏

在今天的《贝尔斯坦》中，人们不会意识到科学德语这段漫长而复杂的历史旅程的任何痕迹。冷战结束后，随着1989年11月柏林墙的倒塌以及次年德国的重新统一，虽然贝尔斯坦研究所仍然留在了美因河畔的法兰克福，但是，引用一位评论家的话说是，"它把自己完全改造成了一个商业企业，并以一种最商业化的方式经营，而经过这次大规模的重组之后，除了名称和高质量之外，几乎没有任何东西与之前相同。"[94]虽然贝尔斯坦研究所曾经由斯普林格出版公司和德国政府资助，但该研究所现在的工作完全由一家名叫"信息处理服务商"的私营公司控制，并建立了一个新的官僚机构。信息服务的名称也随之改变，随着全面的计算机化，该系统被称为"CrossFire Beilstein"①，2009年其内容又被纳入到了爱思唯尔出版公司

---

① 译者注："CrossFire Beilstein Database"，目前世界上最全面的有机化学在线检索数据库。

的"Reaxsys 数据库"[①]中。《贝尔斯坦》的德国渊源被纳入到了一个具有全球化时代特征的新词汇中。

本章中的故事断断续续的,穿梭于不同的机构、出版企业、摘要期刊和国家之间,但每个故事都占据了相同的领土空间,它们通常位于一座城市的中心并且相距仅一两公里,这座城市为北半球的大部分国家定义了"冷战"的含义。本章故事的叙述方式与传统的冷战故事并不相同,而是通过科学家的视角来讲述,他们(大部分)都真诚地相信自己的工作超越了意识形态和狭隘的地缘政治利益。

尽管这里没有提及太多的间谍,甚至连公开的哗众取宠也少之又少,但是,奥托·哈恩对《贝尔斯坦》作出的选择、普鲁克在民主德国科学院经历的去纳粹化,以及德国东西区的大学在配备教师并适应新的、后纳粹德国时期的德国方面所做的努力,所有这些同样讲述了一个现代欧洲的故事。科学德语的视角不像约翰·勒卡雷[②]或伊恩·弗莱明[③]的作品那样引人注目,但或许这是因为,科学家们试图与过去和解、与现在的同行沟通并为未来作规划的日常生活才代表了绝大多数人在冷战中的真实情况。

到了 20 世纪 70 年代末,不仅科学德语的状况难以描述,德语本身也是如此。德语一直是一种多中心的语言(试想一下柏林德语与慕尼黑、德累斯顿和科隆德语之间的区别,此外,奥地利的萨尔茨堡和维也纳、瑞士、列支敦士登和美国的宾夕法尼亚州等地区也都有自己的德语),而冷战的惊人稳定引发了关于德语本身分裂问题的讨论。人们围绕民主德国和联邦德

[①] 译者注:是 2009 年 1 月由爱思唯尔公司推出的化学数值与事实网络数据库。它将著名的贝尔斯坦数据库、盖墨林数据库和专利化学数据库(Patent Chemistry)的内容整合在一个平台下,包含超过 2800 多万反应、1800 多万物质、400 多万文献,每年都在不断增加。

[②] 译者注:约翰·勒卡雷(John Le Carré,1931—2020),英国人,20 世纪最著名的间谍小说家,著有多部冷战时期间谍题材的小说,代表作是《柏林谍影》。

[③] 译者注:伊恩·弗莱明(Ian Fleming,1908—1964),英国小说家、特工,1953 年开始基于自己的间谍经验创作间谍体裁小说,代表作是《皇家赌场》。

国是否会形成两种不同的方言甚至两种完全不同的语言问题展开了一场激烈的社会语言学争论。鉴于当时的意识形态背景,两德之间出现各具特色的语言模式也就不足为奇了,民主德国人不仅强调词汇,而且强调句法上的差异,从而主张发展一种独特的社会主义文化,而联邦德国人则试图在共同的语言纽带面前将这些差异降至最低。[95]到了20世纪70年代,这场争论已经变得和冷战一样:停滞不前,并且没有解决方案。

"二战"之后,德语是6个国家的官方语言,而且在比利时、意大利和纳米比亚也享有从属语言的地位(即被少数族群或地区的人们所讲),这种模糊的民族身份在某种程度上是一种优势。德语是一种资本主义的语言,正如联邦德国所代表的那样。它也是一种社会主义的语言,这一点在民主德国得到了证明。与此同时,由于瑞士德语的存在,它也是一种政治上中立的语言。因此,德语享有在不同世界之间通行的显著能力,从而促进了该语言作为国际贸易工具的复苏。[96]然而,对许多人来说,恢复德语之前的国际主导地位的希望在于科学,因为与政治或经济领域不同,在科学领域中,德语的主导地位在当代世界并没有引起人们的反感,并且过去的成就仍然具有价值。少数乐观地认为德语的复兴即将到来的文章,总是将科学——马普学会、卓越的大学、著名的期刊和出版商——作为德语未来发展的载体。[97]然而,更现实的社会语言学家却认识到,德语在科学领域中的状态陷入了一种与英语的零和关系。正如在研究科学德语的当今地位方面最重要的学者乌尔里希·阿蒙在1990年时指出的那样:"德语失去的地盘几乎完全由英语获得。"[98]除了书写这个故事本身所使用的语言,没有什么更适合用来结束我们的故事了。

第十一章
英语化

"我们所讲的语言首先是他人的语言，然后才是我们自己的语言。'家、基督、麦芽酒、主人'，这些词汇在他人的口中和在我的口中，是多么的不同啊！我在说或写这些词汇时，总是难免带有精神上的扰动。他人的语言如此熟悉又如此陌生，以致于我而言永远是一种后天习得的语言。我没有说出或接受这些词汇，我的声音阻碍了对它们的学习。我的灵魂在他人语言的阴影下焦躁不安。"

——詹姆斯·乔伊斯[1]

在 2012 年的新年，拉丁语在科学中的使命走向了终结。从那天起，植物物种的官方记录文件《国际植物命名法规》宣布结束长期以来的做法，在林奈双名分类法和对新物种候选者的描述中（比如有多少雄蕊，叶子的形状，等等）不再强制要求使用拉丁语。当然，如果你想保留自小学以来就掌握了的拉丁语技能，或者继续和校园里的古典学者愉快地交往，你仍然可以使用拉丁语提交对物种的描述。但从今天起，英语也获得了认可。要求使用拉丁语进行物种描述始于 1906 年，当时，西班牙的植物学家请求将他们的语言与法语、英语、德语和意大利语一起作为植物命名的合法语言，不出所料，国际组织为了避免过多语言造成的巴别塔的萌芽，而坚持使用了被他们视为中立的罗马人的语言，也就是拉丁语。1961 年出版的《国际植物命名法规》第 37 条重申了这一惯例。而到了现在的 2012 年，拉丁语被认为是笨重的和落后的，而新的中立语言正是当时的西班牙代表公开反对过的语言之一：英语。[2]这一结果可能对你来说并不奇怪。唯一的问题是为什么花了这么长时间。

今天，英语不仅是国际科学出版物的主要形式，也在国际会议和跨国实验室的口头交流中占据着主导地位，而且几乎是唯一语言。有许多方法可以说明这一点，比如，找到离你最近的科学家然后进行简单地询问，或者到任何一所技术图书馆中仔细翻阅一下科学期刊。不过，调查这种转变程度最快的方法是通过数字，正如导言中的图表所示，过去半个世纪的证据非常明确。如果我们把对苏联期刊的全刊翻译的期刊也算作"英文"文章的话（我们确实应该这样做，因为大部分的苏联科学在国外确实是以这种方式被阅读的），那么到了1969年，就有81%的物理学文献是用英语发表的。更为保守地说，在1980年《化学文摘》所摘录的文章中，有64.7%最初是英文的，17.8%是俄文的，5.2%是日文的，其次是德文和法文的（再其次是波兰语的文章，仅占1.1%），与20世纪之初开始的德语、法语、英语三足鼎立的局面相比，这是一次戏剧性的转变。1980—1996年，在所有自然科学领域的出版物中，德文文献的占比从2.5%下降到了1.2%，俄文文献也从10.8%下降到了2.1%；另一方面，英文文献却从74.6%跃升到了90.7%。[3]不过，这些数据并没有充分考虑苏联解体或中国和印度全球化所带来的后果。现在很难衡量总体的文献数量，但在所有自然科学领域的权威期刊中，无论文章来源于哪个国家，都有超过98%的文章是用英语发表的，而这些刊物上的文章总量也在随着时间的推移稳步增加。[4]大量的自然知识正在通过一种曾经只在北海某个岛屿①南部所使用的语言②创造出来。我们谈论的不仅仅是使用多少英语的问题，也是使用哪种英语的问

---

① 译者注：指英国。
② 译者注：指英语。

题。与其他语言相同，英语也显示出巨大（且持续的）多样性和差异性，它因地理、社会阶层、种族和其他因素而有所不同。这些不同不仅体现在口音或词汇选择方面各有特色（例如"公寓"这个词，有人用"flat"表示，也有人用"apartment"表示），也体现在句法方面的重新调整。也就是说，我们所探讨的选择"身份认同"（用你觉得最舒服的习语来表达自己）与选择"交流"（试图让尽可能多的听众理解自己）之间的紧张关系，对于讲英语的人来说仍然是一个问题，这种情况即使是在与表面上讲"相同"语言的人交谈时也会存在。[5] 如果你认为所有讲"英语"的人都能相互理解，那么你需要进一步的了解。尽管如此，还是存在一种"标准"英语，以促进世界各地的交流，虽然它不像法语或现代希伯来语那样有一个官方的国家机构来管理，而科学家所说和所写的英语则是一种具有更加严格的标准化和专业化的英语变体。[6] 国际科学英语的特点、其出现的特殊历史、以及它的发展对其他主要科学语言的影响，是本章的主题，我也将以此结束我们追踪了几个世纪的科学语言的历史。目前看来，"交流"与"身份认同"之间的摇摆似乎已经非常明确地定格在了"交流"一侧。英语崛起最大的动力并非来自于英语母语者，而是来自母语不是英语但讲英语的人（世界上大多数的科学家和工程师），他们使用这种语言以接触到最广泛的受众。这主要是因为英语已被视为一种"中立"的国际交流方式，而使用法语、俄语或日语则被认为面向的是国内受众。这种中立性的观念一直是英语在国际科学领域无处不在的动力。

英语的普及程度如何

英语发展的历史已经得到了广泛的研究：从盎格鲁人和撒克逊人来到不列颠群岛、维京人的入侵带来的斯堪的纳维亚的影响、1066年的诺曼征服以及法语向占主导地位的盎格鲁－撒克逊语的移植、以及英语中拉丁语的不断出现（从罗马的百夫长到中世纪的僧侣），一直到杰弗雷·乔叟的中古英语和威廉·莎士比亚的现代英语①的繁荣。这里不是要重述这些老生常谈的里程碑事件。[7]尽管有人可能会认为英语在当今世界的地位在很大程度上归功于帝国的扩张，但事实恰恰相反，正如语言学家罗伯特·卡普兰所观察到的那样："英语的传播是一个相对现代的现象……英语的传播大多发生在'二战'结束之后。"[8]英语在科学领域和其他领域的崛起实际上都晚于18世纪和19世纪英国的鼎盛时期。

在英语使用者以英国为中心的大部分时间里，英语的传播前景并不乐观。1582年，常被认为是英语词典学创始人的理查德·马尔卡斯特悲伤地指出："英语的流行范围很小，充其量只在我们这个英格兰岛——甚至还没有遍及全岛。"[9]一个世纪后，在英国第一波海外殖民浪潮之后，全世界也仅有大约800万英语使用者。[10]商业和外交方面的对外通信都是用近代早期的主要媒介语言，即拉丁语、法语和荷兰语进行的。迟至1714年，当法国语言学家乔瓦尼·维内罗尼有关欧洲主要语言词典的遗作出版时，英语还被认为不够重要，因而不能与法语、德语、意大利语和拉丁语一起算作是欧洲的主要语言。[11]后来，这种地方性被持久的确定性所取代，即讲法语的人和讲德语的人（世界上讲其他语言的人就更不用说了）无法平静地接受英语的全球传播给英美国家利益带来的巨大优势。[12]

地缘政治是阻碍英语占据主导地位的一个因素，另一个更重要的因素是这种语言的难度。英语太难了，以至于无法成为全球性的语言。1886年，苏格兰语音学先驱亚历山大·梅尔维尔·贝尔（他的儿子更加著名，是电话的发明者亚历山大·格拉汉姆·贝尔）出版了一本小册子，题为《世界英语》。在不断增长的沃拉普克语的阴影下，他还是乐观地写道："就国际用途而言，没有任何一种语言可以在语法简单性和作为世界语言的总体适

---

① 译者注：语言学界多认为莎士比亚的英语是早期现代英语（early modern english，亦有学者称作"近代英语"），是中古英语到现代英语的一种过渡模式。

用性方面超越英语。阻碍英语传播的唯一缺点是它在拼写上的困难和没有系统性。"[13] 而正字法的改革可以消除这个最后的障碍——尽管他提出的用新字母代表特定声音的拼写系统的怪异性（我很想在这里重现这些字母，但由于排版限制而无法实现），可能会让现代读者感到不适。（事实上，令人震惊的是，在当代科学英语的讨论中，拼写很少成为一个障碍，这可能主要是因为每个分支学科的词汇都非常有限。）

一种更为常见的看法认为，英语的困难在于很多词汇涵盖了相似的观念，并且语法的不规则性越来越多，后者往往遮蔽了被支持者视为英语本质的简单性。在这方面最突出的批评来自于查尔斯·凯·奥格登和艾弗·阿姆斯特朗·理查兹的基本英语①。根据当时著名的文学评论家理查兹的说法，在他和奥格登写作语义学著作《意义之意义》时，奥格登产生了这一想法[14]。在探索各种抽象术语的定义时，奥格登被这样一个事实所震撼："无论你在定义什么，某些词总是会回到你的定义中。定义了它们，你就可以用它们定义任何东西。"[15] 通用语言的解决方案可能是保留简单的英语语法——去除语法中的性、有限的协议、固定的词序，并对词汇量进行限制。

奥格登和理查兹坚持认为，基本英语只不过是一种拥有较少词汇的英语，确切地说，它由 850 个单词构成：600 个用于描述事物，150 个用于说明特性，另外 100 个用于表示"操作"（这是一个将动词和介词放在一起的笼统的范畴）。[16] 奥格登宣称，基本英语"用 850 个词汇就能完成 20000 个词汇才能完成的工作，它去除了一切感觉没有必要的东西。例如，'disembark' 这个词被分解成了 'get off a ship'；用 'I am able' 取代了 'I

---

① 译者注：基本英语是一种人工语言，它基于英语的一种简化版本而产生。最早关于基本英语的著作是由奥格登和理查兹共同撰写的。查尔斯·凯·奥格登于 1930 年出版的《基本英语：规则和语法概论》（*Basic English：A General Introduction with Rules and Grammar*）一书中有对基本英语的详细介绍。

can'；'shape'被更为普遍的词汇'form'取代；'difficult'被'hard'所取代"[17]。基本英语的使徒理查兹①认为，"850"是一个完美的数字："将基本英语削减到500个单词也很容易，但那样就会偏离标准的用法，同时用有限的语言满足使用者需求的压力也会大大增加。"[18]也许是这样吧，但"umbrella"（雨伞）这个词是必不可少的吗？"dance"（舞蹈）这个词又是多余的吗？奥格登和理查兹在核心词汇的确立方面缺乏灵活性，不过他们还是承认，包括科学在内的重要专业活动需要额外的词汇，这些词汇可以添加到基本的词汇列表中，也可以在首次使用时根据原始的850个单词进行定义。[19]

据其倡导者称，基本英语解决了困扰英语的所有难题。首先，它"与普通的标准英语没有很大的区别。"[20]这意味着，与洋泾浜英语或简化英语不同，基本英语的学习对于后面转向标准英语也是很有助益的——前者是后者的一个子集；前者在语法方面也没有让英语母语者无法理解的东西。第二，通过快速让学生掌握这门语言，它会减少英语使用者在"智力上、技术上或其他方面受支配"的感觉。[21]尽管如此，在1943年，英国战时内阁也开始积极推广基本英语，借此希望在英国继续占领世界其他地区的过程中，避免英语分裂为各种洋泾浜语或方言。在理查兹个人的积极推动下，基本英语甚至在民国时期的中国曾取得过辉煌的成就。[22]

时人对基本英语提出了很多的批评。其中最有力的批评来自英国生物学家、统计学家，同时也是精通语言的科普工作者兰斯洛特·霍格本。他写道："在充分认识到奥格登的独特成就的情况下，重要的是要在一开始就慷慨地指出为什么基本英语是伪造的"。[23]答案就是他所说的"记忆负荷"。虽然奥格登和理查兹声称他们可以通过减少词汇量来减少学习上的困难，但把"belittle"换成"make light"，把"manifest"换成"come to be"

---

① 译者注：理查兹曾在基本英语的推广方面做了很多工作，尤其是在中国推广基本英语。

真的会让学习者比原来更省力吗？原来只有一个单词，而现在却需要记住一个复合短语。真正的工作在于词汇背后的隐喻，理查兹也基本承认这一点，他指出："我们决不能认为基本英语把发明和试验这些隐喻的任务随意地交给了学习者。在基本英语的创制中，最主要的工作实际上是彻底盘点这些隐喻。"[24]更多的批评随之而来：基本英语听起来很呆板；它和洋泾浜语的作用差不多；它对阅读有帮助，但对写作和口语没有帮助；它对学习发音没有任何帮助；它只是推迟了学习英语的必要性。[25]总之，如果英语的传播受到阻碍是因为它太难、太冗长、太不易拼写，那么，基本英语也不会有所帮助。

即使在"二战"之后，英语将占据主导地位这件事也不是特别明显。在一部撰写于1947年的有关"科学英语"的历史著作中，一位作者预见德语、法语、英语三足鼎立的局面将延续下去："今天的每一位学者都在使用这三种语言，虽然十分蹩脚，但仍在为此英勇奋斗。三种（而不是一种）通用语言对科学而言是一种负担。"[26]即使是那些认识到英语正在崛起的人（只要粗略地查阅一下摘要期刊，科学家们就会知道，截至1949年9月，有57%的科学文章都是用英语发表的）也仍然担心，"俄语、汉语或乌尔都语"最终会取代英语的主导地位。[27]事后看来，我们知道这并没有发生。

英语何时变得不可或缺

人们普遍认为，对英语的无所不在最大的敌意来自巴黎，这是一个合理的推论，其依据是法兰西第五共和国①的政治家和知识分子对英语进行了引人注目的抨击。然而，早在1982年，法国科学期刊对英语出版的增长所持的主流态度便是顺从和接受。著名的法国科学院的杂志《法国科学院院

---

① 译者注：指1958年成立至今的法国。

刊》的一个特别委员会指出："尽管在西非、马格里布国家①、魁北克和某些讲法语的欧洲国家，法语仍然是科学的工作语言，但在今天，英语是国际性的科学语言，而且可能很快会成为唯一的科学语言。"②[28]该委员会当时就在思考——一些法国评论家至今也仍在思考，保留法语的科学期刊，并将本来通过"通俗化"可以获得更好理解的东西装扮成严肃的研究是否真的有意义。[29]这些观点在支持者眼中何时变得合理？换句话说，英语非母语者是何时开始以及为何开始将英语在科学领域中的地位视为一个既成事实的？

一个主要的因素是英语中科学词汇的规模之大。在英语中，专门用于各种科学的词汇比用于任何其他功能的词汇都要多，这一点在一本标准词典的几乎任何一页上随便一瞥就会非常清楚。[30]（英语中至少带有部分古希腊词根的科学词汇也比古希腊语中的科学词汇要多。[31]）这种巨大的词汇规模不仅表明用英语进行任何的科学研究都是可能的；而且也意味着，每一个为英语单独创制的词汇，都无法重复俄国人在第三章中所取得的成就，也很难再用他加禄语、斯瓦西里语或马来语等语言创制一种科学语言。我们需要为每一个科学概念创制一个标准的术语，宣传它，并加以应用。这项工作的成本，以及发展出全套的出版物的成本是十分巨大的，甚至对于德语这样自身本就拥有健全的科学词汇的语言来说，成本也越来越高。[32]

对大多数科学家来说，英语化最明显的证据来自科学期刊的内容，这是传播关于自然界的发现的主要渠道。这种模式已经变得非常常规，以至于几乎成了一种老生常谈：首先，一本期刊只用一种特定的民族语言（法语、德语、意大利语）出版；之后，它开始允许用这种语言和一种外语出

---

① 译者注：阿拉伯人对摩洛哥、突尼斯、阿尔及利亚等几个北非国家的称呼。

② "Bien que le français soit encore la langue de travail des scientifiques en Afrique occidentale, dans les pays du Maghreb, au Québec et dans certains pays européens francophones, l'anglais est dès aujourd'hui la langue internationale de la science; elle pourrait devenir très prochainement sa langue unique."

版，这类外语总是包括英语，但有时也包括其他语言；最后，这本期刊排除了所有其他语言，只留下了英语，成为一本纯粹的英语期刊，无论它是在米兰、马赛、美因茨、还是墨西哥城出版。正如一位（讲英语的）化学家所说："一旦编辑委员会决定允许在其期刊中使用英语，它就已经把一只布谷鸟请进了自己的巢穴，而把本地的雏鸟推到了一边。"[33] 为了适应英语期刊的编辑与制作，外国出版商在雇用以英语为母语或英语接近母语水平的编辑方面产生了较高的成本。[34] 通常（但并不总是如此），期刊的名称也会发生变化，平淡的英文名称掩盖了期刊的民族起源。一些零星的调查就足以说明这个问题：创立于 1947 年的《海德堡矿物学与岩石学论文集》，1966 年更名为《矿物学与岩石学论文集》；创立于 1871 年的《矿物学通讯》，在 1987 年更名为《矿物学与岩石学》；《动物心理学杂志》在 1950 年时完全用德语发表文章（尽管英语、法语和意大利语也可以接受），但到了 1955 年也开始转向英语，到了 1986 年 1 月又更名为《动物行为学》。著名的《巴斯德研究所年鉴》在 1989 年变为《免疫学研究》；墨西哥的《医学研究档案》在 20 世纪 80 年代逐渐转变为《医学研究档案》；《循环研究档案》现在是《心脏病学基础研究》；《儿科医学杂志》现在是《欧洲儿科医学杂志》；《胃肠病学》现在变成了《消化》；日本植物生理学家协会的官方刊物现在被称为《植物与细胞生理学》。[35]

然而，仅仅列出一些期刊的名字并不能让人了解这些期刊的非英语撰稿人是如何经历这一转变的。一个很有启发性的例子是《心理学研究》，这本期刊在 1921 年由库尔特·考夫卡和其他几位德国心理学巨匠创办，1974 年更名为《心理学研究》，并且增加了副标题："感知、学习与沟通的国际期刊"。它向全英文期刊的转变已经有一段时间了。1971—1972 年，该刊发表了 24 篇文章，其中 13 篇是由讲德语的作者撰写的，但其中有 18 篇是英文文章，只有 6 篇是德文文章。而在 18 篇英文文章中，只有 8 篇有德文摘要。在该刊的语言发生转变后，德文摘要也减少了。研究一下该刊副文本上发表的"作者须知"就可以看出一些原因。《心理学研究》在更名之前，以德文告知潜在的投稿人："本刊将接受德文、英文和法文的稿件。但稿件要尽可能用英文撰写"①；但在更名后的《心理学研究》中则写道："论文最好用英文撰写"，而且"每篇论文前都应该有一个主要观点的摘要，法文和德文论文也应该有英文的标题和摘要。"一位讲德语的心理学家维尔纳·特拉克塞尔对此非常愤怒，他在1975年4月写信给出版商，询问是否如须知中所述，该刊仍然接受德文文章，如果是的话，他们是否会协助将文章翻译为英文。一位编辑回信说他们强烈鼓励提交英文文章，并指出如果特拉克塞尔对这种语言感到不适，"或许可以请讲英语的同事帮忙翻译。如果这样也不行的话，在特殊情况下，可以把稿件寄给住在德国的一位编辑……来校对英文。"②[36]心理学的德语传统已经终结，但是没有任何资源可以引导落伍者进入新的标准化的科学交流。

标准化要求一致性。就像早先有一本又一本的手册教授讲英语的人如何阅读化学德语或技术俄语一样，出现了一些新的手册来教授科学家们使用"科学英语"，当然，这些手册都是用英语出版的。[37]也就是说，如果你想像赫尔辛基的大多数研究人员一样用英语撰写文章，而不是从芬兰语翻译过来（费用很昂贵），你必须对英语足够熟悉，以完全理解能帮你实现目标的那些手册。[38]在过去的两个世纪里，科学文章的格式变得越来越规范，直到战后形成了一种统一的结构：引言、方法、结果和讨论，这一点显而易见。[39]不太明显但同样真实的是，英语也压缩成了一种非常有限的变体：科学英语。科学英语甚至比科学法语和科学德语的风格更为统

---

① "Es werden Beiträge in deutscher, englischer und französischer Sprache angenommen. Es wird gebeten, die *Manuskripte möglichst in Englisch abzufassen*."

② "Vielleicht haben Sie einen englischsprachigen Kollegen, der Ihnen bei der Übersetzung behilflich sein kann. Sofern dies nicht der Fall ist, besteht in Ausnahmefällen die Möglichkeit, das Manuskript an einen in Deutschland lebenden Herausgeber der Zeitschrift ... zur Überprüfung des Englischen zu senden."

一："相对较短的、句法简单的句子，带有多重修饰的复杂名词短语，被动语态动词，名词串，技术缩略语，定量表达式和方程式，以及对引文的追溯。"[40]与好莱坞和金融媒体的"标准英语"不同，对非母语者而言，科学文章所使用的标准英语相当于一种新的方言（对母语者来说也是如此，任何试图撰写科学文章的人都知道这一点）。

英语除了在科学的书面交流中具有霸权地位外，在科学的口头交流中同样占据突出地位，在大多数情况下，英语会作为国际科学会议的唯一语言，这种情况引人注目，但也带来了沉重的负担。翻译非常昂贵，因此，只有在特定的大型会议上才能进行；而大多数科学会议的规模都比较小，因而并没有专业翻译人员的帮助。[41]另外，许多英语母语者没有意识到语言障碍的严重或其根本上的不对称性，而且往往很少或根本不顾及听众的语言能力。尽管大多数国际科学家一直认为英语是他们最好的外语，但多项研究表明，非母语人士在口头交流中碰到了"语言障碍"。[42]

几十年来，传统科学强国的科学政策制定者们一直在作出重大的调整，以适应这个新兴的英语世界。自19世纪中期以来，日本的研究人员就意识到，如果他们想在国外被理解，除了日语之外，他们还需要一些媒介语言，这种需要也反映在以欧洲语言和日语出版的传统中（尤其是图表和数字中）。现在，英语是出版所使用的主要语言。日本首屈一指的研究机构理化学研究所的报告称，2005年日本用英语出版了近2000份研究报告，而用日语出版的仅有174份，甚至日本国内的科学会议也在使用英语。[43]

英语化开始得越来越早，并逐渐渗透到较低层次的教育中。在德国不来梅的雅各布大学中，所有课程都用英语教授。在一次报纸采访中，一位研究大肠杆菌的生物学本科生对这一发展感到兴奋。他告诉记者："我发现只有一种主要的科学语言是非常方便的。只有当我向祖父母讲述我的研究时，情况有时才会变得复杂。那时候我必须进行两次翻译——首先从科学语言翻译为通俗的语言，然后再翻译为德语。"①事实上，"英语是我开始在雅各布大学学习的主要原因之一，因为我肯定想要从事研究工作，而我们知道，那里的一切都以英语进行。"②[44]在德国学术交流中心的国际学士项目中，约有一半的项目完全使用英语教学。在德国的640个国际硕士项目中，有460个项目使用英语作为唯一语言，而2007年仅有250个。而无论教学语言是什么，高等科学专业的学生都必须使用英文教科书。[45]早在20世纪80年代，就有八所德国大学允许学者用英文提交学位论文，现在这在自然科学领域基本上是普遍的，在社会科学和人文科学领域也越来越普遍。[46]结果，正如2005年的一份学者宣言所宣称的那样，"英语的使用传达了这样一种印象：在德国，人们不能再像以前那样阐述和表达思想。学生和科学家们更愿意在英美原文中进行学习、研究和教学，而不是在这样一个国家。"③[47]

作为英语的普遍性的最后一个例证，考虑一个特殊人群的故事——尽管这样做有失偏颇，他们就是：自苏联解体后二十年来的诺贝尔化学奖得主。1992—2011年间，共有45名获奖者，当然，这个有限的样本是极不具代表性的。准确来讲，他们之所以获奖是因为他们的工作被认为是杰出的，而且他们中的许多人经历了不同寻常的职业生涯。重要的是要知道，这些科学家被授予诺贝尔奖的工作是在多年前，有时是在几十年前所做的，而那时往往处于冷战的高峰期。他们的英文工作背景表明，英语化在很久

---

① "Ich finde es angenehm, dass es eine einzige führende Wissenschaftssprache gibt. [...] Nur wenn ich meinen Großeltern von meinem Studium erzähle, wird es manchmal kompliziert. Dann muss ich zwei Mal übersetzen—erst von der Wissenschaftsin die Laiensprache und dann noch ins Deutsche."

② "Für mich war das Englische einer der Hauptgründe, an der Jacobs University mein Studium zu beginnen. Denn ich will unbedingt in die Forschung, und da läuft nun mal alles auf Englisch."

③ "vermittelt der Gebrauch der englischen Sprache den Eindruck, man könnte in Deutschland neue Ideen nicht mehr als erste formulieren und aussprechen. Ein solches Land wird für Studenten und Wissenschaftler studieren, forschen und lehren daher lieber gleich beim angloamerikanischen Original."

以前就成为了化学领域的一个主要特征。其他科学也不会有明显的不同，就物理学而言，这种影响可能更加明显。

这个例子告诉我们什么？在 45 名获奖者中，有 19 人（42%）的母语不是英语，这表明英国，尤其是美国为科学投入了大量的资源。（女性明显很少：在全部获奖者中仅有一位女性）。根据这些化学家们的官方自传，其中只有三位在整个职业生涯中没有在英语环境中学习或工作过。他们所有人都懂英语，以便能够了解最新的文献，但这小部分人表明，到目前为止，掌握英语的最常见方式是在一个完全被英语包围的环境中度过。二战在这些获奖者中的大多数人身上都留下了痕迹，他们中的许多人是难民、难民的子女，或是受到这场冲突影响的人。至此，他们的共同点就结束了；每位化学家都有一条独特的通往科学的道路。

在这些获奖者的自传中，很多人都提到了语言问题。虽然这些自传最初大多是用英语所写，但也有人提到进入科学界需要学习的其他语言。例如 1943 年出生于墨西哥城并于 1995 年获奖的马里奥·莫利纳在自传中写道："我在 11 岁时被送到瑞士的一所寄宿学校，当时认为德语是未来化学家需要学习的一门重要语言。"[48] 这些获奖者中有几个人学过德语，但是几乎没有一个非德语母语者用德语发表文章。另一方面，英语却无处不在。1918 年出生于丹麦、1997 年得奖的延斯·克里斯蒂安·斯科是没有直接接触过英语的三位获奖者之一，也是"二战"期间坚决反对希特勒占领自己祖国的抵抗战士。他曾提到他在 1954 年的学位论文是以丹麦语发表的，但紧接着又"用英语发表了 6 篇论文"。[49] 对日本获奖者来说，用英语发表似乎已经变得至关重要（也极具挑战性）。生于 1959 年、2002 年诺贝尔化学奖的共同获得者田中耕一在大学最初学习的是德语，尽管他时常抱怨成绩不佳。他职业生涯的重大转变发生在 1987 年 9 月，他讲道，当时在日本宝冢举办的第二届日中质谱学联合研讨会上，"我们第一次用英语宣布研究成果"。也就是说，尽管这是一个主要针对中国人和日本人的会议，但英语仍是至关重要的语言。他接着说道,"这里有双重意义,即不仅我的研究成果是用英语撰写的,而且实际上也是我第一次用英语报告这些成果。虽然我的英语并不是很好,但约翰斯·霍普金斯大学的罗伯特·科特教授已经充分理解了我的意思,并将这些成果公诸于世。"[50] 1935 年出生于中国并于 2010 年获得诺贝尔化学奖的根岸英一也讲述了类似的故事。根岸英一也曾刻苦地学习英语这门语言,后来他在富布赖特奖金的资助下前往宾夕法尼亚大学读书,在此期间,他的英语水平得到了进一步的提升。[51] 然而,最令人感伤的莫过于艾哈迈德·泽维尔的回忆,他于 1946 年出生于埃及的达曼胡尔,是 1999 年诺贝尔化学奖的唯一得主。他曾在美国学习,现在在那里工作,但这一切都异常艰难:

"我有一种被扔进大海的感觉。这片海洋充满了知识、文化和机遇。我的选择是明确的:要么学会游泳,要么沉入水中。文化是陌生的,语言是困难的,而我的期望很高。我的英语说得不够流利,写得也不够好,而且总体而言,我对西方文化,特别是美国文化了解不多。"[52]

尽管诺贝尔获奖者不具有典型性,但也表明了一些主要的趋势。由于诺贝尔奖自 1901 年起由瑞典科学院颁发,因此,这项科学奖励的历史可以告诉我们很多关于瑞典科学——一个在地缘政治上处于边缘的富裕小国的科学——是如何融入全球背景的。直到"二战"结束之前,瑞典科学院明显倾向于将诺贝尔奖颁发给德国科学家。一方面,这反映了那一时期德国科学的巨大发展。另一方面,这也是教育模式的一种表现:瑞典科学家通常在德国接受教育,德语是他们最习惯使用的媒介语言。因此,他们更容易阅读德语出版物并提名德国科学家获奖。第二次世界大战后,英语出版物和英语学者的主导地位在质量和随之而来的语言熟悉度方面展现出了同样的特征。在诺贝尔获奖者中,过渡点似乎是 1920 年;在那一年之后出生的科学家生活在英语世界中。[53]当这种模式被打破时，会发现一个有趣的故事。例如，苏联化学家尼古拉·谢苗诺夫在1956年获得了诺贝尔化学奖，这主要是斯德哥尔摩瑞典皇家理工学院无机化学教授拉尔斯·古纳·西莱恩持续游说的结果，西莱恩碰巧懂俄语，并致力于改善瑞典和苏联的关系。[54]在没有一个拥有与众不同的语言能力的内部支持者时，情况非常清楚：如果你的目标是获奖，那么就要使用英语。

英语化何以可能

　　与任何大规模的历史变革一样，压缩为一种语言这场横跨一个多世纪、涉及全球成千上万名科学家的历史变革存在许多原因。首先，在英语能够脱离法语和德语之前，德语、法语、英语三足鼎立的局面必须被打破。最初破坏这一局面的动力来自于大型科学群体的民族主义野心的崛起，比如讲俄语的科学家们，他们挑战了围绕三种主导语言的严格限制。但是，更为严重的挑战是，位于美国的世界上最多也最富有的讲英语的人群拒绝继续学习外语。加之地缘政治的发展导致美国科学随着美国实力的提升而不断发展，英语的地位也就随之不断上升。

　　英语本身并没有责任，换句话说，英语并不具备特别适合用于科学研究的特殊品质。今天，大多数语言学家都会对某种语言在本质上适合科学（比如化学）的观念感到不寒而栗，这主要是因为语言本身处于不断的变化和相互作用之中。然而，我们时常看到有人宣称英语获胜的背后原因一定是英语本身的特性。例如两次大战之间伊多语在美国的主要倡导者、母语为德语的马克斯·塔尔梅就认为，英语"比其他任何语言都更丰富，更有表现力。就表达能力而言，在英语中可以用一个词来表达的概念，在其他语言中却往往需要繁冗之词才能表达"。甚至一位法国学者也认为："作为一种媒介语言，英语比法语更具有可塑性。"①[55] 此外，还有一些人颂扬了英语的简单性和"男性特征"。[56]

对英语来说，比任何内在的语言优势都更有利的影响是纳粹暴行之后对德语明确的政治抵制。在更早之前，伴随着一战释放出来的反日耳曼情绪的虚无热情，美国就开始了对德语的抵制；其他国家则在20世纪40年代末废除了他们的德语教育体系。即使是在这场全球大战中保持中立的亲德国家瑞典，也在1947年用英语取代德语作为儿童自五年级开始需要学习的第一外语，两年后，准备接受高等教育的学生可以开始学习第二门外语——通常是德语，但那些致力于实践训练的学生只学习了英语。类似的模式遍布全球，对德语知识造成了巨大的破坏。[57] 甚至印度尼西亚也在1940年禁止了德语教学，而当德语在1945年被重新引入学校时，学生和教师都明显缺乏热情。[58]

德语作为一种全球学术语言由于德国政治领导人的行为而受到影响，而英语在一定程度上却得益于英语国家，特别是美国的积极推广。1965年6月11日，美国总统林登·贝恩斯·约翰逊宣布，推广英语现在是"一项重要政策"，美国和平队、美国国际开发署和其他组织都鼓励学习英语。[59] 同样，美国（以及英国和加拿大）对北大西洋公约组织的领导，联合国安理会五个常任理事国中有两个是英语国家，以及美国对国际货币基金组织的赞助，这些无疑都有利于提升英语作为一种国际语言的地位。[60] 尽管截至1975年1月1日，英语仅在21个国家被列为唯一的官方语言，但在另外11个国家中，英语与当地语言一起获得了承认。此外，英语在国际组织中也越来越受欢迎，到2004年时，在全球12500个此类组织中，有85%都将英语作为官方语言。（法语排第二，占49%。）[61] 然而，在这些政策措施出台之前，科学的英语化就已经开始了，人们对这种语言的热情并非来自

---

① "Plus malléable, plus plastique que le français en tant que langue véhiculaire."

自上而下的政治推广，而是来自自下而上的动力。

尽管如此，在20世纪60年代，特别是在英国，人们对英语作为科学语言的未来有着许多悲观的看法。面对我们在导言中看到的英语文献不断攀升的曲线，这种悲观情绪似乎是疯狂的，但仔细观察就会发现，20世纪60年代英语文献的增长出现了一段停滞期，而日语文献和俄语文献则有小幅上涨——日语和俄语不仅仅是外语，也是难以理解的字母系统。正如1962年一项哀叹英语地位下滑的研究所说的那样："这样想似乎是明智的：从长远来看，不同国家对科学知识的重要贡献的数量将与其人口大致成正比，除非一个国家人口非常少，否则这些贡献通常会以其母语发表。"[62]此外，甚至到了20世纪70年代末，仍然有很多人预测说，非殖民化将导致一个新的国际巴别塔，这将使19世纪激烈的民族主义运动似乎成为一个个小规模的冲突和危机。[63]鉴于英国的全球影响力，对英语的敌意尤其明显。[64]

英语崛起的一个最奇怪的特点是，来自迅速非殖民化国家的政治抵制并没有在外交或学术方面形成有效的阻力。非殖民化几乎没有阻止英语的传播，这往往是因为这些国家也不可避免地要使用某种媒介语言或辅助语言。例如，在1955年的万隆会议上，不结盟国家宣布他们从以前的殖民者和日益加剧的美苏冷战中获得了自治权，在经过激烈的讨论后，与会者确定了一种官方语言：英语。[65]与此同时，曾经被称为"第三世界"的发展中国家也多次选择了英语。例如，从未被欧洲列强殖民的埃塞俄比亚将英语增列为一种官方语言，从而标志着一种更为广泛的趋势。大多数非殖民化国家的学生，尤其是理科学生，在选择他们的留学目的地时，往往是为了学到流利的英语。美国尤其令人向往，因为学生能够在冷战时期的外交政策所建立的网络中流动。1943年有7000名外国学生在美国学习，1949年增加到26000人，1971年又进一步增加到140000人，这是一项昂贵的事业，它部分由美国政府资助，但越来越多地由学生自己的国家资助。[66]

关键性的转变是从至少以有限的方式重视在科学中表达"身份认同"的三种主导语言的局面过渡到压倒性地强调"交流",从而形成一种单一的媒介语言。20世纪初,世界语者和伊多语者曾提出过同样的论点,人们对此不屑一顾,而在20世纪末,这些论点却成为了无可置疑的公理。大多数研究过科学英语霸权的社会学家和应用语言学家都指出,英语的普遍存在几乎是一种偶然的结果,它缘于计算机化的参考工具以及美国财富和科学地位所产生的不可阻挡和无所不在的吸引力。[67]早期的计算机化数据库赋予了英语特权;据估计,1986年,全球网络中85%的可用信息是用英语写成的。[68]数据库接踵而至,而科学引文索引和"影响因子"等极具影响力的指标的出现,只会增加美国在文献索引方面的先发优势。用英语发表为其他研究人员"发现"自己的工作设置了最低的障碍。[69]

因此,当第二大最受欢迎(但已受到严重削弱)的科学语言在1991年圣诞节面临无可挽回的危机——苏联解体时,一切都已经结束了。自20世纪70年代初美国全刊翻译工作在国际上取得巨大成功以来,俄语便失去了它在科学语言中的地位。在此之前,俄语在来自第三世界的研究生留学和博士后流动的推动下发展为一种科学语言——这种流动对英语来说也至关重要,然而,与前往美国的学生相比,前往苏联的学生人数(在1985年的高峰期,来自拉丁美洲的学生有7600人)微不足道。更为糟糕的是,随着这10年的结束,东欧开始迅速脱离了苏联。[70]俄语在东欧所有地区都被剥夺了其特殊地位,罗马尼亚更是早在几十年前就不再把俄语作为必修课,这促使学生们纷纷开始学习德语和英语。(德语是俄语从波罗的海到巴尔干地区衰落的一个意外受益者。)[71]尽管后苏联时期的研究人员在清楚俄语受到严重伤害后的几年里表示不愿意用英语发表,但新的媒介语言的现实已经形成。1991年,苏联科学院与一家美国公司合作,成立了"Nauka/

Interperiodica"国际出版社①。他们的使命是：制作88种学术期刊的英文版本，期刊由专家负责翻译并由美国人进行编辑。全刊翻译已经不再是美国科学家应付俄国作品时的权宜之计和追赶行动了，现在它是俄国科学家试图在海外表达自己观点的官方渠道。[72]科学语言不断演变的故事似乎已经达到了平衡，或者说，进入了停滞期。

这是好事吗

当然，这个问题的答案取决于你对科学的看法和你对英语的态度。除了那些以英语为母语的人因为不再需要在科学法语手册中挣扎而松了一口气之外，支持英语化的最突出的观点认为，英语是"中立的"。英语在许多方面都是一种相当有趣的语言。几个世纪以来，它证明了自己具有很强的适应力，从几十种不同的语言中吸收了词汇、习语，甚至语法。没有一个统一的机构来规范它的使用。甚至不存在一个单一的占主导地位的国家，因为强大的美国至少会受到英国的强力制衡，印度就更不用说了，这个国家的英语使用者可能比前两个国家加起来还要多。正如一位研究英语作为一种科学语言的杰出学者萨宾·斯库德利克所指出的那样："这是真正的新事物，也是现代英语人群在科学中的基本标志：它不仅弥合了语言的差异，而且消除了各种分歧，无论这些分歧是语言上的还是更普遍的文化上的。"②[73]

我们已经看到英语作为一种科学语言的主导地位与地缘政治、个人偏好、经济压力和许多偶然的曲折密切相关。即使是那些对德语、法语、俄语和日语的消失持批评态度的人也认为，英语是一个中立地带。[74]他们

---

① 译者注：即"MAIK Nauka/Interperiodica"，"Nauka"意思是"科学"。这是一家俄罗斯科学出版商，出版俄文科学期刊的英文译本在其出版物中占据重要地位。

② "Das ist das eigentlich neue, das wesentliche Kennzeichen der modernen Anglophonie in der Wissenschaft: daß sie nicht nur Sprachunterschiede überbrückt, sondern alle trennenden Verschiedenheiten, ob sprachlicher oder allgemein kultureller Art, neutralisiert."

是如何得出这样的结论的？也许主要不是因为英语被看作是中立的，因而适合于科学交流，而是因为英语与科学的联系，科学长期以来以客观性和公正性著称，而这一点赋予了英语人群以中立性。美国的霸权隐藏在锥形瓶①之后。任何有关英语中立性的氛围都是由其他语言的母语者创造的（特别是所谓的讲"小语种"的人，比如荷兰语或丹麦语），比起德语或法语，他们更喜欢英语。（由此很容易发现，英语因为不是法语和俄语而受益匪浅。）事实上，如今，不用英语发表科学作品被视为是有标志性的，而且几乎只有那门语言的母语人士会这样做；如果你看到用俄语发表的物理学，那么作者很有可能是俄罗斯人。[75]然而，很多证据表明，英语并不是中立的。最明显的不对称就是，有一部分人在孩童时期毫不费力地学会了这门语言；而其余大多数人则要在多年的英语教育中挣扎。他们的目标不仅仅是能够拿着词典勉强应付一篇英文文章，并从中获取大意，还要在会议上面临充满敌意的质询压力时，能够口头表达自己的观点并为自己辩护。科学家们在对同事提出质问时往往并不温和，而不流利的语言对一个人的理论发展或职业生涯来说是一个致命的障碍。

"挣扎"是许多科学家在学习英语时的状态。法语和德语都与英语密切相关——前者在诺曼征服后为中古英语的形成做出了贡献，后者则与英语同属日耳曼语系。然而，以这两种语言为母语的科学家们即使在面对结构简化了的科学英语时，也充满了极大的挫败感。在美国人看来，德国人似乎对英语掌握得非常好，但这部分是选择偏见的产物：你所记得的对话是你真正能够进行的对话。在1995年对德国西北部杜伊斯堡大学的科学家进行的一项调查中，有25%的人说他们在英文科学文献的阅读方面存在困难，38%的人在口语方面有问题，57%的人在写作方面存在困难。[76]这项调查

---

① 译者注：锥形瓶，一种化学实验室常见的玻璃仪器，德国化学家理查·鄂伦麦尔（Richard Erlenmeyer）于1861年发明。这里比喻英语和科学的联系赋予英语"中立性"，从而使英语获得主导科学语言的霸权。

面向的还是一群对英语有着最广泛接触的专业人员，而且是在一个强制要求学习英语的国家。曾经对《心理学研究》全面的语言改革提出抗议的维尔纳·特拉克塞尔将这一缺陷归咎于英语本身："英语不仅是一种极其灵活、细微差别丰富的语言，而且在大多数情况下，（与罗曼语相比）它无法用固定的规则描述出来。因此，它给我们的印象是：它不是很精确。而且实际上，违背语言逻辑的结构在英语的专业术语中并不少见。"①[77]然而，就像英语不是唯一适合科学的语言一样，它也不可能是唯一不适合科学的语言。在对特拉克塞尔的回应中，有人指出了一个关于地方主义与国际主义的有趣的模糊性。一方面，只知道一种语言可以被看作是地方性的，而坚持多样性则可以促进国际交流；另一方面，如果这一种语言是英语，抵制它可能是一种本能的地方性反应。总之，特拉克塞尔最好能克服它。[78]

特拉克塞尔也别无选择：英语似乎已经成为知识界一个永久的固定项目。效率的提高似乎是巨大的，因为基本上所有的精英自然科学现在都以一种语言出现，而没有繁琐的翻译过程。当然，目前的状况只对以英语为母语的人看起来更加高效；他们的高效是以其他人学习流利的英语为代价的。权衡成本和收益是一件棘手的事情，但似乎语言方面的困难只是被转移了，而并没有得到解决。另一方面，对于外国科学家而言，更为糟糕的是，大多数以英语为母语的科学家已经卸下了学习外语的所有伪装。[79]从20世纪60年代开始，各个科学领域的研究生外语学习的要求开始被取消——最初从两门降到一门，然后到20世纪80年代无需学习外语。[80]这一变化让我们面临着一个"鸡生蛋、蛋生鸡"的因果困境。一方面，没有外语要求显然意味着能够查阅外国科学文献的学生越来越少，进而让讲英

---

① "Vor allem aber ist das Englische nicht nur eine überaus flexible und nuancenreiche, sondern auch eine weitgehend nicht in feste Regeln faßbare Sprache (im Unterschied etwa zu romanischen Sprachen). Daher erscheint es uns auch leicht als relativ unpräzise, und in der Tat sind sprachlogische Fehlbildungen in der englischen Fachterminologie nicht selten."

语的人越来越倾向于使用英语;另一方面,外语要求被取消很大程度上是因为它不再被认为是必要的。无论怎么理解,结果都无可争辩。"那些讲英语的人或多或少地会有一种印象,即在任何地方都有家的感觉",一位注意到这种不对称现象的讲英语的观察家写道,"这让一切变得更快、更灵活、更高效,这符合现代生活和工作的理想。对于肤浅的观察家来说,整个世界似乎都沉浸在英语中,而这种印象可能会滋生愤怒。"[81]

的确是这样。在科学英语化的反对意见背后,萦绕着一种挥之不去的不公平感。举一个突出的例子:德国科学家必须在"身份认同"与"交流"之间,以及在用母语支持本国期刊和教育机构与向尽可能广泛的读者传播前沿研究之间做出艰难的选择。而讲英语的人则不需要;对他们而言,不存在两难问题,因为不管是追求"身份认同",还是追求"交流",使用的语言都是一样的。[82]这种不公平已经不仅仅停留在心理层面,因为英语母语者不需要花时间学习语言,从而有更多的时间学习科学、从事研究并发表成果,结果导致英语母语者的学术文献在所有文献中所占的比例过高。尽管科学家中英语非母语者比英语母语者的人数要多,但有项研究发现,在全球英文科学文献中,只有约20%的文献是由英语非母语者完成的。[83]一位政治理论家甚至建议,这种不公平现象可以通过实施累进税制来缓解,即以英语为母语的科学家可以为他们的出版物支付略高的版面费,这些版面费反过来可以用于补贴英语非母语者所提交文章的审稿费用。[84]

显然,英语母语者在科学领域的霸权对一些科学家来说是不利的,但这肯定只是运气使然。例如,美国人也曾因德语在化学领域的主导地位而处于劣势。一个更抽象但可能更严重的问题仍然存在:当前这种制度对科学有害吗?或者对英语有害吗?这些问题是相关的,但它们提出的论点略有不同,所以我将依次讨论。

首先,英语对科学有害吗?当然,这里讨论的不是英语这门语言本身,而是只有英语这一种科学语言是否对科学有害。当使用多种语言时,科学是否会受益？相反的观点认为，拥有一种媒介语言比拥有三种更为简单，更不用说有十几种了，这一立场虽然在世界语者提出时被忽视了，但现在似乎占据了主导地位。有很多例子表明，科学事实的建立由于知识的传播过程被延迟了。例如，世界其他国家花了几年时间才赶上日本人对植物激素赤霉素的研究，而这仅仅是因为相关的出版物被限制在日语的汉字和片假名中。[85]因此，也许当交流扩大时，每个人都是赢家。

但是，果真如此吗？事实上，并不是所有的人都是赢家，在这场科学语言的抽彩活动中最早的输家是那些年轻的学生们。想象一下，撒哈拉以南非洲的一个孩子正在上化学课。这堂课用的是什么语言？如果是班图语，那么谁来翻译"氧"这个词？这类概念已经存在了足够长的时间，因此可能已经渗透到世界各地的地方语言中。但是更现代的概念呢？比如"ozone depletion"（臭氧损耗），或者"Planck length"（普朗克长度），或者"object-centric debugging"（以物体为中心的调试）？迄今为止的教育研究表明，儿童对于用自己的母语呈现的科学概念理解得更好，但这需要用世界上所有的语言编写教科书和教案。[86]而现实中这些资料并不存在。一个人在科学领域的研究越高深，就会发现非英语的教学材料越稀缺。如果你想在大学里学习拓扑理论或立体化学，你的英语需要达到一定的水平。有多少学生是因为语言能力薄弱，而不是因为不擅长科学才从科学界流失的？

在数学化程度较低的科学领域，即使是专业科学家——那些已经接受了高等教育且很可能对英语文本非常熟悉的群体——有时也表示，单语制已经让我们失去了一些东西。所有科学的发展都是通过在看似无关的现象之间建立联系，而这项工作大部分是通过语言隐喻开始的。一位沮丧的德国科学家指出："如果日常语言不再是专业语言的来源，那么就会缺乏语言意向，而在让新奇事物看起来生动易懂方面，这些意象是必不可少的。由于每种语言都提供了关于现实的不同观点和各自的论证模式，因此，如果教学和研究只局限于使用英语，那么将会导致精神上的贫乏。"①[87]这种说法类似于沃尔夫假说，即语言割裂了自然，而我们都生活在充斥着自己母语的不同世界中。不过，与沃尔夫假说相比，这种观点还没有那么野心勃勃，它只是认为使用更熟悉的语词能够更快地获得洞见。简单来讲，这是一种对身份认同的诉求。除此之外，人们还可以想到单语制对公共政策带来的有害影响。鉴于受过科学训练的公职人员很少，以及理解数据细微差别的困难，要说服政治家们根据科学、技术或医学证据采取行动是一项艰巨的任务。再加上语言方面的障碍，情况更加迅速地恶化。[88]这些还只是英语非母语者所面临的问题，而另一方，即英语母语者同样面临着负担，因为他们不得不需要翻译并修改同行的论文，而且也无法参与进实验室或会议上以外语进行的私人对话中。

当一种活的语言的非母语者数量开始大大超过母语者时（这种现象似乎在历史上首次出现），这种语言——即英语本身会受到影响吗？如果你想找出一种影响，科学将是一个很好的研究对象，因为与其他任何文化领域相比，科学领域的英语化时间都更长、程度也更彻底。科学交流中使用的"英语"——特别是书面形式，但也经常在口头交流中使用，是被简化了的、模式化了的，以突出交流并尽量减少文体上的细微差别的英语。德国社会学家沃尔夫·勒佩尼斯称这种方言为"英语 II"，另一位评论家担心，这种方言已经变成了"一种实用的、简化的交流代码。"②[89]想象一个讽刺性的结果：科学英语在一定程度上类似于基本英语，基本英语的发明部分是为了最大限度地减少英语在殖民地背景下的"洋泾浜化"，而科学英语本身却可能成为洋泾浜语。语言学家萨宾·斯库德利克指出："在某些情况下，英

---

① "Wenn die Quelle für die Fachsprachen nicht mehr die Alltagssprache ist, werden die Sprachbilder fehlen, die nötig sind, um Neues anschaulich begreiflich zu machen. Da jede Sprache einen anderen Blickwinkel auf die Wirklichkeit zulässt und individuelle Argumentationsmuster bietet, läuft es auf eine geistige Verarmung hinaus, wenn Lehre und Forschung auf das Englische eingeengt werden."

② "Ein praktischer, reduzierter Kommunkationscode."

语作为非英语国家的一种科学语言，会退化成一种整齐划一的语言，届时将无法得到来自母语使用者的持续反馈。这种发展对任何人来说都是不可取的。"①[90]

如果上述结果确实正在发生，那么，几乎可以肯定，英语本身受到了影响。读者可能已经注意到，在本章的最后几页中，这本明显属于历史题材的书籍发生了一件非常奇怪的事情：我们似乎已经丢失了过去，转而进入科学家和语言学家对未来的大胆猜测，而这些猜测又被勉强地伪装成了关于现在的对话。在谈论科学中的英语化时，似乎没有办法不陷入对一切可能结果的思考中，但在完全放纵这种冲动之前，重要的是不要失去迄今为止在这段旅程中得到的最重要的教训：英语之所以能达到当前的地位是由于一系列的历史变革，反过来，英语又利用一种中立性的观念塑造了历史，而这种观念无论是在英国还是美国，都是通过英语明显的非中立性而获得的。把语言和历史放在一起研究有一种循环性的特征，即使是在科学这个缺乏想象力的领域，也会扰乱我们的时间观念。科学语言的历史到这里就结束了。

---

① "Unter Umständen würde das Englische als Wissenschaftssprache in den nichtenglischsprachigen Ländern zu einer Schablonensprache verkümmern, falls nicht eine ständige Rückmeldung von Muttersprachlern zu erwarten ist. Diese Entwicklung wäre für niemanden wünschenswert."

结　语
巴别塔之外

请思考一段引文和一个故事。这段引文来自"二战"前美国最杰出的语言学家之一——爱德华·萨皮尔。1921年，当美国的德语教学遭到大规模的破坏，并且来自同盟国的科学家遭遇国际抵制时，他写道：

"科学真理是客观的，在本质上，它可以不受借以表达自己的特定语言媒介的影响。它可以像用英语那样，轻松地用汉语传达信息。不过，它必须有某种表达方式，这种表达方式必须是语言的。事实上，对科学真理的理解本身就是一个语言过程，因为思想只不过是剥去了外衣的语言。因此，科学表达的适当媒介是一种广义的语言，它可以被定义为一种符号代数，所有已知的语言都是它的翻译作品。科学文献可以充分且适当地翻译出来，是因为原始的科学表达本身就是一种翻译。"[1]

历史记录表明，无论是过去还是现在，实际情况都更加复杂。虽然从原则上讲，无论用哪种语言表达，同样的科学真理可能都成立，但就日常经验而言，特定语言的选择对科学信息的"传达"能力有很大影响。例如，俄语和德语之间的翻译摩擦引发了关于化学元素周期系统的优先权之争，而复制拉瓦锡的法语命名法，无论是在瑞典语还是在俄语中，都被证明是有问题的，更不用说伊多语和世界语了。此外，萨皮尔还提出了有关科学真理的元语言的观点，这就引出了下面这个故事。

1957 年，比姆·派珀在《新奇科幻》中发表了"万能语言"的故事①。考虑到大量科学俄语涌入美国所造成的科学语言冷战危机——这一危机促使刚刚成立的斯拉夫语系开设了新的课程，见证了机器翻译的起源，并最终形成了一个稳定而庞大的全刊翻译产业——派珀想象中的火星之旅呈现出更深的共鸣。

故事的一开始讲到一支优秀的科学家团队正在火星表面仔细搜寻，他们遇到了一个灭绝已久的先进文明的遗迹。团队中有一位考古学家玛莎·戴恩，她对破译火星人的语言非常痴迷。戴恩在墙壁上发现了一些她认为是文字的标记，她开发了一套系统的拉丁字母音译法，通过一个由元音－辅音组合而成的音节表来转写火星人的文字。就像迈克尔·文特里斯在 20 世纪 50 年代初（就在派珀动笔的前几年）对线性文字 B 的惊人破译一样，戴恩也希望找到这些符号的参照物。文特里斯在一些关于地名的启发性猜测的帮助下，有了惊人的发现，即线性文字 B 只是以音节文字书写的希腊语。[2] 但戴恩没有这样的运气。她需要一种像罗塞塔石碑那样类似于密码本的东西。借助罗塞塔石碑上以埃及象形文字、古埃及文字的世俗体和希腊文字刻写的碑文，让－弗朗索瓦·商博良在 1824 年成为一千多年来第一个真正读懂古埃及文字的人。不幸的是，对戴恩来说，"火星上没有罗塞塔石碑，任何地方都没有……我们会找到的。在某个地方，一定有某种东西，会告诉我们一些词汇的含义，接着我们将用它们来探索出更多词汇的含义。"[3] 然而，由于火星语和任何一种地球语言之间不可能存在双语文本②，她的同事们认为

---

① 译者注：一个短篇科幻小说，主要关注的是外星人文化的考古学问题。《新奇科幻》是一本以科幻为主题的故事集。
② 译者注：双语文本（也叫双语文献）对于未知语言的破译非常重要，如果有同一文献同时以一种已知语言和未知语言书写，那么破译这种未知语言的难度就会小很多。罗塞塔石碑上的文字就是极为重要的双语文本。

她的愿望只是一种幻想。

接着,队伍走进了一座大型建筑,他们推测这里曾经一定是类似大学的地方。小组成员们分头行动,并对这座建筑的裙楼展开了探索,戴恩在各个房间里穿梭着,一路上将那些火星语转写过来,直到转过一个角落时,她被一段铭文深深地震惊了:"左边墙上的图表有些熟悉。她试着回忆学校曾教给她的物理知识,以及自己后来偶然学到的东西。第二栏是第一栏的延续:每栏有46个条目,每个条目都是连续编号的。"戴恩计算了所有条目的数量,共计92个。这似乎很有趣。什么是由92个条目组成的呢?正是自然产生的化学元素的数量!其中序号最大的是铀元素①。她从元素周期表的最上层开始数起:"氢是1号元素,对应'sarfaldsorn'。氦是2号元素,对应'tirfaldsorn'。"[4]从这里开始,没有什么能阻止戴恩了;她已经找到了她的罗塞塔石碑,从那里可以想到其他的科学双语文本,"比如天文表、物理学表和力学表,在那里,文字和数字是等同的。"戴恩的大部分队友立刻就被说服了。但是,队伍的领导者,一位研究古希泰语的学者塞利姆,对于这个火星语的罗塞塔表示了一些怀疑,他质问道:"你怎么知道他们的元素表和我们的一样?"团队中的3位自然科学家难以置信地看着他。其中一个名叫莫特·特兰特的人回答说:"这不仅仅是火星的元素表,这就是元素表,而且是唯一的一个。"[5](德米特里·门捷列夫和洛塔尔·迈耶可能会提出不同意见。)最后,曾经对戴恩提出最多质疑的同事休伯特·彭罗斯给予了她最高的赞扬:"玛莎,这比双语文本还要好。物理科学表达了普遍的事实;它必然是一种通用的语言。"[6]

我们已经走了很长一段路,从关心是否还可以用拉丁语而不是希腊语来进行科学研究,到担心科学是否会被语言的巴别塔所摧毁。我们看到萨皮尔和派珀分别在"二战"语言鸿沟的两边写作,他们没有把语言看作是

---

① 译者注:铀的原子序数,即在周期表中的序号是92。

阻止科学交流的障碍（就像世界语者和伊多语者在20世纪初所认为的那样），也不主张通过强加一种统一的自然语言（比如我在写这本书时的通用语言——英语，或者几个世纪前的拉丁语）来避免巴别塔，而是表达了一个共同的设想：科学不仅仅是用语言写成的，它本身就是一种语言。但是，语言的不断发展和动态历史以及语言内部进行的科学研究表明，这个命题很可能是错误的，或者至少是非常矛盾的。尽管如此，认为仅数学或物理和生物科学的事实就能证明"通用语言"存在的想法无处不在；这个想法本身就是从几个世纪以来的科学巴别塔的兴衰中产生的。为了进一步探讨这一观念，我们必须把目光从过去移开，来审视当代人如何思考我们未来的语言和科学。

这方面最常见的问题是，是否有什么东西可以取代英语在现在的自然科学（或许很快就会在社会科学和人文学科）中的主导地位。人们能做的就是猜测这种情况可能的演变方式，因为今天的英语化现象并没有历史先例。[7]基本上有3种可能性。第一种观点是，未来仍会维持现状。[8]这是完全有可能的，尽管语言会随着时间的推移而变化。当有人说"英语"将继续作为科学的主导语言时，这既意味着当前简化了的"科学英语"方言将持续下去，也意味着科学英语将反映全球英语中发生的不可避免的变化。在科幻小说史中，只有到了世界末日，比如发生全球热核战争、基因工程瘟疫、外星人入侵或三者的某种结合时，英语才会被取代，并分裂为相互无法理解的后代语言。[9]

第二种观点是，科学英语将被另一种科学语言所取代，在这种情况下，科学将继续使用单一的语言，只是改为了一种不同的语言。这是世界语者的愿望，也是那些希望通过人工的辅助语言消除民族语言带来的巴别塔的幻想家们的愿望。期望这种可能性的人心中有一个候选者：汉语！[10]（他们显然指的是以北京话这种汉语变体为基础的普通话。汉语的多变性和多样性并不亚于英语。[11]）汉语成为未来唯一的科学语言的观点主要是基于

| 结语　巴别塔之外 |

人口数量和地缘政治力量，但是这些推论存在两个问题：一个是经验上的，另一个是理论上的。经验上的问题是，尽管中国科学家和工程师的数量迅速增加，但他们实际上是当代英语发展的一个重要组成部分，因为他们的大多数出版物都是用英语发表的，而不是用汉语。[12]理论上的问题更为关键：我们究竟为什么要期望科学在未来只使用一种语言呢？过去的情况肯定不是这样。回想一下，即使是拉丁语，除了文艺复兴鼎盛时期外，它在欧洲也不是唯一的媒介语言。至于基于人口数量的推理，如果这一点成立的话，那么西班牙语也应该作为一种科学的主导语言而占据一席之地，但事实并非如此。

对语言多样性的一种普遍但有争议的思考方式是将其与生态学进行类比。[13]简单回顾一下，就可以找到很多的例子，比如语言的增长和竞争，濒危的语言和语言的死亡等。但是，语言与生物物种并不完全相似。语言不会"死亡"或"灭绝"；而使用这种语言的母语者会"死亡"或"灭绝"，而且有时是以非常激烈的方式。[14]如果有文献记载的话，这种语言仍然可以使用。（我们的老朋友拉丁语再次证明了这一点。）然而，对于那些认为语言是在全球生态中发挥作用的人来说，向一种单一的科学主导语言的过渡相当于一场铲除了传统农业系统的语言上的绿色革命，它为了提高效率而强行推行单一的文化，但这恰恰会危及能够产生新的科学思想的智力多样性。（这里有沃尔夫的影子！）[15]这是一个很有吸引力的论点，但如果对在过去半个世纪里，假如英语没有成为全球唯一的科学语言科学会是什么样子这个问题有一个了解的话，就不可能对这一论点作出评价。除非有一个可以预测未来的反事实的水晶球①，否则我们只会看到，目前仍有大量的科学工作正在进行，而且科学家们并不十分担心缺乏新的想法。在这种对

---

① 译者注："反事实的水晶球"指的是上文说的"假如英语没有成为全球唯一的主导语言，科学会成为什么样子"这种情况，只有对这种与事实相反的情况的思考才能更全面地评价现实情况。"水晶球"在西方有预测未来的寓意。

›345

单一文化的担忧背后，是对单一语言的持久担忧，这种担忧认为，单一语言的状态或许在遥远的未来不可避免。简言之，这是一种哀叹。

如果将过去投射到未来，很有可能我们会有几种科学语言，而不是一种。如果英语失去了主导地位，它可能会遵循拉丁语的模式，分裂成几种媒介语言，同时仍然被当作重要的工具使用下去。（这对于查阅过去的二次文献至关重要：正如在冷战时期试图保护德语，或者在宗教改革开始后很长一段时间仍然使用拉丁语所表明的那样。）人们可以想象一个主要由汉语、英语和西班牙语或葡萄牙语组成的未来。但是，它看起来会与我们的过去如此不同吗？想必人们仍然会对英语主导地位的失去、为协调主流语言而制定的人工语言新计划，以及在语言学习和翻译方面花费的大量精力等问题感到苦恼不已。

当然，所有这些问题都假设了我们在本书中看到的历史是不可逆转的。然而，仍有一些人（尽管每年越来越少）希望我们能够重新赋予科学一点点的巴别化，就像恢复英语、法语和德语三足鼎立的局面一样。但在这方面，人们言行一致的程度与冷战模式相反；冷战时期，法国人基本上默许了他们的语言作为一种科学媒介语言的黯然失色，而德国人则试图阻止由希特勒政权造成的伤害。今天，欧洲德语区内对英语作为唯一的科学语言存在一些反对的声音——该话题定期出现在报纸上，特别是涉及中学科学教育时，但是政府只投入了有限的资源在国外推广德语，而讲德语的科学家们仍然使用英语发表。[16]

在法国，你更有可能会遇到文化灭绝的隐喻："如果从法语中剥夺了其作为科学语言的特性，那将是一个后果不可估量的民族悲剧。"①[17]尽管大多数讲法语的科学家如今都在用英语发表，但抵制英语化的话语还是相当频繁地出现（这经常让人想起法国抵抗纳粹的公共神话）。[18]虽然法语确

---

① "Ce serait un drame national aux conséquences incalculables que d'enlever à la langue française son caractère de langue scientifique."

实是除英语外唯一一种具有全球影响力并且在自然科学领域有着悠久的杰出传统的语言,但当法国作者以其母语发表时,他们也是在以"交流"换取"身份认同"——除了一些明显的例外。[19]数学是一个用法语发表仍然相当普遍的领域。2002 年菲尔兹奖得主洛朗·拉福格指出,法国的数学如此强大,以至于人们仍然会通过阅读法语来了解它;事实上,"从某种程度上讲,法国数学流派正是因为一直依附于法语,才保持了其原创性和力量。相反,法国在某些科学学科上的薄弱可以归因于语言的失职。"①[20]母语中丰富的隐喻和敏锐的思维使人们能够进行创造性的工作;人们不应该不战而降地将"身份"牺牲掉。然而,将时钟的指针拨回到 19 世纪中叶似乎不大可能。

另一种可选择的方案不太可能是全面的多语言出版物,而更可能是借助计算机在多种语言之间进行的机器翻译。2012 年 1 月,哈佛大学前校长劳伦斯·萨默斯发表了一个著名论点,即"鉴于英语作为全球语言的崛起,加之机器翻译的迅速发展和世界范围内的语言分裂","在讲外语方面进行的大量投资"并不具有"普遍的价值"。[21]抛开萨默斯所说的语言的全球分裂将如何有助于交流这一不合逻辑的推论来看,他所说的机器翻译,在许多人看来,是一种解决本书所讨论的紧张关系的合理方案:通过它,你既可以通过使用你的母语来保留"身份认同",同时又可以让计算机来处理"交流"问题。当我们上次谈到机器翻译时,它已经在 1966 年自动语言处理咨询委员会的报告中遭到令人失望的谴责后陷入了崩溃。显然,自那时起,数字世界发生了很多变化。特别是莱昂·多斯特的机器翻译项目中最大的障碍——内存不足的问题已经消失了。内存已经变得非常便宜。"摩尔

---

① "c'est dans la mesure où l'école mathématique française reste attachée au français qu'elle conserve son originalité et sa force. A contrario, les faiblesses de la France dans certains disciplines scientifiques pourraient être liées au délaissement linguistique."

定律"揭示的疯狂翻倍的计算速度①（机器翻译乌托邦的狂热者们相信，计算速度将无限期增长下去）使得自然语言的计算机化翻译采用了完全不同的统计方法，例如谷歌翻译，它并不依赖决策树算法，而是依靠穷举性的统计比较法。[22]在不经意的观察者看来，语言障碍似乎已经成为过去；计算机不再是"只有英语"，尽管计算机的语言和计算机科学的语言仍由英语主导，但单一语言对这一领域的束缚似乎正在减弱。[23]然而，科学巴别塔的问题及其在当前的英语解决方案是否能够通过这些方法得以超越和克服，似乎还不太确定。对于公认的精英科学家群体来说，世界上贫穷地区难以获得计算技术的问题可能不那么重要，但是，已经以英语形式存在的大量教育基础设施和出版物很可能意味着，继续学习英语将比在几千种语言中多次翻译更加经济。萨默斯的愿景还存在一个更深层次的困难，这涉及统计机器翻译实际上是如何工作的。仔细了解一下谷歌翻译，就会发现有一点显而易见：它完全依赖于人工翻译来提供用于统计比较的双语文本。换句话说，隐藏在我们目前的机器翻译之下的是更多的全刊翻译。万变不离其宗。

让我们把未来放在一边，回到当下。萨皮尔和派珀都坚持认为，科学本身——无论是以数学还是纯粹以两次大战之间维也纳逻辑实证主义者所钟爱的感官印象来表达的科学——都可以作为一种语言来实现交流。科学家们目前（已经进行了50年）正在付诸实践，并将这一假设作为一个极富远见的当代科学项目的基础，该项目就是：搜寻地外文明计划。就这个分支领域而言，"智能"基本上是"通信能力"的同义词，这部分是由于认识论上的原因：我们通过监测各个方向上的各种频段来寻找宇宙中的生命，这些频段被认为是有意进行星际通信的最可能的载波；这意味着建立联系

---

① 译者注：摩尔定律是1965年英特尔创始人之一戈登·摩尔基于自己的经验提出的定律，核心内容为：集成电路上可以容纳的晶体管数目大约每经过18个月便会增加一倍。该定律揭示了计算机存储空间和计算能力的不断增长。

就是接收信息。简言之，这是一个关于语言的判断。[24]

搜寻地外文明计划的一个基本假设是，我们在为天穹编写信息和理解它们反馈给我们的信息时遇到的智力问题是对称的。也就是说，如果我们很难编写一个智能生物可以按照他们的语言理解为信息的文本——这些智能生物既没有我们的语言遗传能力，也没有我们现在语言的任何历史残骸，那么这些外星人也同样会遇到这样的困难。这项任务很快就简化为寻找一种超越我们特定语言的元语言，然后监测天穹中可能以这种元语言传播的任何信息。早在1921年，萨皮尔就提出，科学可能就是这种媒介。或者，正如一位优秀的搜寻地外文明计划的从业者在2010年所说的那样："人们普遍认为，文化上中立并构成了宇宙自然法则基础的数学，将成为星际对话的通用语言。"[25]

这种科学-数学的语言假设——即科学和数学是一种语言，为我们结束这段现代科学的语言史提供了一个合适的落脚点。搜寻地外文明计划是今天在全球范围内进行的科学研究，其目的是跨越一种比威廉·奥斯特瓦尔德、莉泽·迈特纳或安托万·拉瓦锡在过去所面临的语言障碍还要难以根除的语言障碍。当然，人们可能会对这项事业提出诸多的反对意见，其中包括一个明显的事实，即我们还尚未弄清楚如何与占据我们自己星球的较为聪明的动物进行非常有效的交流，更不用说与那些和我们有着同样的科学思维和学科训练，只是碰巧出生在布拉格而不是旧金山的其他人的交流了。[26]但与其用问题和驳斥来结束本书，不如让我们回到科学的历史。

1960年，荷兰数学家汉斯·弗勒登塔尔发表了（当然是用英语）"宇宙语"，这是我们将在本书中讨论的最后一种人工语言。如果搜寻地外文明计划的科学家们正在寻找一个可能的星际信号，那么弗勒登塔尔提供了这种文本，或者至少是可以书写这种文本的语言。这是一种通过符号表达的语言，除了语义之外，它没有"自然"或"人工"语言的任何特征。这是一种传达意义的语言；其他一切都是多余的。然而，即使是弗勒登塔尔也不会认为数学本身就是一种语言："事实上，写在教科书中的数学语言仍然寄生在自然语言上。围绕数学公式的文本通常使用一种带有白话特征的习语所写，这些文本属于日常意义上的白话文。"[27] 但他需要超越白话，传达"我们的全部知识"，而不仅仅是精选的证据。如果弗勒登塔尔能够"操作它"，并使用它来产生其他短语——突然想到，这是一种对科学语言足够优雅的定义，那么对于接收者来说，宇宙语就会被认为是可以理解的。[28] 正在被传送的宇宙语基于"接收者可能知道的事实"，通过自身而不断地学习。[29]

这些接收者可能知道的事实是什么呢？分别领导美苏两国搜寻地外文明计划的卡尔·萨根和约瑟夫·什克洛夫斯基赞扬了弗勒登塔尔在宇宙语方面的努力，并对如何创建我们的宇宙语信息进行了猜测。他们认为，图片可能是最好的方式，无论你在宇宙的什么地方，视觉都是一个相当可能的进化特征，而且有一张图片似乎特别合适，"例如，门捷列夫的元素周期系统可以用图片表示出来，再附上相应的宇宙语文字。当然，电子的数量和分布将表明原子的性质。然后，可以传送一张原子核中的质子数和中子数的对比图。到这时，宇宙话语就已经进入到原子和核物理学的领域中。"[30]

门捷列夫和迈耶曾经为了俄语和德语中的哪些词汇可以而且应该用于恰当地描述元素周期系统的特征而争吵。今天，这个系统被视为超越了语言，超越了地球，他们会因此感到受宠若惊，还是感到困惑？这种想法很奇怪吗？派珀曾经想象戴恩通过使用元素列表与死去的外星人进行交流。我们确实可以在遥远的未来，或者在数百万光年之外的世界，想象这样一种可能性。然而，就目前而言，与过去一样，我们仍然受制于历史的约束，受制于人类语言中语词的束缚：不可翻译却又可以理解，令人沮丧却又让人无限向往。

致　谢

本书的写作以这样或那样的形式持续了 15 年有余，而我通常没有意识到自己对于科学语言史的痴迷。在此期间，我要感谢的人非常之多。尽管在这里很难表达自己全部的感激之情，但我会努力这样做。

首先，我想向为这段历史提供资料的档案管理员、图书管理员和历史学家表示感谢，他们是：美国物理联合会物理史中心尼尔斯·玻尔图书馆的乔·安德森和格雷格·古德；国家科学基金会的马克·罗森伯格；乔治城大学档案馆的琳·康维；柏林－勃兰登堡科学院的维拉·恩克；马普学会档案馆的贝恩德·霍夫曼；柏林洪堡大学档案馆的威妮弗蕾德·舒尔茨；柏林自由大学档案馆的艾琳·詹茨奇、格尔德·沃尔特和比尔吉特·雷瑟。此外，维也纳奥地利国家图书馆世界语博物馆、位于马里兰大学帕克分校的国家档案和记录管理局、美国国会图书馆、麻省理工学院特藏馆和普林斯顿大学至关重要的文献速递及馆际互借办公室的工作人员也为我提供了诸多有益的帮助。我还要特别感谢门捷列夫档案馆的伊戈尔·德米特里耶夫以及俄罗斯圣彼得堡的档案管理员们，我的这项研究自 20 世纪从那里开始。

本项目的研究与写作得到了普林斯顿大学以及两个外部资助机构的慷慨支持（2010 年来自国家人文基金会的资助，编号为 72879；以及 2011 年来自约翰·西蒙·古根海姆基金会的资助），它们得以让我逃离教学任务，从而完成本书的撰写。

本书有四章中的部分内容曾作为学术文章发表，我非常感谢这些期刊登载了它们，同时还要感谢他们允许我在此以修订版的形式重新发表其中的一些材料。这些文章是："Translating Textbooks: Russian, German, and the Language of Chemistry," *Isis* 103（2012）: 88-98; "The Table and the Word: Translation, Priority, and the Periodic System of Chemical Elements," *Ab Imperio*, no. 3（2013）: 53-82; 以及"The Dostoevsky Machine in Georgetown: Scientific Translation in the Cold War," *Annals of Science* 72（2015年刊出）。

本书在与几十位同事及朋友的交谈中受益匪浅，他们中的许多人都慷慨地抽出时间阅读了部分或全部的书稿。其中包括：米切尔·阿什、梅林达·鲍德温、迈克尔·巴拉尼、黛博拉·科恩、安吉拉·克里杰（柯安哲）、洛琳·达斯顿、彼得·加里森、雅尔·盖勒、卡佳·根瑟、埃文·赫普勒-史密斯、马修·琼斯、西蒙·库勒、罗伯特·麦克格雷戈、帕特里克·麦克雷、普罗吉特·穆哈吉、卡拉·纳皮（那葭）、马修·斯坦利、珍妮弗·汤姆林森、丹尼尔·特兰巴约洛（段安博）和基思·怀鲁。乌尔里希·阿蒙、大卫·贝洛斯、大卫·凯泽、简·苏尔曼、马克·沃罗维奇和纳赛尔·扎卡里亚对整部书稿作了细致的评论，我尽可能地采纳了他们相当敏锐的意见。我还要特别感谢约书亚·卡茨在整个项目中提供的指导；在本书的构思和撰写过程中，我能够在语言方面提出一些合理的见解，很大程度上都要归功于与他的对话以及合作教学。

在过去的几年里，我已经在一些机构举办的学术研讨中介绍过本书的主要内容，并从中收获了很多中肯的反馈意见。为此，我想要感谢：范德堡大学研讨会及学术会议的参与者（特别是保罗·克莱默、奥勒·莫尔维格和莱尔·哈勒维）、宾夕法尼亚大学人文论坛、达特茅斯大学、纽约大学（特别是肯·阿尔德和迈尔斯·杰克逊）、维也纳大学、普林斯顿研究员协会、普林斯顿大学历史系"研究进展"系列研讨会、威斯康星大学麦迪逊分校科学史系和梅隆T3研讨会、哈佛大学、印第安纳大学、化学遗产基金会、加州大学伯克利分校、英属哥伦比亚大学、柏林文学与文化研究中心以及圣彼得堡欧洲大学。

在写作的最后阶段，恰逢我担任普林斯顿大学国际和地区研究所冯氏全球研究员项目的首任主任，这一年的合作讨论会围绕着"语言与权威"这一主题展开。我非常感谢贝特·维茨勒，她让这种深入研究语言的环境成为可能。同时，我也要感谢第一批冯氏全球研究员，他们让我的许多想法和论点变得更加清晰，这些学者是：亚当·克卢洛、赫尔德·德·舒特、大卫·基乌瓦、普里蒂普斯帕·米什拉、布里吉特·拉思和谭莹莹。

卡斯滕·莱因哈特和阿里卡·奥克伦特为芝加哥大学出版社审阅了这部书稿；我总是从他们的作品中收获良多，更令人高兴的是，他们为本书的早期版本提出了十分宝贵的建议。我在芝加哥大学出版社的编辑凯伦·梅里坎加斯·达林，在该项目的整个酝酿过程中一直给予特别的支持。利瓦伊·斯塔尔和玛丽·科拉多帮我整理了书稿，并将其转化成我们现在看到的这本书。梅格·雅各布斯让怀利出版代理公司注意到了这项研究，而后者又将这项研究介绍给了 Profile Books 出版公司的安德鲁·富兰克林。我对以上所有人表示感谢。

像往常一样，我最要感谢的是艾丽卡·米拉姆，她耐心地听取了比任何人都多的尚不成熟的想法，并且总是敏锐地为我指出正确的方向。

最后，我想把这本书献给所有曾经教授过我语言的人。这是一份很长的名单，我在这里只能呈现其中的一部分。我总是不能领会你们坚持不懈地向我们展示的语言的丰富性，但我向你们保证，现在我理解了。遗憾的是，我无法重现你们所有人的名字，但至少我也要尽我所能明确地感谢一些人，他们是：叶莲娜·巴拉兹、娜塔莉亚·奇尔科夫、玛丽亚·加西亚、诺拉·汉普尔、大卫·基利、詹姆斯·拉文和莎朗·穆斯特。对于那些遗漏的人，我表示歉意；我向你们保证，我对你们的感激之情丝毫未减。当然也不会忘记我最初的、同时也是最重要的语言老师：吉拉和拉斐尔·戈尔金，你们所有人都给予了我最美好的礼物。于此而言，我的这些感谢之词不过是微薄的补偿。

迈克尔·戈尔金

档案列表

参考文献中提到了一些档案集，有的是缩写。因此所有档案的完整引文在此列出，必要时附有其缩写形式。

奥地利

Esperantomuseum of the Österreichische Nationalbibliothek, Herrengasse 9, 1010 Vienna.

德国

［AMPG］Archives of the Max-Planck-Gesellschaft, Boltzmannstraße 14, 14195 Berlin.
［BBAW］Archives of the Berlin-Brandenburgische Akademie der Wissenschaften, Jägerstraße 22, 10117 Berlin.
［FUA］University Archives of the Freie Universität zu Berlin, Malteserstraße 74-100, Bldg. L, 12249 Berlin.
［HBA］Hofbibliothek und Stiftsbibliothek Aschaffenburg, Hugo-Dingler Stiftung, Schloßplatz 4, 63769 Aschaffenburg.
［HUA］Archives of the Humboldt-Universität zu Berlin, Eichborndamm 113, 13403 Berlin.

俄国

［ADIM］Archive-Museum of D. I. Mendeleev, St. Petersburg State University, Mendeleevskaia liniia 2, St. Petersburg 199034.

[PFARAN] St.-Peterburg Branch of the Archive of the Russian Academy of Sciences, Universitetskaia nab. 1, St. Petersburg 199034.

[TsGIASPb] Central State Historical Archive of St. Petersburg, Pskovskaia ulitsa 18, St. Petersburg 190121.

[ZhRFKhO] *Zhurnal Russkogo Fiziko-Khimicheskogo Obshchestva* [Journal of the Russian Physico-Chemical Society].

美国

[AEDA] Albert Einstein Duplicate Archive, Princeton University Library, Rare Books and Special Collections, Princeton University, Princeton, New Jersey 08544.

[AIP] Niels Bohr Library and Archives, American Institute of Physics, 1 Physics Ellipse Drive, College Park, Maryland 20740.

[APSL] American Philosophical Society Library, 105 S. 5th Street, Philadelphia, Pennsylvania 19106.

[GUA] Georgetown University Archives, Lauinger Library, Georgetown University, 3700 O Street NW, Washington, DC 20057.

[-SLL] School of Languages and Linguistics [-MTP] Machine Translation Papers.

[LOC] Library of Congress Manuscript Division, 101 Independence Avenue SE, Room LM 101, James Madison Memorial Building, Washington, DC 20540. [MIT] Massachusetts Institute of Technology Archives and Special Collections, Building 14N-118, 77 Massachusetts Avenue, Cambridge, MA 02139.

[NARA] National Archives and Records Administration, 8601 Adelphi Road, College Park, Maryland 20740.

参考文献

导言

[1] Jean Le Rond D'Alembert, *Discours préliminaire de l'Encyclopédie*, ed. Michel Malherbe (Paris: J. Vrin, 2000), 137.

[2] 翻译（及译者）的隐身是劳伦斯·韦努蒂《译者的隐身：一部翻译史》中的核心观点，请参阅：Lawrence Venuti, *The Translator's Invisibility: A History of Translation*, 2d ed. (London: Routledge, 2002 [1995]). 也可参阅：David Bellos, *Is That a Fish in Your Ear? Translation and the Meaning of Everything* (New York: Faber and Faber, 2011). 尽管大多数的翻译研究作品都关注人文或文学翻译，但是这些翻译中的一般问题也适用于科学，请参阅：I. J. Citroen, "The Myth of the Two Professions: Literary and Non-Literary Translation," *Babel* 11 (1965): 181-188.

[3] 关于医学的国际交流所使用的语言，请参阅：John Maher, "The Development of English as an International Language of Medicine," *Applied Linguistics* 7 (1986): 206-218.

[4] 关于德语中"科学"（"*Wissenschaft*"）一词的特殊困难，请参阅：Denise Phillips, *Acolytes of Nature: Defining Natural Science in Germany, 1770-1850* (Chicago: University of Chicago Press, 2012), 4.

[5] 社会科学中也有相同的趋势（指英语占据主导地位），请参阅：Abram De Swaan, "English in the Social Sciences," in Ulrich Ammon, ed., *The Dominance of English as a Language of Science: Effects on Other Languages and Language Communities* (Berlin: Mouton de Gruyter, 2001), 71-83; Ulrich Ammon, "Kaum noch ein Prozent Weltanteil in den Naturwissenschaften: Über Deutsch als Wissenschaftssprache," *Forschung und Lehre* (June 2010): 318-320, on 319.

[6] 我非常感谢关于这一问题的已有研究，其中斯科特·蒙哥马利的《翻译中的科学：知识在文化和时间中的流动》则更多地从社会学而非历史学的视角讨论了科学中的语言

障碍和语言传播问题。请参阅：Scott L. Montgomery, *Science in Translation: Movements of Knowledge through Cultures and Time*（Chicago: University of Chicago Press, 2000）。相关的重要研究还包括：Ammon, *The Dominance of English as a Language of Science*; J. A. Large, *The Foreign-Language Barrier: Problems in Scientific Communication*（London: André Deutsch, 1983）; Conseil de la langue française, Gouvernement du Québec, *Le français et les langues scientifiques de demain: Actes du colloque tenu à l'Université du Québec à Montréal du 19 au 21 mars 1996*（Quebec, Canada: Gouvernment du Québec, 1996）; Sabine Skudlik, *Sprachen in den Wissenschaften: Deutsch und Englisch in der internationalen Kommunikation*（Tübingen: Gunter Narr, 1990）; and Hubert Fondin, "La langue de la publication scientifique: la préponderance de l'anglais et la recherche," *Documentation et bibliothéques*（June 1979）: 59–69.

[7] 该问题一直是整个解释学理论研究中的焦点，详细介绍请参阅：Naoki Sakai, *Translation and Subjectivity: On 'Japan' and Cultural Nationalism*（Minneapolis: University of Minnesota Press, 1997），1–17.

[8] Clarence Augustus Manning, "Language and International Affairs," *Sewanee Review* 32, no. 3（July 1924）: 295–311, on 296.

[9] 这一点的一个推论是，当代所有科学家，除了讲英语的人之外，都必须掌握两种语言，甚至以英语为母语的科学家也必须使用高度专业化和模式化的科技英语，从而成了双言者。"双言现象"一般用于指按照层级划分的属于同一语族的相互关联的方言（比如：瑞士德语/德语；海地克里奥尔语/法语），关于这一概念的经典文章可参阅：Charles A. Ferguson, "Diglossia," *Word* 15（1959）: 325–340. 关于多语言而非单语言行为的普遍盛行，请参阅：John McWhorter, *The Power of Babel: A Natural History of Language*（New York: Perennial, 2001），63; and Craig Calhoun, *Nationalism*（Minneapolis: University of Minnesota Press, 1997），19，41.

[10] Derek J. de Solla Price, *Science since Babylon*, enlarged ed.（New Haven: Yale University Press, 1975 [1961]）.

[11] Minoru Tsunoda, "Les langues internationales dans les publications scientifiques et techniques," *Sophia Linguistica*（1983）: 70–79.

[12] Rainer Enrique Hamel, "The Dominance of English in the International Scientific Periodical Literature and the Future of Language Use in Science," *AILA Review* 20（2007）: 53–71, on 63; and J. Garrido, "Scientific and Technical Publications in the Lesser Known Languages," *Science East to West* 5, no. 14（April 1964）: 1–6, on 2.

[13] 一些使用这种更具隐喻意义的语言的研究，请参阅：Matthias Dörries, "Language as a Tool in the Sciences," in Dörries, ed., *Experimenting in Tongues: Studies in Science and Language*（Stanford: Stanford University Press, 2002）: 1–20; Peter Galison, "Trading Zone: Coordinating Action and Belief," in Mario Biagioli, ed., *The Science*

Studies Reader (New York: Routledge, 1999): 137-160; Theodore H. Savory, *The Language of Science: Its Growth, Character, and Usage* (London: André Deutsch, 1953); and Maurice P. Crosland, *Historical Studies in the Language of Chemistry* (Cambridge, MA: Harvard University Press, 1962).

[14] 我也使用了西班牙语，现代希伯来语和一些捷克语，但是由于本书所述原因，它们并不是占主导地位的科学语言。

[15] 关于书写能力和口语能力的本质区别，请参阅：Skudlik, *Sprachen in den Wissenschaften*, 25; and Herbert Newhard Shenton, *Cosmopolitan Conversation: The Language Problems of International Conferences* (New York: Columbia University Press, 1933).

[16] Ralph A. Lewin and David K. Jordan, "The Predominance of English and the Potential Use of Esperanto for Abstracts of Scientific Articles," in M. Kageyama, K. Nakamura, T. Oshima, and T. Uchida, eds., *Science and Scientists: Essays by Biochemists, Biologists, and Chemists* (Tokyo: Japan Scientific Societies Press, 1981): 435-441, on 438. 结果非常稳定，可以参阅：Ulrich Ammon, "Linguistic Inequality and Its Effects on Participation in Scientific Discourse and on Global Knowledge Accumulation—With a Closer Look at the Problems of the Second-Rank Language Communities," *Applied Linguistics Review* 3, no. 2 (2012): 333-355; Large, *The Foreign-Language Barrier*, 32; Graham K. L. Chan, "The Foreign Language Barrier in Science and Technology," *International Library Review* 8 (1976): 317-325, on 321-322; and C. M. Louttit, "The Use of Foreign Languages by Psychologists, Chemists, and Physicists," *American Journal of Psychology* 70, no. 2 (June 1957): 314-316.

[17] Richard B. Baldauf, Jr. and Björn H. Jernudd, "Language of Publications as a Variable in Scientific Communication," *Australian Review of Applied Linguistics* 6 (1983): 97-108, on 97.

[18] Savory, *The Language of Science*, 113; 该书 107 页有一个类似的说法。

[19] 比如，可以参阅：Hans Niels Jahnke and Michael Otte, "On 'Science as a Language,'" in Jahnke and Otte, eds., *Epistemological and Social Problems of the Sciences in the Early Nineteenth Century* (Dordrecht: D. Reidel, 1981): 75-89.

[20] Sundar Sarukkai, *Translating the World: Science and Language* (Lanham, MD: University Press of America, 2002), 7; Montgomery, *Science in Translation*, 254.

[21] S. Chandrasekhar, *Newton's* Principia *for the Common Reader* (Oxford: Clarendon Press, 1995), 36.

[22] Isaac Newton, *The* Principia: *Mathematical Principles of Natural Philosophy*, tr. I. Bernard Cohen and Anne Whitman (Berkeley: University of California Press, 1999), 700.

[23] Isaac Newton, *Philosophiae naturalis principia mathematica*, 2d ed. (Cambridge,

1713），571.

[24] 关于这一时期数学家中的多语现象，可参阅：Jeremy J. Gray, "Languages for Mathematics and the Language of Mathematics in a World of Nations," in Karen Hunger Parshall and Adrian C. Rice, eds., *Mathematics Unbound: The Evolution of an International Mathematical Research Community, 1800-1945* (Providence: American Mathematical Society and London Mathematical Society, 2002): 201-228.

[25] Henri Poincaré, *Sechs Vorträge über ausgewählte Gegenstände aus der reinen Mathematik und mathematischen Physik, auf Einladung der Wolfskehl-Kommission der Königlichen Gesellschaft der Wissenschaften gehalten zu Göttingen vom 22.-28. April 1909* (Leipzig: B. G. Teubner, 1910), 51. 我非常感谢迈克尔·巴拉尼提醒我注意这段引文。

[26] 我把这一观点称为"沃尔夫假说"，而不是"萨皮尔-沃尔夫假说"，因为沃尔夫的老师、杰出的语言学家爱德华·萨皮尔，是否真的持有这一观点并不清楚。关于该假说的历史，请参阅：John E. Joseph, "The Immediate Sources of the 'Sapir-Whorf Hypothesis,'" *Historiographia Linguistica* 23, no. 3 (1996): 365-404.

[27] Benjamin Lee Whorf, "Science and Linguistics," *Technology Review* 42 (1940), 转载于：John B. Carroll, ed., *Language, Thought, and Reality: Selected Writings of Benjamin Lee Whorf* (Cambridge, MA: MIT Press, 1956), 214.

[28] 关于论证资料的概要，可参阅：Paul Kay and Willett Kempton, "What Is the Sapir-Whorf Hypothesis?," *American Anthropologist* 86 (1984): 65-79. Guy Deutscher, in *Through the Language Glass: Why the World Looks Different in Other Languages* (New York: Metropolitan Books, 2010) 一书为一些"沃尔夫效应"进行了论证。对于沃尔夫假说的支持和反对的观点都在下面这本书中得到了有效且公正地分析：G. E. R. Lloyd, *Cognitive Variations: Reflections on the Unity and Diversity of the Human Mind* (Oxford: Clarendon, 2007).

[29] 比如，可以参阅：Jessica Riskin, "Rival Idioms for a Revolutionized Science and a Republican Citizenry," *Isis* 89 (1998): 203-232; Lissa Roberts, "Condillac, Lavoisier, and the Instrumentalization of Science," *Eighteenth Century* 33 (1992): 252-271; Lissa Roberts, "A Word and the World: The Significance of Naming the Calorimeter," *Isis* 82, no. 2 (June 1991): 198-222; Trevor H. Levere, "Lavoisier: Language, Instruments, and the Chemical Revolution," in Levere and William R. Shea, eds., *Nature, Experiment, and the Sciences* (Dordrecht: Kluwer Academic, 1990): 207-223; and Marco Beretta, *The Enlightenment of Matter: The Definition of Chemistry from Agricola to Lavoisier* (Canton, MA: Science History Publications, 1993). 关于这一事件的各种编史学的概述，请参阅：John G. McEvoy, *The Historiography of the Chemical Revolution: Patterns of Interpretation in the History of Science* (London: Pickering & Chatto, 2010).

[30] Antoine Lavoisier, "Mémoire sur la nécessité de réformer et de perfectionner la nomenclature de la chimie," in *Œuvres de Lavoisier* (Paris: 1864-1893): V:354-364, on 356.

[31] 可参阅: Marc Fumaroli, *When the World Spoke French*, tr. Richard Howard (New York: New York Review Books, 2011 [2001]).

[32] David C. Gordon, *The French Language and National Identity (1930-1975)* (The Hague: Mouton, 1978), 22-27.

[33] Fumaroli, *When the World Spoke French*, xviii.

[34] Gordon, *The French Language and National Identity*, 35; R. E. Keller, *The German Language* ([Atlantic Highlands], NJ: Humanities Press, 1978), 486.

[35] Comte de Rivarol, *L'Universalité de la langue française* (Paris: Arléa, 1991 [1784]), 27.

[36] 关于施瓦布, 可参阅: Edwin H. Zeydel, "A Criticism of the German Language and Literature by a German of the Eighteenth Century," *Modern Language Notes* 38, no. 4 (April 1923): 193-201; Edwin H. Zeydel, "Johann Christoph Schwab on the Relative Merits of the European Languages," *Philological Quarterly* 3 (1924): 285-301; and Freeman G. Henry, "From the First to the Fifth Republic: Antoine de Rivarol, Johann Christoph Schwab, and the Latest 'Lingua Franca,'" *French Review* 77, no. 2 (December 2003): 312-323.

[37] Rivarol, *L'Universalité de la langue française*, 72-73.

[38] J. C. Schwab, *Le Grand Concours*: "Dissertation sur les causes de l'universalité de la langue française et la durée vraisemblable de son empire," tr. Denis Robelot, ed. Freeman G. Henry (Amsterdam: Rodopi, 2005), 142.

[39] David A. Bell, "Lingua Populi, Lingua Dei: Language, Religion, and the Origins of French Revolutionary Nationalism," *American Historical Review* 100, no. 5 (December 1995): 1403-1437; David A. Bell, *The Cult of the Nation in France: Inventing Nationalism, 1680-1800* (Cambridge, MA: Harvard University Press, 2001), chapter 6; Patrice L.-R. Higonnet, "The Politics of Linguistic Terrorism and Grammatical Hegemony during the French Revolution," *Social History* 5, no. 1 (January 1980): 41-69; Peter Flaherty, "*Langue nationale/langue naturelle*: The Politics of Linguistic Uniformity during the French Revolution," *Historical Reflections/Réflexions historiques* 14, no. 2 (Summer 1987): 311-328; Martyn Lyons, "Politics and Patois: The Linguistic Policy of the French Revolution," *Australian Journal of French Studies* 18 (1981): 264-281; and Jean-Yves Lartichaux, "Linguistic Politics during the French Revolution," *Diogenes* 25 (1977): 65-84.

[40] Robert E. Schofield, *The Enlightenment of Joseph Priestley: A Study of His Life and Work*

from 1733 to 1773 (University Park: Pennsylvania State University Press, 1997), 79-80, 232.

[41] Maurice Crosland, *In the Shadow of Lavoisier: The* Annales de Chimie *and the Establishment of a New Science* (Oxford: Alden Press, 1994), 88.

[42] Arthur Donovan, *Antoine Lavoisier: Science, Administration and Revolution* (Cambridge: Cambridge University Press, 1993), 30.

[43] J. B. Gough, "Lavoisier's Early Career in Science: An Examination of Some New Evidence," *British Journal for the History of Science* 4, no. 1 (June 1968): 52-57; McEvoy, *The Historiography of the Chemical Revolution*, 98. 也可参阅: J. B. Gough, "Lavoisier and the Fulfillment of the Stahlian Revolution," *Osiris* 4 (1988): 15-33.

[44] Donovan, *Antoine Lavoisier*, 95; Henry Guerlac, *Lavoisier—The Crucial Year: The Background and Origin of His First Experiments on Combustion in 1772* (Ithaca: Cornell University Press, 1961), 13, 15-16, 28, 52, 65.

[45] Robert E. Schofield, *The Enlightened Joseph Priestley: A Study of His Life and Work from 1773 to 1804* (University Park: Pennsylvania State University Press, 2004), 105.

[46] Jan Golinski, "The Chemical Revolution and the Politics of Language," *Eighteenth Century* 33, no. 3 (1992): 238-251, on 241; Jean-Pierre Poirier, *Lavoisier: Chemist, Biologist, Economist*, tr. Rebecca Balinski (Philadelphia: University of Pennsylvania Press, 1996 [1993]), 180. 拉瓦锡夫人还为其丈夫翻译了有关化学的意大利语评论, 如下文所述: Marco Beretta, "Italian Translations of the *Méthode de Nomenclature Chimique* and the *Traité Élémentaire de Chimie*: The Case of Vincenzo Dandolo", in Bernadette Bensaude-Vincent and Ferdinando Abbri, eds., *Lavoisier in European Context: Negotiating a New Language for Chemistry* (Canton, MA: Science History Publications, 1995): 225-247, on 228.

[47] Translator's preface to Richard Kirwan, *Essai sur le phlogistique, et sur la constitution des acides, traduit de l'anglois de M. Kirwan; avec des notes de MM. de Morveau, Lavoisier, de la Place, Monge, Berthollet, & de Fourcroy* (Paris: Rue et Hôtel Serpente, 1788), vii.

[48] Donovan, *Antoine Lavoisier*, 175.

[49] Bensaude-Vincent and Abbri, *Lavoisier in European Context*; Crosland, *Historical Studies in the Language of Chemistry*, 191, 208-209; Beretta, *The Enlightenment of Matter*, 302-303, 319.

[50] Albert Léon Guérard, *A Short History of the International Language Movement* (London: T. Fisher Unwin, 1922), 88.

第一章

[1] Lucretius, *De rerum natura*, ed. W. H. D. Rouse and Martin Ferguson Smith（Cambridge, MA：Harvard University Press, 1992［1924］）, I:136-139.

[2] 这种试金石的特性在下面这本书中得到了很好的讨论：Leslie Dunton-Downer, *The English Is Coming! How One Language Is Sweeping the World*（New York：Touchstone, 2010）, 200. 有些学者认为英语的功能和拉丁语非常相似，请参阅：Roger Balian, "Le physicien français et ses langages de communication," in Conseil de la langue française, Gouvernement du Québec, *Le français et les langues scientifiques de demain：Actes du colloque tenu à l'Université du Québec à Montréal du 19 au 21 mars 1996*（Quebec, Canada：Gouvernment du Québec, 1996）: 43-53, on 43; Clarence Augustus Manning, "Language and International Affairs," *Sewanee Review* 32, no. 3（July 1924）: 295-311, on 309; James Clackson and Geoffrey Horrocks, *The Blackwell History of the Latin Language*（Malden, MA：Blackwell, 2007）, 77. 有些学者则对这一类比提出质疑，请参阅：Sabine Skudlik, *Sprachen in den Wissenschaften：Deutsch und Englisch in der internationalen Kommunikation*（Tübingen：Gunter Narr, 1990）, 9-10; Hanno Helbling, "Aspekte des Verhältnisses von Wissenschaft und Sprache," in Hartwig Kalverkämper and Harald Weinrich, eds., *Deutsch als Wissenschaftssprache：25. Konstanzer Literaturgespräch des Buchhandels, 1985*（Tübingen：Gunter Narr, 1986）: 151-153, on 152.

[3] 有关"通用语言"（"universal languages"）和"通用语"（"lingua franca"）的术语问题，请参阅：Ulrich Ammon, "International Languages," in R. E. Asher, ed., *The Encyclopedia of Language and Linguistics*, vol. 4（Oxford：Pergamon Press, 1994）: 1725-1730; Conrad M. B. Brann, "Lingua Minor, Franca & Nationalis," in Ulrich Ammon, ed., *Status and Function of Languages and Language Varieties*（Berlin：Walter de Gruyter, 1989）: 372-385; Henry Kahane and Renée Kahane, "Lingua Franca：The Story of a Term," *Romance Philology* 30（August 1976）: 25-41; Nicholas Ostler, *The Last Lingua Franca：English until the Return of Babel*（New York：Walker, 2010）. 关于"英语是拉丁语，而非一种通用语"的观点，请参阅：Hans Joachim Meyer, "Global English—a New Lingua Franca or a New Imperial Culture?," in Andreas Gardt and Bernd Hüppauf, eds., *Globalization and the Future of German*（Berlin：Mouton de Gruyter, 2004）: 65-84, on 72-73.

[4] 拉丁语的历史有很好的记载，这要归功于自古代以来持续不断的写作传统和一代又一代学者的刻苦努力。更正式的相关研究，请参阅：Clackson and Horrocks, *The Blackwell History of the Latin Language*; L. R. Palmer, *The Latin Language*（London：Faber and Faber,［1954］）. 更易获取的相关记述，请参阅：Nicholas Ostler, *Ad*

Infinitum: *A Biography of Latin* (New York: Walker, 2007); Joseph B. Solodow, *Latin Alive*: *The Survival of Latin in English and the Romance Languages* (Cambridge: Cambridge University Press, 2010); Tore Janson, *A Natural History of Latin* (New York: Oxford University Press, 2004). 我大量借鉴了以上文献。

[5] 关于这一问题，请参阅：J. N. Adams, *The Regional Diversification of Latin 200 BC- AD 600* (Cambridge: Cambridge University Press, 2007).

[6] Clackson and Horrocks, *The Blackwell History of the Latin Language*, 79.

[7] J. N. Adams, *Bilingualism and the Latin Language* (Cambridge: Cambridge University Press, 2003); Clackson and Horrocks, *The Blackwell History of the Latin Language*, 189; Erich Auerbach, *Literary Language and Its Public in Late Latin Antiquity and in the Middle Ages*, tr. Ralph Manheim (Princeton: Princeton University Press, 1965 [1958]), 248-249.

[8] Geoffrey Horrocks, *Greek*: *A History of the Language and Its Speakers*, 2d. ed. (Malden, MA: Wiley-Blackwell, 2010 [1997]), 110; William V. Harris, *Ancient Literacy* (Cambridge, MA: Harvard University Press, 1989), 175; L. D. Reynolds and N. G. Wilson, *Scribes and Scholars*: *A Guide to the Transmission of Greek and Latin Literature*, 3d. ed. (Oxford: Clarendon Press, 1991 [1968]), 55.

[9] 我没有在"koine"中的字母"e"上面加变音符，不过读者应该知道，很多记述中是加了变音符的，并且，这个词的发音有两个音节。

[10] Bruno Rochette, *Le latin dans le monde grec*: *Recherches sur la diffusion de la langue et des lettres latines dans les provinces hellénophones de l'Empire romain* (Brussels: Latomus, 1997), 特别是第70和139页。

[11] 关于拉丁语和早期基督教，请参阅：Christine Mohrmann, *Latin vulgaire*, *Latin des chrétiens* (Paris: Librairie C. Klincksieck, 1952).

[12] 这句话引自：J. M. Millas-Vallicrosa, "Translations of Oriental Scientific Works (to the End of the Thirteenth Century)," tr. Daphne Woodward, in Guy S. Métraux and François Crouzet, eds., *Evolution of Science*: *Readings from the History of Mankind* (New York: New American Library, 1963): 128-167, on 128. 关于拉丁人频繁提到的他们相对于希腊人的"贫乏的传统观念"，请参阅：Joseph Farrell, *Latin Language and Latin Culture from Ancient to Modern Times* (Cambridge: Cambridge University Press, 2001), 28; Ostler, *Ad Infinitum*, chapter 5.

[13] 关于罗马人的自然知识——无论是用拉丁语写的还是用希腊语写的，请参阅：Daryn Lehoux, *What Did the Romans Know? An Inquiry into Science and Worldmaking* (Chicago: University of Chicago Press, 2012). 关于普及和通俗化的观点，我要感谢以下两部作品：David C. Lindberg, *The Beginnings of Western Science*: *The European Scientific Tradition in Philosophical*, *Religious*, *and Institutional Context*, *Prehistory to A.D. 1450*, 2d.

ed. (Chicago: University of Chicago Press, 2007 [1992]), 135; Scott L. Montgomery, *Science in Translation: Movements of Knowledge through Cultures and Time* (Chicago: University of Chicago Press, 2000).

[14] Cicero, *Tusculan Disputations*, ed. J. E. King (Cambridge, MA: Harvard University Press, 1950 [1927]), I.i.1.

[15] Cicero, *Academica*, I.ii.4, in Cicero, *De natura deorum. Academica*, ed. H. Rackham (Cambridge, MA: Harvard University Press, 1951 [1933]), 414.

[16] Cicero, *Academica*, I.iii.10, in Cicero, *De natura deorum. Academica*, 420.

[17] Cicero, *Academica*, I.vii.25, in Cicero, *De natura deorum. Academica*, 434.

[18] D. R. Langslow, *Medical Latin in the Roman Empire* (New York: Oxford University Press, 2000), esp. 35-36, 可以与西塞罗形成对比; Rebecca Flemming, "Galen's Imperial Order of Knowledge," in Jason König and Tim Whitmarsh, eds., *Ordering Knowledge in the Roman Empire* (Cambridge: Cambridge University Press, 2007): 241-277, on 269.

[19] Horrocks, *Greek*, 197, 207; Henry Kahane and Renée Kahane, "Decline and Survival of Western Prestige Languages," *Language* 55 (March 1979): 183-198, on 183-186.

[20] Gilbert Dagron, "Formes et fonctions de pluralisme linguistique à Byzance (IXe-XIIe siècle)," *Travaux et mémoires* 12 (1994): 219-240.

[21] Lindberg, *The Beginnings of Western Science*, 159.

[22] 关于希腊语知识在中世纪拉丁西方的缺少，请参阅：F. A. C. Mantello and A. G. Rigg, eds., *Medieval Latin: An Introduction and Bibliographical Guide* (Washington, DC: Catholic University of America Press, 1996), 718; Bernhard Bischoff, "The Study of Foreign Languages in the Middle Ages," *Speculum* 36, no. 2 (April 1961): 209-224, on 215; Reynolds and Wilson, *Scribes and Scholars*, 118-119; A. C. Dionisotti, "On the Greek Studies of Robert Grosseteste," in Dionisotti, Anthony Grafton, and Jill Kraye, eds., *The Uses of Greek and Latin: Historical Essays* (London: The Warburg Institute, 1988): 19-39; A. C. Dionisotti, "Greek Grammars and Dictionaries in Carolingian Europe," in Michael W. Herren, ed., *The Sacred Nectar of the Greeks: The Study of Greek in the West in the Early Middle Ages* (London: King's College London Medieval Studies, 1988): 1-56.

[23] Pierre Riché, "Le grec dans les centres de culture d'Occident," in Herren, ed., *The Sacred Nectar of the Greeks* (1988): 143-168; Marie-Thérèse D'Alverny, "Translations and Translators," in Robert L. Benson and Giles Constable, eds., *Renaissance and Renewal in the Twelfth Century* (Cambridge, MA: Harvard University Press, 1982): 421-462, on 427.

[24] Lindberg, *The Beginnings of Western Science*, 147-148, 197.

[25] Bischoff, "The Study of Foreign Languages in the Middle Ages," 209; Auerbach, *Literary Language and Its Public in Late Latin Antiquity*, 119-120, 269; Charles Homer Haskins, *The Renaissance of the Twelfth Century* (Cambridge, MA: Harvard University Press, 1955 [1927]), 127.

[26] Dimitri Gutas, *Greek Thought, Arabic Culture: The Graeco-Arabic Translation Movement in Baghdad and Early 'Abbāsid Society (2nd-4th/8th-10th Centuries)* (New York: Routledge, 1998), 2.

[27] Montgomery, *Science in Translation*, 106.

[28] Reynolds and Wilson, *Scribes and Scholars*, 109; William Chester Jordan, *Europe in the High Middle Ages* (New York: Viking, 2001), 116.

[29] Lindberg, *The Beginnings of Western Science*, 224; Mantello and Rigg, *Medieval Latin*, 506.

[30] 关于科学在第一代译本中的重要性，请参阅：D'Alverny, "Translations and Translators," 451; Mantello and Rigg, *Medieval Latin*, 343.

[31] 关于托莱多的翻译，请参阅：Mantello and Rigg, *Medieval Latin*, 724-725; F. Gabrieli, "The Transmission of Learning and Literary Influences to Western Europe," in P. M. Holt, Ann K. S. Lambton, and Bernard Lewis, eds., *The Cambridge History of Islam*, v. 2 (Cambridge: Cambridge University Press, 1970): 851-889; Millas-Vallicros, "Translations of Oriental Scientific Works"; George F. Hourani, "The Medieval Translations from Arabic to Latin Made in Spain," *Muslim World* 62 (1972): 97-114.

[32] John Murdoch, "Euclid: Transmission of the Elements," *Complete Dictionary of Scientific Biography* (Detroit: Charles Scribner's Sons, 2008), IV: 437-459; William R. Newman, *Promethean Ambitions: Alchemy and the Quest to Perfect Nature* (Chicago: University of Chicago Press, 2004), 43-44. 关于拉丁语译本的质量问题，请参阅：R. W. Southern, *The Making of the Middle Ages* (New Haven: Yale University Press, 1953), 65.

[33] Haskins, *The Renaissance of the Twelfth Century*, 301.

[34] Ostler, *Ad Infinitum*, 217; Reynolds and Wilson, *Scribes and Scholars*, 121.

[35] Benedict Anderson, *Imagined Communities: Reflections on the Origin and Spread of Nationalism*, rev. ed. (London: Verso, 1991 [1983]), 38. 这一说法是准确的，但是安德森继续宣称："在当时和现在，大部分人都只说一种语言。"根据大多数关于语言能力的定义，这肯定是不正确的。

[36] Peter Burke, *Languages and Communities in Early Modern Europe* (Cambridge: Cambridge University Press, 2004), 44-45.

[37] Michael Baxandall, *Giotto and the Orators: Humanist Observers in Italy and the Discovery of Pictorial Composition, 1350-1450* (Oxford: Clarendon Press, 1971), 9,

46. 关于这一点，更多信息请参阅：Paul Botley，*Latin Translation in the Renaissance*：*The Theory and Practice of Leonardo Bruni*，*Giannozzo Manetti and Desiderius Erasmus*（Cambridge：Cambridge University Press，2004），152；Christopher S. Celenza，*The Lost Italian Renaissance*：*Humanists*，*Historians*，*and Latin's Legacy*（Baltimore：Johns Hopkins University Press，2004），144，146.

[38] Mantello and Rigg，*Medieval Latin*，76；Jozef IJsewijn，*Companion to Neo-Latin Studies*，*Part I*：*History and Diffusion of Neo-Latin Literature*，2d ed.（Leuven：Leuven University Press，1990），22.

[39] Johan Huizinga，*Erasmus and the Age of Reformation*（New York：Harper & Brothers，1957），43.

[40] Anthony Grafton，*Defenders of the Text*：*The Traditions of Scholarship in an Age of Science*，*1450-1800*（Cambridge，MA：Harvard University Press，1991），166-167；Southern，*The Making of the Middle Ages*，16.

[41] 关于梵语，请参阅：Sheldon Pollock，*The Language of the Gods in the World of Men*：*Sanskrit*，*Culture*，*and Power in Premodern India*（Berkeley：University of California Press，2006）. 关于欧洲媒介语言与南亚地区近代科学的本土翻译的结合，请参阅：Michael S. Dodson，"Translating Science，Translating Empire：The Power of Language in Colonial North India，" *Comparative Studies in Society and History* 47，no. 4（October 2005）：809-835；Gyan Prakash，*Another Reason*：*Science and the Imagination of Modern India*（Princeton：Princeton University Press，1999），62-63.

[42] Frits Staal，"The Sanskrit of Science，" *Journal of Indian Philosophy* 23（1995）：73-127；Sheldon Pollock，"The Languages of Science in Early-Modern India，" in Karin Preisendanz，ed.，*Expanding and Merging Horizons*：*Contributions to South Asian and Cross-Cultural Studies in Commemoration of Wilhelm Halbfass*（Vienna：Verlag der Österreichischen Akademie der Wissenschaften，2007）：203-220.

[43] Hermann Jacobi，"Über den nominalen Stil des wissenschaftlichen Sanskrits，" *Indogermanische Forschungen* 14（1903）：236-251.

[44] Otto Jespersen，*The Philosophy of Grammar*（Chicago：University of Chicago Press，1992 [1924]），139.

[45] 转载于：Marin Mersenne，*Correspondance*，ed. Cornelis de Waard，II（1628-1630）（Paris：Presses Universitaires de France，1945），324-328，引文在328页。

[46] 相关考察及详细研究，请参阅：James Knowlson，*Universal Language Schemes in England and France*，*1600-1800*（Toronto：University of Toronto Press，1975）；M. M. Slaughter，*Universal Languages and Scientific Taxonomy in the Seventeenth Century*（Cambridge：Cambridge University Press，1982）.

[47] 关于对拉丁语的不满，请参阅：Knowlson，*Universal Language Schemes in England*

and France, 8; J. A. Large, *The Foreign-Language Barrier: Problems in Scientific Communication*（London: André Deutsch, 1983）, 138; Hans Aarsleff, *From Locke to Saussure: Essays on the Study of Language and Intellectual History*（London: Athlone, 1982）, 260; Peter Dear, *Mersenne and the Learning of the Schools*（Ithaca: Cornell University Press, 1988）, 170, 229.

［48］关于汉语和哲学语言热情的联系，请参阅: Jonathan Cohen, "On the Project of a Universal Character," *Mind* 63, no. 249（January 1954）: 49-63, on 51; Barbara J. Shapiro, *John Wilkins, 1614-1672: An Intellectual Biography*（Berkeley: University of California Press, 1969）, 47; Knowlson, *Universal Language Schemes in England and France*, 25.

［49］Knowlson, *Universal Language Schemes in England and France*, 108-109.

［50］Shapiro, *John Wilkins*, 46-47.

［51］请参阅: Clark Emery, "John Wilkins' Universal Language," *Isis* 38, no. 3-4（February 1948）: 174-185; Benjamin DeMott, "The Sources and Development of John Wilkins' Philosophical Language," *Journal of English and Germanic Philology* 57（1958）: 1-13; 下面这本著作中的第一章对这一问题也有精彩论述: Arika Okrent, *In the Land of Invented Languages: Esperanto Rock Stars, Klingon Poets, Loglan Lovers, and the Mad Dreamers Who Tried to Build a Perfect Language*（New York: Spiegel & Grau, 2009）.

［52］John Wilkins, *An Essay Towards a Real Character, and a Philosophical Language*（London: John Martin, 1668）, 10.

［53］Slaughter, *Universal Languages and Scientific Taxonomy in the Seventeenth Century*, 176; Knowlson, *Universal Language Schemes in England and France*, 140.

［54］Parry Moon and Domina Eberle Spencer, "Languages for Science," *Journal of the Franklin Institute* 246, no. 1（July 1948）: 1-12, on 5.

［55］比如罗伯特·波义耳对拉丁语提出的异议，下文中对此有论述: Richard Jones, "Science and Language in England of the Mid-Seventeenth Century," *Journal of English and Germanic Philology* 31, no. 3（1932）: 315-331, on 319.

［56］伽利略的作品由他的朋友马蒂亚斯·贝恩格尔（Matthias Bernegger, 1582-1640, 原书中误写为"C. Bernegger"）翻译成了拉丁文，然后由爱思唯尔在荷兰出版。请参阅: Jozef IJsewijn and Dirk Sacré, *Companion to Neo-Latin Studies, Part II: Literary, Linguistic, Philological and Editorial Questions*, 2d. ed.（Leuven: Leuven University Press, 1998）, 494. 仅仅因为伽利略不想和欧洲其他国家对话，并不意味着欧洲其他国家不想了解伽利略的思想。

［57］Peter Burke, "Translations into Latin in Early Modern Europe," in Burke and R. Po-Chia Hsia, eds., *Cultural Translation in Early Modern Europe*（Cambridge: Cambridge

University Press, 2007): 65-80, on 73-74; Isabelle Pantin, "The Role of Translations in European Scientific Exchanges in the Sixteenth and Seventeenth Centuries," in ibid.: 163-179, on 166, 172.

[58] IJsewijn and Sacré, *Companion to Neo-Latin Studies*, Part II, 324.

[59] 关于将地方语言作品翻译成拉丁语，请参阅：Burke, *The Art of Conversation*, 41-42; Burke, "Cultures of Translation in Early Modern Europe," in Burke and Hsia, eds., *Cultural Translation in Early Modern Europe* (2007): 7-38, on 15, 20; Waquet, *Latin, or the Empire of a Sign*, 85; Augustinius Hubertus Laeven, *The "Acta Eruditorum" under the Editorship of Otto Mencke (1644-1707): The History of an International Learned Journal between 1682 and 1707*, tr. Lynne Richards (Amsterdam: APA-Holland University Press, 1990), 51; W. Leonard Grant, "European Vernacular Works in Latin Translation," *Studies in the Renaissance* 1 (1954): 120-156.

[60] Anthony Grafton, *Bring Out Your Dead: The Past as Revelation* (Cambridge, MA: Harvard University Press, 2001), 170-171.

[61] Howard Stone, "The French Language in Renaissance Medicine," *Bibliothèque d'Humanismeet Renaissance* 15, no. 3 (1953): 315-346. 也可参阅：Waquet, *Latin, or the Empire of a Sign*, 81-82, 其中讲到了16世纪拉丁语向法语的转变。

[62] Jean-Baptiste Du Hamel, *Regiae Scientarum Academiae historia* (Paris: Etienne Michallet, 1698), 序言部分，未标注页码。我非常感谢安妮塔·古埃里尼让我注意到这段话。

[63] 本段中的信息来自：J. R. Partington, *A History of Chemistry*, vol. 3 (London: Macmillan, 1962), 179-180; Hugo Olsson, "Torbern Bergman, 1735-1784," in Göte Carlid and Johann Nordström, eds., *Torbern Bergman's Foreign Correspondence. Volume One: Letters from Foreigners to Torbern Bergman* (Stockholm: Almqvist & Wiksell, 1965): xi-xviii. 关于贝格曼本人的记述，请参阅他在去世前不久撰写的为数不多的自传文章：Torbern Bergman, "Själfbiografi," in *Äldre svenska biografier*, v. 3-4 (Uppsala: Almqvist & Wiksell, 1916): 83-103.

[64] Marco Beretta, *The Enlightenment of Matter: The Definition of Chemistry from Agricola to Lavoisier* (Canton, MA: Science History Publications, 1993), 93, 317; Evan M. Melhado, *Jacob Berzelius: The Emergence of His Chemical System* (Stockholm: Almqvist & Wiksell International, 1981), 63. 关于18世纪瑞典科学的总体情况，请参阅：Andreas Önnerfors, "Translation Discourses of the Enlightenment: Transcultural Language Skills and Cross-References in Swedish and German Eighteenth-Century Learned Journals," in Stefanie Stockhorst, ed., *Cultural Transfer through Translation: The Circulation of Enlightened Thought in Europe by Means of Translation* (Amsterdam: Rodopi, 2010): 209-229.

[65] Marco Beretta, "T. O. Bergman and the Definition of Chemistry," *Lychnos*（1988）：37–67, on 40.

[66] Lisbet Koerner, *Linnaeus：Nature and Nation*（Cambridge, MA：Harvard University Press, 20）, chapter 1（特别是 28 页, 讲到他不懂法语）.

[67] Johann Gottlieb Georgi to Bergman, 9 August 1768, 转载于：Carlid and Nordström, *Torbern Bergman's Foreign Correspondence*, 67.

[68] Richard Kirwan to Bergman, 20 January 1783, 转载于：Carlid and Nordström, *Torbern Bergman's Foreign Correspondence*, 182. 这是柯万的第 5 封信。

[69] Franz Xaver Schwediauer to Bergman, 3 July 1780, 转载于：Carlid and Nordström, *Torbern Bergman's Foreign Correspondence*, 329–330.

[70] Fausto de Elhuyar to Bergman, 15 January 1784, 转载于：Carlid and Nordström, *Torbern Bergman's Foreign Correspondence*, 58.

[71] Guyton de Morveau to Bergman, 10 October 1781, 转载于：Carlid and Nordström, *Torbern Bergman's Foreign Correspondence*, 119; and Editors' introduction, in ibid., xxxv, xxxviii.

[72] Franz Xaver Schwediauer to Bergman, 14 February 1874, 转载于：Carlid and Nordström, *Torbern Bergman's Foreign Correspondence*, 381–382. 类似的抱怨也见：Ignaz von Born to Bergman, 10 August 1777, 转载于同一书目, 6.

[73] Johan Ditlev Breckling Brandt to Bergman, 22 November 1770, 转载于：Carlid and Nordström, *Torbern Bergman's Foreign Correspondence*, 11.

[74] 关于瑞典的情况, 请参阅：Margareta Benner and Emin Tengström, *On the Interpretation of Learned Neo-Latin：An Explorative Study Based on Some Texts from Sweden*（1611–1716）（Göteborg：Acta Universitatis Gothoburgensis, 1977）. 关于大学之外拉丁语的情况, 请参阅：Isabelle Pantin, "Latin et langues vernaculaires dans la littérature scientifique européenne au début de l'époque moderne（1550–1635），" in Roger Chartier and Pietro Corsi, eds., *Sciences et langues en Europe*（Paris：European Communities, 2000 [1994]）：41–56. 要更好地了解拉丁语的持久性, 请参阅：Ann Blair, "La persistance du latin comme langue de science à la fin de la Renaissance," in ibid.：19–39.

[75] Alix Cooper, *Inventing the Indigenous：Local Knowledge and Natural History in Early Modern Europe*（Cambridge：Cambridge University Press, 2007）, 78–79.

[76] 关于启蒙运动时期图书馆的收藏情况, 请参阅：Jonathan I. Israel, *Radical Enlightenment：Philosophy and the Making of Modernity 1650–1750*（New York：Oxford University Press, 2001）, 137; 关于伏尔泰, 请参阅：Burke, *The Art of Conversation*, 53.

[77] Janson, *A Natural History of Latin*, 159.

[78] 详见：Beretta, "T. O. Bergman and the Definition of Chemistry," 53–54; Beretta, *The Enlightenment of Matter*, 102, 148, 155.

[79] Torbern Bergman, *Meditationes de systemate fossilium naturali*（Florence：Typis Josephi Tofani，1784），123-124. 这是意大利语第一版；这项工作最初发表在：*Nova acta Regiae Societatis Scientiarum Upsalensis* 4（1784）：63-128.

[80] Maurice P. Crosland, *Historical Studies in the Language of Chemistry*（Cambridge，MA：Harvard University Press，1962），135-136，164；Beretta，"T. O. Bergman and the Definition of Chemistry，" 55；Beretta，*The Enlightenment of Matter*，139-140，318.

[81] Trevor Williams，"Scientific Literature：Its Influence on Discovery and Progress，" *Interdisciplinary Science Reviews* 2，no. 2（1977）：165-172，on 165.

[82] IJsewijn and Sacré，*Companion to Neo-Latin Studies*，Part II，258-259.

第二章

[1] Mendeleev，*Neftianaia promyshlennost' v severo-amerikanskom shtate Pensil'vanii i na Kavkaze*（St. Petersburg：Obshchestvennaia pol'za，1877），转载于：D. I. Mendeleev，*Sochineniia*，v. 10：*Neft'*（Moscow：Izd. AN SSSR，1949），153.

[2] 关于周期系统的创建，请参阅：Michael D. Gordin，*A Well-Ordered Thing*：*Dmitrii I. Mendeleev and the Shadow of the Periodic Table*（New York：Basic Books，2004），第二章，以及其中的参考文献。

[3] D. I. Mendeleev，*Novye materialy po istorii otkrytiia periodicheskogo zakona*，ed. N. A. Figurovskii（Moscow：Izd. AN SSSR，1950），image 2.

[4] 有关这三个冲突的介绍，请分别参阅：Domenico Bertoloni Meli，*Equivalence and Priority*：*Newton versus Leibniz*（Oxford：Clarendon Press，1993）；Thomas S. Kuhn，"Energy Conservation as an Example of Simultaneous Discovery，" in Kuhn，*The Essential Tension*：*Selected Studies in Scientific Tradition and Change*（Chicago：University of Chicago Press，1977）：66-104；Janet Browne，*Charles Darwin*：*The Power of Place*（Princeton：Princeton University Press，2002），chapter 1.

[5] 请参阅：Michael D. Gordin，"The Textbook Case of a Priority Dispute：D. I. Mendeleev，Lothar Meyer，and the Periodic System，" in Jessica Riskin and Mario Biagioli，eds.，*Nature Engaged*：*Science in Practice from the Renaissance to the Present*（New York：Palgrave Macmillan，2012）：59-82.

[6] J. W. van Spronsen，*The Periodic System of Chemical Elements*：*A History of the First Hundred Years*（Amsterdam：Elsevier，1969），1，and 142-143.

[7] Minutes of the Russian Chemical Society meeting of 6 March 1869（O.S.），*ZhRFKhO* 1（1869），35. 在19世纪，俄国历法比西欧新式公历滞后12天。

[8] 门捷列夫的发现也以德语发表在成立不久的德国化学学会的旗舰期刊上，但形式要简单得多：V. von Richter，"[Correspondence from St. Petersburg]，" *Berichte der Deutschen*

Chemischen Gesellschaft zu Berlin 2（1869）: 552-554.

［9］关于贝尔斯坦与迈耶的关系，请参阅：贝尔斯坦 1895 年 5 月 30 日 /6 月 11 日写给他的朋友雅各布·福尔哈德（Jakob Volhard）的信，信中，贝尔斯坦对他的朋友迈耶的逝去表示哀叹，该信转载于：Elena Roussanova, *Friedrich Konrad Beilstein, Chemiker zweier Nationen: Sein Leben und Werk sowie einige Aspekte der deutsch-russischen Wissenschaftsbeziehungen in der zweiten Hälfte des 19. Jahrhunderts im Spiegel seines brieflichen Nachlasses*, vol. 2（Hamburg: Norderstedt, 2007）, 429.

［10］Lothar Meyer, *Die modernen Theorien der Chemie und ihre Bedeutung für die chemische Statik*（Breslau: Maruschke & Berendt, 1864）, 136.

［11］Karl Seubert, "Zur Geschichte des periodischen Systems," *Zeitschrift für Anorganische Chemie* 9（1895）: 334-338.

［12］D. Mendelejeff, "Ueber die Beziehungen der Eigenschaften zu den Atomgewichten der Elemente," *Zeitschrift für Chemie*, N.S. 5（1869）: 405-406, on 405.

［13］Lothar Meyer, "Die Natur der chemischen Elemente als Function ihrer Atomgewichte," *Annalen der Chemie und Pharmacie*, Supp. VII（1870）: 354-364, on 355-356, 358.

［14］Mendeleev, "Sootnoshenie svoistv s atomnym vesom elementov," *ZhRFKhO* 1（1869）: 60-79, on 76, 转载于: Mendeleev, *Periodicheskii zakon. Klassiki nauki*, ed. B. M. Kedrov（Moscow: Izd. AN SSSR, 1958）, 30.

［15］门捷列夫本人将在 1873 年的一篇德文文章中强调这一翻译错误造成的伤害: D. Mendelejeff, "Zur Frage über das System der Elemente," *Berichte der Deutschen Chemischen Gesellschaft* 4（1871）: 348-352, on 351. 这一问题在关于周期系统历史的大量学术研究中很少被注意到，而且其含义从未被充分探讨过，请参阅: V. A. Krotikov, "Dve oshibki v pervykh publikatsiiakh o periodicheskom zakone D. I. Mendeleevym," *Voprosy istorii estestvoznaniia i tekhniki*, no. 4（29）（1969）: 129-131; Van Spronsen, *The Periodic System of Chemical Elements*, 127.

［16］转引自: K. Bening, *D. I. Mendeleev i L. Meier*（Kazan: Tsentral'naia tip., 1911）, ii.

［17］Mendeleev, "Ob atomnom ob" eme prostykh tel"（1870）, in Mendeleev, *Periodicheskii zakon. Klassiki nauki*, 48-49; Mendeleev, "O meste tseriia v sisteme elementov"（1870）, in ibid., 59.

［18］Mendeleev to Erlenmeyer,［August 1871?］, in Otto Krätz, "Zwei Briefe Dmitri Iwanowitsch Mendelejeffs an Emil Erlenmeyer," *Physis* 12（1970）: 347-352, on 351.

［19］Mendelejeff, "Die periodische Gesetzmässigkeit der chemischen Elemente," 转载于: Mendeleev, *Nauchnyi arkhiv, t. 1. Periodicheskii zakon*, ed. B. M. Kedrov（Moscow: Izd. AN SSSR, 1953）, on 361.

［20］Lothar Meyer, *Die modernen Theorien der Chemie und ihre Bedeutung für die chemische*

Statik, 3d. ed.(Breslau: Maruschke & Berendt, 1876), 291n. 关于本书第二版, 请参阅: Lothar Meyer, *Die modernen Theorien der Chemie und ihre Bedeutung für die chemische Statik*, 2d. ed. (Breslau: Maruschke & Berendt, 1872), 298.

[21] Adolphe Wurtz to Mendeleev, 27 July 1877, ADIM I-V-23-1-27.

[22] Adolphe Wurtz, *La théorie atomique* (Paris: Librairie Germer Ballière et Cie., 1879), 112. 关于迈耶的部分, 请参阅: 118 和 122 页.

[23] Adolf Wurtz to German Chemical Society, 29 December 1879, as printed in minutes of the meeting of 11 January 1880, *Berichte der Deutschen Chemischen Gesellschaft* 13 (1880): 6-7, on 7.

[24] Adolphe Wurtz to German Chemical Society, 1 March 1880, as printed in *Berichte der Deutschen Chemischen Gesellschaft* 13 (1880): 453-454.

[25] Lothar Meyer to the Vorstand of the German Chemical Society, 25 January 1880, as printed in *Berichte der Deutschen Chemischen Gesellschaft* 13 (1880): 220-221, on 221.

[26] Lothar Meyer, "Zur Geschichte der periodischen Atomistik [I]," *Berichte der Deutschen Chemischen Gesellschaft* 13 (1880): 259-265, on 261 and 259 ("judge").

[27] Mendeleev, "Spisok moikh sochinenii," 转载于: S. A. Shchukarev and S. N. Valk, eds., *Arkhiv D. I. Mendeleeva, t. 1: Avtobiograficheskie materialy, shornik dokumentov* (Leningrad: Izd. Leningradskogo gosudarstvennogo universiteta imeni A. A. Zhdanova, 1951), 67.

[28] D. Mendelejeff, "Zur Geschichte des periodischen Gesetzes," *Berichte der Deutschen Chemischen Gesellschaft* 13 (1880): 1796-1804, on 1799n1, 1800n3, 1797, and 1801.

[29] Lothar Meyer, "Zur Geschichte der periodischen Atomistik [II]," *Berichte der Deutschen Chemischen Gesellschaft* 13 (1880): 2043-2044, on 2043.

[30] Iu. I. Solov'ev, *Istoriia khimii v Rossii: Nauchnye tsentry i osnovnye pravleniia issledovaniia* (Moscow: Nauka, 1985), 79-81.

[31] Nathan M. Brooks, "Russian Chemistry in the 1850s: A Failed Attempt at Institutionalization," *Annals of Science* 52 (1995): 577-589.

[32] *Khimicheskii zhurnal N. Sokolova i A. Engel'gardta* 1 (1859), front cover.

[33] N. Sokolov and A. Engel'gardt, "Ot redaktsii," *Khimicheskii zhurnal N. Sokolova i A. Engel'gardta* 1 (January 1859): i-xvi, on ix.

[34] August Hofmann, "O dvuatomnykh i triatomnykh ammiakakh," *Khimicheskii zhurnal N. Sokolova i A. Engel'gardta* 3 (1860): 55-74; Edward Frankland, Auguste Cahours, and George Buckton, "O metalloorganicheskikh soedineniiakh," *Khimicheskii zhurnal N. Sokolova i A. Engel'gardta* 3 (1860): 109-129.

[35] A. M. Butlerov, "O nekotorykh produktakh deistviia al'kogoliata natriia na iodoform," *Khimicheskii zhurnal N. Sokolova i A. Engel'gardta* 3（1860）: 340-351.

[36] N. N. Sokolov to Mendeleev, 28 January 1860（O.S.）, St. Petersburg, ADIM I-V-44-1-12.

[37] 转引自: Richard Anschütz, *August Kekulé*, 2 v.（Berlin: Verlag Chemie, 1929）, I:130. 也可参阅第一期中开篇处的"编者按": A. Kekulé, G. Lewinstein, F. Eisenlohr, and M. Cantor, "[Editorial Announcement]," *Kritische Zeitschrift für Chemie, Physik und Mathematik* 1（1858）: 3-7.

[38] Otto Krätz, ed., *Beilstein-Erlenmeyer: Briefe zur Geschichte der chemischen Dokumentation und des chemischen Zeitschriftenwesens*（Munich: Werner Fritsch, 1972）, 11.

[39] 关于埃伦迈尔的幽默风趣, 请参阅: Richard Meyer, "Emil Erlenmeyer," *Chemiker-Zeitung* 23, no. 19（13 February 1909）: 161-162, on 161. 在当时最著名的几家科学期刊上, 令人反感的编辑评论并不少见。关于20世纪中期化学发表的规范和实践, 请参阅: J. P. Phillips, "Liebig and Kolbe, Critical Editors," *Chymia* 2（1966）: 89-97. 关于当时人们对这种现象的抱怨, 请参阅: the letter from Kekulé to Erlenmeyer, 8 November 1871, 转引自: Anschütz, *August Kekulé*, I:407; Beilstein to Butlerov, 24 November 1866（O.S.）, 转载于: G. W. Bykow and L. M. Bekassowa, "Beiträge zur Geschichte der Chemie der 60-er Jahre des XIX. Jahrhunderts: II. F. Beilsteins Briefe an A. M. Butlerow," *Physis* 8（1966）: 267-285, on 281.

[40] 关于俄国人对于《化学杂志》的贡献及其一般历史, 请参阅: G. V. Bykov and Z. I. Sheptunova, "Nemetskii 'Zhurnal khimii'（1858-1871）i russkie khimiki（K istorii khimicheskoi periodiki），" *Trudy Instituta istorii estestvoznaniia i tekhniki* 30（1960）: 97-110. 关于在海德堡学习过的俄国学生, 请参阅: Gesa Bock, "Studenten des russischen Reichs an der Universität Heidelberg（1862/63-1914）"（Diplomarbeit, Institüt für Übersetzen und Dolmetschen, Universität Heidelberg, 1991）; Willy Birkenmaier, *Das russische Heidelberg: Zur Geschichte der deutsch-russischen Beziehungen im 19. Jahrhundert*（Heidelberg: Wunderhorn, 1995）; Annette Nolte, *D. I. Mendeleev in Heidelberg*, *Russica Palatina* 22（1993）. 关于鲍罗丁, 请参阅: Michael D. Gordin, "The Weekday Chemist: The Training of Aleksandr Borodin," in Jed Z. Buchwald, ed., *A Master of Science History: Essays in Honor of Charles Coulston Gillispie*, *Archimedes* 30（Berlin: Springer, 2012）: 137-164.

[41] Otto Krätz, "Emil Erlenmeyer, 1825-1909," *Chemie in unserer Zeit* 6（1972）: 52-58, on 55; M. Conrad, "Emil Erlenmeyer," *Berichte der Deutschen Chemischen Gesellschaft* 43（1910）: 3645-3664, on 3647.

[42] Beilstein to Butlerov, 24 November 1866（O.S.）, 转载于: Bykow and Bekassowa,

"Beiträge zur Geschichte," 281. 关于邮政和订阅问题，请参阅：Beilstein to Butlerov, 29/17 January 1865, 转载于：Bykow and Bekassowa, "Beiträge zur Geschichte," 270; V. V. Markovnikov to A. M. Butlerov, 10 December [1867, O.S.], 转载于：G. V. Bykow, ed., *Pis'ma russkikh khimikov k A. M. Butlerovu, Nauchnoe Nasledstvo*, v. 4 (Moscow: Izd. AN SSSR, 1961), 248. 相关讨论也可参阅：Alan J. Rocke, *The Quiet Revolution: Hermann Kolbe and the Science of Organic Chemistry* (Berkeley: University of California Press, 1993), 255, 258.

[43] Erlenmeyer to Butlerov, 25 March 1864, 转载于：G. W. Bykow and L. M. Bekassowa, "Beiträge zur Geschichte der Chemie der 60-er Jahre des XIX. Jahrhunderts: I. Briefwechsel zwischen E. Erlenmeyer und A. M. Butlerow (von 1862 bis 1876)," *Physis* 8 (1966): 185-198, on 190-191.

[44] 关于贝尔斯坦的生平，请参阅：Michael D. Gordin, "Beilstein Unbound: The Pedagogical Unraveling of a Man and His *Handbuch*," in David Kaiser, ed., *Pedagogy and the Practice of Science: Historical and Contemporary Perspectives* (Cambridge, MA: MIT Press, 2005): 11-39.

[45] Krätz, *Beilstein-Erlenmeyer*, 7.

[46] Beilstein to Kekulé, 3 November 1865, 转引自：Friedrich Richter, "K. F. Beilstein, sein Werk und seine Zeit: Zur Erinnerung an die 100. Wiederkehr seines Geburtstages," *Berichte der Deutschen Chemischen Gesellschaft* 71A (1938): 35-71, on 42.

[47] Beilstein to Butlerov, 18/6 November 1866, 转载于：Bykow and Bekassowa, "Beiträge zur Geschichte der Chemie... II," 279.

[48] Beilstein to Butlerov, 29/17 January 1865, 转载于：Bykow and Bekassowa, "Beiträge zur Geschichte der Chemie... II," 271.

[49] Friedrich Beilstein, "O rabotakh chlenov Russkago fiziko-khimicheskago obshchestva po aromaticheskomu riadu," in *Russkoe khimicheskoe obshchestvo. XXV (1868-1893). Otdelenie khimii Russkago fiziko-khimicheskago obshchestva* (St. Petersburg: V. Demakov, 1894), 39-56, on 48; Beilstein, signed footnote in A. Engelhardt, "Ueber die Einwirkung der wasserfreien Schwefelsäure auf einige organische Verbindungen," *Zeitschrift für Chemie und Pharmacie* 7 (1864): 42-46 and 85-87, on 42n2.

[50] Beilstein comment on D. Mendelejeff, "Ueber die Verbindung des Weingeistes mit Wasser," *Zeitschrift für Chemie*, N.S. 1 (1865): 257-264, on 264.

[51] Beilstein to Erlenmeyer, 26/14 April 1871, 转载于：Krätz, *Beilstein-Erlenmeyer*, 16. 也可参阅：Rudolph Fittig to Erlenmeyer, 2 January 1872, Tübingen, HBA.

[52] 转引自：V. V. Kozlov and A. I. Lazarev, "Tri chetverti veka Russkogo Khimicheskogo Obshchestva (1869-1944)," in S. I. Vol'fkovich and V. S. Kiselev, eds., *75 let*

periodicheskogo zakona D. I. Mendeleeva i Russkogo Khimicheskogo Obshchestva (Moscow: Izd. AN SSSR, 1947): 115-265, on 128.

［53］N. A. Menshutkin and G. Shmidt, "Otchet o deiatel'nosti Russkago khimicheskago obshchestva v 1869 g.," *ZhRFKhO* 2（1870）: 3-6, on 5.

［54］Minutes of Russian Chemical Society meeting of 4 March 1871（O.S.）, *ZhRFKhO* 3（1871）, 93.

［55］V. V. Markovnikov to A. M. Butlerov, 9 October 1874（O.S.）, 转载于: Bykov, *Pis'ma russkikh khimikov k A. M. Butlerovu*, 272.

［56］Minutes of Russian Chemical Society meeting of 3 April 1880（O.S.）, *ZhRFKhO* 12（1880）: 182-183.

［57］Beilstein to Erlenmeyer, 23 September/5 October 1873, 转载于: Krätz, *Beilstein-Erlenmeyer*, 41.

［58］A. N. Popov to A. M. Butlerov, 30 December 1871（O.S.）, 转载于: Bykov, *Pis'ma russkikh khimikov k A. M. Butlerovu*, 340.

［59］V. V. Markovnikov to A. M. Butlerov, 13 January［1870］（O.S.）, 转载于: Bykov, *Pis'ma russkikh khimikov k A. M. Butlerovu*, 259; M. D. L'vov to A. M. Butlerov, 22 July 1873（O.S.）, 转载于同一书目, 200.

［60］V. V. Markovnikov to A. M. Butlerov, 17 January［1868］（O.S.）, 转载于: Bykov, *Pis'ma russkikh khimikov k A. M. Butlerovu*, 252.

［61］Beilstein to Erlenmeyer, 29 April/11 May 1872, 转载于: Krätz, *Beilstein- Erlenmeyer*, 26.

［62］Draft of Erlenmeyer to Beilstein, 19 May 1872, 转载于: Krätz, *Beilstein- Erlenmeyer*, 33-34.

［63］Johanna Meyer（née Volkmann）and her children, Tübingen, 12 April 1895, ADIM I-V-27-1-26.

［64］Lothar Meyer, ed., *Die Anfänge des Systems der chemischen Elemente: Abhandlungen von J. W. Doebereiner 1829 und Max Pettenkofer 1850 nebst einer geschichtlichen Uebersicht der Weiterentwicklung der Lehre von den Triaden der Elemente*（Leipzig: W. Engelmann, 1895）.

［65］Lothar Meyer to Mendeleev, 16 August 1893, Tübingen, ADIM I-V-63-1-70.

［66］Karl Seubert, ed., *Das natürliche System der chemischen Elemente: Abhandlungen von Lothar Meyer 1864-1869 und D. Mendelejeff 1869-1871*（Leipzig: W. Engelmann, 1895）. 本卷标题中的日期跨度本身就微妙地表明了优先权属于谁。

［67］http://royalsociety.org/Content.aspx?id=3277.（Accessed 20 August 2012.）

［68］Editorial comments in Seubert, ed., *Das natürliche System der chemischen Elemente*, 122-123. 也可参阅: Nikolai A. Menshutkin, *Ocherk razvitiia khimicheskikh vozzrenii*

(St. Petersburg: V. Demakov, 1888), 319.

[69] Menshutkin in minutes of Russian Chemical Society meeting of 13 April 1895 (O.S.), *ZhRFKhO* 27 (1895): 197; Butlerov, "Istoricheskii ocherk razvitiia khimii v poslednie 40 let," stenograph of lectures from 1879–1880, 转载于: Butlerov, *Sochineniia*, 3 v. (Moscow: AN SSSR, 1953–1958), III: 280.

[70] P. Phillips Bedson, "Lothar Meyer Memorial Lecture," *Journal of the Chemical Society* 69 (1896): 1403–1439, on 1409.

[71] F. P. Venable, *The Development of the Periodic Law* (Easton, PA: Chemical Publishing Co., 1896), 95.

[72] Minutes of Russian Chemical Society meeting of 3 April 1875 (O.S.), *ZhRFKhO* 7 (1875): 177.

[73] In *Russkoe khimicheskoe obshchestvo*, 4.

[74] In *Russkoe khimicheskoe obshchestvo*, 2.

[75] D. Mendeléeff, "Comment j'ai trouvé le système périodique des éléments," *Revue générale de chimie pure et appliquée* 4 (1901): 533–546, on 546.

[76] V. I. Modestov, *Russkaia nauka v poslednīa dvadtsat' piat' let* (Odessa: Ekonomicheskaia tip., 1890), 9.

第三章

[1] F. M. Dostoevskii, *Polnoe sobranie sochinenii v tridtsati tomakh*, 30 v. (Leningrad: Nauka, 1972–1990), XXI: 121.

[2] 截至1971年，讲俄语的人数不到所有讲斯拉夫语的人数的一半。请参阅: G. S. Vinokur, *The Russian Language: A Brief History*, tr. Mary A. Forsyth (Cambridge: Cambridge University Press, 1971), 1. 这一比例在今天显然更高。

[3] Vinokur, *The Russian Language*, 1.

[4] W. K. Matthews, *The Structure and Development of Russian* (Cambridge: Cambridge University Press, 1953), 111.

[5] Vinokur, *The Russian Language*, 22–23, quotation on 23. 也可参阅: Lawrence L. Thomas, introduction to V. V. Vinogradov, *The History of the Russian Literary Language from the Seventeenth Century to the Nineteenth*, tr. and ed. Lawrence L. Thomas (Madison: University of Wisconsin Press, 1969), xii.

[6] B. O. Unbegaun, "Colloquial and Literary Russian," *Oxford Slavonic Papers* 1 (1950): 26–36, on 26–27.

[7] Vinokur, *The Russian Language*, 32.

[8] Matthews, *The Structure and Development of Russian*, 14.

[9] Vinokur, *The Russian Language*, 71; Matthews, *The Structure and Development of Russian*, 140.

[10] W. K. Matthews, *Russian Historical Grammar* (London: Athlone Press, 1960), 63; Vinogradov, *The History of the Russian Literary Language*, 13-14.

[11] Gerta Hüttl Worth, *Foreign Words in Russian: A Historical Sketch, 1550-1800* (Berkeley: University of California Press, 1963), 1-2.

[12] Vinogradov, *The History of the Russian Literary Language*, 33. 关于这一时期俄语改革的权威调查，请参阅：V. M. Zhivov, *Iazyk i kul'tura v Rossii XVIII veka* (Moscow: Shkola "Iazyki russkoi kul'tury," 1996).

[13] Unbegaun, "Colloquial and Literary Russian," 29; Vinogradov, *The History of the Russian Literary Language*, 31. 关于彼得翻译运动的背景，请参阅：Matthews, *The Structure and Development of Russian*, 156; Dennis Ward, *The Russian Language Today: System and Anomaly* (London: Hutchinson University Library, 1965), 114.

[14] Christopher D. Buck, "The Russian Language Question in the Imperial Academy of Sciences, 1724-1770," in Riccardo Picchio and Harvey Goldblatt, eds., *Aspects of the Slavic Language Question*, 2 vol. (New Haven: Yale Concilium on International and Area Studies, 1984), II: 187-233, on 188-189, 194.

[15] Buck, "The Russian Language Question in the Imperial Academy of Sciences," 198-199.

[16] Hans Rogger, *National Consciousness in Eighteenth-Century Russia* (Cambridge, MA: Harvard University Press, 1960), 109.

[17] E. Lenz to council of St. Petersburg University, 10 October 1859 (O.S.), TsGIASPb, f. 14, op. 1, d. 6039, I. 1.

[18] 关于罗蒙诺索夫的《俄语语法》(*Rossiiskaia grammatika*, 1755) 和《论俄语中教会书籍的使用》(*O pol'ze knig tserkovnykh v Rossiiskom iazyke*, 1758) 及其对俄语文体的影响，请参阅：Vinokur, *The Russian Language*, 101; Unbegaun, "Colloquial and Literary Russian," 30; Vinogradov, *The History of the Russian Literary Language*, 72-73. 关于法语作为后来的俄语句法的模板，请参阅：Vinogradov, *The History of the Russian Literary Language*, 66.

[19] Vinogradov, *The History of the Russian Literary Language*, 243.

[20] 关于德语在俄国的历史，请参阅：Alfons Höcherl, "Kulturelle und wissenschaftliche deutsche Einflüsse in Russland im historischen Überblick," in Ulrich Ammon and Dirk Kemper, eds., *Die deutsche Sprache in Russland: Geschichte, Gegenwart, Zukunftsperspektiven* (Munich: Iudicium, 2011), 23-40.

[21] Edv. Hjelt, "Friedrich Konrad Beilstein," *Berichte der Deutschen Chemischen Gesellschaft* 40 (1907): 5041-5078, on 5069.

[22] Petition to the Vice-President of the Academy of Sciences, 9 October 1854 (O.S.),

PFARAN f. 5, op. 1（1854）, d. 513, I. 2.

[23] K. K. Klaus to A. M. Butlerov, 15 April 1853（O.S.）, 转载于：G. V. Bykov, ed., *Pis'ma russkikh khimikov k A. M. Butlerovu*, *Nauchnoe nasledstvo*, v. 4（Moscow: Izd. AN SSSR, 1961）, 161.

[24] Klaus to Butlerov, 12 May 1857（O.S.）, 转载于：Bykov, *Pis'ma russkikh khimikov k A. M. Butlerovu*, 166.

[25] Klaus to Butlerov, 11 August 1853（O.S.）, 转载于：Bykov, *Pis'ma russkikh khimikov k A. M. Butlerovu*, 164.

[26] A. A. Inostrantsev, *Vospominaniia*（*Avtobiografiia*）, eds. V. A. Prozorovskii and I. L. Tikhonov（St. Petersburg: Peterburgskoe vostokovedenie, 1998）, 95.

[27] Borodin to M. A. Balakirev, [22-30 January 1867, O.S.], 转载于：A. P. Borodin, *Pis'ma: Polnoe sobranie, kriticheski sverennoe s podlinnymi tekstami*, 4 v., ed. S. A. Dianin（Moscow: Gos. muzykal'nyoe izd., 1927-1950）, I: 94.

[28] Minutes of the Russian Chemical Society meeting of 12 September 1902（O.S.）, *ZhRFKhO* 34（1902）: 637.

[29] I. M. Sechenov, *Avtobiograficheskie zapiski*（Moscow: Izd. AN SSSR, 1945）, 10n1.

[30] Kablukov's autobiography, PFARAN, f. 474, op. 1, d. 201, 转引自：Iu. I. Solov'ev, M. I. Kablukova, and E. V. Kolesnikov, *Ivan Alekseevich Kablukov*（Moscow: Izd. AN SSSR, 1957）, 20-22.

[31] V. V. Markovnikov to A. M. Butlerov, 22 July/3 August [1865], 转载于：Bykov, *Pis'ma russkikh khimikov k A. M. Butlerovu*, 215.

[32] Markovnikov to Butlerov, 7 August [1865], 转载于：Bykov, *Pis'ma russkikh khimikov k A. M. Butlerovu*, 216.

[33] A. Bulginskii to Emil Erlenmeyer, 29 October 1866, HBA.

[34] 下面这本书讲述了门捷列夫的个人藏书情况：R. B. Dobrotin and N. G. Karpilo, *Biblioteka D. I. Mendeleeva*（Leningrad: Nauka, 1980）.

[35] 请参阅：Mendeleev's diary entries of 1 and 6 January 1861, 转载于：D. I. Mendeleev, "Dnevnik 1861 g.," *Nauchnoe nasledstvo* 2（1951）: 111-212, on 112 and 114.

[36] Letter of 25 November 1886（O.S.）, 转引自：Iu. I. Solov'ev, *Istoriia khimii v Rossii: Nauchnye tsentry i osnovnye pravleniia issledovaniia*（Moscow: Nauka, 1985）, 355.

[37] Mendeleev to Kekulé, 28 June/10 July 1883, Boblovo, 转引自：Richard Anschütz, *August Kekulé*, 2 v.（Berlin: Verlag Chemie, 1929）, I: 692, 694.

[38] Mendeleev to Erlenmeyer, 24 August/3 September [1870?], in Otto Krätz, "Zwei Briefe Dmitri Iwanowitsch Mendelejeffs an Emil Erlenmeyer," *Physis* 12（1970）: 347-352, on 350.

[39] Mendeleev, *Dva londonskikh chteniia*, 转载于：Mendeleev, *Izbrannye sochineniia*, v.

2.（Leningrad: ONTI, 1934）, 342.

[40] Mendeleev to Menshutkin, 23 July 1889, Boblovo, 转载于: B. N. Menshutkin, *Zhizn' i deiatel'nost' Nikolaia Aleksandrovicha Menshutkina*（St. Petersburg: M. Frolova, 1908）, 109.

[41] Crum Brown to Mendeleev, 29 March 1884, 转载于: V. E. Tishchenko and M. N. Mladentsev, *Dmitrii Ivanovich Mendeleev, ego zhizn' i deiatel'nost': Universitetskii period, 1861-1890 gg., Nauchnoe nasledstvo*, v. 21（Moscow: Nauka, 1993）, 117. 据推测，这封信最初是用德文写的，但我只能找到它的俄文译本。

[42] William Ramsay to Mendeleev, 22 September 1889, ADIM Alb. 2/280.

[43] William Ramsay to Mendeleev, undated, ADIM Alb. 2/201.

[44] William Ramsay to Mendeleev, 6 January 1892, ADIM Alb. 3/500.

[45] William Ramsay to Mendeleev, 20 January 1892, ADIM Alb. 3/501.

[46] Minutes of the Russian Chemical Society meeting of 5 November 1870（O.S.）, *ZhRFKhO* 2（1870）, 290n1.

[47] Otto Jespersen, "Nature and Art in Language," *American Speech* 5（1929）: 89-103, on 90-91. 关于俄语化学术语中的类似分层，请参阅: David Kraus, "Sources of Scientific Russian," *Slavic and East European Journal* 5, no. 2（Summer 1961）: 123-131, on 128-129.

[48] Viktor A. Kritsman, "Die Entstehung der russischen chemischen Nomenklatur im europäischen Kontext: Die Frühgeschichte," in Bernhard Fritscher and Gerhard Brey, eds., *Cosmographica et Geographica: Festschrift für Heribert M. Nobis zum 70. Geburtstag*（Munich: Institut für Geschichte der Naturwissenschaften, 1994）: 199-218, on 18; Victor A. Kritsman and Briggite Hoppe, "The Study of Lavoisier's Works by Russian Scientists," *Revue d'histoire des sciences* 48（1995）: 133-142, esp. 135-136; Solov'ev, *Istoriia khimii v Rossii*, 58-60; Nikolai A. Menshutkin, *Ocherk razvitiia khimicheskikh vozzrenii*（St. Petersburg: V. Demakov, 1888）, 31n1.

[49] F. Savchenkov, "Istoricheskie materialy po russkoi khimicheskoi nomenklature," *ZhRFKhO* 2（1870）: 205-212, on 205.

[50] Iakov D. Zakharov, "Razsuzhdenie o rossiiskom khimicheskom slovoznachenii," *Umozritel'nyia izsledovaniia Imperatorskoi Sanktpeterburgskoi Akademii nauk* 2（1810）: 332-354, on 332-333.

[51] M. F. Solov'ev, S. Ia. Nechaev, P. G. Sobolevskii, and G. I. Gess, "Kratkii obzor khimicheskago imenosloviia," *Gornyi zhurnal* 2, no. 6（1836）: 457-463, on 457.

[52] Frankland to Kolbe, 3 December 1871, 转载于: Rita Meyer, "Emil Erlenmeyer(1825-1909) als Chemietheoretiker und sein Beitrag zur Entwicklung der Strukturchemie"（Dissertation, Medical Faculty of Ludwig-Maximilians-Universität in Munich, 1984）, on 344-345.

[53] 有关日内瓦有机化合物命名的曲折历史，请参阅普林斯顿大学埃文·赫普勒·史密斯（Evan Hepler-Smith）撰写的博士论文，题目为："Nominally Rational: Systematic Nomenclature and the Structure of Organic Chemistry, 1889-1940."

[54] 请参阅：Michael D. Gordin, "Beilstein Unbound: The Pedagogical Unraveling of a Man and His *Handbuch*," in David Kaiser, ed., *Pedagogy and the Practice of Science: Historical and Contemporary Perspectives* (Cambridge, MA: MIT Press, 2005): 11-39.

[55] Minutes of the Russian Chemical Society meeting of 8 October 1892 (O.S.), *ZhRFKhO* 24 (1892): 542-544. 也可参阅贝尔斯坦关于日内瓦有机化合物命名的早期评论，以及门舒金关于将法语规则翻译成俄语的讨论：Minutes of the Russian Chemical Society meeting of 13 September 1890 (O.S.), *ZhRFKhO* 22 (1890): 480; N. Menshutkin, "K voprosu o khimicheskoi nomenklature: Sostavlenie nazvanii organicheskikh kislot," *ZhRFKhO* 25 (1893): 10.

[56] Solov'ev, *Istoriia khimii v Rossii*, 82, 86.

[57] K. Ia. Parmenov, *Khimiia kak uchebnyi predmet v dorevoliutsionnoi i sovetskoi shkole* (Moscow: Akademiia pedagogicheskikh nauk RSFSR, 1963), 30.

[58] C. G. Lehmann, *Handbuch der physiologischen Chemie* (Leipzig: W. Engelmann, 1854); Justus von Liebig, *Die organische Chemie in ihrer Anwendung auf Physiologie und Pathologie* (Braunschweig: F. Vieweg und Sohn, 1842).

[59] 关于化学结构学说的荣誉归属问题，请参阅：Alan J. Rocke, "Kekulé, Butlerov, and the Historiography of the Theory of Chemical Structure," *British Journal for the History of Science* 14 (1981): 27-57.

[60] 本节中关于这本教科书的构成的信息主要来源于：G. V. Bykov, "Materialy k istorii trekh pervykh izdanii 'Vvedeniia k polnomu izucheniiu organicheskoi khimii' A. M. Butlerova," *Trudy Instituta istorii estestvoznaniia i tekhniki* 6 (1955): 243-291.

[61] Karl Schmidt to A. M. Butlerov, 1/13 April 1865, 转载于：Bykov, *Pis'ma russkikh khimikov k A. M. Butlerovu*, 402.

[62] Wurtz to Butlerov, 5 October 1864, 转载于：G. V. Bykov and J. Jacques, "Deux pionniers de la chimie moderne, Adolphe Wurtz et Alexandre M. Boutlerov, d'après une correspondance inédite," *Revue d'historie des sciences* 13 (1960): 115-134, on 126.

[63] Markovnikov to Butlerov, 22 July/3 August [1865], 转载于：Bykov, *Pis'ma russkikh khimikov k A. M. Butlerovu*, 216.

[64] P. P. Alekseev to Butlerov, 9 January 1867, 转载于：Bykov, *Pis'ma russkikh khimikov k A. M. Butlerovu*, 19.

[65] Butlerov to Erlenmeyer, 23 July/4 August 1864, 转载于：G. W. Bykow and L. M. Bekassowa, "Beiträge zur Geschichte der Chemie der 60-er Jahre des XIX. Jahrhunderts: I. Briefwechsel zwischen E. Erlenmeyer und A. M. Butlerow (von 1862 bis 1876)," *Physis* 8 (1966): 185-

198, on 193.

[66] N. A. Golovkinskii to Butlerov, 11 March 1864, 转载于：Bykov, *Pis'ma russkikh khimikov k A. M. Butlerovu*, 97.

[67] 关于贝尔斯坦在这一过程的诸多阶段提供的协助，请参阅：Beilstein to Butlerov, 15/27 October 1867, 转载于：Elena Roussanova, *Friedrich Konrad Beilstein, Chemiker zweier Nationen: Sein Leben und Werk sowie einige Aspekte der deutsch-russischen Wissenschaftsbeziehungen in der zweiten Hälfte des 19. Jahrhunderts im Spiegel seines brieflichen Nachlasses*, vol. 2（Hamburg：Norderstedt, 2007）, 236.

[68] Markovnikov to Butlerov, 15/27 January [1867], 转载于：Bykov, *Pis'ma russkikh khimikov k A. M. Butlerovu*, 240.

[69] Beilstein to Erlenmeyer, 27 March 1861, 转载于：Roussanova, *Friedrich Konrad Beilstein*, 85. 也可参阅：Beilstein to Erlenmeyer, 10 November 1861, 转载于同一书目，78 页。

[70] Freidrich Beilstein, review of D. Mendelejeff's *Organische Chemie*, *Zeitschrift für Chemie und Pharmacie* 5（1862）：271-276, on 271.

[71] Butlerov, *Vvedenie k polnomu izucheniiu organicheskoi khimii*, in Butlerov, *Sochineniia*, II：12.

[72] Paul Walden, "Ocherk istorii khimii v Rossii," in A. Ladenburg, *Lektsii po istorii razvitiia khimii do nashego vremeni*, tr. from 4th ed. by E. S. El'chaninov（Odessa：Mathesis, 1917）：361-654, on 421.

[73] Markovnikov, "Sovremennaia khimiia i russkaia khimicheskaia promyshlennost"（1879）, in Markovnikov, *Izbrannye trudy*, ed. A. F. Plate and G. V. Bykov（Moscow：Izd. AN SSSR, 1955）, 648. 也可参阅：Markovnikov, "Moskovskaia rech' o Butlerove," ed. Iu. S. Musabekov, *Trudy Instituta istorii estestvoznaniia i tekhniki* 12（1956）：135-181, on 161.

第四章

[1] L. Zamenhof, ed., *Fundamenta Krestomatio de la lingvo Esperanto*, 18th ed.（Rotterdam：Universala Esperanto-Asocio, 1992 [1903]）, 181.

[2] Roland G. Kent, "The Scientist and an International Language," *Proceedings of the American Philosophical Society* 63（1924）：162-170, on 163. 肯特主张复兴拉丁语。

[3] Luther H. Dyer, *The Problem of an International Auxiliary Language and Its Solution in Ido*（London：Putnam, 1923）, 6-7.

[4] Leopold Pfaundler, "The Need for a Common Scientific Language," in L. Couturat, O. Jespersen, R. Lorenz, W. Ostwald, and L. Pfaundler, *International Language and Science：Considerations on the Introduction of an International Language into Science*, tr.

F. G. Donnan（London：Constable & Company，1910）：1-10，on 2.

［5］ L. Couturat and L. Leau, *Histoire de la Langue Universelle*（Paris：Librairie Hachette，1903），ix.

［6］ Louis Couturat, *A Plea for an International Language*（London：George J. Henderson，1905），8.

［7］ Otto Jespersen, *An International Language*（London：George Allen & Unwin，1928），14.

［8］ "Stated Meeting, January 6, 1888," *Proceedings of the American Philosophical Society* 25, no. 127（1888）：1-18，on 4.

［9］ Jespersen, "Nature and Art in Language," *American Speech* 5（1929）：89-103，on 89.

［10］ Detlev Blanke, "The Term 'Planned Language,'" in Humphrey Tonkin, ed., *Esperanto, Interlinguistics, and Planned Language*（Lanham, MD：University Press of America, 1997）：1-20；Alicja Sakaguchi, "Towards a Clarification of the Function and Status of International Planned Languages," in Ulrich Ammon, ed., *Status and Function of Languages and Language Varieties*（Berlin：Walter de Gruyter，1989）：399-440. 这一术语源自一本致力于专业术语标准化的学术专著：Eugen Wüster, *Internationale Sprachnormung in der Technik, besonders in der Elektrotechnik（Die nationale Sprachnormung und ihre Verallgemeinerung）*，2d ed.（Bonn：H. Bouvier u. Co. Verlag，1966）.

［11］ Louis Couturat, "Sur la langue internationale," *Revue des questions scientifiques* 52（1902）：213-223.

［12］ Louis Couturat, "Autour d'une Langue internationale," *La Revue* 87（1910）：381-385，on 382.

［13］ W. A. Oldfather, "Latin as an International Language," *Classical Journal* 16（1921）：195-206.

［14］ Albert Léon Guérard, *A Short History of the International Language Movement*（London：T. Fisher Unwin，1922），169.

［15］ Giuseppe Peano, "De Latino sine flexione：Lingua auxiliare internationale," *Revista de mathematica* 8（1903）：74-83，on 74. 皮亚诺甚至用他自己的语言（指"拉丁国际语"）复述了一种观点："Conoscentia de tres aut quatuor lingua principale suffice ut nos lege, in originale aut in versione omne libro jam celebre. Sed hodie Russo, Polacco, Rumeno, Japonico, ... publica in suo lingua libro originale, et non solo libro scholastico"（p. 79 省略号为原文所有。意为：通晓3种或者4种语言便足以让我们能够阅读一切名著的原文或译文了，但是在今天，俄国人、波兰人、罗马尼亚人和日本人等不仅用他们自己的语言出版教材，还出版原创性著作）这段话非常容易让我们联想起本章开篇引用的那段唤醒巴别塔的题词。

［16］ M. Monnerot-Dumain, *Précis d'interlinguistique générale et spéciale*（Paris：Librairie

Maloine，1960），512.

[17] Couturat and Leau, *Histoire de la Langue Universelle*，37. 有关索来索语的更多信息，请参阅：Andrew Large, *The Artificial Language Movement*（Oxford：Basil Blackwell，1985），63.

[18] Richard Lorenz, "The Relationship of the International Language to Science," in L. Couturat et al., *International Language and Science*（1910）：53-60，on 57.

[19] Jespersen, *An International Language*，27.

[20] Karl Brugmann and August Leskien, *Zur Kritik der künstlichen Weltsprachen*（Straßburg：Karl J. Trübner，1907），19. 有关语言学家对这本小册子的回应，请参阅：J. Baudouin de Courtenay, *Zur Kritik der künstlichen Weltsprachen*（Leipzig：Verlag von Veit，1908）.

[21] Andrew Drummond, *A Hand-Book of Volapük：And an Elementary Manual of its Grammar and Vocabulary*，*Prepared from the Gathered Papers of Gemmell Hunter Ibidem Justice*，*together with an Account of Events Relating to the Annual General Meeting of 1891 of the Edinburgh Society for the Propagation of a Universal Language：Edited for the First Time by Dr. Charles Cordiner*（Edinburgh：Polygon，2006）. 在今天，术语"沃拉普克"（"volapuk"，在这种意义上，译为"沃拉普克编码"）也指使用拉丁字母和阿拉伯数字来"翻译"或转写西里尔字母的做法，因为它们与西里尔字母有相似性。这样一来，"ш"可以写成"w""6"可以写成"6"。这种方法曾经在文本信息传送中很常见，但与这里讨论的语言问题无关。

[22] Johann Martin Schleyer, *Volapük（Weltsprache）：Grammatik der Universalsprache für alle gebildete Erdbewohner*，4th. ed.（Überlingen am Bodensee：August Feyel，1884），iii. 省略号为原文所有。

[23] 比如：Schleyer, *Grammar with Vocabularies of Volapük（The Language of the World）for all Speakers of the English Language*，2d. rev. ed.，tr. W. A. Seret（Glasgow：Thomas Murray & Son，1887）；G. Krause, *The Volapük Commercial Correspondent*（London：Swan Sonnenschein & Co.，1889）.

[24] Frederick Bodmer, *The Loom of Language*（New York：W. W. Norton，1944），460；Couturat and Leau, *Histoire de la Langue Universelle*，141. 更多关于沃拉普克语在巴黎获得成功的信息，请参阅：Natasha Staller, "Babel：Hermetic Languages, Universal Languages, and Anti-Languages in Fin de Siècle Parisian Culture," *Art Bulletin* 76（1994）：331-354.

[25] Guérard, *A Short History of the International Language Movement*，103n.

[26] Constitution of the Volapükaklub Nolümelopik，[1890?]，Volapük Exhibit, APSL.

[27] 转引自：Guérard, *A Short History of the International Language Movement*，98.

[28] Alfred Kirchhoff, *Volapük, or Universal Language：A Short Grammatical Course*，3d

ed.（London：Swan Sonnenschein & Co., 1888），25.

［29］这一点在下面这本书中强调过：Guérard, *A Short History of the International Language Movement*, 105.

［30］Couturat and Leau, *Histoire de la Langue Universelle*, 142；Guérard, *A Short History of the International Language Movement*, 97；Peter G. Forster, *The Esperanto Movement*（The Hague：Mouton, 1982），46-47.

［31］Large, *The Artificial Language Movement*, 69-70.

［32］Guérard, *A Short History of the International Language Movement*, 103.

［33］转引自：Monnerot-Dumaine, *Précis d'interlinguistique générale et spéciale*, 88-90.

［34］Ludwig Zamponi, *Zur Frage der Einführung einer internationalen Verkehrssprache*（Graz：Leykam, 1904）；Arie De Jong, *Wörterbuch der Weltsprache：Vödabuk Volapüka pro Deutänapükans*（Leiden：E. J. Brill, 1931）；Arie De Jong, *Gramat Volapüka：Dabükot Balid Pelautöl Nämätü e Zepü Kadäm Volapüka*（Leiden：E. J. Brill, 1931）. 维基百科上的相关介绍，请参阅 http://vo.wikipedia.org/wiki/Cifapad. 讽刺的是，如今，大部分沃拉普克语的研究以及这种语言的珍贵材料的保存都是通过世界语的媒介来进行的，请参阅：Bernard Golden, "Conservation of the Heritage of Volapük," in Tonkin, ed., *Esperanto, Interlinguistics, and Planned Language*（1997）：183-189.

［35］"Stated Meeting, January 6, 1888," 10, 12, 16. 这份报告对柴门霍夫本人产生了很大影响。请参阅：Edmond Privat, *Historio de la Lingvo Esperanto*, vol. 1：*Deveno kaj Komenco, 1887-1900*（Leipzig：Ferdinand Hirt & Sohn, 1923），38.

［36］Lawrence A. Sharpe, "Language Projects," *South Atlantic Bulletin* 27（1961）：1-6, on 4.

［37］柴门霍夫自己的讲述，请参阅：L. L. Zamenhof, *The Birth of Esperanto：Extract of a Private Letter of Dr. L. L. Zamenhof to N. Borovko*, tr. Henry W. Hetzel（Fort Lee, NJ：Esperanto Association of North America, [1931]）. 关于他的生平，请参阅：René Centassi and Henri Masson, *L'homme qui a défié Babel：Ludwik Lejzer Zamenhof*（Paris：Éditions Ramsay, 1995）；Marjorie Boulton, *Zamenhof：Creator of Esperanto*（London：Routledge and Kegan Paul, 1960）；Edmond Privat, *The Life of Zamenhof*, tr. Ralph Eliott（Oakville, ON：Esperanto Press, 1963 [1920]）.

［38］Privat, *Life of Zamenhof*, 48-49.

［39］Privat, *Historio de la Lingvo Esperanto*, I：43；Forster, *The Esperanto Movement*, 57.

［40］Centassi and Masson, *L'homme qui a défié Babel*, 219；E. Drezen, *Historio de la Mondolinguo：Tra Jarcentoj da Serĉado*, 2d ed., tr. N. Hohlov and N. Nekrasov（Leipzig：Ekrelo, 1931），181. 准确的数字很难计算，因为世界语组织收集的统计数据缺乏系统性，下面这本书中提到了这一点：Forster, *The Esperanto Movement*, 18.

［41］Boulton, *Zamenhof*, 62. 对德·博弗伦特同样的批评在下面这两本书中也可以找到：

›385

Centassi and Masson, *L'homme qui a défié Babel*, 211; Privat, *Life of Zamenhof*, 85.

[42] W. J. Clark, *International Language: Past, Present & Future* (London: J. M. Dent, 1907), 109. 就连讨厌德·博弗伦特的伟大的世界语者埃德蒙·普里瓦特（Edmond Privat），都承认德·博弗伦特在法国为宣传世界语作出的贡献，请参阅：Privat, *Historio de la Lingvo Esperanto*, I: 63.

[43] Privat, *Historio de la Lingvo Esperanto*, I: 59n1.

[44] Boulton, *Zamenhof*, 60; Privat, *Historio de la Lingvo Esperanto*, I: 59.

[45] Forster, *The Esperanto Movement*, 75-76.

[46] 柴门霍夫对这些问题的看法可以在他的传记中找到，也可以参阅：Lazare Louis Zamenhof, *Le Hillélisme: Projet de solution de la question juive*, tr. Pierre Janton (Clermont-Ferrand: Association des publications de la Faculté des Lettres et Sciences Humaines, 1995). 关于中立性，这样，"所有宗教、政治和社会问题都将被严格排除在大会之外"，请参阅：L. Couturat and L. Leau, *Les Nouvelles Langues Internationales: Suite à L'histoire de la Langue Universelle* (Paris: M. L. Couturat, [1907]), 40.

[47] 转引自：Forster, *The Esperanto Movement*, 90.

[48] Dr. Esperanto [L. L. Zamenhof], *Mezhdunarodnyi iazyk: Predislovie i polnyi uchebnik* (Warsaw: Kh. Kel'ter, 1887), 28.

[49] Zamenhof, *Mezhdunarodnyi iazyk*, 29.

[50] Forster, *The Esperanto Movement*, 62.

[51] Lorenz, "The Relationship of the International Language to Science," 53.

[52] R. Mehmke, "Nüns Gletavik (Fovot 2^{id})," *Nunel Valemik*, no. 2 (1889). 洛伦兹引用了米斯（Miess）的《颅骨学》（*Craniology*）和温克勒（Winkler）的《鱼的石化》（*Petrification of Fishes*）的译本，但我一直未能找到这些译本，请参阅：Lorenz, "The Relationship of the International Language to Science," 54.

[53] Zamenhof, *Mezhdunarodnyi iazyk*, 4-5.

[54] Editors of *Internacia Scienca Revuo*, "Nia celo," *Internacia Scienca Revuo* 1, no. 1 (January 1904): 1.

[55] Iv. Chetverikov to Mendeleev, 30 November 1904, ADIM II-V-24-Ch. 门捷列夫那篇文章的世界语译文刊载情况如下：D. Mendelejev, "Provo de kemia kompreno de l'monda etero," tr. Iĉet-Verikov, *Internacia Scienca Revuo* 1, no. 6 (June 1904): 161-167; no. 7 (July 1904): 202-208; no. 8 (August 1904): 225-231. 有关门捷列夫对以太的研究的更多信息，请参阅：Michael D. Gordin, *A Well-Ordered Thing: Dmitrii Mendeleev and the Shadow of the Periodic Table* (New York: Basic Books, 2004), chapter 8.

[56] Paul Fruictier, "Unu jaro," *Internacia Scienca Revuo* 2, no. 13 (January 1905): 1-4, on 1.

[57] Karl F. Kellerman, "The Advance of International Language," *Science* N.S. 30, no. 780 (10

December 1909）：843-844.

[58] Clark, *International Language*, 111.

[59] R. van Melckebeke and Th. Renard, "Projekto de kemia nomaro esperanta," *Internacia Scienca Revuo* 1, no. 1（January 1904）：22-25, on 22.

[60] Melckebeke and Renard, "Projekto de kemia nomaro esperanta," 23.

[61] In "Korespondado," *Internacia Scienca Revuo* 1, no. 3（March 1904）：92-95, on 92.

[62] In "Korespondado,"（March 1904）, 93.

[63] In "Korespondado," *Internacia Scienca Revuo* 1, no. 4（April 1904）：123-128, on 123.

[64] In "Korespondado,"（April 1904）, 125.

[65] In "Korespondado," *Internacia Scienca Revuo* 1, no. 5（May 1904）：156-158, on 156.

[66] Amiko, "Terminaro de l'neorganika kemio sub vidpunkto de esperantisto," *Internacia Scienca Revuo* 1, no. 4（April 1904）：120-122.

[67] 转引自：Richard Lorenz, "The 'Délégation pour l'adoption d'une langue auxiliare internationale," in L. Couturat et al., *International Language and Science*（1910）：11-26, on 13.

[68] 请参阅：letter #1, 转载于：Karl Hansel and Fritz Wollenberg, eds., *Aus dem Briefwechsel Wilhelm Ostwalds zur Einführung einer Weltsprache, Mitteilungen der Wilhelm-Ostwald-Gesellschaft zu Großbothen e.V.*, Sonderheft 6（1999）, 25.

[69] Couturat and Leau, *Histoire de la Langue Universelle*, xii.

[70] Clark, *International Language*, 30.

第五章

[1] Otto Jespersen, "Finala Diskurso," *Progreso* 7, no. 1（73）（15 January 1914）：1-6, on 4. 这是叶斯柏森1913年在哥本哈根大学做的关于一门世界语言问题的系列讲座中的最后一讲，在这次讲座中，他完全使用伊多语，没有让学生事先做好准备。

[2] Wilhelm Ostwald, *Lebenslinien：Eine Selbstbiographie*, 3 vol.（Berlin：Klasing & Co., 1927）, III：146-147. 其中第五章讲到了"世界语言"（"Die Weltsprache"）。

[3] Ostwald, *Lebenslinien*, III:141.

[4] Albert Léon Guérard, *A Short History of the International Language Movement*（London：T. Fisher Unwin, 1922）, 177. 有关奥斯特瓦尔德参与建立人工语言的具体情况，请参阅：Günter Anton, "Die Tätigkeit Professor Wilhelm Ostwalds für die internationale Sprache IDO," *Mitteilungen der Wilhelm-Ostwald-Gesellschaft zu Großbothen e.V.* 8, no. 4（2003）：16-26.

[5] Wilhelm Ostwald, "Pri la problemo de la helpa lingvo. II. La mondlingvo," tr. Dr. Helte,

Internacia Scienca Revuo 1, no. 10（October 1904）: 289-295.

[6] Ostwald, *Lebenslinien*, III:151.

[7] 转载于: Hans-Günther Körber, ed., *Aus dem wissenschaftlichen Briefwechsel Wilhelm Ostwalds, II. Teil: Briefwechsel mit Svante Arrhenius und Jacobus Hendricus Van't Hoff*（Berlin: Akademie Verlag, 1969）, 196.

[8] Letter of 24 March 1907, 转载于: Karl Hansel and Fritz Wollenberg, eds., *Aus dem Briefwechsel Wilhelm Ostwalds zur Einführung einer Weltsprache, Mitteilungen der Wilhelm-Ostwald-Gesellschaft zu Großbothen e.V.*, Sonderheft 6（1999）, 42.

[9] 来自: the William James Papers, Houghton Library, Harvard University, 转引自: Niles R. Holt, "Wilhelm Ostwald's 'The Bridge,'" *British Journal for the History of Science* 10（1977）: 146-150, on 149n12.

[10] 转载于: Ostwald, *Lebenslinien*, III:143-144.

[11] Wilhelm Ostwald, *Sprache und Verkehr*（Leipzig: Akademische Verlagsgesellschaft, 1911）, 8.

[12] 对于这一点，奥斯特瓦尔德在下面这本书中给出了解释: Edwin E. Slosson, *Major Prophets of To-Day*（Boston: Little, Brown, and Company, 1916）, 222.

[13] Wilhelm Ostwald, "Die Weltsprache," 转载于: Hansel and Wollenberg, *Aus dem Briefwechsel Wilhelm Ostwalds*: 4-14.

[14] 关于本章中讲到的这些事件的一般性研究，可以参阅: Guérard, *A Short History of the International Language Movement*, chapter 7; E. Drezen, *Historio de la Mondolinguo: Tra Jarcentoj da Serĉado*, 2d ed., tr. N. Hohlov and N. Nekrasov（Leipzig: Ekrelo, 1931）, 第二章（来自世界语者的视角）;Ward Nichols, "The Decision of the Delegation/La Decido Di La Delegitaro," *Internationalist* 2, no. 2（6）（April-May 1910）: 18-19（来自伊多语者的视角）。伊多语出版物的全部参考书目可以参阅: Tazio Carlevaro and Reinhard Hauptenthal, *Bibliografio di Ido*（Bellinzona: Hans Dubois, 1999）.

[15] Guérard, *A Short History of the International Language Movement*, 146-147.

[16] Ostwald, *Lebenslinien*, III:165.

[17] Peter G. Forster, *The Esperanto Movement*（The Hague: Mouton, 1982）, 121-122.

[18] Otto Jespersen, *A Linguist's Life*, eds. Arne Juul, Hans F. Nielsen, and Jørgen Erik Nielsen, tr. David Stoner（Odense: Odense University Press, 1995 [1938]）, 149. 这是他用丹麦语撰写的自传的译本，原本为: *En Sprogmands Levned*（Copenhagen: Nordisk Forlag, 1938）.

[19] Jespersen, *A Linguist's Life*, 150.

[20] Guérard, *A Short History of the International Language Movement*, 136-140.

[21] Otto Jespersen, "The Linguistic Principles Necessary for the Construction of an International Auxiliary Language, with Appendix: Criticism of Esperanto," in L.

Couturat, O. Jespersen, R. Lorenz, W. Ostwald, and L. Pfaundler, *International Language and Science: Considerations on the Introduction of an International Language into Science*, tr. F. G. Donnan (London: Constable & Company, 1910): 27-41, on 30.

[22] W. J. Clark, *International Language: Past, Present & Future* (London: J. M. Dent, 1907), 99.

[23] 转载于: Hansel and Wollenberg, *Aus dem Briefwechsel Wilhelm Ostwalds*, 34-35.

[24] Ostwald, *Lebenslinien*, III:155.

[25] Ostwald to Carlo Bourlet, 16 June 1907, 转载于: Hansel and Wollenberg, *Aus dem Briefwechsel Wilhelm Ostwalds*, 47.

[26] Ostwald, *Lebenslinien*, III:167; Jespersen, *A Linguist's Life*, 150.

[27] Jespersen, *A Linguist's Life*, 150-151. 关于"中间路线", 请参阅: Otto Jespersen, *An International Language* (London: George Allen & Uwin, 1928), 42.

[28] 转引自: Louis Couturat, "Le choix d'une langue internationale," *Revue du Mois* 7 (January-June 1909): 708-724, on 709.

[29] Friedrich Schneeberger, "Pri la nomo di nia linguo," *Progresso* 2, no. 4 (16) (June 1909): 229.

[30] Couturat, "Averto," *Progresso* 2, no. 4 (16) (June 1909): 2.

[31] Max Talmey, "The Auxiliary Language Question," *Modern Language Journal* 23 (1938): 172-186, on 177; Jespersen, *An International Language*, 43.

[32] Otto Jespersen, "International Language," *Science* N.S. 30, no. 776 (12 November 1909): 677.

[33] 1894年世界语内部进行的那次改革制定了一些规则, 有些规则与伊多语相同: 名词复数结尾以"*i*"表示, 不变的形容词, 没有宾格。但是, 除此之外, 也有一些规则不同于伊多语, 如: 取消定冠词, 并以"*en*""*in*"和"*on*"作为动词结尾。M. Monnerot-Dumain, *Précis d'interlinguistique générale et spéciale* (Paris: Librairie Maloine, 1960), 103.

[34] Couturat, "Le choix d'une langue internationale," 720.

[35] Louis Couturat, "Des rapports de la logique et de la linguistique dans le problème de la langue internationale," *Revue de Métaphysique et de Morale* 19 (1911): 509-516, on 512. 其他伊多语者认为这一荣誉被"不公正地归属于奥斯特瓦尔德"(参见: Max Talmey, "Word Derivation in a Logical Language," *Modern Language Journal* 24 [1940]: 617-628, on 620), 而实际上, 人们会发现, 19世纪的很多语言方案中都提到过这个概念。

[36] Wilhelm Ostwald, "Chemische Weltliteratur," *Zeitschrift für physikalische Chemie* 76 (January 1911): 1-20, on 5.

[37] Otto Jespersen, "International Language," *Science* N.S. 31, no. 786 (21 January 1910): 109–112, on 109–110.

[38] 世界语也容易受到同样的批评。请参阅: Louvan E. Nolting, "The Deficiency of Esperanto as a World Language," *Federal Linguist* 5, no. 1–2 (1973): 18–22.

[39] Jespersen, "The Linguistic Principles Necessary for the Construction," 28, 31.

[40] Louis Couturat, "Pour la langue auxiliaire neutre," *Revue internationale de l'enseignement* 58 (1909): 255–259, on 256; Luther H. Dyer, *The Problem of an International Auxiliary Language and Its Solution in Ido* (London: Putnam, 1923), 115–116; Jespersen, "The Linguistic Principles Necessary for the Construction," 32.

[41] Couturat, "D'une application de la logique au problème de la langue internationale," *Revue de Métaphysique et de Morale* 16 (1908): 761–769, on 768.

[42] Couturat, "D'une application de la logique au problème de la langue internationale," 764.

[43] Clark, *International Language*, 3n.

[44] 转载于: Hansel and Wollenberg, *Aus dem Briefwechsel Wilhelm Ostwalds*, 55.

[45] 转载于: Hansel and Wollenberg, *Aus dem Briefwechsel Wilhelm Ostwalds*, 57.

[46] Guérard, *A Short History of the International Language Movement*, 149.

[47] Louis Couturat and Léopold Leau, *Histoire de la Langue Universelle* (Paris: Librairie Hachette, 1903), 152.

[48] Ostwald, *Sprache und Verkehr*, 23. 也可参阅: Jespersen, *An International Language*, 36; Richard Lorenz, "The 'Delégation pour l'adoption d'une langue auxiliare internationale,'" in L. Couturat et al., *International Language and Science* (1910): 11–26, on 16; P. Ahlberg, "A Few Statistics," *Internationalist* 2, no. 4 (8) (July 1910): 63–65, on 65.

[49] 转载于: Hansel and Wollenberg, *Aus dem Briefwechsel Wilhelm Ostwalds*, 55–56.

[50] 转载于: Hansel and Wollenberg, *Aus dem Briefwechsel Wilhelm Ostwalds*, 65.

[51] 转引自: "Pri la alvoko 'Al la Delegitaro, al la Esperantistaro,'" *Internacia Scienca Revuo* 5, no. 49 (January 1908): 15–18, on 17. 这封信是用德语写的，由编辑们翻译成了世界语。

[52] Ernest Naville et al., "Al la Delegitaro, al la Esperantistaro," *Internacia Scienca Revuo* 4, no. 48 (December 1907): 389–393, on 392.

[53] Naville et al., "Al la Esperantistaro," *Internacia Scienca Revuo* 5, no. 49 (January 1908): 3–6, on 5.

[54] 可以参阅代表团委员会成员鲍德因·考特尼写的那封非常详尽的信，该信转载于: Edmond Privat, *Historio de la Lingvo Esperanto*, vol. 2: *La Movado, 1900–1927* (Leipzig: Ferdinand Hirt & Sohn, 1927), 62–66.

[55] 转引自: René Centassi and Henri Masson, *L'homme qui a défié Babel: Ludwik Lejzer*

Zamenhof (Paris: Éditions Ramsay, 1995), 249.

[56] Walter B. Sterrett, "To Esperantists and Idists: Importance of Mutual Good Will," *Internationalist* 1, no. 2 (July 1909): 5-6, on 5; Walther Borgius, *Warum ich Esperanto verließ: Eine Studie über die gegenwärtige Krisis und die Zukunft der Weltsprachen-Bewegung* (Berlin: Liebheit & Thiesen, 1908).

[57] David K. Jordan, "Esperanto and Esperantism: Symbols and Motivations in a Movement for Linguistic Equality," in Humphrey Tonkin, ed., *Esperanto, Interlinguistics, and Planned Language* (Lanham, MD: University Press of America, 1997), 39-65, on 43; Forster, *The Esperanto Movement*, 135-136.

[58] 转载于: Hansel and Wollenberg, *Aus dem Briefwechsel Wilhelm Ostwalds*, 66.

[59] 转载于: Marjorie Boulton, *Zamenhof: Creator of Esperanto* (London: Routledge and Kegan Paul, 1960), 126.

[60] Jespersen, *A Linguist's Life*, 153.

[61] Louis de Beaufront, "Déclaration de Ido/Deklaro de Ido," *L'Esperantiste* 11 (May 1908): 97-100, on 97 and 99.

[62] 比如，可以参阅: Edmond Privat, *The Life of Zamenhof*, tr. Ralph Eliott (Oakville, ON: Esperanto Press, 1963 [1920]), 82-83.

[63] Jespersen, *A Linguist's Life*, 149. 下面这本书中也说过同样的话: Jespersen, *An International Language*, 42.

[64] Drezen, *Historio de la Mondolinguo*, 185; Privat, *Historio de la Lingvo Esperanto*, II: 58.

[65] Boulton, *Zamenhof*, 131.

[66] Forster, *The Esperanto Movement*, 130 (quotation); Monnerot-Dumaine, *Précis d'interlinguistique générale et spéciale*, 41.

[67] Ostwald, *Sprache und Verkehr*, 29. 关于德·博弗伦特的伊多语创造者身份所带来的象征意义，可以参阅: Privat, *Historio de la Lingvo Esperanto*, II: 57.

[68] G. Aymonier and L. Couturat, "Ido et Esperanto," *Revue du Mois* 9 (January- June 1910): 219-229; Louis Couturat, "Entre l'Ido et l'Esperanto," *Revue mondiale* (April 1912): 381-392; Louis Couturat, "Ido ou français," *La grande revue* (25 February 1910): 791-793; Louis Couturat, "Entre Idistes et Espérantistes," *La Revue* 78 (1909): 110-113.

[69] Louis Couturat, "'Wait until Zamenhof is Dead'/'Expektez la Morto di Zamenhof!,'" *Internationalist* 2, no. 5-6 (August-September 1910): 77-81, on 80. 也可参阅: Louis Couturat, "Makiavelatra Taktiko," *Progreso* 2, no. 8 (20) (October 1909): 449-452, on 450.

[70] Couturat, "L'Ido devant la science: Lettre ouverte à M. A. Cotton, Professeur à la Sorbonne," *La Langue Auxiliaire* 3 (1910): 21-27, on 22.

[71] Couturat, "Ido contre Esperanto," *La coopération des idées* (1912): 444-449, on 446.

[72] Letter of 4 November 1907, 转载于: Hansel and Wollenberg, *Aus dem Briefwechsel Wilhelm Ostwalds*, 57.

[73] Jordan, "Esperanto and Esperantism," 43.

[74] Drezen, *Historio de la Mondolinguo*, 186.

[75] Couturat, "Pri Nia Metodo," *Progreso* 2, no. 10 (22) (December 1909): 579-582, on 580-581.

[76] Couturat, "Le choix d'une langue internationale," 722.

[77] Lorenz, "The 'Délégation pour l'adoption d'une langue auxiliare internationale,'" 20.

[78] Jespersen, "The Linguistic Principles Necessary for the Construction," 37. 1924 年，叶斯柏森在一本一般性的语言学著作中，多次提到伊多语，并将之作为语言的理性发展的典范: Otto Jespersen, *The Philosophy of Grammar* (Chicago: University of Chicago Press, 1992 [1924]), 41, 60, 136, 208n1, 232, 321n1. 至于库图拉的相关看法，可以参阅: Couturat, "On the Application of Logic to the Problem of an International Language," in L. Couturat et al., *International Language and Science* (1910): 41-52.

[79] Couturat, "Le choix d'une langue internationale," 723.

[80] Leopold Pfaundler, "The Need for a Common Scientific Language," in L. Couturat et al., *International Language and Science* (1910): 1-10, on 6.

[81] Couturat, "Entre Idistes et Espérantistes," 112.

[82] Jespersen, "International Language [1910]," 112.

[83] Nichols, "Hear the Other Side," *Internationalist*, no. 3-4 (February 1910): 8-9, on 9. 关于库图拉对拉马克的兴趣，可以参阅: Couturat, "La Stabileso di la Vivo," *Progreso* 5, no 3 (51) (May 1912): 140-141. 这一期的《进展》(*Progreso*) 包含了几篇关于孟德尔、拉马克和遗传的文章，全部由库图拉翻译成了伊多语。

[84] Couturat, "Autour d'une Langue internationale," *La Revue* 87 (1910): 381-385, on 383-384.

[85] 请参阅: E. H. MacPike, "La Praktikal Utileso di Ido/The Practical Usefulness of Ido," *Internationalist*, no. 3-4 (February 1910): 11-12; C. S. Pearson, "Kiropraktiko," *Internationalist* 2, no. 2 (6) (April-May 1910): 28; Louis Couturat, *Internaciona matematikal lexiko en Ido, Germana, Angla, Franca, e Italiana* (Jena: Gustav Fischer, 1910).

[86] 转载于: Körber, ed., *Aus dem wissenschaftlichen Briefwechsel Wilhelm Ostwalds*, 320.

[87] 转载于: Hansel and Wollenberg, *Aus dem Briefwechsel Wilhelm Ostwalds*, 113.

[88] 转引自: "Prof. William Ostwald and International Language," *Internationalist*, no. 3-4 (February 1910): 12-13, on 13. 关于奥斯特瓦尔德捐赠伊多语项目的事，也可参阅: Grete Ostwald, *Wilhelm Ostwald: Mein Vater* (Stuttgart: Berliner Union, 1953), 110; Slosson, *Major Prophets of To-Day*, 222n1; Eugen Wüster, *Internationale*

Sprachnormung in der Technik，*besonders in der Elektrotechnik*（*Die nationale Sprachnormung und ihre Verallgemeinerung*），2d ed.（Bonn：H. Bouvier u. Co. Verlag，1966），335.

[89] Slosson，*Major Prophets of To-Day*，223.

[90] Wilhelm Ostwald，"The Question of Nomenclature," in L. Couturat et al.，*International Language and Science*（1910）：61–68，on 61，67.

[91] Letter of 4 January 1911，转载于：Körber，ed.，*Aus dem wissenschaftlichen Briefwechsel Wilhelm Ostwalds*，322.

[92] 转载于：Körber，ed.，*Aus dem wissenschaftlichen Briefwechsel Wilhelm Ostwalds*，323.

[93] 请参阅：the letters to Ostwald of 24 and 31 December 1910，转载于：Hansel and Wollenberg，*Aus dem Briefwechsel Wilhelm Ostwalds*，124.

[94] 转载于：Körber，ed.，*Aus dem wissenschaftlichen Briefwechsel Wilhelm Ostwalds*，323–325，quotation on 325.

[95] 请参阅：the letter of 25 January 1901，转载于：Hansel and Wollenberg，*Aus dem Briefwechsel Wilhelm Ostwalds*，129.

[96] Ostwald，*Lebenslinien*，III:176.

[97] Ostwald，"Chemische Weltliteratur," 1n1.

[98] Ostwald，"Chemische Weltliteratur," 2–3.

[99] Ostwald，"Chemische Weltliteratur," 7.

[100] Ostwald，"Memorial on the Foundation of an International Chemical Institute," *Science* N.S. 40，no. 1022（31 July 1914）：147–158，on 155.

[101] Alexander Batek，"Pri la ĥemia nomigado," *Internacia Scienca Revuo* 6，nos. 68–69（August–September 1909）：264–266，on 265. 关于库图拉对抄袭的指控，请参阅：*Progreso* 5，no. 3（51）（May 1912）：162.

[102] Maurice Rollet de l'Isle，"Konsilaro por la farado de la sciencaj kaj teknikaj vortoj," *Internacia Sciencia Revuo* 7，no. 83（November 1910）：279–295；no. 84（December 1910）：311–334；8，no. 85（January 1911）：1–21；no. 86（February 1911）：33–49.

[103] Ostwald，"Memorial on the Foundation of an International Chemical Institute," 147，155. 关于叫"桥梁"的组织，可以参阅：Holt，"Wilhelm Ostwald's 'The Bridge,'"尽管这篇文章中的一些观点并不可信，比如在146页，霍尔特说奥斯特瓦尔德倡导的国际通用语言是世界语。

[104] Otto Jespersen，"Grava Propozo," *Internationalist* 2，no. 3（7）（June 1910）：45–46，on 45（Jespersen）and 46（Couturat）. 库图拉在早些时候是永恒实验的坚定拥护者，可参阅：Couturat，"Entre l'Ido et l'Esperanto," 390–391.

[105] F. Schneeberger and L. Couturat，"Pri la periodo di stabileso," *Progreso* 5，no. 3（51）（May 1912）：191. 关于索洛图恩会议，请参阅：*Progreso* 7，no. 4（76）（April

1914）：197. 世界语者欧内斯特·德雷仁（Ernest Drezen）在他的人造语言史中认为，稳定时期阻碍了创新，挫伤了拥护者们的热情，从而对伊多语造成了伤害，参见：Drezen, *Historio de la Mondolinguo*, 187.

［106］Guérard, *A Short History of the International Language Movement*, 122-123.

［107］Wüster, *Internationale Sprachnormung in der Technik*, 335; Drezen, *Historio de la Mondolinguo*, 198-199.

第六章

［1］Franz Thierfelder, *Die deutsche Sprache im Ausland*, 2 v. (Hamburg: R. v. Decker, 1956-1957), I:18.

［2］转引自：Günter Anton, "Die Tätigkeit Professor Wilhelm Ostwalds für die internationale Sprache IDO," *Mitteilungen der Wilhelm-Ostwald-Gesellschaft zu Großbothen e.V.* 8, no. 4 (2003): 16-26, on 22. 省略号为原文所有。

［3］Wilhelm Ostwald, "Weltdeutsch," *Monistische Sonntagspredigten*, no. 36 (31 October 1915): 545-559, on 553.

［4］Ostwald, "Weltdeutsch," 555-556.

［5］Ostwald, "Weltdeutsch," 557. 安德鲁·拉格（J.Andrew Large）认为，慕尼黑的鲍曼（Adalbert Baumann）教授也在1915年提出了"世界德语"（Weltdeutsch）这个语言方案，可参阅：Large, *The Foreign-Language Barrier: Problems in Scientific Communication* (London: André Deutsch, 1983), 148. 我还无法说明鲍曼和奥斯特瓦尔德之间的关联。

［6］Leopold Pfaundler to Wilhelm Ostwald, 30 December 1915, 转载于：Karl Hansel and Fritz Wollenberg, eds., *Aus dem Briefwechsel Wilhelm Ostwalds zur Einführung einer Weltsprache, Mitteilungen der Wilhelm-Ostwald-Gesellschaft zu Großbothen e.V., Sonderheft* 6 (1999), 147.

［7］Ostwald to Pfaundler, 12 January 1916, 转载于：Hansel and Wollenberg, *Aus dem Briefwechsel Wilhelm Ostwalds*, 148.

［8］Otto Jespersen to Franz Boas, 4 December 1914, Franz Boas Papers, Mss.B.B61, APSL, Folder: "Jespersen, Otto."

［9］A. Meillet, *Les langues dans l'Europe nouvelle* (Paris: Payot & Cie, 1918), 292.

［10］Félix Henneguy, "Du rôle de l'Allemagne dans l'évolution des sciences biologiques," *Revue scientifique* 53 (27 February-6 March 1915): 70-74, on 71.

［11］W. F. Twaddell, "Standard German," *Anthropological Linguistics* 1, no. 3 (1959): 1-7, on 1; Ulrich Ammon, *Die internationale Stellung der deutschen Sprache* (Berlin: Walter de Gruyter, 1991), 27.

［12］W. B. Lockwood, *An Informal History of the German Language* (Cambridge: W. Heffer and Sons, 1965), 116.

[13] Ruth H. Sanders, *German: Biography of a Language* (New York: Oxford University Press, 2010), 98; R. E. Keller, *The German Language* ([Atlantic Highlands], NJ: Humanities Press, 1978), 237.

[14] Twaddell, "Standard German," 1, 3; Lockwood, *An Informal History of the German Language*, 109; Keller, *The German Language*, 338–339.

[15] Jeanne Pfeiffer, "La création d'une langue mathématique allemande par Albrecht Dürer. Les raisons de sa non réception," in Roger Chartier and Pietro Corsi, eds., *Sciences et langues en Europe* (Paris: European Communities, 2000 [1994]): 77–90.

[16] 转引自: Adolf Bach, *Geschichte der deutschen Sprache*, 8th ed. (Heidelberg: Quelle & Meyer, 1965 [1938]), 331.

[17] Ulrich Ricken, "Zum Thema Christian Wolff und die Wissenschaftssprache der deutschen Aufklärung," in Heinz L. Kretzenbacher and Harald Weinrich, eds., *Linguistik der Wissenschaftssprache* (Berlin: Walter de Gruyter, 1995): 41–90; Eric A. Blackall, *The Emergence of German as a Literary Language, 1700–1775*, 2d ed. (Ithaca: Cornell University Press, 1978 [1959]).

[18] Lockwood, *An Informal History of the German Language*, 129–130.

[19] 这些数字在任何一本德语史中都是正常水平，比如，可以参阅: Bach, *Geschichte der deutschen Sprache*, 309; W. Walker Chambers and John R. Wilkie, *A Short History of the German Language* (London: Methuen & Co, 1970), 46; Keller, *The German Language*, 360, 485.

[20] Denise Phillips, *Acolytes of Nature: Defining Natural Science in Germany, 1770–1850* (Chicago: University of Chicago Press, 2012), 75, 109–111.

[21] 转引自: Keller, *The German Language*, 487.

[22] Keller, *The German Language*, 487; 也可参阅: Richard Games Brunt, *The Influence of the French Language on the German Vocabulary (1649–1735)* (Berlin: Walter de Gruyter, 1983).

[23] 有许多优秀的研究讨论了这些发展，关于社会变革方面，可以参阅: Peter Borscheid, *Naturwissenschaft, Staat und Industrie in Baden (1848–1914)* (Stuttgart: Ernst Klett, 1976); 关于智识发展方面，可以参阅: Alan J. Rocke, *The Quiet Revolution: Hermann Kolbe and the Science of Organic Chemistry* (Berkeley: University of California Press, 1993).

[24] Owen Hannaway, "The German Model of Chemical Education in America: Ira Remsen at Johns Hopkins (1876–1913)," *Ambix* 23 (1976): 145–164. 莱姆森在图宾根学习化学的时候，为讲英语的学生开设了一些课程，以让他们熟悉德语，从而应付口语考试。

[25] Jeffrey Allan Johnson, *The Kaiser's Chemists: Science and Modernization in Imperial*

Germany (Chapel Hill: University of North Carolina Press, 1990), 29-30.

[26] William Coleman, ed., *French Views of German Science* (New York: Arno Press, 1981); Robert Fox, "The View over the Rhine: Perceptions of German Science and Technology in France, 1860-1914," in Yves Cohen and Klaus Manfrass, eds., *Frankreich und Deutschland: Forschung, Technologie und industrielle Entwicklung im 19. und 20. Jahrhundert* (Munich: C. H. Beck, 1990): 14-24; Maurice Crosland, *Science under Control: The French Academy of Sciences, 1795-1914* (Cambridge: Cambridge University Press, 1992); Harry W. Paul, *The Sorcerer's Apprentice: The French Scientist's Image of German Science, 1840-1919* (Gainesville: University of Florida Press, 1972).

[27] Henneguy, "Du rôle de l'Allemagne dans l'évolution des sciences biologiques," 71.

[28] Adolphe Würtz, *Dictionnaire de chimie pure et appliquée* (Paris: Hachette, 1869), I: i.

[29] Jakob Volhard, "Die Begrundung der Chemie durch Lavoisier," *Journal für praktische Chemie* 110, N.F. 2 (1870): 1-47. 关于反拉瓦锡论战的传统，可以参阅：Hans-Georg Schneider, "The 'Fatherland of Chemistry': Early Nationalistic Currents in Late Eighteenth Century German Chemistry," *Ambix* 36 (1989): 14-21.

[30] Hermann Kolbe, "Ueber den Zustand der Chemie in Frankreich," *Journal für praktische Chemie* 110, N.F. 2 (1870): 173-183, on 177.

[31] Rudolf Fittig to Emil Erlenmeyer, 5 March 1872, HBA.

[32] N. Zinin, A. Butlerow, D. Mendelejew, and A. Engelhardt, "[Letter to the Editor]," *St.-Petersburger Zeitung* 9, no. 271 (21 October 1870): 4. 俄国化学学会对这些看法表示支持，可参阅：Minutes of meeting of 8 October 1870, *ZhRFKhO* 2 (1870): 253.

[33] Wurtz to Butlerov, 1 January 1874, 转载于：G. V. Bykov and J. Jacques, "Deux pionniers de la chimie moderne, Adolphe Wurtz et Alexandre M. Boutlerov, d'après une correspondance inédite," *Revue d'Historie des Sciences* 13 (1960): 115-134, on 127.

[34] Jakob Volhard, "Berichtigung," *Journal für praktische Chemie* 110, N.F. 2 (1870): 381-384, on 384.

[35] Liebig to Kolbe, 19 November 1870, 转载于：Alan J. Rocke and Emil Heuser, eds., *Justus von Liebig und Hermann Kolbe in ihren Briefen, 1846-1873* (Mannheim: Bionomica, 1994), 119.

[36] Rocke, *The Quiet Revolution*, 346; Rocke, *Nationalizing Science: Adolphe Wurtz and the Battle for French Chemistry* (Cambridge, MA: MIT Press, 2001), 333-334.

[37] Helmholtz to his wife, 14 September 1853, in Richard L. Kremer, ed., *Letters of Hermann von Helmholtz to His Wife, 1847-1859* (Stuttgart: Franz Steiner Verlag, 1990), 134. 另见105和120页。在此感谢里奇·克雷默提醒我注意这些信件。

[38] Helmholtz to his wife, 16 August 1851, in Kremer, *Letters of Hermann von Helmholtz to His Wife*, 64.

[39] Rocke, *The Quiet Revolution*, 69 and 341.

[40] Bach, *Geschichte der deutschen Sprache*, 409.

[41] Rainald Von Gizycki, "Centre and Periphery in the International Scientific Community: Germany, France and Great Britain in the 19th Century," *Minerva* 11 (1973): 474–494, on 477.

[42] Meillet, *Les langues dans l'Europe nouvelle*, 295.

[43] Brigitte Schröder-Gudehus, "Deutsche Wissenschaft und internationale Zusammenarbeit, 1914–1928: Ein Beitrag zum Studium kultureller Beziehungen in politischen Krisenzeiten" (PhD dissertation, University of Geneva, 1966), 42–43. 也可参阅: Brigitte Schröder-Gudehus, ed., "Les Congrès Scientifiques Internationaux," *Relations internationales* 62 (1990): 111–211.

[44] 该宣言转载于: Jürgen von Ungern-Sternberg and Wolfgang von Ungern-Sternberg, *Der Aufruf "An die Kulturwelt!": Das Manifest der 93 und die Anfänge der Kriegspropaganda im Ersten Weltkrieg* (Stuttgart: Franz Steiner Verlag, 1996), 144–157, quotation on 144.

[45] 有关马克斯·普朗克后来的辩解 [在写给荷兰物理学家洛伦兹 (Hendrik A. Lorentz) 的一封信中]，请参阅: Armin Hermann, ed., *Max Planck in Selbstzeugnissen und Bilddokumenten* (Hamburg: Rohwolt, 1973), 54.

[46] 关于"一战"中德国化学战的研究，尤其是哈伯在其中扮演的角色问题，请参阅: L. F. Haber, *The Poisonous Cloud: Chemical Warfare in the First World War* (New York: Oxford University Press, 1986).

[47] Roy MacLeod, "Der wissenschaftliche Internationalismus in der Krise: Die Akademien der Alliierten und ihre Reaktion auf den Ersten Weltkrieg," tr. Peter Jaschner, in *Die Preussische Akademie der Wissenschaften zu Berlin, 1914–1945* (Berlin: Wolfram Fischer, 2000): 317–349.

[48] Henneguy, "Du rôle de l'Allemagne dans l'évolution des sciences biologiques," 73.

[49] Carolyn N. Biltoft, "Speaking the Peace: Language, World Politics and the League of Nations, 1918–1935" (PhD dissertation, Princeton University, 2010), 28–29; Ammon, *Die internationale Stellung der deutschen Sprache*, 289.

[50] Brigitte Schroeder-Gudehus, *Les scientifiques et la paix: La communauté scientifique internationale au cours des années 20* (Montreal: Presses de l'Université de Montréal, 1978), 131.

[51] Schröder-Gudehus, "Deutsche Wissenschaft und internationale Zusammenarbeit"; Schröder-Gudehus, "Challenge to Transnational Loyalties: International Scientific

Organizations after the First World War," *Science Studies* 3, no. 2（April 1973）: 93-118; Daniel J. Kevles, "'Into Hostile Political Camps': The Reorganization of International Science in World War I," *Isis* 62, no. 1（Spring 1971）: 47-60; Lawrence Badash, "British and American Views of the German Menace in World War I," *Notes and Records of the Royal Society of London* 34（1979）: 91-121. 关于民主德国有趣的马克思主义式的解释，请参阅：Siegfried Grundmann, "Zum Boykott der deutschen Wissenschaft nach dem ersten Weltkrieg," *Wissenschaftliche Zeitschrift der Technischen Universität Dresden* 14, no. 3（1965）: 799-805.

[52] A. G. Cock, "Chauvinism and Internationalism in Science: The International Research Council, 1919-1926," *Notes and Records of the Royal Society of London* 37, no. 2（March 1983）: 249-288, on 249.

[53] Roswitha Reinbothe, *Deutsch als internationale Wissenschaftssprache und der Boykott nach dem Ersten Weltkrieg*（Frankfurt am Main: Peter Lang, 2006）, 150-151.

[54] Reinbothe, *Deutsch als internationale Wissenschaftssprache und der Boykott*, 204-205; Ulrich Ammon, "German as an International Language of the Sciences— Recent Past and Present," in Andreas Gardt and Bernd Hüppauf, eds., *Globalization and the Future of German*（Berlin: Mouton de Gruyter, 2004）: 157-172, on 163.

[55] 请参阅：Arnold Sommerfeld to Albert Einstein, 4 July 1921, 转载于：Armin Hermann, *Albert Einstein/Arnold Sommerfeld Briefwechsel: Sechzig Briefe aus dem goldenen Zeitalter der modernen Physik*（Basel/Stuttgart: Schwabe & Co., 1968）, 81.

[56] Reinbothe, *Deutsch als internationale Wissenschaftssprache und der Boykott*, 288, 342; Schroeder-Gudehus, *Les scientifiques et la paix*, 244-245.

[57] Ludwig Aschoff, "Der Geist von Locarno und die Wissenschaft," *Frankfurter Zeitung*（1 May 1926）.

[58] Schröder-Gudehus, "Deutsche Wissenschaft und internationale Zusammenarbeit," 191.

[59] Schroeder-Gudehus, *Les scientifiques et la paix*, 123.

[60] Robert Marc Friedman, *The Politics of Excellence: Behind the Nobel Prize in Science*（New York: W. H. Freeman, 2001）, 77.

[61] Friedman, *The Politics of Excellence*, 187.

[62] Susan Gross Solomon, "Introduction: Germany, Russia, and Medical Cooperation between the Wars," in Solomon, ed., *Doing Medicine Together: Germany and Russia between the Wars*（Toronto: University of Toronto Press, 2006）: 3-31, on 3-6; Elizabeth Hachten, "How to Win Friends and Influence People: Heinz Zeiss, Boundary Objects, and the Pursuit of Cross-National Scientific Collaboration in Microbiology," in Solomon, ed., *Doing Medicine Together: Germany and Russia between the Wars*（Toronto: University of Toronto Press, 2006）: 159-198, on 166; Ljudmila Nosdrina,

"Deutsch als internationale Wissenschaftssprache in Russland," in Ulrich Ammon and Dirk Kemper, eds., *Die deutsche Sprache in Russland: Geschichte, Gegenwart, Zukunftsperspektiven* (Munich: Iudicium, 2011): 106–111, on 108. 当然，苏联科学家们，尤其是数学家们，也用法语发表，可参阅：Jean-Michel Kantor, "Mathematics East and West, Theory and Practice: The Example of Distributions," *Mathematical Intelligencer* 26, no. 1 (2004): 39–50, on 41.

[63] Austin M. Patterson, "International Chemistry," *Science* N.S. 69, no. 1795 (24 May 1929): 531–536, on 532; Roger Fennell, *History of IUPAC, 1919–1987* (Oxford: Blackwell Science, 1994), 3–4. 1912 年，伊多语被提出作为这个化学联合会的语言，但这项提议被否决了（来自同一书目中第 8 页）。

[64] Edwin Bidwell Wilson, "Insidious Scientific Control," *Science* 48, no. 1246 (15 November 1918): 491–493, on 491.

[65] Wilson, "Insidious Scientific Control," 492; "The Co-ordination of Scientific Publication," *Nature* 101, no. 2533 (16 May 1918): 213.

[66] Paul Weindling, "The League of Nations and International Medical Communication in Europe between the First and Second World Wars," in Chartier and Corsi, *Sciences et langues en Europe* (2000): 201–211. 关于国际联盟的语言政治，请参阅：Biltoft, "Speaking the Peace."

[67] Patterson, "International Chemistry," 535.

[68] Reinbothe, *Deutsch als internationale Wissenschaftssprache und der Boykott*, 409.

[69] Schroeder-Gudehus, "Challenge to Transnational Loyalties," 98.

[70] Reinbothe, *Deutsch als internationale Wissenschaftssprache und der Boykott*, 415.

[71] Heinz Kloss, *The American Bilingual Tradition* (Rowley, MA: Newbury House, 1977), 26–27.

[72] Edwin H. Zeydel, "The Teaching of German in the United States from Colonial Times to the Present," *German Quarterly* 37 (September 1964): 315–392, on 333.

[73] Zeydel, "The Teaching of German in the United States from Colonial Times to the Present," 355–356. 德语教育一般与男性和中西部联系在一起，与之相比，法语教育则经常与东北部和女孩儿联系在一起。请参阅：George B. Watts, "The Teaching of French in the United States: A History," *French Review* 37, no. 1, pt. 2 (October 1963): 11–165.

[74] Kloss, *The American Bilingual Tradition*, 52, 60–61; William R. Parker, *The National Interest and Foreign Languages* (Washington, DC: Government Printing Office, 1954), 77; Paul Finkelman, "The War on German Language and Culture, 1917–1925," in Hans-Jürgen Schröder, ed., *Confrontation and Cooperation: Germany and the United States in the Era of World War I, 1900–1924*, vol. 2 (Providence, RI:

Berg, 1993): 177-205, on 183, 188. 这种情绪有些是由于19世纪末对教会学校，特别是天主教和路德教学校的不满而形成的。可以参阅上述同一书目中185-186页。

[75] United States Supreme Court, *Meyer v. State of Nebraska*, 262 U.S. 390 (1923), available at http://laws.findlaw.com/us/262/390.html. 也可参阅：Finkelman, "The War on German Language and Culture," 191-193.

[76] Holmes's dissent in United States Supreme Court, *Bartels v. State of Iowa*, 262 U.S. 404, 43 S. Ct. 628 (1923), *412.

[77] 这些数字来自：Zeydel, "The Teaching of German in the United States from Colonial Times to the Present," 362, 368; Franz Thierfelder, *Deutsch als Weltsprache. 1. Band: Die Grundlagen der deutschen Sprachgeltung in Europa* (Berlin: Verlag für Volkstum, Wehr und Wirtschaft Hans Kurzeja, 1938), 39; Parker, *The National Interest and Foreign Languages*, 56, 76-77. 关于法语的崩溃，可以参阅：Watts, "The Teaching of French in the United States," 42.

[78] G. A. Miller, "Scientific Activity and the War," *Science* 48, no. 1231 (2 August 1918): 117-118, on 117.

[79] Fritz Stern, *Five Germanys I Have Known* (New York: Farrar, Straus & Giroux, 2006), 62.

[80] Georg Karo, *Der geistige Krieg gegen Deutschland*, 2d expanded ed. (Halle: Wilhelm Knapp, 1926), 10; Schroeder-Gudehus, *Les scientifiques et la paix*, 136-137.

[81] Reinbothe, *Deutsch als internationale Wissenschaftssprache und der Boykott*, 391-395; Cock, "Chauvinism and Internationalism in Science," 267-268.

第七章

[1] Dolf Sternberger, Gerhard Storz, and W. E. Süskind. *Aus dem Wörterbuch des Unmenschen* (Hamburg: Claassen, 1957), 9.

[2] E. J. Crane, "Growth of Chemical Literature: Contributions of Certain Nations and the Effects of War," *Chemical & Engineering News* 22, no. 17 (10 September 1944): 1478-1481, 1496, on 1481; Ruth H. Sanders, *German: Biography of a Language* (New York: Oxford University Press, 2010), 180; Michael Clyne, *The German Language in a Changing Europe* (Cambridge: Cambridge University Press, 1995), 6; Paul Weindling, "The League of Nations and International Medical Communication in Europe between the First and Second World Wars," in Roger Chartier and Pietro Corsi, eds., *Sciences et langues en Europe* (Paris: European Communities, 2000 [1994]): 201-211, on 211; and Hans Joachim Meyer, "Global English—a New Lingua Franca or a New Imperial Culture?" in Andreas Gardt and Bernd Hüppauf, eds., *Globalization and the*

Future of German (Berlin: Mouton de Gruyter, 2004): 65-84, on 68.

[3] Alan D. Beyerchen, *Scientists under Hitler: Politics and the Physics Community in the Third Reich* (New Haven: Yale University Press, 1977), 14, 40. 根据后来的估计,这个数字可能"低"至15.5%,请参阅: Mitchell G. Ash, "Scientific Changes in Germany 1933, 1945, 1990: Towards a Comparison," *Minerva* 37 (1999): 329-354, on 332; and Ute Deichmann, *Biologists under Hitler*, tr. Thomas Dunlap (Cambridge, MA: Harvard University Press, 1996 [1992]), 26.

[4] Ute Deichmann and Benno Müller-Hill, "Biological Research at Universities and Kaiser Wilhelm Institutes in Nazi Germany," in Monika Renneberg and Mark Walker, eds., *Science, Technology and National Socialism* (Cambridge: Cambridge University Press, 1994): 160-183, on 161, 165; Deichmann, *Biologists under Hitler*, 5.

[5] Florian Schmaltz, "Chemical Weapons Research in National Socialism: The Collaboration of the Kaiser Wilhelm Institutes with the Military and Industry," in Susanne Heim, Carola Sachse, and Mark Walker, eds., *The Kaiser Wilhelm Society under National Socialism* (Cambridge: Cambridge University Press, 2009): 312-338, on 321; Ute Deichmann, "'To the Duce, the Tenno and Our Führer: A Threefold Sieg Heil': The German Chemical Society and the Association of German Chemists during the Nazi Era," in Dieter Hoffmann and Mark Walker, eds., *The German Physical Society in the Third Reich: Physicists between Autonomy and Accommodation*, tr. Ann M. Hentschel (Cambridge: Cambridge University Press, 2012 [2007]), 280-316, on 280. 关于哈伯研究所,请参阅: Jeremiah James, Thomas Steinhauser, Dieter Hoffmann, and Bretislav Friedrich, *One Hundred Years at the Intersection of Chemistry and Physics: The Fritz Haber Institute of the Max Planck Society, 1911-2011* (Berlin: De Gruyter, 2011).

[6] Reinhard Siegmund-Schultze, *Mathematicians Fleeing Nazi Germany: Individual Fates and Global Impact* (Princeton: Princeton University Press, 2009), 102-103; Charles Weiner, "A New Site for the Seminar: The Refugees and American Physics in the Thirties," in Donald Fleming and Bernard Bailyn, eds., *The Intellectual Migration: Europe and America, 1930-1960* (Cambridge, MA: Belknap, 1969), 190-234, on 214, 217.

[7] 请参阅: Carola Tischler, "Crossing Over: The Emigration of German-Jewish Physicians to the Soviet Union after 1933," in Susan Gross Solomon, ed., *Doing Medicine Together: Germany and Russia between the Wars* (Toronto: University of Toronto Press, 2006), 462-500, on 476.

[8] Yoshiyuki Kikuchi, "World War I, International Participation and Reorganisation of the Japanese Chemical Community," *Ambix* 58, no. 2 (July 2011): 136-149; and Scott L. Montgomery, *Science in Translation: Movements of Knowledge through Cultures and Time*

(Chicago: University of Chicago Press, 2000), 221.

[9] 大萧条也减少了德国科学学会中外国成员的数量。请参阅: Beyerchen, *Scientists under Hitler*, 73.

[10] Mark Walker, *Nazi Science: Myth, Truth, and the German Atomic Bomb* (Cambridge, MA: Perseus, 1995), 125-126, 140-141; Volker R. Remmert, "The German Mathematical Association during the Third Reich: Professional Policy within the Web of National Socialist Ideology," in Hoffmann and Walker, eds., *The German Physical Society in the Third Reich* (2012): 246-279, on 270.

[11] Beyerchen, *Scientists under Hitler*, 72.

[12] E. J. Gumbel, "Arische Naturwissenschaft?" in Gumbel, ed., *Freie Wissenschaft: Ein Sammelbuch aus der deutschen Emigration* (Strasbourg: Sebastian Brant, 1938): 246-262, on 252. 关于这一时期德国科学出版物的 "常态", 请参阅: Gerhard Simonsohn, "The German Physical Society and Research," in Hoffmann and Walker, eds., *The German Physical Society in the Third Reich* (2012): 187-245, on 206.

[13] Beyerchen, *Scientists under Hitler*, 76.

[14] Hildegard Brücher and Clemens Münster, "Deutsche Forschung in Gefahr?," *Frankfurter Hefte* 4 (1949): 333-344, on 335.

[15] Christopher M. Hutton, *Linguistics and the Third Reich: Mother-Tongue Fascism, Race and the Science of Language* (London: Routledge, 1999), 4; Claus Ahlzweig, "Die deutsche Nation und ihre Muttersprache," in Konrad Ehlich, ed., *Sprache im Faschismus* (Frankfurt am Main: Suhrkamp, 1989): 35-57, on 36-37.

[16] Hutton, *Linguistics and the Third Reich*, 5. 关于世界语和意第绪语, 请参阅: Hutton, *Linguistics and the Third Reich*, 202.

[17] Leo Weisgerber, "Die deutsche Sprache im Aufbau des deutschen Volkslebens," *Von deutscher Art in Sprache und Dichtung*, v. 1 (1941): 3-41, on 3.

[18] Weisgerber, "Die deutsche Sprache im Aufbau des deutschen Volkslebens," 3.

[19] Weisgerber, "Die deutsche Sprache im Aufbau des deutschen Volkslebens," 12.

[20] Hermann M. Flasdieck, "England und die Sprachwissenschaft: Englische Sprachforschung als Ausdruck völkischen Denkstils," *Germanisch-Romanische Monatsschrift* 31 (1943): 169-184, on 183.

[21] Konrad Ehlich, "Über den Faschismus sprechen—Analyse und Diskurs," in Ehlich, ed., *Sprache im Faschismus* (1989): 7-34.

[22] Clyne, *The German Language in a Changing Europe*, 175.

[23] R. E. Keller, *The German Language* ([Atlantic Highlands], NJ: Humanities Press, 1978), 604, 607.

[24] Eugen Seidel and Ingeborg Seidel-Slotty, *Sprachwandel im Dritten Reich: Eine kritische*

Untersuchung faschistischer Einflüsse（Halle: VEB Verlag Sprache und Literatur, 1961），18.

[25] Seidel and Seidel-Slotty, *Sprachwandel im Dritten Reich*, 136.

[26] Victor Klemperer, *LTI: Notizbuch eines Philologen*（Leipzig: Verlag Philipp Reclam jun., [1966]），20.

[27] Klemperer, *LTI*, 24. 也请参阅: Sternberger et al., *Aus dem Wörterbuch des Unmenschen*.

[28] Lothar G. Tirala, "Nordische Rasse und Naturwissenschaft," in August Becker, ed., *Naturforschung im Aufbruch: Reden und Vorträge zur Einweihungsfeier des Philipp Lenard-Instituts der Universität Heidelberg am 13. und 14. Dezember 1935*（Munich: J. F. Lehmanns Verlag, 1936）: 27–38, on 28.

[29] Edmund Andrews, *A History of Scientific English: The Story of Its Evolution Based on a Study of Biomedical Terminology*（New York: Richard R. Smith, 1947），298.

[30] Johannes Stark, *Nationalsozialismus und Wissenschaft*（Munich: Zentralverlag der NSDAP, 1934），10.

[31] Deichmann, *Biologists under Hitler*, 89.

[32] Mark Walker, "The German Physical Society under National Socialism in Context," in Hoffmann and Walker, eds., *The German Physical Society in the Third Reich*（2012）: 1–21, on 8.

[33] Philipp Lenard, *Deutsche Physik*, 4 v., 3d ed.（Munich: J. S. Lehmanns Verlag, 1942 [1936]），ix.

[34] Philipp Lenard, *England und Deutschland zur Zeit des großen Krieges*（Heidelberg: Carl Winters Universitätsbuchhandlung, 1914），5.

[35] Jan Wirrer, "Dialekt und Standardsprache im Nationalsozialismus—am Beispiel des Niederdeutschen," in Ehlich, ed., *Sprache im Faschismus*（1989）: 87–103; Franz Thierfelder, *Die deutsche Sprache im Ausland*, 2 v.（Hamburg: R. v. Decker, 1956–1957），II:58; Dirk Scholten, *Sprachverbreitung des nationalsozialistischen Deutschlands*（Frankfurt a/M: Lang, 2000）.

[36] Theodore Huebener, "What Our Enemies Think of the Value of Foreign Languages in the 'Air Age,'" *Hispania* 26（1943）: 193–194, on 194.

[37] 请参阅: document #91 in Klaus Hentschel and Ann M. Hentschel, eds., *Physics and National Socialism: An Anthology of Primary Sources*, tr. Ann M. Hentschel（Basel: Birkhäuser, 1996），281–283.

[38] Hannah Arendt and Günter Gaus, "Was bleibt? Es bleibt die Muttersprache," in Günter Gaus, *Zur Person*（Munich: Deutscher Taschenbuch Verlag, 1965）: 11–30, on 21–22.

[39] Arendt in Arendt and Gaus, "Was bleibt?" 21.

[40] Theodor W. Adorno, "Auf die Frage: Was ist deutsch," in Adorno, *Stichworte: Kritische Modelle 2*. Frankfurt am Main: Suhrkamp, 1969): 102-112, on 110.

[41] Adorno, "Auf die Frage: was ist deutsch," 111. 关于他的英语能力, 请参阅: Adorno, "Scientific Experiences of a European Scholar in America," tr. Donald Fleming, in Fleming and Bailyn, eds., *The Intellectual Migration* (1969), 338-370, on 340.

[42] Julius Schaxel, "Faschistische Verfälschung der Biologie," in Gumbel, *Freie Wissenschaft*: 229-245, on 234.

[43] Siegmund-Schultze, *Mathematicians Fleeing Nazi Germany*, 153. 关于移民在语言和心理方面面临的困难, 也可参阅: Siegmund-Schultze, *Mathematicians Fleeing Nazi Germany*, 38, 142; Weiner, "A New Site for the Seminar," 220-221; and Beyerchen, *Scientists under Hitler*, 36.

[44] Jean Matter Mandler and George Mandler, "The Diaspora of Experimental Psychology: The Gestaltists and Others," in Fleming and Bailyn, eds., *The Intellectual Migration* (1969): 371-419, on 417.

[45] Constance Reid, *Courant in Göttingen and New York: The Story of an Improbable Mathematician* (New York: Springer-Verlag, 1976), 157.

[46] Einstein to Lanczos, 11 September 1935, AEDA, Box 18, Folder: "C. Lanczos, 1919-1940," 15-246. 关于这封信件的记述, 可以在下文中找到: Stefan L. Wolff. "Marginalization and Expulsion of Physicists under National Socialism: What Was the German Physical Society's Role?," in Hoffmann and Walker, eds., *The German Physical Society in the Third Reich* (2012): 50-95, on 77.

[47] C. Lanczos to Einstein, 14 September 1935, AEDA, Box 18, Folder: "C. Lanczos, 1919-1940," 15-248-1.

[48] 关于法语, 请参阅: Fritz Stern, *Einstein's German World* (Princeton: Princeton University Press, 1999), 93. 关于意大利语, 请参阅: Einstein to Besso, 20 October [1921], in Albert Einstein and Michele Besso, *Correspondance, 1903-1955*, tr. and ed. Pierre Speziali (Paris: Hermann, 1972), 170.

[49] Einstein to Besso, [late 1913], in Einstein and Besso, *Correspondance*, 50. 在他们的通信中, 只有一句话是用英语写的, 它来自贝索: "I have not yet found a practicable way to confront the results of the theory with experimental evidence." Besso to Einstein, 12 July 1954, in Einstein and Besso, *Correspondance*, 523.

[50] Einstein to Max Born, 7 September 1944, in Albert Einstein, Hedwig Born, und Max Born, *Briefwechsel, 1916-1955*, ed. Max Born (Munich: Nymphenburger Verlagshandlung, 1969), 202.

[51] Einstein to Hahn, 28 January 1948, 转引自: Klaus Hentschel, *Die Mentalität deutscher Physiker in der frühen Nachkriegszeit (1945-1949)* (Heidelberg: Synchron, 2005),

159. 也可参阅：Einstein to Sommerfeld, 14 December 1946, in Armin Hermann, ed., *Albert Einstein/Arnold Sommerfeld Briefwechsel: Sechzig Briefe aus dem goldenen Zeitalter der modernen Physik*（Basel/Stuttgart: Schwabe & Co., 1968）, 121.

[52] Max Born, *My Life & My Views*（New York: Charles Scribner's Sons, 1968）, 16. 这本回忆录最初是用英语写的。

[53] Max Born, *Problems of Atomic Dynamics: Two Series of Lectures*（Cambridge, MA: MIT, 1926）; and Born, *Probleme der Atomdynamik*（Berlin: Julius Springer, 1926）.

[54] Max Born to Einstein, 2 June 1933, in Einstein, Born, and Born, *Briefwechsel*, 163–164.

[55] Born, *My Life & My Views*, 38.

[56] Max Born commentary on letter to Einstein, 10 April 1940, in Einstein, Born, and Born, *Briefwechsel*, 192–193.

[57] Born to Einstein, 26 September 1953, in Einstein, Born, and Born, *Briefwechsel*, 265.

[58] Einstein to Born, 12 October 1953, in Einstein, Born, and Born, *Briefwechsel*, 266.

[59] Robert Marc Friedman, *The Politics of Excellence: Behind the Nobel Prize in Science*（New York: W. H. Freeman, 2001）, 232–250.

[60] 关于他们的语言能力，请参阅：Jost Lemmerich, ed., *Lise Meitner zum 125. Geburtstag: Ausstellungskatalog*（Berlin: ERS-Verlag,［2003］）, 12, 17.

[61] Ruth Lewin Sime, *Lise Meitner: A Life in Physics*（Berkeley: University of California Press, 1996）, 214, 258.

[62] 比如，可参阅：Meitner to von Laue, 19 November 1940, in Jost Lemmerich, ed., *Lise Meitner—Max von Laue: Briefwechsel 1938–1948*（Berlin: ERS Verlag, 1998）, 104.

[63] Meitner to von Laue, 23 December 1940, in Lemmerich, *Lise Meitner—Max von Laue*, 108.

[64] Max von Laue, "Mein physikalischer Werdegang," from Hans Hartmann, ed., *Schöpfer des neuen Weltbildes*（Hamburg: Deutsche Hausbücherei, 1952）, 178–207, 转载于：von Laue, *Gesammelte Schriften und Vorträge*, 3 v.（Braunschweig: Freidrich Vieweg & Sohn, 1961）, III: xi.

[65] Von Laue, "Mein physikalischer Werdegang," xi–xii.

[66] Meitner to Eva von Bahr-Bergius, 21 June 1944, 转载于：Lemmerich, *Lise Meitner zum 125. Geburtstag*, 112.

[67] Sime, *Lise Meitner*, 358.

[68] Meitner to von Laue, 28 June 1946, in Lemmerich, *Lise Meitner—Max von Laue*, 452–453.

[69] 请参阅：Meitner to Hahn, 27 June 1945, 转载于：Lemmerich, *Lise Meitner zum 125.*

Geburtstag, 116-117.

[70] Meitner to von Laue, 12 November 1946, in Lemmerich, *Lise Meitner—Max von Laue*, 470-471.

[71] P. W. Bridgman, "'Manifesto' by a Physicist," *Science* 89, no. 2304 (24 February 1939): 179.

[72] Warren Weaver, diary entry of 25 May 1947, Rockefeller Archive Center, RG 12.1, p. 45, reproduced in Klaus Hentschel, *The Mental Aftermath: The Mentality of German Physicists, 1945-1949*, tr. Ann M. Hentschel (New York: Oxford University Press, 2007), 24.

[73] "The Fate of German Science: Impressions of a BIOS Officer," *Discovery* (August 1947): 239-243.

[74] Gerhard Rammer, "'Cleanliness among Our Circle of Colleagues': The German Physical Society's Policy toward Its Past," in Hoffmann and Walker, eds., *The German Physical Society in the Third Reich* (2012): 367-421, on 377.

[75] Niko Tinbergen to Margaret Nice, 23 June 1945, 转载于: Deichmann, *Biologists under Hitler*, 203.

[76] Samuel A. Goudsmit, "Our Task in Germany," *Bulletin of the Atomic Scientists* 4, no. 4 (1948): 106.

[77] 关于迈特纳，请参阅：Meitner to von Laue, 12 November 1946, in Lemmerich, *Lise Meitner—Max von Laue*, 470; and Meitner to Hahn, 27 June 1945, 转载于: Lemmerich, *Lise Meitner zum 125. Geburtstag*, 117. 关于其他移民，请参阅：Wolff, "Marginalization and Expulsion of Physicists under National Socialism," 61.

[78] Henry J. Kellermann, *Cultural Relations as an Instrument of U.S. Foreign Policy: The Educational Exchange Program between the United States and Germany, 1945-1954* (Washington, DC: Department of State, 1978), 3.

[79] Arendt in Arendt and Gaus, "Was bleibt?" 23.

第八章

[1] D. Zaslavskii, "Velikii iazyk nashei epokhi," *Literaturnaia gazeta* (1 January 1949).

[2] 整个机器是由 701 分析控制单元、706 静电存储单元、711 穿孔卡片阅读器、716 字母打印机、721 穿孔卡片记录器、726 磁带阅读器和记录器、731 磁鼓阅读器和记录器，以及电源和配电箱组成。关于这一时期的计算机硬件方面，请参阅：Mina Rees, "Computers: 1954," *Scientific Monthly* 79, no. 2 (August 1954): 118-124; and Cuthbert C. Hurd, "Computer Development at IBM," in N. Metropolis, J. Howlett, and Gian-Carlo Rota, eds., *A History of Computing in the Twentieth Century: A Collection of*

  Essays（New York：Academic Press，1980）：389-418. 尽管赫德对这一实验感到自豪，但他把他在乔治城的合作者的名字弄错了，把后者误称为"多罗特教授"（"Professor Dorot"），见 406 页。

［3］J. B. Donnelly，IBM Press Release，8 January 1954，GUA-SLL 1:1-6/1954.

［4］多斯特所说，转引自：W. Schweisheimer. "Language Translation by Electronic Computer," *Mechanical World*（December 1955）：534-535，on 534.

［5］转引自：Dorothy M. Bishop，"Breaking the Language Barrier," *Phi Delta Kappan* 35，no. 8（May 1954）：315-317，320，on 317.

［6］多斯特所说，转引自：Donnelly Press Release，8 January 1954，GUA-SLL 1:1-6/1954.

［7］比如，可参阅：Jacob Ornstein，"Mechanical Translation：New Challenge to Communication," *Science* 122，no. 3173（21 October 1955）：745-748；"Language Translation by the Electronic 'Brain,'" *Science News-Letter* 65，no. 4（23 January 1954）：59；and William N. Locke，"Speech Typewriters and Translating Machines," *PMLA* 70，no. 2（April 1955）：23-32，on 30. 正如约翰·哈钦斯在其出色的实验史研究中指出的那样，在大多数主流媒体的报道中，科学被淡化了，这是因为"报社记者倾向于只选择非化学的范例，与化学范例相比，这些范例的译文更容易被读者理解。"请参阅：Hutchins，"The First Public Demonstration of Machine Translation：The Georgetown-IBM System，7th January 1954,"（March 2006），available at http://hutchinsweb.me.uk/GU-IBM-2005.pdf，accessed 16 September 2011，on p. 12. 哈钦斯在书中囊括进了大量媒体报道方面的文献。

［8］Leon Dostert，"Report on Academic Developments，The Institute of Languages and Linguistics，1952-53，Projected Activities，1953-54," 7 October 1953，GUA-SLL 1:1953.

［9］Leon E. Dostert to Edward B. Bunn，S.J.，24 November 1953，GUA-SLL 1:1953.

［10］Memorandum of phone call，Robert Avery to Leon Dostert，11 December 1953，2 pm，GUA-SLL 1:1953.

［11］N. W. Baklanoff，"Scientific Russian," *Modern Language Journal* 32（1948）：190-194，on 191.

［12］J. G. Tolpin，"Teaching of Scientific Russian," *American Slavic and East European Review* 4（August 1945）：158-164，on 158；J. G. Tolpin，"The Place of Russian Scientific Literature in Bibliographical Work," *Journal of Chemical Education* 21（July 1944）：336-342，on 336；Kurt Gingold，"Translation Pools—Ideal and Reality," *Journal of Chemical Documentation* 1，no. 2（1961）：14-19，on 14；and Joseph J. Gwirtsman，"Coverage of Russian Chemical Literature in Chemical Abstracts," *Journal of Chemical Documentation* 1，no. 2（1961）：38-44，on 38.

［13］Boris I. Gorokhoff，*Providing U.S. Scientists with Soviet Scientific Information*，rev.

ed.(Washington, DC: Publications Office of the National Science Foundation, 1962), i.

[14] E. J. Crane, "Growth of Chemical Literature: Contributions of Certain Nations and the Effects of War," *Chemical & Engineering News* 22, no. 17 (10 September 1944): 1478-1481, 1496, on 1478, 1481 (quotation). 在1875—1940年，俄国化学家的数量增长了25倍，他们也越来越多产，在此期间发表的出版物数量增至原来的80倍。I. I. Zaslavskii, "Rol' russkikh uchenykh v sozdanii mirovoi khimii," *Uspekhi khimii* 13, no. 4 (1944): 328-335, on 331.

[15] Gingold, "Translation Pools," 14.

[16] Advisory Panel on Scientific Information, "Minutes of the First Meeting," 12 October 1953, NSF Records, RG 307, Box 18, Folder: "Scientific Information Office: Advisory Panel on Scientific Information," p. 4.

[17] Saul Herner, "American Use of Soviet Medical Research," *Science*, N.S. 128, no. 3314 (4 July 1958): 9-15, on 14.

[18] J. G. Tolpin, "Surveying Russian Technical Publications: A Brief Course," *Science* 146, no. 3648 (27 November 1964): 1143-1144, on 1143.

[19] Office of Scientific Information, "International Exchange of Scientific Information," 2 November 1955, NSF Records, RG 307, Box 18, Folder: "Scientific Information," page 19. 范内瓦·布什在呼吁创建该组织的最初立场文件中，曾提到了俄语障碍问题，请参阅：Bush, *Science: The Endless Frontier* (Washington, DC: Government Printing Office, 1945), 114.

[20] George Alan Connor, Doris Tappan Connor, William Solzbacher, and J. B. Se-Tsien Kao, *Esperanto: The World Interlanguage*, 2d rev. ed. (South Brunswick: Thomas Yoseloff, 1966 [1948]), 4, 32.

[21] 关于国际辅助语协会成员的完整名单，请参阅："Practical World Language," *Science News-Letter* 66, no. 3 (17 July 1954): 34; and Watson Davis, "Practical World Language," *Science News-Letter* 62 (5 July 1952): 10-11.

[22] Gode in IALA, *Interlingua-English: A Dictionary of the International Language* (New York: Storm, 1951), xxi.

[23] Alexander Gode and Hugh E. Blair, *Interlingua: A Grammar of the International Language* (New York: Storm Publishers, 1951), v.

[24] Alexander Gode, *Interlingua: A Prime Vista* (New York: Storm Publishers, 1954).

[25] Andrew Large, *The Artificial Language Movement* (Oxford: Basil Blackwell, 1985), 151.

[26] Arika Okrent, *In the Land of Invented Languages: Esperanto Rock Stars, Klingon Poets, Loglan Lovers, and the Mad Dreamers Who Tried to Build a Perfect Language* (New York: Spiegel & Grau, 2009), 210.

参考文献

[27] E. Glyn Lewis, *Multilingualism in the Soviet Union: Aspects of Language Policy and Its Implementation* (The Hague: Mouton, 1972), 50. 关于宣传, 请参阅: Selig S. Harrison, *The Most Dangerous Decades: An Introduction to the Comparative Study of Language Policy in Multi-Lingual States* (New York: Language and Communication Research Center, Columbia University, 1957), 24–27.

[28] 这些例外有: 高加索地区的格鲁吉亚语、亚美尼亚语和阿布哈兹语, 它们使用其传统的字母系统; 波罗的海地区的爱沙尼亚语、立陶宛语、拉脱维亚语和卡累利阿语, 它们保留了拉丁字母系统; 以及意第绪语, 它保留了希伯来字母。(意第绪语在战后受到了强烈的压制。) 关于本节中苏联语言政策的信息, 请参阅: Barbara A. Anderson and Brian D. Silver, "Equality, Efficiency, and Politics in Soviet Bilingual Education Policy, 1934–1980," *American Political Science Review* 78, no. 4 (December 1984): 1019–1039; Uriel Weinreich, "The Russification of Soviet Minority Languages," *Problems of Communism* 2, no. 6 (1953): 46–57; and Michael Kirkwood, ed., *Language Planning in the Soviet Union* (Basingstoke: Macmillan, 1989).

[29] Nicholas DeWitt, *Soviet Professional Manpower: Its Education, Training, and Supply* (Washington, DC: NSF, 1955), 55. 到 20 世纪 70 年代, 倾向使用俄语的情况更加普遍, 特别是在技术出版物方面。Iu. D. Desheriev, *Razvitie obshchestvennykh funktsii literaturnykh iazykov* (Moscow: Nauka, 1976), 11–12, 17.

[30] Tatjana Kryuchkova, "English as a Language of Science in Russia," in Ulrich Ammon, ed., *The Dominance of English as a Language of Science: Effects on Other Languages and Language Communities* (Berlin: Mouton de Gruyter, 2001): 405–423, on 407.

[31] T. P. Lomtev, "I. V. Stalin o razvitii natsional'nykh iazykov v epokhu sotsializma," *Voprosy filosofii* 1 (6) (1949): 131–141, on 136.

[32] J. G. Garrard, "The Teaching of Foreign Languages in the Soviet Union," *Modern Language Journal* 46 (1962): 71–74; Jacob Ornstein, "Foreign Language Training in the Soviet Union—A Qualitative View," *Modern Language Journal* 42 (1958): 382–392, on 388.

[33] Alexander G. Korol, *Soviet Education for Science and Technology* (New York: Technology Press and John Wiley & Sons, 1957), 230. 也可参阅该书第 121、185–186 及 228 页。

[34] 有关与之对立的观点, 请参阅: P. V. Terent'ev, "Obiazatel'noe uslovie uspeshnoi podgotovki kadrov," *Vestnik vysshei shkoly*, no. 12 (December 1955): 50–51; and A. F. Plate, "Kakoi inostrannyi iazyk v pervuiu ochered' neobkhodim sovetskomu khimiku," *Uspekhi khimii* 9, no. 5 (1940): 589–595, on 593.

[35] Dale Lockard Barker, "Characteristics of the Scientific Literature Cited by Chemists of

the Soviet Union" (PhD dissertation, University of Illinois-Urbana, 1966). 关于 80% 这个数据, 请参阅: Department of Scientific and Industrial Research, *Scientific and Technical Information in the Soviet Union: Report of the D.S.I.R.-Aslib Delegation to Moscow and Leningrad, 7th-24th June, 1963* (London: Department of Scientific and Industrial Research, 1964), 17.

[36] J. G. Tolpin, J. Danaczko Jr., R. A. Liewald, et al. "The Scientific Literature Cited by Russian Organic Chemists," *Journal of Chemical Education* 28 (May 1951): 254-258, on 254.

[37] Ornstein, "Foreign Language Training in the Soviet Union," 392.

[38] 请参阅: Nils Roll-Hansen, *The Lysenko Effect: The Politics of Science* (Amherst, NY: Humanity Books, 2005) and David Joravsky, *The Lysenko Affair* (Cambridge, MA: Harvard University Press, 1970).

[39] 这个理论很复杂, 而且内部也不完全一致。有关英文中对这一理论的解释, 请参阅: Ethan Pollock, *Stalin and the Soviet Science Wars* (Princeton: Princeton University Press, 2006), chapter 5; Jeffrey Ellis and Robert W. Davies, "The Crisis in Soviet Linguistics," *Soviet Studies* 2, no. 3 (January 1951): 209-264; W. K. Matthews, "The Japhetic Theory," *Slavonic and East European Review* 27, no. 68 (December 1948): 172-192; M. Miller, "Marr, Stalin, and the Theory of Language," *Soviet Studies* 2, no. 4 (April 1951): 364-371.

[40] Jindrich Kucera, "Soviet Nationality Policy: The Linguistic Controversy," *Problems of Communism* 3, no. 2 (March-April 1954): 24-29, on 26.

[41] 转引自: E. Drezen, *Osnovy iazykoznaniia: Teorii i istorii mezhdunarodnogo iazyka* (Moscow: Izd. TsK SESR, 1932), 26.

[42] J. G. Tolpin, "Searching the Russian Technical Literature," *Journal of Chemical Education* 23 (October 1946): 485-489, on 488.

[43] 转引自: Nikolai Krementsov, *The Cure: A Story of Cancer and Politics from the Annals of the Cold War* (Chicago: University of Chicago Press, 2002), 131.

[44] John Turkevich, "Science," in Harold H. Fisher, ed., *American Research on Russia* (Bloomington: Indiana University Press, 1959): 103-112, on 105-106.

[45] Theodosius Dobzhansky, "Russian Genetics," in Ruth C. Christman, ed., *Soviet Science* (Washington, DC: AAAS, 1952): 1-7, on 6; J. R. Kline, "Soviet Mathematics," in Ruth C. Christman, ed., *Soviet Science* (Washington, DC: AAAS, 1952):80-84, on 82-83.

[46] Albert Parry, *America Learns Russian: A History of the Teaching of the Russian Language in the United States* (Syracuse: Syracuse University Press, 1967), 50-58; Rudolf Sturm, "The Changing Aspects of Teaching Russian," in Joseph S. Roucek, ed.,

The Study of Foreign Languages (New York: Philosophical Library, 1968): 170-183, on 175.

[47] Sturm, "The Changing Aspects of Teaching Russian," 173.

[48] Jacob Ornstein, "Structurally Oriented Texts and Teaching Methods since World War II: A Survey and Appraisal," *Modern Language Journal* 40, no. 5 (May 1956): 213-222; Jacob Ornstein, *Slavic and East European Studies: Their Development and Status in the Western Hemisphere* (Washington, DC: Department of State, Office of Intelligence Research, 1957), 9; Arthur Prudden Coleman, "The Teaching of Russian in the United States," *Russian Review* 4, no. 1 (Autumn 1944): 83-88; Parry, *America Learns Russian*, 107.

[49] Parry, *America Learns Russian*, 112, 130; Jacob Ornstein, "A Decade of Russian Teaching: Notes on Methodology and Textbooks," *Modern Language Journal* 35 (1951): 263-279, on 263; Sturm, "The Changing Aspects of Teaching Russian," 177.

[50] Parry, *America Learns Russian*, 152; Fan Parker, "Report of the National Information Center on the Status of Russian in Secondary Schools," *Slavic and East European Journal* 3, no. 1 (Spring 1959): 55-61.

[51] L. E. Dostert, Frederick D. Eddy, W. P. Lehmann, and Albert H. Markwardt, "Tradition and Innovation in Language Teaching," *Modern Language Journal* 44, no. 5 (May 1960): 220-226, on 220.

[52] William B. Edgerton, "A Modest Proposal: The Teaching of Russian in America," *Slavic and East European Journal* 6, no. 4 (Winter 1962): 354-372, on 357. 关于入学率的上升，请参阅：Sturm, "The Changing Aspects of Teaching Russian," 179.

[53] Alan T. Waterman, "Research and the Scholar," remarks at the dedication of the Price Gilbert Library at the Georgia Institute of Technology, 20 November 1953, Waterman Papers, LOC, Box 57, Folder: "1953 Apr.8-Dec.29," p. 14.

[54] Jacob Chaitkin, "The Challenge of Scientific Russian," *Scientific Monthly* 60, no. 4 (April 1945): 301-306, on 301.

[55] George A. Znamensky, *Elementary Scientific Russian Reader* (New York: Pitman, 1944), v.

[56] V. A. Pertzoff, *Translation of Scientific Russian* (New York: Exposition-University Books, [1964]), 41.

[57] Tolpin, "Teaching of Scientific Russian," 160. 当然，也有人认为，伪同源词的存在和复杂难解的句子结构使科学俄语的翻译在许多方面比"标准"俄语更难。例如，Vijay Pandit, "'Misleading' Words in Scientific Translation from Russian into English," *Babel* 25 (1979): 148-151; and John Turkevich, "Scientific Russian," *American Scientist* 34, no. 3 (July 1946): 464-466, 470, on 464.

[58] Lorraine T. Kapitanoff, "The Teaching of Technical Russian," *Slavic and East European Journal* 7, no. 1 (Spring 1963): 51-56, on 52.

[59] David Kaiser, "The Physics of Spin: Sputnik Politics and American Physicists in the 1950s," *Social Research* 73, no. 4 (Winter 2006): 1225-1252, on 1239-1240; Parry, *America Learns Russian*, 146; Arthur Prudden Coleman, *A Report on the Status of* Russian and Other Slavic and East European Languages *in the Educational Institutions of the United States*, *Its Territories*, *Possessions and Mandates*, *with Additional Data on Similar Studies in Canada and Latin America* (New York: American Association of Teachers of Slavic and East European Languages, 1948).

[60] J. G. Tolpin, "The Present Status of Teaching Russian for Scientists," *Modern Language Journal* 33, no. 1 (January 1949): 27-30, on 27. 关于自学俄语，请参阅：James W. Perry, "Chemical Russian, Self-Taught," *Journal of Chemical Education* (Au- gust 1944): 393-398.

[61] Kapitanoff, "The Teaching of Technical Russian," 51.

[62] E. F. Langley, "New Course in Russian," 8 September 1942, MIT Archives, AC359, Box 1, Folder 1.

[63] Baklanoff, "Scientific Russian"; R. D. Burke, "Some Unique Problems in the Development of Qualified Translators of Scientific Russian," RAND Report P-1698 (12 May 1959); Tolpin, "Surveying Russian Technical Publications," 1143; and George E. Condoyannis, "Russian for Scientists," *Modern Language Journal* 32, no. 5 (May 1948): 392-393.

[64] Ornstein, *Slavic and East European Studies*, 21-22.

[65] Burke, "Some Unique Problems in the Development of Qualified Translators," 7. 也可参阅：C. R. Buxton and H. Sheldon Jackson, *Russian for Scientists: A Grammar and Reader* (New York: Interscience, 1960), 4, 73.

[66] James W. Perry, "Translation of Russian Technical Literature by Machine: Notes on Preliminary Experiments," *Mechanical Translation* 2, no. 1 (July 1955): 15-26, on 15.

[67] 例如，James W. Perry, *Scientific Russian: A Textbook for Classes and Self-Study* (New York: Interscience Publishers, 1950); James W. Perry, *Chemical Russian, Self-Taught* (Easton, PA: Journal of Chemical Education, 1948); Noah D. Gershevsky, ed., *Scientific Russian Reader: Selected Modern Readings in Chemistry and Physics* (New York: Pitman Publishing, 1948); George E. Condoyannis, *Scientific Russian: A Concise Description of the Structural Elements of Scientific and Technical Russian* (New York: John Wiley & Sons, 1959); John Turkevich and Ludmilla B. Turkevich, *Russian for the Scientist* (Princeton: D. Van Nostrand, 1959); Buxton and Jackson, *Russian*

for Scientists; and Pertzoff, *Translation of Scientific Russian*.

[68] Parry, *America Learns Russian*, 149. 关于美国和英国各自的广播教学，请参阅：Coleman, "The Teaching of Russian in the United States," 87–88; and Ariadne Nicolaeff, "Problems of Teaching Russian by Radio," in C. V. James, ed., *On Teaching Russian* (Oxford: Pergamon, 1963), 64–75.

[69] 传记资料取自：R. Ross Macdonald, "Léon Dostert," in William M. Austin, ed., *Papers in Linguistics in Honor of Léon Dostert* (The Hague: Mouton, 1967): 9–14; "New Institute of Linguistics," *Georgetown University Alumni Bulletin* (Fall 1949): 5, 16; *The Lado Years, 1960–1973* (Washington, DC: Georgetown University Press, 1973), 1–2; and Muriel Vasconcellos, "The Georgetown Project and Léon Dostert: Recollections of a Young Assistant," in W. John Hutchins, ed., *Early Years in Machine Translation: Memoirs and Biographies of Pioneers* (Amsterdam: John Benjamins, 2000): 87–96.

[70] 这并不意味着所有人都喜欢他。迈克尔·扎雷纳克是多斯特在乔治城开发机器翻译时的一位雇员，他曾经委婉地写道："多斯特是一个观察者无法对其表现出中立态度的人。"可参阅：Michael Zarechnak, "The History of Machine Translation," in Bożena Henisz-Dostert, R. Ross Macdonald, and Michael Zarechnak, *Machine Translation* (The Hague: Mouton, 1979): 1–87, on 21. 纽伦堡的一些译者将他称为"小拿破仑"（Le Petit Napoléon）。请参阅：Francesca Gaiba, *The Origins of Simultaneous Interpretation: The Nuremberg Trial* (Ottowa: Ottowa University Press, 1998), 134.

[71] Léon Dostert, *France and the War*, No. 24 *America in a World at War* (New York: Oxford University Press, 1942).

[72] 请参阅：Gaiba, *The Origins of Simultaneous Interpretation*. 关于与沃森的关系，请参阅：Vasconcellos, "The Georgetown Project and Léon Dostert," 87n.

[73] L. E. Dostert, "The Georgetown Institute Language Program," *PMLA* 68, no. 2 (April 1953): 3–12. 也可参阅：William M. Austin's dedicatory foreword in *Papers in Linguistics in Honor of Léon Dostert*, 5.

[74] L. E. Dostert, "Languages in Preparedness: Link or Obstacle?," *Armor* (May–June 1951): 12–14, on 12–13.

[75] 沃伦·韦弗的备忘录在下面这本书中重印，请参阅：Warren Weaver, "Translation," in William N. Locke and A. Donald Booth, eds., *Machine Translation of Languages: Fourteen Essays* (Cambridge, MA: MIT Press, 1955), 15–23, quotation on 18. 关于布斯的早期影响及其对优先权的主张，请参阅：Andrew D. Booth, "Mechanical Translation," *Computers and Automation* 2, no. 4 (May 1953): 6–8; and Andrew D. Booth, ed., *Machine Translation* (Amsterdam: North-Holland, 1967), vi. 然而，这里的优先权问题是很棘手的，因为在20世纪30年代有两个关于机器翻译的积极提案：一个在法国，由乔治·阿尔茨鲁尼提出，一个在苏联，由彼得·斯米尔诺夫－特

罗扬斯基提出，后者的提案更为详尽。在 20 世纪 50 年代末该领域开始自我历史化之前，这两个提案在很大程度上都被忽略了。关于阿尔茨鲁尼，请参阅：W. J. Hutchins, *Machine Translation: Past, Present, Future* (Chichester: Ellis Horwood, 1986), 22-23. 关于特罗扬斯基，请参阅：John Hutchins and Evgenii Lovtskii, "Petr Petrovich Troyanskii (1894-1950): A Forgotten Pioneer of Mechanical Translation," *Machine Translation* 15 (2000): 187-221.

[76] 转引自：Weaver, "Translation," 18. 尽管机器翻译已经取得一定进展，但多数人还是站在维纳一边，因为密码学尽管可以作为同一种语言内的地图，但用于类比翻译却很糟糕。例如，请参阅：W. John Hutchins, "From First Conception to First Demonstration: The Nascent Years of Machine Translation, 1947-1954. A Chronology," *Machine Translation* 12, no. 3 (1997): 195-252, on 208; and Émile Delavenay, *La machine à traduire* (Paris: Presses universitaires de France, 1963), 16-17.

[77] 转引自：A. Donald Booth and William N. Locke, "Historical Introduction," in Locke and Booth, eds., *Machine Translation of Languages* (1955), 1-14, on 4.

[78] 关于该会议，请参阅："M.I.T. Conference on Mechanical Translation, June 17—June 20, 1952 Program," MIT Archives, AC359, Box 2, Folder: "Machine Translation Conf.-1952." 该会议紧随一次关于电子语音分析的会议之后举办，电子语音分析是 20 世纪 50 年代麻省理工学院边缘化的现代语言系的另一个技术 - 语言混合体。

[79] Bar-Hillel, "Some Linguistic Problems Connected with Machine Translation," *Philosophy of Science* 20, no. 3 (July 1953): 217-225; Bar-Hillel, "Machine Translation," *Computers and Automation* 2, no. 5 (July 1953): 1-6; Bar-Hillel, "Can Translation Be Mechanized?," *American Scientist* 42, no. 2 (April 1954): 248-260; Bar-Hillel, "The Present State of Research on Mechanical Translation," *American Documentation* 2, no. 4(1951): 229-237.

[80] Léon Dostert, "Development Plan for the Institute of Languages and Linguistics, 1953-1958," 31 December 1952, GUA-SLL 1:1952.

[81] Rev. Cyprian Towney to Dostert, 4 January 1955, GUA-SLL 1:1955; Robert Emmett Curran, *A History of Georgetown University*, 3 v. (Washington, DC: George-town University Press, 2010), II: 349-350.

[82] A. C. Reynolds, Jr., "The Conference on Mechanical Translation Held at M.I.T., June 17-20, 1952," *Mechanical Translation* 1, no. 3 (December 1954): 47-55, on 48.

[83] Dostert, "The Georgetown-I.B.M. Experiment," in Locke and Booth, eds., *Machine Translation of Languages* (1955): 124-135, on 125.

[84] Erwin Reifler, "The First Conference on Mechanical Translation," *Mechanical Translation* 1, no. 2 (August 1954): 23-32, on 27, 31 (quotation).

[85] Erwin Reifler, "The Mechanical Determination of Meaning," in Locke and Booth, eds.,

Machine Translation of Languages（1955）：136-164，on 136.

[86] Victor A. Oswald, Jr., and Stuart L. Fletcher, Jr., "Proposals for the Mechanical Resolution of German Syntax Patterns," *Modern Languages Forum* 36, no. 3-4（1951）：81-104.

[87] Kenneth Harper, "The Mechanical Translation of Russian: A Preliminary Study," *Modern Language Forum* 38, no. 3-4（1953）：12-29, on 12. 关于同一问题苏联方面的看法，请参阅：I. K. Belskaja, "Machine Translation of Languages," *Research* 10（1957）：383-389, on 383.

[88] Kenneth E. Harper, "A Preliminary Study of Russian," in Locke and Booth, eds., *Machine Translation of Languages*（1955）：66-85, on 67 and 69.

[89] 遗憾的是，我们没有关于该实验实际如何进行的详细描述，更不用说实验用到的计算机代码了。我们拥有的最接近的版本是保罗·加尔文在1953年4月对他的进攻计划的阐述：Paul Garvin, "Statement of Opinion Concerning Machine Translation," 14 April 1953, GUA-MTP. 缺乏公共特性是让同时代人感到沮丧的一个原因，他们希望复制这一实验或者至少可以将其结果与其他项目进行比较。正如布兰德伍德所描述的那样，参见：L. Brandwood, "Previous Experiments in Mechanical Translation," *Babel* 2, no. 3（October 1956）：125-127. 相关的历史记载必须依靠多斯特在下文中相当模糊的介绍：Dostert, "The Georgetown-I.B.M. Experiment," 以及加尔文1967年更加专业化但更具回顾性的记述：Garvin, "The Georgetown-IBM Experiment of 1954: An Evaluation in Retrospect," in Austin, ed., *Papers in Linguistics in Honor of Léon Dostert*（1967）, 46-56. 现有的对于这一实验的最好的再现来自（尽管仍是推测性的）：Hutchins, "The First Public Demonstration of Machine Translation."

[90] Dostert, "An Experiment in Mechanical Translation: Aspects of the General Problem," August 1954, GUA-SLL 1:7-12/1954, 7. 对这一描述稍加修改的版本可以在"The Georgetown-I.B.M. Experiment"（page. 127）中找到。

[91] Peter Sheridan, "Research in Language Translation on the IBM Type 701," *IBM Technical Newsletter* 9（1955）：5-24, on 5. 也可参阅：Garvin, "The Georgetown- IBM Experiment of 1954," 50.

[92] 关于这一时期到20世纪70年代各种方法的解释和调查，请参阅：Jonathan Slocum, "A Survey of Machine Translation: Its History, Current Status, and Future Prospects," *Computational Linguistics* 11, no. 1（January-March 1985）：1-17.

[93] Sheridan, "Research in Language Translation on the IBM Type 701," 17.

[94] Michael Zarechnak, "The Early Days of GAT-SLC," in Hutchins, ed., *Early Years in Machine Translation*（2000）：111-128, on 112; and Zarechnak, "The History of Machine Translation," 24.

[95] 未注明日期的2页打字稿，标题为："A Sample of Russian Sentences translated by the

IBM Type-701 Data Processing Machines, together with the English translations," GUA-SLL 1:1-6/1954.

[96] Léon E. Dostert to Director of the Mathematical Sciences Division at the office of the Chief of Naval Research, 25 May 1954, GUA-SLL 1:1-6/1954; Rear Admiral and Navy Chief of Staff L. H. Frost to Edward B. Bunn SJ, 21 July 1954, GUA-SLL 1:7-12/1954.

[97] L. E. Dostert, "Outline for Extension of Research on Mechanical Translation," 6 July 1954, GUA-SLL 1:7-12/1954.

[98] Paul W. Howerton to Dostert, 26 January 1954, GUA-MTP.

[99] W. John Hutchins, "The Evolution of Machine Translation Systems," in Veronica Lawson, ed., *Practical Experience of Machine Translation: Proceedings of a Conference, London, 5-6 November 1981* (Amsterdam: North-Holland, 1982), 21-37, on 22 (quotation); and Hutchins, "The First Public Demonstration of Machine Translation," 26.

[100] Anthony G. Oettinger, "A Study for the Design of an Automatic Dictionary" (PhD dissertation, Harvard University, 1954).

第九章

[1] Evgenii Zamiatin, "O literature, revoliutsii, entropii i o prochem [1923]," *Izbrannye proizvedeniia* (Moscow: Sovetskaia Rossiia, 1990), 434.

[2] V. P. Berkov and B. A. Ershov, "O popytkakh mashinnogo perevoda," *Voprosy iazykoznaniia*, no. 6 (November-December 1955): 145-148. 关于赴纽约的访问，请参阅：Cuthbert C. Hurd, "Computer Development at IBM," in N. Metropolis, J. Howlett, and Gian-Carlo Rota, eds., *A History of Computing in the Twentieth Century: A Collection of Essays* (New York: Academic Press, 1980): 389-418, on 406. 关于李亚普诺夫小组的工作，请参阅：Olga S. Kulagina, "Pioneering MT in the Soviet Union," in W. John Hutchins, ed., *Early Years in Machine Translation: Memoirs and Biographies of Pioneers* (Amsterdam: John Benjamins, 2000): 197-204, on 197. 关于苏联控制论和李亚普诺夫，请参阅：Slava Gerovitch, *From Newspeak to Cyberspeak: A History of Soviet Cybernetics* (Cambridge, MA: MIT Press, 2002).

[3] D. Panov, I. Mukhin, and I. Bel'skaia, "Mashina perevodit s odnogo iazyka na drugoi," *Pravda*, no. 22 (13685) (22 January 1956): 4.

[4] Yehoshua Bar-Hillel, *Language and Information: Selected Essays on Their Theory and Application* (Reading, MA: Addison-Wesley, 1964), 181. 关于这一时期的苏联研究的调查，请参阅：I. K. Belskaja, "Machine Translation of Languages," *Research* 10 (1957): 383-389; Anthony G. Oettinger, "A Survey of Soviet Work on Automatic

Translation," *Mechanical Translation* 5, no. 3 (December 1958): 101-110; V. Yu. Rozentsveig, "The Work on Machine Translation in the Soviet Union: Fourth International Congress of Slavicists Reports," Sept. 1958,"tr. Lew R. Micklesen, *Machine Translation* 5, no. 1 (July 1958): 95-100; and W. J. Hutchins, *Machine Translation: Past, Present, Future* (Chichester: Ellis Horwood, 1986), chapter 6. 苏联人更喜欢把这一领域称为"自动翻译", 参见: I. A. Mel'chuk and R. D. Ravich, *Avtomaticheskii perevod, 1949-1963: Kritiko-bibliograficheskii spravochnik* (Moscow: VINITI, 1967), 5.

[5] G. P. Zelenkevich, L. N. Korolev, and S. P. Razumovskii, "Opyty avtomaticheskogo perevoda na elektronnoi vychislitel'noi mashine BESM," *Priroda*, no. 8 (1956): 81-85, on 82. 利用该程序进行英俄翻译时，使用了3个句子作为输入和输出的例句。对于如此复杂的输入例句而言，它们的表现出奇地好。

[6] Sylvie Archaimbault and Jacqueline Léon, "La langue intermédiaire dans la traduction automatique en URSS (1954-1960)," *Histoire Épistémologie Langage* 19, no. 2 (1997): 105-132.

[7] L. E. Dostert, "Certain Aspects and Objectives of Research in Machine Translation," undated [1957], GUA-MTP, pp. 2-3. 也可参阅: Leon Dostert, "Brief History of Machine Translation Research," in *Eighth Annual Round Table Meeting on Linguistics and Language Studies* (Washington, DC: Georgetown University, 1957): 3-10, on 4.

[8] Oettinger, "Machine Translation at Harvard," in Hutchins, ed., *Early Years in Machine Translation* (2000): 73-86, on 80.

[9] 例如: Erwin Reifler, "Machine Translation," *Bulletin of the Medical Library Association* 50, no. 3(1962): 473-480, on 475; and William N. Locke, "Machine Translation,"in Eleanor D. Dym, *Subject and Information Analysis* (New York: Marcel Dekker, 1985): 124-153, on 134.

[10] Michael Zarechnak, "The Early Days of GAT-SLC," in Hutchins, ed., *Early Years in Machine Translation* (2000): 111-128, on 113.

[11] L. E. Dostert to Alberto Thompson, 17 April 1956, GUA-SLL 1:1-4/1956.

[12] James Clayton, "Device to Translate Foreign Science Data," *Washington Post and Times Herald* (30 July 1956): 19.

[13] Muriel Vasconcellos, "The Georgetown Project and Léon Dostert: Recollections of a Young Assistant," in Hutchins, ed., *Early Years in Machine Translation* (2000): 87-96, on 88. 请参阅自动语言处理咨询委员会（以下简称"ALPAC"）中按资助机构和学术机构分列的逐年资助细目: *Language and Machines: Computers in Translation and Linguistics* (Washington, DC: National Academy of Sciences, National Research Council, 1966), 107-110; and R. Ross Macdonald, *General Report, 1952-1963* (Washington, DC: Georgetown University Machine Translation Research Project,

1963），v. 关于乔治城对中情局资助的宣传，可参阅："Machine Translation Tests Are Sponsored by CIA," *Georgetown Record* 11, no. 4（January 1962）: 1.

[14] US House of Representatives, Committee on Science and Astronautics, *Research on Mechanical Translation*, 86th Congress, second session, Serial d, House Report No. 2021（Washington, DC: Government Printing Office, 1960）, 11-12.

[15] 关于多斯特领导下的乔治城机器翻译研究特色的翔实描述，请参阅：Anthony F. R. Brown, "Machine Translation: Just a Question of Finding the Right Programming Language?," in Hutchins, ed., *Early Years in Machine Translation*（2000）: 129-134; and R. Ross Macdonald, "The Problem of Machine Translation," in Bożena Henisz-Dostert, R. Ross Macdonald, and Michael Zarechnak, *Machine Translation*（The Hague: Mouton, 1979）: 89-145, on 133-135.

[16] Philip H. Smith, Jr., "Machine Analysis of Russian Lexical Terms in Organic Chemistry," Georgetown University Occasional Papers on Machine Translation No. 24, August 1959, GUA-MTP, p. 1. 化学专业的研究生劳伦斯·萨默斯被聘为该项目的顾问，为期两年。

[17] Macdonald, *General Report*, 9; Group III, "Machine Translation Glossary: Complete List of Forms Occurring in the Corpus of the Journal of General Chemistry Vol. XXII, 1952, Moscow," MT Seminar Work Paper, Series B No 2, 1958, GUA-MTP.

[18] Dr. S. Glazer, "Article Requirements of Plural Nouns in Russian Chemistry Texts," Seminar Work Paper MT-42, 1957, GUA-MTP.

[19] Dostert, "Georgetown University Machine Translation Project: Proposal for Extension and Expansion of Research, 1961-1962," 1 December 1959, GUA-SLL 1:1959; Macdonald, *General Report*, 212; Brown, "Machine Translation," 131-132.

[20] Martin Kay, "Automatic Translation of Natural Languages," *Daedalus* 102, no. 3（Summer 1973）: 217-230, on 218-219.

[21] Léon Dostert, "The Georgetown-I.B.M. Experiment," in William N. Locke and A. Donald Booth, eds., *Machine Translation of Languages: Fourteen Essays*（Cambridge, MA: MIT Press, 1955）: 124-135, on 124n.

[22] Oettinger, "Machine Translation at Harvard," 79.

[23] Andrew D. Booth and Kathleen H. V. Booth, "The Beginnings of MT," in Hutchins, ed., *Early Years in Machine Translation*（2000）: 253-261, on 255.

[24] Peter Toma, "From SERNA to SYSTRAN," in Hutchins, ed., *Early Years in Machine Translation*（2000）: 135-145, on 138. 关于莱曼，请参阅下文中的引文：Vasconcellos, "The Georgetown Project and Léon Dostert," 91.

[25] Section 901 of Public Law 85-864, 转引自：US House of Representatives, *Research on Mechanical Translation*, 3.

[26] Victor H. Yngve, "Early Research at M.I.T.: In Search of Adequate Theory," in Hutchins, ed., *Early Years in Machine Translation* (2000): 39-72, on 50-51.

[27] Dostert's preface to Macdonald, *General Report*, xiii; and Andrew D. Booth, "The Nature of a Translating Machine," *Engineering* 182 (7 September 1956): 302-304, on 302.

[28] I. I. Revzin and V. Iu. Rozentsveig, *Osnovy obshchego i mashinnogo perevoda* (Moscow: Vysshaia shkola, 1964), 46-51; Bar-Hillel, *Language and Information*, 186.

[29] Wallace R. Brode's testimony to US Senate, Committee on Government Operations, *Science and Technology Act of 1958*, on S. 3126, 85th Congress, 2nd Session (Washington: U.S. Government Printing Office, 1958), 30. 关于《化学文摘》的规模以及时间序列数据，请参阅：Edward P. Donnell, "Growth and Change of the World's Chemical Literature as Reflected in *Chemical Abstracts*," *Publishing Research Quarterly* (Winter 1994/1995): 38-46.

[30] Boris I. Gorokhoff, *Publishing in the U.S.S.R.* (Washington, DC: Council on Library Resources, 1959), 135-136.

[31] Department of Scientific and Industrial Research, *Scientific and Technical Information in the Soviet Union: Report of the D.S.I.R.-Aslib Delegation to Moscow and Leningrad, 7th-24th June, 1963* (London: DSIR, 1964), 4. 关于 VINITI 的历史及活动，请参阅：A. I. Mikhailov, A. I. Chernyi, and R. S. Giliarevskii, *Osnovy nauchnoi informatsii* (Moscow: Nauka, 1965), 7; A. I. Mikhailov, ed., *Izdaniia VINITI za 15 let, 1952-1966: Bibliograficheskii ukazatel'* (Moscow: VINITI, 1969); and A. I. Chernyi, *Vserossiiskii institut nauchnoi i tekhnicheskoi informatsii: 50 let sluzheniia nauke* (Moscow: VINITI, 2005). 关于影印版期刊，请参阅：Boris I. Gorokhoff, *Providing U.S. Scientists with Soviet Scientific Information*, rev. ed. (Washington, DC: Publications Office of the NSF, 1962), 11; and Emilio Segrè, "What's Science Like in Russia?" *Chemical & Engineering News* (20 August 1956): 4058-4066, on 4060.

[32] Gorokhoff, *Publishing in the U.S.S.R.*, 140; Mordecai Hoseh, "Scientific and Technical Literature of the USSR," *Advances in Chemistry* 30 (1961): 144-171, on 151-152.

[33] Gordon E. Randall, "Research in Libraries and Information Centers," in John P. Binnington, ed., *Mutual Exchange in the Scientific Library and Technical Information Center Fields: A Report from the Special Libraries Association Delegation to the Soviet Union, 1966* (New York: Special Libraries Association, 1966): 43-50, on 48.

[34] Ruggero Giliarevskii, "Soviet Scientific and Technical Information System: Its Principles, Development, Accomplishments, and Defects," in Mary Ellen Bowden, Trudi Bellardo Hahn, and Robert V. Williams, eds., *Proceedings of the 1998 Conference on the History and Heritage of Science Information Systems* (Medford, NJ: Information Today, Inc.,

1999）：195-205，on 201.

[35] John Turkevich, "Science," in Harold H. Fisher, ed., *American Research on Russia* (Bloomington: Indiana University Press, 1959): 103-112, on 110.

[36] Gorokhoff, *Providing U.S. Scientists with Soviet Scientific Information*, 24.

[37] H. H. Goldsmith to Henry A. Barton, 16 June 1948, and Henry A. Barton to J. R. Klein [原文误写为 "Kline"], 2 July 1948, both in AIP, Barton Records, 78:3; J. R. Kline, "Soviet Mathematics," in Ruth C. Christman, ed., *Soviet Science* (Washington, DC: AAAS, 1952), 80-84, on 83.

[38] NSF, *The Third Annual Report: Year Ending June 30, 1953* (Washington, DC: US Government Printing Office, 1953), 56-57; UNESCO, *Scientific and Technical Translating: And Other Aspects of the Language Problem* (Geneva: UNESCO, 1957), 129; Kurt Gingold, "Translation Pools—Ideal and Reality," *Journal of Chemical Documentation* 1, no. 2 (1961): 14-19, on 15.

[39] Elmer Hutchisson, "Preliminary Statistics Relating to American Institute of Physics Translation Survey, Sponsored by the National Science Foundation," 30 June 1954 (revised 7 August 1954), AIP, Barton Records 78:4.

[40] Earl Maxwell Coleman, "The Mass Production of Translation—For a Limited Market," *Publishing Research Quarterly* 10, no. 4 (Winter 1994-1995): 22-29.

[41] Coleman, "The Mass Production of Translation," 25.

[42] "Hurdling the Language Barrier," *Chemical & Engineering News* 32, no. 52 (27 December 1954): 5158-5159.

[43] A. Tybulewicz, "Cover-to-Cover Translations of Soviet Scientific Journals," *Aslib Proceedings* 22, no. 2 (1970): 55-62, on 58-59.

[44] "Hurdling the Language Barrier," 5158.

[45] Paul A. Kiefer, Jr., "On Translating Chemical Russian," *Journal of Chemical Documentation* 10, no. 2 (1970): 119-124.

[46] G. I. Braz, "The Reaction of Ethylene Sulfide with Amines," *Journal of General Chemistry of the USSR* 21, no. 4 (April 1951): 757-762, on 757.

[47] G. I. Braz, "Vzaimodeistvie etilensul'fida s aminami," *Zhurnal obshchei khimii* 21, no. 4 (1951): 688-693, on 688.

[48] Braz, "The Reaction of Ethylene Sulfide with Amines," 758.

[49] Braz, "Vzaimodeistvie etilensul'fida s aminami," 689.

[50] Karl F. Heumann and Peter M. Bernays, "Fifty Foreign Languages at *Chemical Abstracts*," *Journal of Chemical Education* 36, no. 10 (October 1959): 478-482, on 481.

[51] David Kaiser, "The Physics of Spin: Sputnik Politics and American Physicists in the

1950s," *Social Research* 73, no. 4 (Winter 2006): 1225-1252; V. Ambegaokar, "The Landau School and the American Institute of Physics Translation Program," *Physics—Uspekhi* 51, no. 12 (2008): 1287-1290.

[52] Dwight E. Gray, "American Institute of Physics Translation Survey: Final Report on Part II," 23 February 1955, AIP, Barton Records, 78:4, 1.

[53] Elmer Hutchisson, "Preliminary Statistics Relating to American Institute of Physics Translation Survey."

[54] Elmer Hutchisson, "Final Report, American Institute of Physics Translation Survey Sponsored by the National Science Foundation," 6 October 1954, AIP, Hutchisson Records 13:35.

[55] Ralph E. O'Dette, "Russian Translation," *Science* 125 (29 March 1957): 579-585, on 582. 关于译者群体，参见弗里曼·戴森的描述，转引自: Ambegaokar, "The Landau School and the American Institute of Physics," 1289.

[56] Dwight Gray, notes on a conversation with E. J. Crane, 9 November 1954, AIP, Barton Records 78:4.

[57] O'Dette, "Russian Translation," 582.

[58] NSF, *Sixth Annual Report for the Fiscal Year Ended June 30, 1956* (Washington, DC: U.S. Government Printing Office, 1956), 81.

[59] 关于翻译公司的名单，请参阅: Gorokhoff, *Providing U.S. Scientists with Soviet Scientific Information*, 16-19; O'Dette, "Russian Translation," 580.

[60] C. E. Sunderlin to Verner W. Clapp, 22 September 1955, AIP, Barton Records, Box 59, Folder: "JETP Dr. R. T. Beyer." On foreign copyright in the Soviet Union, see Gorokhoff, *Publishing in the U.S.S.R.*, 68.

[61] 档案中充斥着对于这一问题的讨论，例如，可参阅: Barton to Beyer, 16 December 1955; Barton to Beyer, D. Gray, M. Hamermesh, E. Hutchisson, V. Rojansky, W. Waterfall, and V. Weisskopf, 11 October 1955; V. Rojansky to Beyer, 12 October 1955; Morton Hamermesh to Beyer, 14 October 1955; Victor Weisskopf to Beyer, 13 October 1955; Beyer to Henry A. Barton, 7 October 1955, all in AIP, Barton Records, Box 59, Folder: "JETP Dr. R. T. Beyer"; Henry A. Barton, memorandum on "Soviet Physics—JETP," 23 September 1955, AIP, Hutchisson Records 13:34; and Ralph A. Sawyer to Alan T. Waterman, 11 October 1960, AIP, Hutchisson Records 13:38.

[62] "Greetings to Comrade J. V. Stalin from the Academy of Sciences of the USSR," *Journal of General Chemistry of the USSR* 20, no. 1 (January 1950): 1-2. 原文为: "Privetstvie tovarishchu I. V. Stalinu ot Akademii Nauk SSSR," *Zhurnal obshchei khimii* 20, no. 1 (1950): 3-4.

[63] Hutchisson to Beyer, 2 September 1955, AIP, Hutchisson Records 13:34. 关于期刊文

献中的激烈讨论，请参阅：O'Dette, "Russian Translation," 584; Gregory Razran, "Transliteration of Russian," *Science* 129, no. 3356（24 April 1959）: 1111–1113; and Razran, Eric P. Hamp, A. C. Fabergé, Miriam B. London, Ivan D. London, and David T. Ray, "Russian-English Transliteration," *Science* 130, no. 3374（28 August 1959）: 482–488.

[64] Beyer, "Report of Soviet Physics JETP for 1956," 25 January 1957, AIP, Barton Records, Box 59, Folder: "JETP Dr. R. T. Beyer."

[65] E. J. Crane to Henry Barton, 5 June 1948, AIP, Barton Records 78:3; Alberto Thompson to Alan Waterman, 1 March 1956, NSF Records, RG 307, Box 18, Folder: "Scientific Information."

[66] Moira Phillips, "The Translation Problem in Science," *Revue de la documentation* 28, no. 2（1961）: 52–55, on 54; and D. N. Wood, "Chemical Literature and the Foreign-Language Problem," *Chemistry in Britain* 2（1966）: 346–350, on 348.

[67] Robert T. Beyer, "Hurdling the Language Barrier," *Physics Today*（January 1965）: 46–52, on 48.

[68] V. K. Rangra, "A Study of Cover to Cover English Translations of Russian Scientific and Technical Journals," *Annals of Library Science and Documentation* 15（1968）: 7–23, on 9; Melville J. Ruggles, "Translations of Soviet Publications," *College & Research Libraries* 20（September 1959）: 347–352, on 348.

[69] Eugene Garfield, "'Cover-to-Cover' Translations of Soviet Journals—A Wrong 'Solution' of the Wrong Problem," in Garfield, *Essays of an Information Scientist*, 3 v.（Philadelphia: ISI Press, 1977–1980）, I:334–335, on 334.

[70] Phillips, "The Translation Problem in Science," 54.

[71] Dostert, "Brief History of Machine Translation Research," 7.

[72] Bar-Hillel, "The Present Status of Automatic Translation of Languages," *Advances in Computing* 1（1960）: 91–163, quotations on 109, 94, 135.

[73] Bar-Hillel, "Machine Translation," *Computers and Automation* 2, no. 5（July 1953）: 1–6, on 1; Bar-Hillel, "The Present State of Research on Mechanical Translation," *American Documentation* 2, no. 4（1951）: 229–237, on 230.

[74] Jonathan Slocum, "A Survey of Machine Translation: Its History, Current Status, and Future Prospects," *Computational Linguistics* 11, no. 1（January-March 1985）: 1–17, on 4.

[75] W. J. Hutchins, "Machine Translation and Machine-Aided Translation," *Journal of Documentation* 34, no. 2（June 1978）: 119–159, on 126.

[76] 评估人员的结论是："简而言之，完全熟悉所讨论主题的化学家可以理解译文。一个合格的化学家可以通过对化学公式的研究，重组许多化学术语，这些术语似乎是一

般意义上的翻译和音译交织在一起的结果。"转引自：US House of Representatives, *Research on Mechanical Translation*, 48.

[77] Vasconcellos, "The Georgetown Project and Léon Dostert," 94−95.

[78] 罗斯·麦克唐纳接管了乔治城大学的机器翻译项目，并将其重新整合到语言与文学研究所。请参阅："MT Research at Georgetown," *Finite String* 2, no. 6 (June 1965): 4.

[79] Léon Dostert, "Machine Translation and Automatic Data Processing," in Paul W. Howerton and David C. Weeks, eds., *Vistas in Information Handling, Volume I: The Augmentation of Man's Intellect by Machine* (Washington, DC: Spartan Books, 1963): 92−110, on 94.

[80] ALPAC, *Language and Machines*, quotations on iii, 16, and 23−24.

[81] Kay, "Automatic Translation of Natural Languages"; Slocum, "A Survey of Machine Translation," 1. 也可参阅：Michael Zarechnak, "The History of Machine Translation," in Henisz-Dostert, Macdonald, and Zarechnak, *Machine Translation* (1979): 1−87, on 57, 86.

[82] Locke, "Machine Translation," 137.

[83] Mel'čuk, "Machine Translation and Formal Linguistics in the USSR," in Hutchins, ed., *Early Years in Machine Translation* (2000): 204−226, on 221. 关于 ALPAC 的负面国际影响（似乎只有法国未受影响），请参阅：Hutchins, *Machine Translation*, 167.

[84] Elmer Hutchisson to Members of the Advisory Committee on Russian Translation, 27 December 1955, AIP, Hutchisson Records 13:34.

[85] Wallace Waterfall to Robert Beyer, 9 August 1956, AIP, Hutchisson Records 13:30.

[86] Coleman, "The Mass Production of Translation," 26−27.

[87] Beyer to Waterfall, 15 November 1965, AIP, Koch Records 51:32.

[88] Beyer to Waterfall, 16 February 1966, AIP, Koch Records 51:32; Rangra, "A Study of Cover to Cover English Translations of Russian Scientific and Technical Journals," 9.

[89] Tybulewicz, "Cover-to-Cover Translations of Soviet Scientific Journals," 57.

[90] Rangra, "A Study of Cover to Cover English Translations of Russian Scientific and Technical Journals," 8; Alice Frank, "Translations of Russian Scientific and Technical Literature in Western Countries," *Revue de la documentation* 28, no. 2 (1961): 47−51, on 48.

[91] NSF, *Tenth Annual Report for the Fiscal Year Ended June 30, 1960* (Washington, DC: US Government Printing Office, 1960), 120−121.

[92] 转引自："Hurdling the Language Barrier," 5158.

[93] Beyer, "Hurdling the Language Barrier," 48, 50.

[94] Vannevar Bush, *Science: The Endless Frontier* (Washington, DC: Government Printing Office, 1945), 114.

第十章

[1] Hermann Hesse, *Das Glasperlenspiel* (Frankfurt: Suhrkamp Verlag, 1963 [1943]), 324.

[2] Franz Thierfelder, *Die deutsche Sprache im Ausland*, 2 v. (Hamburg: R. v. Decker, 1956-1957), I:114.

[3] Michael Balfour, "Four-Power Control in Germany 1945-1946," in Balfour and John Mair, *Four-Power Control in Germany and Austria, 1945-1946* (London: Oxford University Press, 1956), 46.

[4] Norman M. Naimark, *The Russians in Germany: A History of the Soviet Zone of Occupation, 1945-1949* (Cambridge, MA: Belknap, 1995), 20-21.

[5] Balfour, "Four-Power Control in Germany 1945-1946," 74-75.

[6] Balfour, "Four-Power Control in Germany 1945-1946," 109-110.

[7] Naimark, *The Russians in Germany*, 39-41.

[8] Max von Laue, "A Report on the State of Physics in Germany," *American Journal of Physics* 17 (1949): 137-141.

[9] R. C. Evans, "Naturforschung in Deutschland," *Physikalische Blätter* 3, no. 1 (1947): 12-14, on 12.

[10] Klaus Hentschel, *The Mental Aftermath: The Mentality of German Physicists, 1945-1949*, tr. Ann M. Hentschel (New York: Oxford University Press, 2007).

[11] J. G. Tolpin, J. Danaczko Jr., R. A. Liewald, et al., "The Scientific Literature Cited by Russian Organic Chemists," *Journal of Chemical Education* 28 (May 1951): 254-258, on 256.

[12] Thierfelder, *Die deutsche Sprache im Ausland*, I:7, II:37. 在冷战期间，保加利亚仍将德语作为科学的主要语言。请参阅：Thierfelder, *Die deutsche Sprache im Ausland*, I:7, II:22.

[13] Ulrich Ammon, "German as an International Language," *International Journal of the Sociology of Language* 83 (1990): 135-170, on 144.

[14] James F. Tent, *Mission on the Rhine: Reeducation and Denazification in American-Occupied Germany* (Chicago: University of Chicago Press, 1982), 40.

[15] John Krige, *American Hegemony and the Postwar Reconstruction of Science in Europe* (Cambridge, MA: MIT Press, 2006), passim, but especially 35, 65, and 109-112.

[16] Tent, *Mission on the Rhine*, 98; Mitchell G. Ash, "Scientific Changes in Germany 1933, 1945, 1990: Towards a Comparison," *Minerva* 37 (1999): 329-354, on 333-334.

[17] Naimark, *The Russians in Germany*, 441-443; John Connelly, *Captive University: The Sovietization of East German, Czech, and Polish Higher Education, 1945-1956* (Chapel Hill: University of North Carolina Press, 2000), 203.

[18] Falk Pingel, "Attempts at University Reform in the British Zone," tr. David Phillips and Alison Goodall, in David Phillips, ed., *German Universities after the Surrender: British Occupation Policy and the Control of Higher Education* (Oxford: University of Oxford Department of Educational Studies, 1983), 20-27, on 22.

[19] Burghard Weiss, "The 'Minerva' Project: The Accelerator Laboratory at the Kaiser Wilhelm Institute/Max Planck Institute of Chemistry: Continuity in Fundamental Research," in Monika Renneberg and Mark Walker, eds., *Science, Technology and National Socialism* (Cambridge: Cambridge University Press, 1994): 271-290.

[20] David Phillips, "The Re-opening of Universities in the British Zone: The Problem of Nationalism and Student Admissions," in Phillips, ed., *German Universities after the Surrender* (1983): 4-19, on 4.

[21] Tent, *Mission on the Rhine*, 238, 247-249, 299.

[22] Minutes of the 97th Faculty Meeting, 21 November 1959, FUA, MatNatFak 2.6, Fak.-Protokolle (1959), 395.

[23] "Promotionsordnung der Mathematisch-Naturwissenschaftlichen Fakultät der Freien Universität Berlin," 18 January 1953, FUA, MatNatFak 2.6, Fak.-Protokolle (1953), paragraph 12.

[24] Edward Hartshorne to his wife, 28 September 1945, 转载于: James F. Tent, ed., *Academic Proconsul: Harvard Sociologist Edward Y. Hartshorne and the Reopening of German Universities 1945-1946* (Trier: Wissenschaftlicher Verlag Trier, 1998), 128.

[25] Ernst Brücke, "Ost und West," *Physikalische Blätter*, no. 5 (1948): 224.

[26] Mark Walker, "The German Physical Society under National Socialism in Context," in Dieter Hoffmann and Mark Walker, eds., *The German Physical Society in the Third Reich: Physicists between Autonomy and Accommodation*, tr. Ann M. Hentschel (Cambridge: Cambridge University Press, 2012 [2007]): 1-21, on 19.

[27] Ute Deichmann, *Biologists under Hitler*, tr. Thomas Dunlap (Cambridge, MA: Harvard University Press, 1996 [1992]), 292.

[28] Hentschel, *The Mental Aftermath*, 31. 美国人和英国人还为购买英语材料的德语翻译权提供了大量补贴，他们用占领国的货币支付，这为联邦德国的出版业提供了巨大的推动力。请参阅：Balfour, "Four-Power Control in Germany 1945-1946," 224.

[29] Gerhard Rammer, "'Cleanliness among Our Circle of Colleagues': The German Physical Society's Policy toward Its Past," in Hoffmann and Walker, eds., *The German Physical Society in the Third Reich* (2012): 367-421, on 383-384.

［30］关于苏联人与民主德国科学的矛盾关系，请参阅：Dolores L. Augustine, *Red Prometheus: Engineering and Dictatorship in East Germany, 1945-1990* (Cambridge, MA: MIT Press, 2007), 144.

［31］Connelly, *Captive University*, 40.

［32］Raymond G. Stokes, "Chemistry and the Chemical Industry under Socialism," in Kristie Macrakis and Dieter Hoffmann, eds., *Science under Socialism: East Germany in Comparative Perspective* (Cambridge, MA: Harvard University Press, 1999): 199-211.

［33］关于苏联教育的剧变，请参阅：Michael David-Fox, *Revolution of the Mind: Higher Learning among the Bolsheviks, 1918-1929* (Ithaca: Cornell University Press, 1997).

［34］Connelly, *Captive University*, 62.

［35］Naimark, *The Russians in Germany*, 234; Peter Nötzoldt, "From German Academy of Sciences to Socialist Research Academy," tr. Thomas Dunlap, in Macrakis and Hoffmann, eds., *Science under Socialism* (1999): 140-157, figures on 140.

［36］Eckart Förtsch, "Science, Higher Education, and Technology Policy," tr. Deborah Lucas Schneider, in Macrakis and Hoffmann, eds., *Science under Socialism* (1999): 25-43, on 32.

［37］Connelly, *Captive University*, 42, 51.

［38］Augustine, *Red Prometheus*, 174.

［39］Kristie Macrakis, "Espionage and Technology Transfer in the Quest for Scientific-Technical Prowess," in Macrakis and Hoffmann, eds., *Science under Socialism* (1999): 82-121, on 83-84.

［40］Ferenc Fodor and Sandrine Peluau, "Language Geostrategy in Eastern and Central Europe: Assessment and Perspectives," in Jacques Maurais and Michael A. Morris, eds., *Languages in a Globalising World* (Cambridge: Cambridge University Press, 2003): 85-98, on 86-87; Péter Medgyes and Mónika László, "The Foreign Language Competence of Hungarian Scholars: Ten Years Later," in Ulrich Ammon, ed., *The Dominance of English as a Language of Science: Effects on Other Languages and Language Communities* (Berlin: Mouton de Gruyter, 2001): 261-286, on 263. 关于罗马尼亚的情况，请参阅：David C. Gordon, *The French Language and National Identity (1930-1975)* (The Hague: Mouton, 1978), 66.

［41］Theme Plan for "Deutsch-Russisches Wörterbuch," to run from 1 September 1961 to 31 December 1970, BBAW, Zentralinstitut für Sprachwissenschaft 10, VA 4760/3, Appendix 3.

［42］Akademie-Verlag, publication plan for 1954, BBAW, Bestand Klassen 59; Alice Frank, "Translations of Russian Scientific and Technical Literature in Western

Countries," *Revue de la documentation* 28, no. 2（1961）: 47-51, on 49. 关于 SVAG' 的活动，请参阅：Naimark, *The Russians in Germany*, 447.

[43] "Bericht über die Entwicklung der Deutschen Akademie der Wissenschaften zu Berlin in der Periode zwischen dem V. und dem VI. Parteitag der Sozialistischen Einheitspartie Deutschlands," 16 December 1962, BBAW, Bestand Akademieleitung 594, p. 13.

[44] I. Schilling to Rector of Humboldt University, 5 June 1954, HUA, Rektorat 373, ll.170-190, on 170.

[45] Horst Dieter Schlosser, "Die Sprachentwicklung in der DDR im Vergleich zur Bundesrepublik Deutschland," in Manfred Hättich and Paul Dietmar Pfitzner, eds., *Nationalsprachen und die Europäische Gemeinschaft*: *Probleme am Beispiel der deutschen, französischen und englischen Sprache*（Munich: Olzog, 1989）: 36-52.

[46] Staatssekretar Prof. Dr. Harig, "Anweisung Nr. 91 des Staatssekretariats für Hochschulwesen über Ziele, Aufgaben und Organisation des Sprachunterrichts an den Universitäten und Hochschulen," 8 February 1957, HUA, Rektorat 373, ll.36-37ob., on 36.

[47] 例如，M. Lehnert to Rector W. Neye, 10 March 1956, HUA, Rektorat 373, ll.44-45.

[48] Dr. Schilling, "Zur Vorlage an der Senat der Humboldt-Universität," May 1960, HUA, Rektorat 373, l.1.

[49] Prof. Dr. Werner Hartke to Minister of Volksbildung and Staatssekretär für das Hochschulwesen, 16 December 1956, HUA, Rektorat 373, ll.101-108, on 101. 数学和化学特别强调了俄语对于紧跟学术文献发展的重要性（Prof. Dr. Werner Hartke to Minister of Volksbildung and Staatssekretär für das Hochschulwesen, 16 December 1956, HUA, Rektorat 373, ll.101-108, on 103）。

[50] Prof. Dr. Werner Hartke to Minister of Volksbildung and Staatssekretär für das Hochschulwesen, 16 December 1956, HUA, Rektorat 373, ll.101-108, on 101.

[51] Prof. Dr. Werner Hartke to Minister of Volksbildung and Staatssekretär für das Hochschulwesen, 16 December 1956, HUA, Rektorat 373, ll.101-108, on 102. 尽管如此，1959 年后，洪堡大学开始开设专门的"医生用俄语"课程。请参阅：I. Schilling to the Prorektorat für Forschungsangelegenheiten, 11 March 1959, HUA, Philosophische Fakultät（nach 1945）0, l.2.

[52] 关于更早的背景和与更近期的比较，请参阅：Ann M. Blair, *Too Much to Know*: *Managing Scholarly Information before the Modern Age*（New Haven: Yale University Press, 2010）. 关于化学中这些"二次"出版物的发展，请参阅：Helen Schofield, "The Evolution of the Secondary Literature in Chemistry," in Mary Ellen Bowden, Trudi Bellardo Hahn, and Robert V. Williams, eds., *Proceedings of the 1998 Conference on the History and Heritage of Science Information Systems*（Medford, NJ: Information

Today, 1999）: 94-106.

[53] Richard Willstätter, "Zur Hundertjahrfeier des Chemischen Zentralblattes," *Zeitschrift für angewandte Chemie* 42, no. 45（9 November 1929）: 1049-1052, on 1052. 在整个过程中，我从 Christian Weiske 那里了解到《化学文摘》的一般历史细节，"Das Chemische Zentralblatt—ein Nachruf," *Chemische Berichte* 106, no. 4（1973）: i-xvi; Maximilian Pflücke, "Das Chemische Zentralblatt 125 Jahre alt," *Angewandte Chemie* 66, no. 17/18（1954）: 537-541; and Dunja Langanke, "Das Chemische Zentralblatt im Wandel der Zeiten—der Weg von der gedruckten zur elektronischen Ausgabe," *Information: Wissenschaft & Praxis* 60, no. 3（2009）: 143-150.

[54] Adolf Windaus to Herr Stille, 24 October 1946, BBAW, Akademieleitung—Gesellschaftswiss. Einricht. 101.

[55] Fritz Pangritz et al. to Erich Thilo, 23 May 1947, BBAW, Bestand Adlershof C 494.

[56] Georg Kurt Schauer to Akademie-Verlag, 1 October 1947, BBAW, Akademieleitung—Gesellschaftswiss. Einricht. 101.

[57] Pangritz et al. to Thilo, 23 May 1947, BBAW, Bestand Adlershof C 494.

[58] Kaeser to the Deutsche Verwaltung für Volksbildung in the Soviet Occupation Zone, Abteilung Verlagswesen, 9 November 1948, BBAW, Akademieleitung—Gesellschaftswiss. Einricht. 101.

[59] Pflücke, "Das Chemische Zentralblatt 125 Jahre alt," 540; Langanke, "Das Chemische Zentralblatt im Wandel der Zeiten."

[60] "Die Deutsche Akademie der Wissenschaften zu Berlin," May 1966, BBAW, Bestand Akademieleitung 594, p. 16.

[61] Langanke, "Das Chemische Zentralblatt im Wandel der Zeiten," 146.

[62] Weiske, "Das Chemische Zentralblatt."

[63] Langanke, "Das Chemische Zentralblatt im Wandel der Zeiten," 147.

[64] 关于联邦德国境内的英语，请参阅: Michael Clyne, *The German Language in a Changing Europe*（Cambridge: Cambridge University Press, 1995）, 201; and Theodore Huebener, "The Teaching of Foreign Languages in the Schools of West Germany," *Modern Language Journal* 46（1962）: 69-70. 关于国家对德语的推广，请参阅: Ulrich Ammon, "The Federal Republic of Germany's Policy of Spreading German," *International Journal of the Sociology of Language* 95（1992）: 33-50.

[65] 例如，1959 年，联邦德国在汉堡工业大学的外国技术信息中心设立了俄国科技文献部门。Frank, "Translations of Russian Scientific and Technical Literature in Western Countries," 49. 也可参阅: Günther Reichardt, ed., *Sowjetische Literatur zur Naturwissenschaft und Technik: Bibliographischer Wegweiser*, 2d ed.（Wiesbaden: Franz Steiner Verlag, 1959 [1957]）; and John Turkevich, "Science," in Harold H. Fisher, ed., *American Research on Russia*

(Bloomington: Indiana University Press, 1959): 103-112, on 111. 关于英语全刊翻译对德国科学家的俄语能力的消极影响，请参阅：Dr. Edmund Marsch (MPG) to Ambassador Dr. Wilhelm Haas (President of the Deutsche Gesellschaft für Osteuropakunde), 26 February 1965, AMPG, II. Abt., Rep. 1A, Nr. IM2/ - Wissenschaftl. Zusammenarbeit mit dem Auslande, UdSSR v. 1, p. 1.

[66] Hentschel, *The Mental Aftermath*, 88.

[67] "Kurzprotokoll über die Besprechung am 19. Juli 1967 im Bundesministerium für wissenschaftliche Forschung," 19 July 1967, AMPG, II. Abt., Rep. 1A, Nr. IM5/1 Abwanderung deutscher Wissenschaftl.

[68] Marsch to President of the MPG, 24 June 1968, AMPG, II. Abt., Rep. 1A, Nr. IM5/1 Abwanderung deutscher Wissenschaftl.

[69] Arnold Ebel to the Pressestelle of the MPG, 22 September 1969, AMPG, II. Abt., Rep. 1A, Nr. IM5/1 Abwanderung deutscher Wissenschaftl.; Roeske to Friedrich Helm, 25 November 1966, AMPG, II. Abt., Rep. 1A, Nr. IM5/1 Abwanderung deutscher Wissenschaftl.

[70] 关于贝尔斯坦在圣彼得堡的生活以及关于他职业生涯的更多信息，请参阅：Michael D. Gordin, "Beilstein Unbound: The Pedagogical Unraveling of a Man and His *Handbuch*," in David Kaiser, ed., *Pedagogy and the Practice of Science: Historical and Contemporary Perspectives* (Cambridge, MA: MIT Press, 2005): 11-39. 关于《手册》发展的总年表，请参阅：*Einhundert Jahre Beilsteins Handbuch der Organischen Chemie* (Würzburg: H. Stürtz, 1981), 9-23.

[71] Friedrich Beilstein, *Handbuch der Organischen Chemie*, 2 v. (Hamburg and Leipzig: Leopold Voss, 1883). 关于页数及有机化合物的扩展，请参阅：Friedrich Richter, "Beilsteins Handbuch—75 Jahre organisch-chemischer Dokumentation," *Angewandte Chemie* 70 (1958): 279-284, on 280.

[72] Beilstein to Heinrich Göppert, 6/18 September 1881, 转载于：Elena Roussanova, *Friedrich Konrad Beilstein, Chemiker zweier Nationen: Sein Leben und Werk sowie einige Aspekte der deutsch-russischen Wissenschaftsbeziehungen in der zweiten Hälfte des 19. Jahrhunderts im Spiegel seines brieflichen Nachlasses*, vol. 2 (Hamburg: Norderstedt, 2007), 299.

[73] "Rundschreiben" from the protocol of the meeting of the German Chemical Society, 4 February 1896, in *Berichte der Deutschen Chemischen Gesellschaft* 29 (1896): 321-324.

[74] Volhard to Erlenmeyer, 27 March 1896, 转载于：Otto Krätz, ed., *Beilstein-Erlenmeyer: Briefe zur Geschichte der chemischen Dokumentation und des chemischen Zeitschriftenwesens* (Munich: Werner Fritsch, 1972), 84.

[75] Ernest Hamlin Huntress, "1938: The One Hundredth Anniversary of the Birth of Friedrich Konrad Beilstein (1838-1906)," *Journal of Chemical Education* 15 (1938): 303-

309, on 309. 至迟到 1990 年，同样的观点得到了重申，请参阅：Gayle S. Baker and David C. Baker, "Experiences of Two Academic Users: Evaluation of Applications in an Academic Environment," in Stephen R. Heller, ed., *The Beilstein Online Database: Implementation, Content, and Retrieval* (Washington, DC: American Chemical Society, 1990), 130-142, on 131.

[76] Marion E. Sparks, "Chemical Literature and Its Use," *Science* 47, no. 1216 (19 April 1918): 377-381, on 377.

[77] John Theodore Fotos and R. Norris Shreve, eds. *Advanced Readings in Chemical and Technical German from Practical Reference Books* (New York: John Wiley & Sons, 1940), ii.

[78] Paul Jacobson, "Beilsteins Handbuch der Organischen Chemie, ein Spiegel ihrer Entwicklung," *Die Naturwissenschaften* 7 (1919): 222-225, on 225.

[79] Ute Deichmann, "'To the Duce, the Tenno and Our Führer: A Threefold Sieg Heil': The German Chemical Society and the Association of German Chemists during the Nazi Era," in Hoffmann and Walker, eds. *The German Physical Society in the Third Reich* (2012): 280-316, on 291-293; Roger Adams, "Beilstein Marks 75th Anniversary," *Chemical and Engineering News* (1956): 6310, reprinted in Friedrich Richter, ed. *75 Jahre Beilsteins Handbuch der Organischen Chemie: Aufsätze und Reden* (Berlin: Springer Verlag, 1957): 14-16. 关于合作者的人数，请参阅：Friedrich Richter, "How Beilstein Is Made," tr. Ralph E. Oesper, *Journal of Chemical Education* 15 (1938): 310-316, on 316.

[80] F. Richter, "Jahresbericht des Vorstands des Beilstein-Instituts für das Geschäftsjahr 1951," [17 June 1952], AMPG, II. Abt., Rep. 1A, Nr. IL1/i-Beilstein, v. 1, pp. 1-3. 也可参阅：Richter, "Beilsteins Handbuch—75 Jahre organisch-chemischer Dokumentation," 281.

[81] Roger Fennell, *History of IUPAC, 1919-1987* (Oxford: Blackwell Science, 1994), 86.

[82] Friedrich Richter, "75 Jahre Beilsteins Handbuch der Organischen Chemie: Ein Jubiläum der Wissenschaft," *Frankfurter Allgemeine Zeitung*, 13 December 1956, reprinted in Richter, ed., *75 Jahre Beilsteins Handbuch der Organischen Chemie* (1957): 5-10, on 10. 关于贝尔斯坦在 20 世纪 50 年代的财政状况，请参阅：Protokoll über die Stiftungsratssitzung des Beilstein-Instituts, 25 March 1958, AMPG, II. Abt., Rep. 1A, Nr. IL1/-Beilstein, v. 2, p. 4.

[83] Otto Hahn to Hinsch, 14 October 1952, AMPG, II. Abt., Rep. 1A, Nr. IL1/-Beilstein, v. 1, p. 1.

[84] 关于德文版的《贝尔斯坦》使用指南，请参阅：B. Prager, D. Stern, and K. Ilberg, *System der organischen Ver- bindungen: Ein Leitfaden für die Benutzung von Beilsteins Handbuch der organischen Chemie* (Berlin: Julius Springer, 1929); and Friedrich

Richter, ed. *Kurze Anleitung zur Orientierung in Beilsteins Handbuch der Organischen Chemie* (Berlin: Julius Springer, 1936). 关于英文版的《贝尔斯坦》使用指南,请参阅: Oskar Weissbach, *The Beilstein Guide: A Manual for the Use of Beilsteins Handbuch der Organischen Chemie* (Berlin: Springer-Verlag, 1976); *How to Use Beilstein: Beilstein Handbook of Organic Chemistry* (Frankfurt/Main: Beilstein Institute, [1979]); *Stereochemical Conventions in the Beilstein Handbook of Organic Chemistry* (Berlin: Springer-Verlag, [198-]); Olaf Runquist, *A Programmed Guide to Beilstein's Handbuch* (Minneapolis: Burgess Publishing, [1966]). 关于双语指南的情况,请参阅: Friedo Giese, *Beilstein's Index: Trivial Names in Systematic Nomenclature of Organic Chemistry* (Berlin: Springer-Verlag, 1986).

[85] Reiner Luckenbach, "Der Beilstein," *CHEMTECH* (October 1979): 612–621, on 613.

[86] Ernest Hamlin Huntress, *A Brief Introduction to the Use of Beilstein's Handbuch der Organischen Chemie* (New York: John Wiley and Sons, 1930), iv.

[87] Otto Hahn, minutes of meeting on Beilstein held in Frankfurt US headquarters, 1 February 1950, AMPG, II. Abt., Rep. 1A, Nr. IL1/-Beilstein, v. 1, p. 9.

[88] R. Fraser, minutes of meeting on Beilstein held in Frankfurt US headquarters, 1 February 1950, AMPG, II. Abt., Rep. 1A, Nr. IL1/-Beilstein, v. 1, p. 10.

[89] Protokol der Stiftungsrats-Sitzung des Beilstein-Instituts, 3 December 1954, AMPG, II. Abt., Rep. 1A, Nr. IL1/-Beilstein, v. 2, p. 6.

[90] Dermot A. O'Sullivan, "Germany's Beilstein Will Change to English," *Chemical and Engineering News* 59 (18 May 1981): 21–22.

[91] Reiner Luckenbach, "The Beilstein Handbook of Organic Chemistry: The First Hundred Years," *Journal of Chemical Information and Computer Sciences* 21 (1981): 82–83; Luckenbach and Josef Sunkel, "Das wissenschaftliche Handbuch: 100 Jahre Beilstein," *Die Naturwissenschaften* 68, no. 2 (February 1981): 53–55.

[92] Ken Rouse and Roger Beckman, "Beilstein's CrossFire: A Milestone in Chemical Information and Interlibrary Cooperation Academia," in Stephen R. Heller, ed., *The Beilstein System: Strategies for Effective Searching* (Washington, DC: American Chemical Society, 1998): 133–148, on 134–135; Ieva O. Hartwell and Katharine A. Haglund, "An Overview of DIALOG," in Heller, ed., *The Beilstein Online Database* (1990): 42–63.

[93] Stephen R. Heller, "The Beilstein System: An Introduction," in Heller, ed., *The Beilstein System* (1998): 1–12, on 1–2.

[94] Heller, "The Beilstein System," 5.

[95] 例如,可参阅: Clyne, *The German Language in a Changing Europe*, 73; Manfred W. Hellmann, "Zwei Gesellschaften—Zwei Sprachkulturen?: Acht Thesen zur öffentlichen

Sprache in der Bundesrepublik Deutschland und in der Deutschen Demokratischen Republik," *Forum für interdisziplinäre Forschung* 2 (1989): 27-38; Gotthard Lerchner, "Zur Spezifik der Gebrauchsweise der deutschen Sprache in der DDR und ihrer gesellschaftlichen Determination," *Deutsch als Fremdsprache* 11 (1974): 259-265; Herbert Christ, "Die kulturelle und politische Funktion des Deutschen als 'Nationalsprache,'" in Hättich and Pfitzner, eds., *Nationalsprachen und die Europäische Gemeinschaft* (1989): 25-35; Schlosser, "Die Sprachentwicklung in der DDR im Vergleich zur Bundesrepublik Deutschland."

[96] Clyne, *The German Language in a Changing Europe*, 6.

[97] Dankwart Guratzsch, "Deutsch: Die dritte Weltsprache," *Lebende Sprachen* 22 (1977): 149-150.

[98] Ammon, "German as an International Language," 152.

第十一章

[1] James Joyce, *A Portrait of the Artist as a Young Man* (New York: Viking, 1964 [1916]), 189.

[2] James S. Miller, "Flora, Now in English," *New York Times* (22 January 2012). 关于西班牙代表，请参阅：Geoffrey C. Bowker, "The Game of the Name: Nomenclatural Instability in the History of Botanical Informatics," in Mary Ellen Bowden, Trudi Bellardo Hahn, and Robert V. Williams, eds., *Proceedings of the 1998 Conference on the History and Heritage of Science Information Systems* (Medford, NJ: In-formation Today, 1999): 74-83, on 79. 关于植物学中的拉丁语及其持久性，请参阅：William T. Stearn, *Botanical Latin: History, Grammar, Syntax, Terminology and Vocabulary* (London: Nelson, 1966); and Françoise Waquet, *Latin, or the Empire of a Sign: From the Sixteenth to the Twentieth Centuries*, tr. John Howe (London: Verso, 2001 [1998]), 93-94.

[3] A. Tybulewicz, "Languages Used in Physics Papers," *Physics Bulletin* 20, no. 1 (1969): 19-20, on 20; Ulrich Ammon, "Deutsch als Publikationssprache der Wissenschaft: Zum Umfang seiner Verwendung im Vergleich mit anderen Sprachen," *Germanistische Mitteilungen* 28 (1988): 75-86, on 78; Uwe Pörksen, "Anglisierung—der dritte große Entlehnungsvorgang in der deutschen Sprachgeschichte: Zur Einführung," in Pörksen, ed., *Die Wissenschaft spricht Englisch? Versuch einer Standort-bestimmung* (Göttingen: Wallstein, 2005): 9-16, on 10. 关于化学方面的具体数据，也可参阅：Fletcher S. Boig and Paul W. Howerton, "History and Development of Chemical Periodicals in the Field of Organic Chemistry: 1877-1949," *Science*, N.S. 115, no. 2976 (11 January 1952): 25-31; and Fletcher S. Boig and Paul W. Howerton, "History and Development of Chemical Periodicals in the Field of

Analytical Chemistry: 1877-1950," *Science*, N.S. 115, no. 2995 (23 May 1952): 555-560. 过分关注数字也是一种危险。对于某些分支领域，如热带医学，法语有时是更合适的出版语言，因为它的目标受众主要是法语国家。请参阅: Geoffrey Nunberg, "Les langues des sciences dans le discours électronique," in Roger Chartier and Pietro Corsi, eds., *Sciences et langues en Europe* (Paris: European Communities, 2000 [1994]): 239-247, on 240.

[4] 关于这个问题的重要学术参考资料仍然是: Ulrich Ammon, ed., *The Dominance of English as a Language of Science: Effects on Other Languages and Language Communities* (Berlin: Mouton de Gruyter, 2001). 关于总体上的英语全球化，请参阅，例如: David Crystal, *English as a Global Language*, 2d ed. (Cambridge: Cambridge University Press, 2003 [1997]); Robert McCrum, *Globish: How the English Language Became the World's Language* (New York: W. W. Norton, 2010); Leslie Dunton-Downer, *The English Is Coming! How One Language is Sweeping the World* (New York: Touchstone, 2010); and Henry Hitchings, *The Secret Life of Words: How English Became English* (New York: Farrar, Straus & Giroux, 2008).

[5] David Graddol, *The Future of English?* (London: British Council, 1997), 56. 也可参阅: Richard W. Bailey and Jay L. Robinson, eds., *Varieties of Present-Day English* (New York: Macmillan, 1973); and Richard W. Bailey and Manfred Görlach, eds., *English as a World Language* (Ann Arbor: University of Michigan Press, 1982).

[6] David Crystal, "The Past, Present, and Future of World English," in Andreas Gardt and Bernd Hüppauf, eds., *Globalization and the Future of German* (Berlin: Mouton de Gruyter, 2004): 27-45, on 39.

[7] 有兴趣的读者可以从 David Crystal 那里获得一个很好的概述: *The Stories of English* (Woodstock, NY: Overlook Press, 2004).

[8] Robert B. Kaplan, "English in the Language Policy of the Pacific Rim," *World Englishes* 6 (1987): 137-148, on 138.

[9] 转引自: Otto Jespersen, *Growth and Structure of the English Language*, 4th ed. (New York: D. Appleton and Company, 1923), 250.

[10] Jacob Ornstein, "English the Global Way," *Modern Language Journal* 46 (1962): 9-13, on 12.

[11] Jespersen, *Growth and Structure of the English Language*, 251. 关于英语在整个17世纪对欧洲大陆人来说是一个低优先级的问题，请参阅: Peter Burke, *Languages and Communities in Early Modern Europe* (Cambridge: Cambridge University Press, 2004), 115.

[12] Albert Léon Guérard, *A Short History of the International Language Movement* (London: T. Fisher Unwin, 1922), 42; Michael West, "English as a World Language," *American*

Speech 9, no. 3（October 1934）: 163-174; Herbert Newhard Shenton, *Cosmopolitan Conversation: The Language Problems of International Conferences*（New York: Columbia University Press, 1933）, 463.

［13］Alexander Melville Bell, *World-English: The Universal Language*（New York: N. D. C. Hodges, 1886）, 7.

［14］C. K. Ogden and I. A. Richards, *The Meaning of Meaning: A Study of the Influence of Language upon Thought and of the Science of Symbolism*（San Diego: Harcourt Brace Jovanovich, 1989［1923］）.

［15］I. A. Richards, *Basic English and Its Uses*（New York: W. W. Norton,［1943］）, 26.

［16］当然，也有抱着同样想法的竞争者，他们在单词的数量和选择上有很大不同。日本教育部顾问 H.E.Palmer 在东京的 IRET（英语教学研究所）开发了一系列英语教学工具，包括 1937 年与 A.S.Hornby 合作的《千字英语》。纽约大学语言研究所所长 Elaine Swenson 提出了基于 900 个单词的 "Swenson English"。关于这些同时期的工作，请参阅：Janet Rankin Aiken, "English as the International Language," *American Speech* 9（1934）: 98-110, on 107-108.

［17］C. K. Ogden, *Debabelization: With a Survey of Contemporary Opinion on the Problem of a Universal Language*（London: Kegan Paul, Trench, Trubner, 1931）, 10.

［18］I. A. Richards, "Basic English and Its Applications," *Journal of the Royal Society of Arts*, no. 4515（2 June 1939）: 733-747, 转载于: C. K. Ogden, *From Russell to Russo: Reviews and Commentaries*, ed. W. Terrence Gordon（London: Routledge/Thoemmes, 1994）, 15.

［19］Richards, *Basic English and Its Uses*, 24; C. K. Ogden, "A New Solution of the Universal Language Problem," *Psyche* 10（October 1929）, 转载于: Ogden, *From Significs to Orthology*, ed. W. Terrence Gordon（London: Routledge/Thoemmes Press, 1994）, 106-107. 也可参阅: Ogden, extracts from *Basic for Science*（London: Kegan Paul, Trench, Trubner, 1942）, 转载于: Ogden, *From Bentham to Basic English*, ed. W. Terrence Gordon（London: Routledge/Thoemmes Press, 1994）, 321-349.

［20］Aiken, "English as the International Language," 108.

［21］Richards, *Basic English and Its Uses*, 11.

［22］关于战时内阁，请参阅: Carolyn N. Biltoft, "Speaking the Peace: Language, World Politics and the League of Nations, 1918-1935"（PhD dissertation, Princeton University, 2010）, on 120. 关于基本英语在中国的情况，请参阅: Rodney Koeneke, *Empire of the Mind: I. A. Richards and Basic English in China, 1929-1979*（Stanford: Stanford University Press, 2004）.

［23］Lancelot T. Hogben, *Essential World English: Being a Preliminary Mnemotechnic Programme for Proficiency in English Self-Expression for International Use, Based on Semantic Principles*（New York: W. W. Norton, 1963）, 9.

[24] I. A. Richards, "Basic English and Its Applications," *Journal of the Royal Society of Arts*, no. 4515（2 June 1939）: 733-747, 转载于: Ogden, *From Russell to Russo*, 25.

[25] 请参阅，例如: J. A. Large, *The Foreign-Language Barrier: Problems in Scientific Communication*（London: André Deutsch, 1983）, 147; Franz Thierfelder, *Die deutsche Sprache im Ausland*, 2 v.（Hamburg: R. v. Decker, 1956-1957）, I:37; Aiken, "English as the International Language," 102; and UNESCO, *Scientific and Technical Translating: And Other Aspects of the Language Problem*（Geneva: UNESCO, 1957）, 188.

[26] Edmund Andrews, *A History of Scientific English: The Story of Its Evolution Based on a Study of Biomedical Terminology*（New York: Richard R. Smith, 1947）, 281.

[27] J. A. Lauwerys preface to Henry Jacob, *On the Choice of a Common Language*（London: Sir Isaac Pitman & Sons, 1946）, vii. 关于具体数据，请参阅: "English Is Most Popular Scientific Language," *Science News-Letter* 56, no. 11（10 September 1949）: 166.

[28] "Rapport de l'Académie des Sciences sur la langue française et le rayonnement de la science française," *Comptes Rendus* 295（8 November 1982）: 131-146, on 133.

[29] Franck Ramus, "A quoi servent les revues scientifiques francophones?," available at http://www.lscp.net/persons/ramus/fr/revues.html, accessed 18 July 2012.

[30] Crystal, *The Stories of English*, 454.

[31] Hitchings, *The Secret Life of Words*, 182.

[32] Robert B. Kaplan, "The Hegemony of English in Science and Technology," *Journal of Multilingual and Multicultural Development* 14（1993）: 151-172, on 157.

[33] Robert Schoenfeld, *The Chemist's English*, 3d ed.（Weinheim: Wiley-VCH, 2001 [1985]）, 143.

[34] Ulrich Ammon, *Die internationale Stellung der deutschen Sprache*（Berlin: Walter de Gruyter, 1991）, 265.

[35] Rolf Tatje, "Fachsprachliche Kommunikation: Zum Status des Deutschen, Englischen und Französischen als Wissenschafts und Publikationssprachen in der Mineralogie," in Theo Bungarten, ed., *Beiträge zur Fachsprachenforschung: Sprache in Wissenschaft und Technik, Wirtschaft und Rechtswesen*（Tostedt: Attikon Verlag, 1992）: 73-90, on 76; Wolfgang Wickler, "Englisch als deutsche Wissenschaftssprache," in Hartwig Kalverkämper and Harald Weinrich, eds., *Deutsch als Wissenschaftssprache: 25. Konstanzer Literaturgespräch des Buchhandels, 1985*（Tübingen: Gunter Narr Verlag, 1986）: 26-31, on 26; Robert A. Day, *Scientific English: A Guide for Scientists and Other Professionals*（Phoenix, AZ: Oryx Press, 1992）, 9; W. Wayt Gibbs, "Lost Science in the Third World," *Scientific American*（August 1995）: 92-99; Ulrich Ammon, "The International Standing of the German Language," in Jacques Maurais and Michael A. Morris, eds., *Languages in a Globalising World*（Cambridge:

Cambridge University Press, 2003): 231-249, on 244; Thomas Karger, "Englisch als Wissenschaftssprache im Spiegel der Publikationsgeschichte," in Kalverkämper and Weinrich, eds., *Deutsch als Wissenschaftssprache* (1986): 48-50, on 49; Ralph A. Lewin and David K. Jordan, "The Predominance of English and the Potential Use of Esperanto for Abstracts of Scientific Articles," in M. Kageyama, K. Nakamura, T. Oshima, and T. Uchida, eds., *Science and Scientists: Essays by Biochemists, Biologists, and Chemists* (Tokyo: Japan Scientific Societies Press, 1981): 435-441, on 436; Ulrich Ammon and Grant McConnell, *English as an Academic Language in Europe: A Survey of Its Use in Teaching* (Frankfurt am Main: Peter Lang, 2002), 19; and Scott L. Montgomery, *Science in Translation: Movements of Knowledge through Cultures and Time* (Chicago: University of Chicago Press, 2000), 224.

[36] 引自: Werner Traxel, "Internationalität oder Provinzialismus? Über die Bedeutung der deutschen Sprache für deutschsprachige Psychologen," *Psychologische Beiträge* 17 (1975): 584-594, on 585-586. Ellipses in original.

[37] Day, *Scientific English*. 也可参阅: E. Sopher, "An Introductory Approach to the Teaching of Scientific English to Foreign Students," *English Language Teaching* 28 (July 1974): 353-359; Peter Strevens, "Technical, Technological, and Scientific English (TTSE)," *English Language Teaching* 27 (1973): 223-234.

[38] Eija Ventola and Anna Mauranen, "Non-Native Writing and Native Revising of Scientific Articles," in Eija Ventola, ed., *Functional and Systemic Linguistics: Approaches and Uses* (Berlin: Mouton de Gruyter, 1991): 457-492. 关于翻译的费用, 请参阅: Bonnie Lee La Madeleine, "Lost in Translation," *Nature* 445 (25 January 2007): 454-455, on 455.

[39] Scott L. Montgomery, *Does Science Need a Global Language? English and the Future of Research* (Chicago: University of Chicago Press, 2013), 99.

[40] Alan G. Gross, Joseph E. Harmon, and Michael Reidy, *Communicating Science: The Scientific Article from the 17th Century to the Present* (New York: Oxford University Press, 2002), 230.

[41] Dietrich Voslamber, "Wissenschaftssprache am Scheideweg—Die Sprachenproblematik aus der Sicht eines Physikers," in Hermann Zabel, ed., *Deutsch als Wissenschaftssprache: Thesen und Kommentare zum Problemkreis "Denglisch"* (Paderborn: IFB Verlag, 2005): 87-95, on 91.

[42] Joan K. Swinburne, "The Use of English as the International Language of Science: A Study of the Publications and Views of a Group of French Scientists," *Incorporated Linguist* 22 (1983): 129-132, on 131. 关于国际会议中的英语, 请参阅: Sabine Skudlik, *Sprachen in den Wissenschaften: Deutsch und Englisch in der internationalen Kommunikation* (Tübingen: Gunter Narr, 1990), 113; and Tatje, "Fachsprachliche

Kommunikation," 77.

[43] La Madeleine, "Lost in Translation," 454; Florian Coulmas, "Les facteurs économiques et les langues de la communication scientifique: Le japonais et l'allemand," in Conseil de la langue française, Gouvernement du Québec, *Le français et les langues scientifiques de demain: Actes du colloque tenu à l'Université du Québec à Montréal du 19 au 21 mars 1996* (Quebec, Canada: Gouvernment du Québec, 1996): 69–79, on 75; Montgomery, *Science in Translation*, 201; Christian Galinski, "Information Technology and Documentation in Science and Technology in Japan," *Journal of Information Science* 5 (1982): 63–77; and C. F. Foo-Kune, "Japanese Scientific and Technical Periodicals: An Analysis of Their European Language Content," *Journal of Documentation* 26 (1970): 111–119.

[44] Florian Vollmers, "Zu viel Englisch ist auch nicht gut," *Frankfurter Allgemeine Zeitung* (24 January 2012), accessed online at www.faz.net/-gyq-6wy7d.

[45] Vollmers, "Zu viel Englisch ist auch nicht gut"; Ulrich Ammon, "Die Politik der deutschsprachigen Länder zur Förderung der deutschen Sprache in Russland," in Ammon and Dirk Kemper, eds., *Die deutsche Sprache in Russland: Geschichte, Gegenwart, Zukunftsperspektiven* (Munich: Iudicium, 2011): 327–343, on 337. 关于英语教科书，请参阅: Wickler, "Englisch als deutsche Wissenschaftssprache," 28.

[46] Wickler, "Englisch als deutsche Wissenschaftssprache," 27. 关于欧洲学术界英语的总体情况，请参阅: Ammon and McConnell, *English as an Academic Language in Europe*.

[47] Ralph Mocikat, Wolfgang Haße, and Hermann H. Dieter, "Sieben Thesen zur deutschen Sprache in der Wissenschaft," in Zabel, ed., *Deutsch als Wissenschaftssprache* (2005): 12–17, on 15.

[48] Molina's biography, at: http://www.nobelprize.org/nobel_prizes/chemistry/laureates/1995/molina-bio.html.

[49] Skou's biography, at: http://www.nobelprize.org/nobel_prizes/chemistry/laureates/1997/skou-bio.html. 另外两位是1930年出生于法国、2005年获奖的Yves Chauvin，以及1936年出生于德国巴德坎斯塔特、2007年获奖的Gerhard Ertl。

[50] Tanaka's biography, at: http://www.nobelprize.org/nobel_prizes/chemistry/laureates/2002/tanaka-bio.html.

[51] Negishi's biography, at: http://www.nobelprize.org/nobel_prizes/chemistry/laureates/2010/negishi-bio.html.

[52] Zewail's biography, at: http://www.nobelprize.org/nobel_prizes/chemistry/laureates/1999/zewail-bio.html.

[53] Skudlik, *Sprachen in den Wissenschaften*, 178–181. 对于诺贝尔奖获奖人群进行的杰出的学术性研究分析，请参阅: Robert Marc Friedman, *The Politics of Excellence*:

Behind the Nobel Prize in Science (New York: W. H. Freeman, 2001); Elisabeth Crawford, *Nationalism and Internationalism in Science, 1880-1939: Four Studies of the Nobel Population* (Cambridge: Cambridge University Press, 1992); and István Hargittai, *The Road to Stockholm: Nobel Prizes, Science, and Scientists* (New York: Oxford University Press, 2002).

[54] Hargittai, *The Road to Stockholm*, 18.

[55] Max Talmey, "The Auxiliary Language Question," *Modern Language Journal* 23 (1938): 172-186, on 174; and Maryse Lafitte, "Quelques hypothèses sur la place du français et de l'anglais dans le monde actuel … ," in Chartier and Corsi, eds., *Sciences et langues en Europe* (2000): 179-191, on 184.

[56] 关于英语的简单性，请参阅：W. Brackenbusch, *Is English Destined to Become the Universal Language of the World?* (Göttingen: W. Fr. Kaestner, 1868), 5-6. 关于英语的男性气概，请参阅：Jespersen, *Growth and Structure of the English Language*, 2, 11.

[57] Thierfelder, *Die deutsche Sprache im Ausland*, II:72.

[58] Thierfelder, *Die deutsche Sprache im Ausland*, II:311.

[59] 转引自：David C. Gordon, *The French Language and National Identity (1930-1975)* (The Hague: Mouton, 1978), 49.

[60] Claude Truchot, *L'Anglais dans le monde contemporain* (Paris: Le Robert, 1990), 38; McCrum, *Globish*, 222.

[61] Andrew W. Conrad and Joshua A. Fishman, "English as a World Language: The Evidence," in Joshua A. Fishman, Robert L. Cooper, and Andrew W. Conrad, eds., *The Spread of English: The Sociology of English as an Additional Language* (Rowley, MA: Newbury House, 1977): 3-76, on 7-8; Crystal, "The Past, Present, and Future of World English," 30-31.

[62] C. W. Hanson, *The Foreign Language Barrier in Science and Technology* (London: Aslib, 1962), 2. 也可参阅：D. N. Wood, "The Foreign-Language Problem Facing Scientists and Technologists in the United Kingdom—Report of a Recent Survey," *Journal of Documentation* 23 (1967): 117-130, on 117-118; W. J. Hutchins, L. J. Pargeter, and W. L. Saunders, *The Language Barrier: A Study in the Depth of the Place of Foreign Language Materials in the Research Activity of an Academic Community* (Sheffield: University of Sheffield, 1971); and John Gray and Brian Perry, *Scientific Information* (Oxford: Oxford University Press, 1975), 22.

[63] Mario Pei, *One Language for the World* (New York: Biblo and Tannen, 1968), 45; and S. Frederick Starr, "English Dethroned," *Change* (May 1978): 26-31, with the reference to science on 30.

[64] Nicholas Ostler, *The Last Lingua Franca: English until the Return of Babel* (New

York: Walker, 2010), 14; Paul Cohen, "The Rise and Fall of the American Linguistic Empire," *Dissent* (Fall 2012).

[65] Pei, *One Language for the World*, 104.

[66] Conrad and Fishman, "English as a World Language," 13, 56; Robert Phillipson, *Linguistic Imperialism* (Oxford: Oxford University Press, 1992), 157.

[67] 关于经济实力的因素, 请参阅: Ammon and McConnell, *English as an Academic Language in Europe*, 13.

[68] William Grabe and Robert B. Kaplan, "Science, Technology, Language, and Information: Implications for Language and Language-in-Education Planning," *International Journal of the Sociology of Language* 59 (1986): 47–71.

[69] Eugene Garfield, "English—An International Language for Science?," *Current Contents* (26 December 1967): 19–20; Kaplan, "The Hegemony of English in Science and Technology"; Montgomery, *Does Science Need a Global Language?* 83.

[70] Pamela Spence Richards, "The Soviet Overseas Information Empire and the Implications of Its Disintegration," in Bowden et al. eds. *Proceedings of the 1998 Conference on the History and Heritage of Science Information Systems* (1999): 206–214, on 210.

[71] Péter Medgyes and Mónika László, "The Foreign Language Competence of Hungarian Scholars: Ten Years Later," in Ammon, ed., *The Dominance of English as a Language of Science* (2001): 261–286, on 263–264; Ammon, *Die internationale Stellung der deutschen Sprache*, 142–143; idem, "To What Extent is German an International Language?," in Patrick Stevenson, ed., *The German Language and the Real World: Sociolinguistic, Cultural, and Pragmatic Perspectives on Contemporary German* (Oxford: Clarendon Press, 1995): 25–53, on 36; Ferenc Fodor and Sandrine Peluau, "Language Geostrategy in Eastern and Central Europe: Assessment and Perspectives," in Maurais and Morris, eds., *Languages in a Globalising World* (2003): 85–98, on 87, 97.

[72] Tatjana Kryuchkova, "English as a Language of Science in Russia," in Ulrich Ammon, ed., *The Dominance of English as a Language of Science: Effects on Other Languages and Language Communities* (Berlin: Mouton de Gruyter, 2001): 405–423, on 420–421.

[73] Skudlik, *Sprachen in den Wissenschaften*, 212.

[74] 此类观点, 请参阅: Schoenfeld, *The Chemist's English*, 145; and Maurice Crosland, *Science under Control: The French Academy of Sciences, 1795-1914* (Cambridge: Cambridge University Press, 1992), 11. 相反的观点, 请参阅: Michel Debré, "La langue française et la science universelle," *La Recherche* 7, no. 69 (July–August 1976): 956; and Hans Hauge, "Nationalising Science," in Chartier and Corsi, *Sciences et*

langues en Europe（2000）：151-159，on 157.

[75] Skudlik，*Sprachen in den Wissenschaften*，22-23，98.

[76] Ammon，"To What Extent is German an International Language?" 45-46. 也可参阅：Winfried Thielmann，*Deutsche und englische Wissenschaftssprache im Vergleich：Hinführen—Verknüpfen—Benennen*（Heidelberg：Synchron，2009），317；and Günter Bär，"Die nationalen Hochsprachen, z.B. Französisch und Deutsch, als Grundlagen der nationalen Kulturen in der Auseinandersetzung mit der Weltsprache Englisch," in Manfred Hättich and Paul Dietmar Pfitzner, eds., *Nationalsprachen und die Europäische Gemeinschaft：Probleme am Beispiel der deutschen, französischen und englischen Sprache*（Munich：Olzog，1989）：64-78.

[77] Traxel，"Internationalität oder Provinzialismus?" 588.

[78] G. A. Lienert，"Über Werner Traxel：Internationalität oder Provinzialismus, zur Frage：Sollten Psychologen in Englisch publizieren?" *Psychologische Beiträge* 19（1977）：487-492.

[79] Joshua A. Fishman，"English in the Context of International Societal Bilingualism," in Fishman et al., eds., *The Spread of English*（1977）：329-336，on 334-335；and also Alexander Ostrower，*Language, Law, and Diplomacy：A Study of Linguistic Diversity in Official International Relations and International Law*，2 v.（Philadelphia：University of Pennsylvania Press，1965），I:398. Ostrower 的主要例子是当代（1965 年）美国科学家对俄语的忽视。

[80] Ulrich Ammon，"German as an International Language of the Sciences— Recent Past and Present," in Gardt and Hüppauf, eds., *Globalization and the Future of German*（2004）：157-172，on 164；Claude Hagège，*Contre la pensée unique*（Paris：Odile Jacob，2012），64.

[81] Hans Joachim Meyer，"Global English—a New Lingua Franca or a New Imperial Culture?" in Gardt and Hüppauf, eds., *Globalization and the Future of German*（2004）：65-84，on 68.

[82] Ulrich Ammon，"German or English? The Problems of Language Choice Experienced by German-Speaking Scientists," in P. H. Nelde, ed., *Sprachkonflikte und Minderheiten*（Bonn：Dümmler，1990）：33-51；Miquel Siguan，"English and the Language of Science：On the Unity of Language and the Plurality of Languages," in Ammon, ed., *The Dominance of English as a Language of Science*（2001）：59-69，on 59.

[83] Theo Bungarten，"Fremdsprachen als Barrieren in der Wissenschaft?," *Zeitschrift für Sprachwissenschaft* 4，no. 2（1985）：250-258，on 255；Cristina Guardiano，M. Elena Favilla，and Emilia Calaresu，"Stereotypes about English as the Language of Science," *AILA Review* 20（2007）：28-52，on 29.

[84] Philippe Van Parijs, "Tackling the Anglophones' Free Ride: Fair Linguistic Cooperation with a Global Lingua Franca," *AILA Review* 20 (2007): 72-86.

[85] Lewin and Jordan, "The Predominance of English," 436.

[86] Liliana Mammino, "The Mother Tongue as a Fundamental Key to the Mastering of Chemistry Language," in Charity Flener Lovitt and Paul Kelter, eds., *Chemistry as a Second Language: Chemical Education in a Globalized Society* (Washington, DC: American Chemical Society, 2010): 7-42; Kwesi Kwaa Prah, *Mother Tongue for Scientific and Technological Development in Africa* (Bonn: Deutsche Stiftung für internationale Entwicklung, 1993).

[87] Ralph Mocikat in Mocikat and Alexander Kekulé, "Soll Deutsch als Wissenschaftssprache überleben?," *Zeit Online* (28 April 2010), accesssed at www.zeit.de/wissen/2010-04/deutschforschungssprache. Werner Traxel, 这位心怀不满的心理学家也提出了类似的观点："'Publish or Perish!'—auf deutsch oder auf englisch?" *Psychologische Beiträge* 21 (1979): 62-77, on 68.

[88] Montgomery, *Does Science Need a Global Language?* 116.

[89] Pörksen, "Anglisierung—der dritte große Entlehnungsvorgang in der deutschen Sprachgeschichte," 13.

[90] Skudlik, *Sprachen in den Wissenschaften*, 24.

结论

[1] Edward Sapir, *Language: An Introduction to the Study of Speech* (Mineola, NY: Dover Publications, 2004 [1921]), 184.

[2] John Chadwick, *The Decipherment of Linear B*, 2d ed. (Cambridge: Cambridge University Press, 1992 [1958]).

[3] H. Beam Piper, "Omnilingual," Project Gutenberg eBook, http://www.guten berg.org/files/19445/19445-h/19445-h.htm, accessed 7 December 2008, on p. 11.

[4] Piper, "Omnilingual," 42.

[5] Piper, "Omnilingual," 44-45.

[6] Piper, "Omnilingual," 46.

[7] 这个观点在下面两本书中被特别提出，请参阅：Sabine Skudlik, *Sprachen in den Wissenschaften: Deutsch und Englisch in der internationalen Kommunikation* (Tübingen: Gunter Narr, 1990), 221; and Scott L. Montgomery, *Does Science Need a Global Language? English and the Future of Research* (Chicago: University of Chicago Press, 2013), 66.

[8] David Crystal, *The Stories of English* (Woodstock, NY: Overlook Press, 2004),

508；Henry Hitchings, *The Secret Life of Words：How English Became English*（New York：Farrar, Straus & Giroux, 2008），336；Nicholas Ostler, *The Last Lingua Franca：English until the Return of Babel*（New York：Walker, 2010），62.

［9］例子有很多，数不胜数。关于核战争题材的有趣的科幻作品，请参阅：Walter M. Miller, *A Canticle for Leibowitz*（Philadelphia：Lippincott, 1960［1959］）; and Poul Anderson, *Orion Shall Rise*（New York：Timescape, 1983）.

［10］J. E. Holmstrom, "The Foreign Language Barrier," *Aslib Proceedings* 14, no. 12（December 1962）：413-425, on 414.

［11］John DeFrancis, *The Chinese Language：Fact and Fantasy*（Honolulu：University of Hawaii Press, 1984）; Jing Tsu, *Sound and Script in Chinese Diaspora*（Cambridge, MA：Harvard University Press, 2010）.

［12］Montgomery, *Does Science Need a Global Language?* 5.

［13］关于生态学的观点，请参阅：Peter Mühlhäusler, "Language Planning and Language Ecology," *Current Issues in Language Planning* 1, no. 3（2000）：306-367. 相反的观点，请参阅：Douglas A. Kibbee, "Language Policy and Linguistic Theory," in Jacques Maurais and Michael A. Morris, eds., *Languages in a Globalising World*（Cambridge：Cambridge University Press, 2003）：47-57.

［14］K. David Harrison, *When Languages Die：The Extinction of the World's Languages and the Erosion of Human Knowledge*（New York：Oxford University Press, 2007），6-7.

［15］Mühlhäusler, "Language Planning and Language Ecology," 333；Winfried Thielmann, "The Problem of English as the *Lingua Franca* of Scholarly Writing from a German Perspective," in Anthony J. Liddicoat and Karis Muller, eds., *Perspectives on Europe：Language Issues and Language Planning in Europe*（Melbourne：Language Australia, 2003）：95-108, on 103.

［16］Ulrich Ammon, "Die deutsche Sprache in den Wissenschaften," in Conseil de la langue française, Gouvernement du Québec, *Le français et les langues scientifiques de demain：Actes du colloque tenu à l'Université du Québec à Montréal du 19 au 21 mars 1996*（Quebec, Canada：Gouvernment du Québec, 1996）：209-220, on 219；Dieter Föhr, *Deutsch raus—Englisch rein：Vom Abdanken einer großen Kultursprache*（Berlin：Pro BUSINESS, 2008），115.

［17］Michel Debré, "La langue française et la science universelle," *La Recherche* 7, no. 69（July- August 1976）：956. 关于法国文化对英语更广泛的态度的总结，请参阅：Brian Weinstein, "Francophonie：Purism at the International Level," in Björn H. Jernudd and Michael J. Shapiro, eds., *The Politics of Language Purism*（Berlin：Mouton de Gruyter, 1989）：53-79.

［18］Claude Hagège, *Contre la pensée unique*（Paris：Odile Jacob, 2012），237；Jean

Darbelnet, "Le français face à l'anglais comme langue de communication," *Le français dans le monde* 89（1972）: 6-9, on 9.

[19] Claude Truchot, *L'Anglais dans le monde contemporain*（Paris: Le Robert, 1990）, 74, 128; David Graddol, *The Future of English?*（London: British Council, 1997）, 8-9; Philippe Meyer, "The English Language: A Problem for the Non-Anglo-Saxon Scientific Community," *British Medical Journal* 2（7 June 1975）: 553-554. 至少在1962年时, 听任英语泛滥的现象已经普遍存在, 可参阅: Pierre Burney, *Les langues internationales*（Paris: Presses universitaires de France, 1962）, 71.

[20] Laurent Lafforgue, "Le français, au service des sciences," *Pour la Science*（28 March 2005）: 8.

[21] Lawrence H. Summers, "What You（Really）Need to Know," *New York Times*（20 January 2012）: ED26.

[22] 请参阅: "Inside Google Translate" at http://translate.google.com/about/index.html; and "How Does Google Translate Work?" at http://www.geekosystem.com/how-does-google-translate-work, both accessed on 28 September 2011.

[23] Graddol, *The Future of English?* 30. 关于"语言"在这种背景中的隐喻, 请参约尔格·普吕格在下面一书中的精彩讨论: Jörg Pflüger, "Language in Computing," in Matthias Dörries, ed., *Experimenting in Tongues: Studies in Science and Language*（Stanford: Stanford University Press, 2002）: 125-162.

[24] 关于总体的介绍, 请参阅: Brian McConnell, *Beyond Contact: A Guide to SETI and Communicating with Alien Civilizations*（Sebastopol, CA: O'Reilly, 2001）.

[25] Paul Davies, *The Eerie Silence: Renewing Our Search for Alien Intelligence*（Boston: Houghton Mifflin, 2010）, 183.

[26] George Basalla, *Civilized Life in the Universe: Scientists on Intelligent Extraterrestrials*（New York: Oxford University Press, 2006）, 200.

[27] Hans Freudenthal, *Lincos: Design of a Language for Cosmic Intercourse*, Part I（Amsterdam: North-Holland, 1960）, 11.

[28] Freudenthal, *Lincos*, 13.

[29] Freudenthal, *Lincos*, 21.

[30] I. S. Shklovskii and Carl Sagan. *Intelligent Life in the Universe*（Boca Raton, FL: Emerson-Adams, 1998［1966］）, 430.

索 引

A

阿巴斯王朝　Abbasid dynasty，36

（科学）摘要　abstracts（scientific），8，9，61-69，72-74，78-80，84，98，102，168-169，188，241，247，262，269-274，279，281，302，305-307，314，322-325. 也可参见："出版物"；"翻译"

《学院派》（西塞罗）*Academics*（Cicero），32

法国科学院　Académie des Sciences，21，46，150，205

法兰西学术院　Académie Française，120

（圣彼得堡/苏联）科学院　Academy of Sciences（St. Petersburg/Soviet），70，94，112，280

《物理化学学报》*Acta Physicochimica*，247

"辅助语"（语言）　Adjuvanto（language），117，119-126，130，132，135-141，148-150，154，161-166，170，195，

西奥多·阿多诺　Adorno, Theodor，223，231

《科学技术前沿》*Advances in Science and Technology*，272

美国物理联合会　AIP（American Institute of Physics），278-282，287-288，351

约克的阿尔昆　Alcuin of York，35

彼得·阿列克谢夫　Alekseev, Petr，110

亚历山大大帝　Alexander the Great，20

阿方索六世　Alfonso VI，37

《至大论》（托勒密）*Almagest*（Ptolemy），37

自动语言处理咨询委员会　ALPAC（Automatic Languages Processing Advisory Committee），285-286，289，347

| 索引 |

美国化学学会　American Chemical Society，238，302

美国地质联合会　American Geological Institute，238

美国数学学会　American Mathematical Society，274，288

美国石油学会　American Petroleum Institute，274，275

美国哲学学会　American Philosophical Society，118，126

美国土木工程师学会　American Society of Civil Engineers，288

乌尔里希·阿蒙　Ammon, Ulrich，9，315，352

瓦西里·伊万诺维奇·安德森　Anderson, Vassili Ivanovich，101

《化学与药学纪事》　Annalen der Chemie und Pharmacie，63. 也可参见：" 《利比希化学纪事》"

《物理年鉴》　Annalen der Physik，296

《化学和物理年鉴》　Annales de Chimie et de Physique，20

安东尼努斯·皮乌斯　Antoninus Pius，30

后验语言　a posteriori languages，121，123. 也可参见："世界语"；"沃拉普克语"

先验语言　a priori languages，123–124

阿拉伯语　Arabic，4，35–39，116，135，157，183，242

亚拉姆语　Aramaic，30

阿基米德　Archimedes，31

汉娜·阿伦特　Arendt, Hannah，222–223，231，233

亚里士多德　Aristotle，31，37–38

《装甲》（期刊）　Armor（journal），253

亨利·阿姆斯特朗　Armstrong, Henry Edward.，84，101

斯凡特·阿伦尼乌斯　Arrhenius, Svante，146–147

乔治·阿尔茨鲁尼　Artsrouni, George，413–414

雅利安物理学　"Aryan Physics"（Deutsche Physik），218–221

法国沃拉普克语传播协会　Association française pour la propagation du Volapük，129

《新奇科幻》　Astounding Science Fiction，342

陆军专业培训计划　ASTP（Army Specialized Training Program），248

《天文学通报》　Astronomische Nachrichten，200

原子能委员会　Atomic Energy Commission，234，268，284

《阿提卡之夜》（格利乌斯）　Attic Nights（Gellius），35

阿提库斯　Atticus，32–33

"告文明世界书"（"九十三人宣言"）　"Aufruf"（"Manifesto of the Ninety-Three"），192，194，196

奥地利　Austria，175，196

›445

辅助语言：化学出版物与辅助语言，见：166–173；辅助语言的定义，见：117–119；辅助语言中的优秀品质，见：155–159, 162–167；辅助语言中的困难，见：138–144, 240–241；民族语言作为辅助语言，见：7–8, 180–191；辅助语言的逻辑，见：117–144, 147–149, 239–241. 也可参见："人工语言"；以及某种特定的语言

B

阿道夫·冯·贝耶尔　Baeyer, Adolf von, 193

巴哈伊教　Bahai'i, 131

米利·巴拉基列夫　Balakirev, Milii, 97

约书亚·巴尔－希勒尔　Bar-Hillel, Yehoshua, 255, 263, 283–285

曼努埃尔·巴里奥斯　Barrios, Manuel, 150

"巴特尔斯诉爱荷华案"　*Bartels v. Iowa*, 203

基本英语　Basic English, 320–322, 339

简·伊格那修·鲍德因·考特尼　Baudoin de Courtenay, Jan Ignatius, 150–151

亨利·贝克勒尔　Becquerel, Henri, 139

亚历山大·埃米尔·贝古耶·德·尚库尔托伊斯　Béguyer de Chancourtois, Alexandre-Émile, 58

弗里德里希·康拉德·贝尔斯坦　Beilstein, Friedrich Konrad, 61–64, 74–79, 83, 107, 111–112, 306–314

贝尔斯坦研究所　Beilstein Institute, 311–313

亚历山大·梅尔维尔·贝尔　Bell, Alexander Melville, 319

白俄罗斯　Belorussian, 83

欧文·本格尔斯多夫　Bengelsdorf, Irving S., 251

里克·伯格　Berger, Ric, 163

托贝恩·贝格曼　Bergman, Torbern, 45, 47

德国化学学会的《德国化学学报》 *Berichte* of the German Chemical Society, 67–68, 77, 79

柏林科学院　Berlin Academy of Sciences, 185

米奇林·贝特洛　Berthelot, Marcelin, 139

海因里希·伯茨　Bertsch, Heinrich, 306

米歇尔·贝索　Besso, Michele, 225

罗伯特·拜尔　Beyer, Robert, 279, 281, 287

弗朗兹·博厄斯　Boas, Franz, 180

波爱修斯　Boethius, 35

埃米尔·博伊拉克　Boirac, Émile, 150

汉斯－格奥尔格·博伊特　Boit, Hans-Georg., 313

布尔什维克革命　Bolshevik Revolution，192

安德鲁·唐纳德·布斯　Booth, Andrew Donald，254，268

马克斯·玻恩　Born, Max，226-231，306

亚历山大·鲍罗丁　Borodin, Aleksandr，74，97

植物学　botany，23，48，312

查尔斯·布查德　Bouchard, Charles，150

《布洛涅宣言》　Boulogne Declaration，136-137，142

（对德国科学家的）联合抵制　Boycott, the (of German scientists)，191，195-196，198，200，204-205

维利·勃兰特　Brandt, Willy，306

布拉兹　Braz, G. I.，277

"桥梁"（组织机构）　Bridge (organization)，173，175

珀西·布里奇曼　Bridgman, Percy，231

丹尼尔·加里森·布林顿　Brinton Daniel Garrison，131

英国科学促进会　British Association for the Advancement of Science，101，189，205

汉斯·布罗克曼　Brockmann, Hans，305

亚历山大·克拉姆·布朗　Brown, Alexander Crum，101

布朗运动　Brownian motion，225

佛教　Buddhism，41

保加利亚语　Bulgarian，90-92，135

爱德华·伯纳德·伯恩　Bunn, Edward Bernard.，237

范内瓦·布什　Bush, Vannevar，255，289

亚历山大·布特列洛夫　Butlerov, Aleksandr，74-78，83，96，101-102，106-113，189

拜占庭帝国　Byzantine Empire，34

C

莫里兹·康托尔　Cantor, Moritz，73

乌尔提亚努斯·卡佩拉　Capella, Martianus，35

"格"（语法学用语）　cases (grammatical)，28，88，127，182

卡斯蒂利亚和莱昂王国　Castile and León，37

天主教　Catholicism，35，46，91-92，122

奥卢斯·科尼利厄斯·塞尔苏斯　Celsus, Aulus Cornelius，34，46，183

让-弗朗索瓦·商博良　Champollion, Jean-François，342

苏布拉马尼扬·钱德拉塞卡　Chandrasekhar, Subrahmanyan，12

查理曼大帝　Charlemagne，35

杰弗雷·乔叟　Chaucer, Geoffrey，26，319

《化学文摘》（美国） *Chemical Abstracts*，238—239

《索科洛夫-加德特化学杂志》（俄文） *Chemical Journal*（Russian），71，73，76—77

伦敦化学学会 Chemical Society of London，84

《化学文摘》（德国） *Chemisches Zentralblatt*，302

化学：化学革命与化学，16—23；人工语言与化学，104—108，139—143，146—149，156—158，166—173；国际组织与化学，198—199；语言与化学，17—24，60—70，86—89，104—108，243—245，270—273；机器翻译与化学，265—270；化学命名法，23，53，87，89，102—108，124，138，140—142，170—173，278；元素周期表与化学，55—70，81—85，112—114，341—350；化学中的科学通信，45—53；结构理论与化学，101，108—114；翻译与化学，108—114，265—270，275—283，341；"一战"与化学，192—195，197

伊万·切特维里科夫 Chetverikov, Ivan，139

汉语 Chinese，1，4，41—45，53，115—116，132，157，293，344—346

诺姆·乔姆斯基 Chomsky, Noam，41

温斯顿·丘吉尔 Churchill, Winston，291

中央情报局（美国） CIA（Central Intelligence Agency），237，252，261，285

马库斯·图利乌斯·西塞罗 Cicero, Marcus Tullius，30

《公务员法》 Civil Service Law（in Germany），227，294，307

克劳狄乌斯（罗马皇帝） Claudius（emperor），30—31

恩斯特·科恩 Cohen, Ernst，205

伯纳德·科恩 Cohen, I. Bernard，13

冷战：冷战的结束，313—315，332—333；外语教育和冷战，247—249；冷战中的德国科学，289—296；机器翻译与冷战，7，237—238. 也可参见："苏联"；"翻译"；"美国"

厄尔·麦克斯韦·科尔曼 Coleman, Earl Maxwell，274—280，281，287—288

弗朗西斯·科尔曼 Coleman, Frances，288

《奇异事实集》（索里努斯） *Collection of Remarkable Facts*（Solinus），35

《评西塞罗〈斯奇皮欧之梦〉》（马克罗比乌斯） *Commentary on the Dream of Scipio*（Macrobius），35

科学文献索引编纂和出版委员会 Commission for the Compilation and Publication of Indexes of Scientific Literature，271

共同斯拉夫语 Common Slavic，92

交流（术语名） communication（term），5—6，11—18，344—347

《法国科学院院刊》 *Comptes rendus*，247

人工语言：基本英语和人工语言，320—322；人工语言的崩溃，129—130，158—160；人工语言的困难，134—143，173—175，241；人工语言的目标，115—125，130—132，344—345；人工语言之间的竞争，145—149，155—165；科学概念与人工语言，103—106，124—125，143—144，165—173，240—241；搜寻地外文明计划与人工语言，348—350. 也可参阅："世

界语";"沃拉普克语;以及某种特定的语言

咨询局出版公司　Consultants Bureau, Inc., 275-288

阿奇博尔德·柯立芝　Coolidge, Archibald Cary, 247

罗伯特·科特　Cotter, Robert, 329

路易斯·库图拉特　Couturat, Louis, 117, 121, 149-168, 172-175, 178-179

全刊翻译, cover-to-cover translation, 265, 277-283, 287-289, 306, 317, 333, 也可参见:"翻译"

克里米亚战争　Crimean War, 87

控制论　cybernetics, 262

西里尔文　Cyrillic alphabet, 102, 190, 272-273, 281, 也可参见"俄语"

捷克语, 捷克的, 捷克人　Czech, 51, 59, 90, 133, 211, 301

D

丹麦语, 丹麦的　Danish, 4, 48-49, 53, 104, 145, 151, 175, 328, 335

《丹麦医学公报》　Danish Medical Bulletin, 241

路易斯·德·博弗伦特　de Beaufront, Louis, 135, 161-163

变格　declensions, 28, 54, 122

福斯托·费尔明·德卢亚尔, 胡安·何塞·德卢亚尔　de Elhuyar, Fausto and Juan José, 50

阿里·德·容　de Jong, Arie, 130

国际辅助语选定代表团　Delegation for the Adoption of an International Auxiliary Language, 143, 147, 149, 195

弗迪南·德·索绪尔　de Saussure, Ferdinand, 139-140, 146,

勒内·德·索绪尔　de Saussure, René, 146, 139, 160, 269

勒内·笛卡尔　Descartes, René, 42-43

《德俄医学杂志》　Deutsch-Russische Medizinische Zeitschrift, 198

埃德加·德·沃尔　de Wahl, Edgar, 163

詹姆斯·杜瓦　Dewar, James, 101

《纯粹与应用化学辞典》(伍尔茨)　Dictionary of Pure and Applied Chemistry (Wurtz), 187, 189

欧内斯特·蒂姆尼特　Dimnet, Ernest, 150

话语(定义)　discourses (definition), 11, 17

莱昂·多斯特　Dostert, Léon, 235-237, 248, 251-258, 260-269, 283-289, 347

让·巴蒂斯特·杜·哈默尔　Du Hamel, Jean-Baptiste, 46

艾伦·杜勒斯　Dulles, Allen, 266

阿尔布雷希特·杜勒　Dürer, Albrecht, 183

荷兰语，荷兰人　Dutch, 4–5, 10, 53–54, 58, 138, 189, 319, 335

路德·戴尔　Dyer, Luther, 116

E

民主德国　East Germany, 205, 295–300, 310, 314–315

法国巴黎高等商学院　École des Hautes Études Commerciales, 129

南特敕令　Edict of Nantes, 18

《艾希曼在耶路撒冷》（阿伦特）　*Eichmann in Jerusalem*（Arendt），222

阿尔伯特·爱因斯坦　Einstein, Albert, 15, 196, 219, 224–227, 230

利奥波德·爱因斯坦　Einstein, Leopold, 134

德怀特·艾森豪威尔　Eisenhower, Dwight, 252, 266

弗里德里希·艾森洛尔　Eisenlohr, Friedrich, 73

约翰·特奥多尔·埃勒　Eller, Johann Theodor, 21

爱思唯尔（出版公司）　Elsevier（company），311

应急委员会（美国）　Emergency Committee（U.S.），211

移民（到美国）　emigration（to United States），210, 242

《授权法案》（德国）　Enabling Bill（Germany），207

能量一元论　energeticist monism, 147

亚历山大·恩格尔·加德特　Engel'gardt, Aleksandr N., 71–77

威廉·恩格尔曼　Engelmann, Wilhelm, 169–170

卡尔·恩格勒　Engler, Karl, 193

"英语 II"　Englisch II, 339

英语：人工语言与英语，127–129, 132–133, 319–322；英语的发展，318–319；英语中的多样性，317–318；英语的主导地位，1–2, 5–7, 11–12, 27, 207, 220, 238–241, 330–338；英语的特征，318, 334–336；拉丁语和英语，27；英语母语者，5–6, 334–337；英语非母语者和英语，318, 323–330, 333–338；战后德国和英语，300–302, 306–313；出版业和英语，270–273, 322–325；以英文进行的科学研究，4–5, 323–330；翻译和英语，99–101, 273–283, 288–289；"三巨头"成员身份与英语，8, 23, 54, 117, 144, 346；"一战"与英语，194–196, 204–205, 220. 也可参见："冷战"；"移民（到美国）"；"德语"；"出版物"；"俄语"；"科学"

罗兰·厄特沃什　Eötvös, Roland（Loránd），150

伊拉斯谟　Erasmus, 39, 43–44

埃米尔·埃伦迈尔　Erlenmeyer, Emil, 65, 73–80, 100, 112

《埃伦迈尔杂志》　*Erlenmeyer's Zeitschrift*，74, 也可参见：《化学杂志》（德国）"

《世界语者》　*Esperantiste, L'*，134

《世界语者》　*Esperantisto, La*，140

世界语：代表团和世界语，143–144，149–155，158–165；世界语的发展，130–143；伊多语和世界语，145–149，155–165，173–175；世界语母语者，121；纳粹德国和世界语，214；世界语的中立性，119，239–241. 也可参见："人工语言"

世界语科学协会　Esperanto Scientific Association，140

《论燃素和酸的组成》（柯万）　Essay on Phlogiston（Kirwan），21

《论真文字和哲学语言》（威尔金斯）　Essay towards a Real Character and a Philosophical Language, An（Wilkins），44

民族语言　ethnic languages，117. 也可参见："人工语言"；"地方语言"，"人工语言和民族语言"；以及某种特定的语言

欧几里得　Euclid，31，35，37，38

欧洲原子能共同体 EURATOM，268，284

埃文斯　Evans, R. C.，292

《几种气体的实验和观察》（普里斯特利）　Experiments and Observations（Priestley），21

F

《信仰与理性》（托尔斯泰）　Faith and Reason（Tolstoy），134

法拉第讲座　Faraday Lecture，100，102

古斯塔夫·西奥多·费希纳　Fechner, Gustav Theodor，302

德意志联邦共和国，联邦德国　Federal Republic of Germany，291，306

弗朗茨·斐迪南　Ferdinand, Franz，174

弗曼　Ferman, A. A.，64

埃米尔·费歇尔　Fischer, Emil，193

鲁道夫·菲蒂希　Fittig, Rudolf，75，188

赫尔曼·弗拉斯迪克　Flasdieck, Hermann，216

彼得·福斯特　Forster, Peter，136

威廉·弗斯特　Förster, Wilhelm，150，193

玛丽·福赛斯　Forsyth, Mary，91

《纯粹化学基础》（赫斯）　Foundations of Pure Chemistry（Hess），108

普法战争　Franco-Prussian War，187，191

爱德华·弗兰克兰　Frankland, Edward，107

富兰克林研究所　Franklin Institute，204

普鲁士国王腓特烈二世　Frederick II of Prussia，185

法语：法语作为辅助语言的使用，94–95；人工语言与法语，133，157–158；法语的衰落，322–323；法语的主导地位，17–20；英语与法语的关系，335；德国身份与法语，46，176–179，184–187；机器翻译与法语，256；俄国作品与法语，70–72，80，93–94；科学概念与法语，3，87–89，105–106；法语科学作品，4，51，57，66；法语的规范化，

17–18, 120；"三巨头"成员身份与法语，8，23，54，116–119，144，330，346；美国教育与法语，201–203，250；法语作为地方语言的使用，43；"一战"与法语，195–197，203–205

法国化学学会　French Chemical Society，199

法国物理学会　French Physical Society，139

汉斯·弗勒登塔尔　Freudenthal, Hans，349–350

查尔斯·弗里德尔　Friedel, Charles，107

保罗·弗鲁西蒂埃　Fruictier, Paul，138–139，142

路德维希·福勒达　Fulda, Ludwig，192

《世界语基础》　*Fundamento*（of Esperanto），136–137，141，153，161–165，172–174

G

盖伦　Galen，31，34，38

尤金·加菲尔德　Garfield, Eugene，282

保罗·加尔文　Garvin, Paul，235，258

乔治城自动翻译系统　GAT（Georgetown Automatic Translation），284

君特·高斯　Gaus, Günter，2222

卡尔·弗里德里希·高斯　Gauss, Carl Friedrich，186

德意志民主共和国，民主德国　GDR（German Democratic Republic），291，297，298，305

奥卢斯·格利乌斯　Gellius, Aulus，35

（语言中的）性　gender（in languages），28，57，87，128，134，181

遗传学　genetics，245

约翰·戈特利布·格奥尔基　Georgi, Johann Gottlob，49

克雷莫纳的杰拉德　Gerard of Cremona，37

德语：德语作为辅助语言的使用，93–102，151，197–200；冷战科学与德语，289–296，302–306；人工语言与德语，126–127，133；德语的衰落，8，199–200，204–205，292–293，330–331；德语的方言，182，314；英语与德语的关系，335；德语的特征，181–183；法语和德语，185–186；神圣罗马帝国与德语，290；机器翻译和德语，256；民族主义和德语，186，290；纳粹政权与德语，8，206–231，293；俄国作品与德语，56–74，98–102，188–189，238–241；科学概念与德语，3，87，105，183；"三巨头"成员身份与德语，8，23，54，116，117，119，144，317，330，346；美国教育与德语，200–203，250；"一战"与德语，176–180，204–205. 也可参见："（对德国科学家的）联合抵制"；"化学"；"移民（到美国）"；"英语"；"俄语"

德国学术交流中心　German Academic Exchange Service（DAAD），327

德国化学学会　German Chemical Society，67，77，83，303，305，309

德意志邦联　German Confederation，186

德国物理学会　German Physical Society，221，296

德国研究委员会　German Research Council，307

德国研究协会　German Research Society，296

雅克·吉伯林　Gibelin, Jacques，21

亨利·吉罗　Giraud, Henri，252

亚历山大·戈德　Gode, Alexander，122，240-241

克里斯蒂安·哥德巴赫　Goldbach, Christian，93

尼古拉·戈洛金斯基　Golovkinskii, Nikolai，111

海因里希·格珀特　Göppert, Heinrich，308

塞缪尔·古德斯米特　Goudsmit, Samuel，232

安东尼·格拉博夫斯基　Grabowski, Antoni，124

（古）希腊语：Greek (ancient)：阿拉伯科学和古希腊语，35-39；拉丁语和古希腊语，28-34

亨利·格雷瓜尔　Grégoire, Henri，20

阿尔伯特·盖拉尔　Guérard, Albert，122，128，130

《物理、化学、自然史和技术发现指南》 *Guide of Discoveries in Physics, Chemistry, Natural History and Technology*，271

埃米尔·朱利叶斯·耿贝尔　Gumbel, Emil Julius，212

约翰内斯·古腾堡　Gutenberg, Johannes，184

路易-贝尔纳·吉顿·德·莫尔沃　Guyton de Morveau, Louis-Bernard，22，50，52

H

弗里茨·哈伯　Haber, Fritz，193-194，197，204，210，295

阿歇特（出版商）　Hachette (publisher)，135，139

哈德良（皇帝）　Hadrian (emperor)，30

恩斯特·海克尔　Haeckel, Ernst，193

奥托·哈恩　Hahn, Otto，226，228，230，296，311-314

乔治·埃勒里·海尔　Hale, George Ellery，196

史蒂芬·黑尔斯　Hales, Stephen，21

阿尔宾·哈勒　Haller, Albin，199

《化学教学手册》 *Handbook to the Teaching of Chemistry*，108

《贝尔斯坦有机化学手册》 *Handbuch der organischen Chemie* (Beilstein)，306

《生理化学手册》（莱曼）　*Handbuch der physiologischen Chemie* (Lehmann)，109

沃伦·哈定　Harding, Warren G.，202-203

肯尼斯·哈珀　Harper, Kenneth，257

乔治·哈维　Harvey, George, 150
查尔斯·荷马·哈斯金斯　Haskins, Charles Homer, 38
利兰·霍沃斯　Haworth, Leland, 285
赫尔曼·冯·亥姆霍兹　Helmholtz, Hermann von, 190, 204
亥姆霍兹物理技术研究促进会　Helmholtz Society for the Advancement of Physical-Technical Research, 197
约翰·哥特弗雷德·赫尔德　Herder, Johann Gottfried, 184
解释学　hermeneutics, 358
赫尔曼·黑塞　Hess, Hermann, 290
圣希尔德加德·冯·宾根　Hildegard of Bingen, 42
保罗·冯·兴登堡　Hindenburg, Paul von, 207
古斯塔夫·辛里奇斯　Hinrichs, Gustavus, 58
阿道夫·希特勒　Hitler, Adolf, 131, 207, 223, 231-232, 294, 328, 346
奥古斯特·霍夫曼　Hofmann, August, 110
兰斯洛特·霍格本　Hogben, Lancelot, 321
奥利弗·温德尔·霍姆斯　Holmes, Oliver Wendell, 203
纳粹大屠杀　Holocaust, 226, 231, 306
神圣罗马帝国　Holy Roman Empire, 18, 186, 290
保罗·豪尔顿　Howerton, Paul, 261, 266
汉斯·休布纳　Hübner, Hans, 75, 79
保罗·休根　Hugon, Paul D., 151
人文主义者　humanists, 39, 45
匈牙利科学院　Hungarian Academy of Sciences, 150
卡斯伯特·赫德　Hurd, Cuthbert, 235
约翰·哈钦斯　Hutchins, W. John, 407
埃尔默·哈奇森　Hutchisson, Elmer, 279

I

国际辅助语协会　IALA（International Auxiliary Language Association）, 240
国际商业机器公司　IBM（International Business Machines）, 234, 237
身份认同（术语）　identity（term）, 5-6, 13, 318, 333-334, 337, 339, 347
中立语（语言）　Idiom Neutral（language）, 132, 151-152, 154, 157, 167, 317
伊多语（语言）　Ido（language）, 145-149, 155-159, 165-179, 220, 330, 344
想象出来的语言　imagined languages, 26
国际货币基金组织　IMF（International Monetary Fund）, 331
《梦魇》（电影）　*Incubus*（film）, 131

印欧语系," Indo-European language family. 也可参见："英语"；"法语"；"德语"；"俄语 15，28，87，90，92，131，182，245

信息处理服务商　Information Handling Services，313

亚历山大·伊诺斯特拉采夫　Inostrantsev, Aleksandr，97

"隐秘的科学控制"（威尔逊）　"Insidious Scientific Control"（Wilson），199

精密机械与计算技术研究所　Institute of Precision Mechanics and Computing Technology，263

国际语（亚历山大·戈德提出）　Interlingua（Gode's language），122，151，155，240-241，258

《国际科学评论》　Internacia Scienca Revuo，138-142，147，160，269

国际通用语言学院　International Academy of the Universal Language，152

国际科学院协会　International Association of Academies，143，150，195

国际化学学会联合会　International Association of Chemical Societies，199

国际天文学联合会　International Astronomical Union，198

《国际植物命名法规》　International Code of Botanical Nomenclature，316

国际科学联合会理事会　International Council of Scientific Unions，205

国际电气学会　International Electrical Society，139

国际大地测量和地球物理学联合会　International Geodesic and Geophysical Union，199

（科学中的）国际主义　internationalism（in science），131，164，167，175，192，206，336. 也可参见："人工语言"

《国际语言》（杰拉德·摩尔编辑）　International Language, The（Moore），165

国际科学评论（世界语版）　International Science Review（in Esperanto），138-142，147，160，269

国际理论与应用湖沼学联合会　International Union for Theoretical and Applied Limnology，196

国际沃拉普克语学院　International Volapük Academy，129，152

《有机化学综合研究导论》（布特列洛夫）　Introduction to a Complete Study of Organic Chemistry（Butlerov），101，108

国际研究理事会　IRC（International Research Council），195-199，205

塞维利亚的圣依西多禄　Isidore of Seville，35

意大利语　Italian，3-10，19，26，46，53，59，70，75，106，145，151，157，190，199，221，225，253，293

国际纯粹与应用化学联合会　IUPAC（International Union of Pure and Applied Chemistry），104，199，205，310

J

赫尔曼·雅各比　Jacobi, Hermann, 40
保罗·雅各布森　Jacobson, Paul, 308-309
《化学年刊》 *Jahresbericht*, 78
简·亚诺夫斯基　Janowski, Jan, 115
日语　Japanese, 4, 10, 42-43, 59, 116, 118, 135, 239, 318, 326, 332, 334, 338
奥托·叶斯柏森　Jespersen, Otto, 41, 104, 118, 120, 124, 145, 150, 151-152, 154-155, 157, 162-166, 168, 174, 175, 177, 180
犹太人与犹太身份　Jews and Jewishness, 37, 224-225, 248, 292
约翰·克瑞拉图书馆　John Crerar Library, 274
林登·贝恩斯·约翰逊　Johnson, Lyndon B., 331
《实用化学杂志》 *Journal für praktische Chemie*, 187
《声学杂志》 *Journal of Acoustics*, 280
《口腔医学杂志》 *Journal of Dental Medicine*, 231
《苏联普通化学杂志》 *Journal of General Chemistry of the USSR*, 266-267, 276, 281, 283, 288
《苏联物理杂志》 *Journal of Physics in the USSR*, 247
《技术物理学杂志》 *Journal of Technical Physics*, 280
《美国医学会杂志》 *Journal of the American Medical Association*, 241
《俄国化学学会杂志》 *Journal of the Russian Chemical Society*, 60-61, 77-80, 83-84

K

伊万·卡布卢科夫　Kablukov, Ivan, 98
恺撒·威廉化学研究所　Kaiser-Wilhelm Institute for Chemistry, 210, 295
罗伯特·卡普兰　Kaplan, Robert, 319
奥古斯特·凯库勒　Kekulé, August, 73, 100, 109, 112
罗兰·肯特　Kent, Roland, 150
奥古斯特·柯克霍夫　Kerckhoffs, Auguste, 129
"国王詹姆斯圣经"　King James Bible, 115
理查德·柯万　Kirwan, Richard, 21
卡尔·克劳斯　Klaus, Karl, 96
威廉·克莱姆　Klemm, Wilhelm, 306
维克托·克伦佩勒　Klemperer, Victor, 217
欧根·克莱沃　Klever, Eugen, 305
尼娜·克柳耶娃　Kliueva, Nina, 246

库尔特·考夫卡 Koffka, Kurt, 324
希腊共通语（语言） *Koine*（language）, 30, 31, 35. 也可参见："（古）希腊语"
赫尔曼·科尔贝 Kolbe, Hermann, 78, 187, 188, 189, 190
尼古拉·克列缅佐夫 Krementsov, Nikolai, 246
《化学、物理和数学评刊》 *Kritische Zeitschrift für Chemie, Physik, und Mathematik*, 73. 也可参见:《埃伦迈尔杂志》

L

洛朗·拉福格 Lafforgue, Laurent, 347
让－巴蒂斯特·拉马克 Lamarck, Jean-Baptiste, 245
斯皮里登·兰布罗斯 Lambros, Spyridon, 150
科尼利厄斯·兰佐斯 Lanczos, Cornelius, 224–225, 231
语言：人工语言和语言, 115–130, 145–149, 165–173, 240–241, 320–322；语言的定义, 9；想象出来的语言, 25, 26, 29, 41, 53；相互理解性和语言, 25–26；民族主义和语言, 116–118, 121, 209–221, 242–247, 293；母语者的优势和语言, 6, 15, 94, 334–337；哲学假设和语言, 15–16, 42–45, 148–149, 157–158, 166–167, 217–218, 284, 342–345
媒介语言, 5, 30, 39–45, 51, 186, 200, 319, 326, 329, 331, 332, 333, 338, 345, 346；地方语言, 39–53. 也可参见："辅助语言"；"人工语言"；"语言学"；"机器翻译"；"出版物"；"科学"；以及某种特定的语言
拉丁语：阿拉伯语和拉丁语, 36–38；天主教和拉丁语, 35–36, 46, 122；人工语言和拉丁语, 122–123, 145–149；拉丁语的语法特征, 28–34, 122；希腊语和拉丁语, 29–35；伊多语和拉丁语, 155；印欧语系和拉丁语, 15, 28；学院拉丁语, 38；拉丁语科学作品, 4, 13, 34–39, 46–49, 51–53；拉丁语的通用性, 27, 38–45, 53–54, 119；地方语言和拉丁语, 43–49, 50–54
拉丁国际语（语言） Latino sine flexione（language）, 122–123, 150
安托万·拉瓦锡 Lavoisier, Antoine, 16–17, 20–22, 47, 50–52, 89, 104–106, 187, 189, 341, 349
国际联盟 League of Nations, 199, 205, 216
利奥波德·劳 Leau, Léopold, 117, 124, 143–144, 149–151, 154
乔治斯·莱科因特 Lecointe, Georges, 196
卡尔·戈特尔夫·莱曼 Lehmann, Carl Gotthelf, 109
温弗雷德·莱曼 Lehmann, Winifred, 268
《有机化学教科书》（布特列洛夫） *Lehrbuch der organischen Chemie*（Butlerov）, 111
戈特弗里德·威廉·莱布尼茨 Leibniz, Gottfried Wilhelm von, 43, 143, 184
菲利普·莱纳德 Lenard, Philipp, 193, 218–220

弗拉基米尔·列宁　Lenin, Vladimir, 93, 198, 242

海因里希·楞次　Lenz, Heinrich, 94

康斯坦丁·勒佩吉　Le Paige, Constantin, 150

沃尔夫·勒佩尼斯　Lepenies, Wolf, 339

古斯塔夫·莱温斯坦　Lewinstein, Gustav, 73

路易斯毒气　Lewisite, 194

阿列克谢·李亚普诺夫　Liapunov, Aleksei, 262–263, 270

利亚索夫斯基　Liasovskii, N. A., 103–104

尤斯图斯·冯·利比希　Liebig, Justus von, 63, 73, 86, 109, 186, 189

《利比希化学纪事》　*Liebig's Annalen*, 63, 65, 68, 75, 77, 80, 98

宇宙语　Lincos (Lingua Cosmica), 350

线性文字 B　Linear B, 342

通用语　*lingua franca*, 27

语言学：人工语言与语言学, 122；机器翻译与语言学, 254–255, 260, 284–286；苏联政策与语言学, 244–247, 269–270；结构主义与语言学, 269–270. 也可参见："人工语言"

（世界语）语言委员会　Lingva Komitato (of Esperanto), 154, 165

卡尔·林奈　Linnaeus, Carl, 48–49, 52, 316

威廉·洛克　Locke, William, 261, 268

米哈伊尔·罗蒙诺索夫　Lomonosov, Mikhail, 95

康拉德·劳伦兹　Lorenz, Konrad, 232

理查德·洛伦兹　Lorenz, Richard, 138, 166

路易十四　Louis XIV, 17

《纳粹德国的语言》　LTI (Lingua Tertii Imperii), 217

莱纳·卢肯巴赫　Luckenbach, Reiner, 313

卢克莱修　Lucretius, 25, 31

马丁·路德　Luther, Martin, 183

特罗菲姆·邓尼索维奇·李森科　Lysenko, Trofim Denisovich, 244

M

机器翻译：机器翻译的崩溃, 283–287；谷歌翻译与机器翻译, 348；机器翻译的元语言假设, 254–260, 283–284；民族主义冲动与机器翻译, 265–270；苏联机器翻译项目, 262–263；机器翻译的技术成就, 234–238. 也可参见："翻译".

麦金农　Mackinnon, A. H., 164

皮埃尔·马克　Macquer, Pierre, 50

马克罗比乌斯　Macrobius, 35

让-亚森特·德·麦哲伦　Magellan, Jean Hyacinthe de, 21

马库斯·奥雷利乌斯（皇帝） Marcus Aurelius（emperor），30

弗拉基米尔·马可尼科夫 Markovnikov, Vladimir, 78–79, 98–99, 110–111, 113

尼古拉·马尔 Marr, Nikolai, 245

《墨丘利与语文学的联姻》（卡佩拉） Marriage of Mercury and Philology, The（Capella），35

马歇尔计划 Marshall Plan, 294

数学 mathematics, 12–14, 31, 40, 43–44, 46, 48, 344, 347–350, 398n62

马克斯·普朗克学会 Max Planck Society, 296, 307, 311–312, 315

罗伯特·马克斯韦尔 Maxwell, Robert, 287

麦克雷诺兹 McReynolds, James Clark, 203

《意义之意义》（奥格登，理查兹） Meaning of Meaning, The（Ogden and Richards），320

安东尼·梅耶 Meillet, Antonie, 181, 191

莉泽·迈特纳 Meitner, Lise, 228–230, 231, 349

德米特里·门捷列夫：英语与门捷列夫，84；门捷列夫的德文作品，60–61；周期表与门捷列夫，55–70；俄国期刊与门捷列夫，72

尼古拉·门舒金 Menshutkin, Nikolai, 60, 80, 83, 84, 98, 101, 108

《墨丘利：神秘而快捷的信使》（威尔金斯） Mercury, or the Secret and Swift Messenger（Wilkins），44

马林·梅森 Mersenne, Marin, 42

洛塔尔·迈耶 Meyer, Lothar, 58–59, 61–69, 78, 80–85, 187, 203, 343, 350

"迈耶诉内布拉斯加案" Meyer v. Nebraska, 202

米海尔三世 Michael III, 91

伊万·米丘林 Michurin, Ivan, 245

中古英语 Middle English, 319, 335

中古高地德语 Middle High German, 183

《矿业杂志》 Mining Journal, 71

麻省理工学院 MIT（Massachusetts Institute of Technology），15, 249–250, 254–256, 261, 268, 277, 283

加斯顿·莫赫 Moch, Gaston, 151–152

现代希伯来语 Modern Hebrew, 120, 318

《近代化学理论》（迈耶） Modern Theories of Chemistry（Meyer），61–62, 66, 68

瓦西里·莫德斯托夫 Modestov, Vasilii I., 85

穆尔贝克的威廉 Moerbeke, Willem van, 38

马里奥·莫利纳 Molina, Mario J., 328

维亚切斯拉夫·莫洛托夫 Molotov, Viacheslav, 282

杰拉德·摩尔 Moore, Gerald, 165

459

爱丽丝·莫里斯　Morris, Alice, 240
《MT：机器翻译》（期刊）　*MT: Mechanical Translation*, 261, 268-269, 286
理查德·马尔卡斯特　Mulcaster, Richard, 319
相互理解性　mutual intelligibility, 25-26

N

国防委员会　National Council for Defense, 202
《国防教育法》（美国）　National Defense Education Act, 249, 268
民族主义：语言与民族主义, 200-203, 214-221, 242-247；科学与民族主义, 191-200, 244-247；"一战"与民族主义, 179-180, 200-203.
北大西洋公约组织　NATO（North Atlantic Treaty Organization）, 253, 294, 331
《自然史》（普林尼）　*Natural History*（Pliny）, 35
自然哲学　Naturphilosophie, 147
（德国）纳粹党：《公务员法》与纳粹党 206-221, 294；去纳粹化与纳粹党, 294-296, 304；德语的衰落与纳粹党 221-231.
根岸英一　Negishi, Ei-ichi, 329
新拉丁语　Neo-Latin, 46, 122
瓦尔特·能斯特　Nernst, Walther, 194
约翰·纽兰兹　Newlands, John, 58, 81
"语言新学说"　"New Theory of Language"（Marr）, 245
艾萨克·牛顿　Newton, Isaac, 12, 46
诺贝尔奖　Nobel Prize, 177, 197-198, 206, 218, 311, 327, 329
《科学梵语的名词风格》（雅各比）　"Nominal Style of Scientific Sanskrit, The"（Jacobi）, 40
《北美评论》　*North American Review*, 150
北美沃拉普克语俱乐部　North-American Volapük Club, 129
查尔斯·艾略特·诺顿　Norton, Charles Eliot, 148
德国科学应急协会　The Notgemeinschaft der Deutschen Wissenschaft（Emergency Association of German Science）, 197, 219, 296
诺维亚语（语言）　Novial（language）, 175
乔治·诺伊斯　Noyes, George Rapall, 247
国家安全局（美国）　NSA（National Security Agency）, 237, 260

O

西方语　Occidental（language）, 163
威廉·奥丁　Odling, William, 58

| 索引 |

安东尼·奥廷格 Oettinger, Anthony, 261, 264, 268, 281

查尔斯·凯·奥格登 Ogden, Charles Kay., 320–321

阿里卡·奥克伦特 Okrent, Arika, 241, 353

古教会斯拉夫语 Old Church Slavonic, 91

古高地德语 Old High German, 183

古俄语 Old Russian, 91

"万能语言"（派珀） "Omnilingual"（Piper）, 342

《马克思主义和语言学问题》 "On Marxism and Linguistics"（Marr）, 246

海军研究办公室 ONR（Office of Naval Research）, 237, 266, 274

《论气体的膨胀》（门捷列夫） *On the Expansion of Gases*（Mendeleev）, 102

罗伯特·奥本海默 Oppenheimer, J. Robert, 211

《光学》（牛顿） *Opticks*（Newton）, 46

《物理与化学论集》（拉瓦锡） *Opuscles physiques et chimiques*（Lavoisier）, 105

《普通翻译与机器翻译》（多斯特） "Ordinary Translation and Machine Translation"（Dostert）, 255

战略情报局 OSS（Office of Strategic Services）, 252, 266

东方政策 *Ostpolitik*（Brandt）, 306

威廉·奥斯特瓦尔德 Ostwald, Wilhelm, 82, 99, 144, 146–149, 150–154, 157, 159, 160–165, 167–169, 170–173, 175–179, 180, 186, 193, 198, 199

P

和平主义 pacifism, 151, 167, 175, 196, 219

德米特里·帕诺夫 Panov, Dmitrii Iu., 263

造纸术 paper-making technology, 36

帕拉塞尔苏斯 Paracelsus, 183

帕拉语 Parla（language）, 151

雷蒙德·帕尔帕特 Parpart, Raymond, 202

莱纳斯·鲍林 Pauling, Linus, 211

玛丽-安妮·皮埃雷特·波尔兹 Paulze, Marie-Anne Pierrette, 22

美国和平队 Peace Corps, 331

朱塞佩·皮亚诺 Peano, Giuseppe, 122–124, 146, 150–151, 383n15

彼得斯 Peeters, R. P., 121

元素周期表 periodic table, 52, 56, 64, 171, 277, 343

詹姆斯·佩里 Perry, James, 251

波斯语 Persian, 4

弗拉基米尔·亚历山大·帕佐夫 Pertzoff, Vladimir Alexander., 249

彼得大帝　Peter the Great，86，93，108

莱奥波德·普丰德勒　Pfaundler, Leopold，116，178

马克西米利安·普鲁克　Pflücke, Maximilian，203–305，314

燃素说（燃烧理论）　phlogiston theory of combustion，16，21–22，50

《物理学评论》　Physical Review，272

物理学　physics，48

《物理杂志》　Physikalische Blätter，292，296

《苏联物理杂志》　Physikalische Zeitschrift der Sowjetunion，247

《地球的物理描述》（贝格曼）　Physisk beskrifning öfver jord klotet（Bergman），48

埃米尔·皮卡　Picard, Emile，196

约翰·皮尔斯　Pierce, John Robinson.，285

比姆·派珀　Piper, Henry. Beam，342–343，348，350

马克斯·普朗克　Planck, Max，194，230

柏拉图　Plato，31，35

普莱南出版公司　Plenum Publishing Corporation，288

普林尼　Pliny，35

梅诺·波尔斯　Poehls, Meno，201

亨利·庞加莱　Poincaré, Henri，14，139

波兰语（语言）　Polish（language），4，87，90–93，135，137，151，301，317

波兰－立陶宛联邦　Polish-Lithuanian Commonwealth，38

费多尔·波利特科夫斯基　Politkovskii, Fedor，105

亚历山大·波波夫　Popov, Aleksandr，79

尼古拉·波波夫斯基　Popovskii, Nikolai，94

波里希　Porphyry，35

伯恩哈德·普拉格　Prager, Bernhard，309–310

罗伯特·普拉格　Prager, Robert，202

约瑟夫·普里斯特利　Priestley, Joseph，16，20–22，47，50–51

《原理》（牛顿）　Principia（Newton），12–13，46

《化学原理》（门捷列夫）　Principles of Chemistry（Mendeleev），55–56，65，68，101

（科学中的）优先权问题　priority issues（in science），57–59，65–66，68，70，80–81，87，113，307，341，376n66，413n75

《北地问题》　Problems of the North，288

《苏联科学院院刊》　Proceedings of the Academy of Sciences of the U.S.S.R.，280

《进展》　Progreso，163，170，174

《地质勘探与保护》　Prospection et protection du sous-sol，288

新教　Protestantism，18，46

原始日耳曼语　Proto-Germanic，182

普鲁士科学院　Prussian Academy of Sciences，18，204，297

托勒密　Ptolemy，31，37–38

Q

《海景医院季刊》　*Quarterly Bulletin of the Sea View Hospital*，241

R

伊西多·艾萨克·拉比　Rabi, Isidor Isaac.，294

古斯塔夫·拉多斯　Rados, Gustav，150

卡尔·拉姆绍尔　Ramsauer, Carl，221

威廉·拉姆齐　Ramsay, William，102，139

《文摘杂志》　*Referativnyi Zhurnal*，262，272–273

埃尔温·赖夫勒　Reifler, Erwin，256

宗教　religion，40，46，91，92，136，242，386n46

帝国教育部　REM（Reich Education Ministry），211

伊拉·莱姆森　Remsen, Ira，186

欧内斯特·勒南　Renan, Ernest，127

雷纳德　Renard, Th.，140–142，160

电子研究实验室　Research Laboratory of Electronics，255

《国际科学评论》（世界语版）　*Revuo*. 138–140，142，147，160，173，269

艾弗·阿姆斯特朗·理查兹　Richards, Ivor Armstrong.，320

弗里德里希·里希特　Richter, Friedrich，309–310，312

丹尼斯·罗伯洛特　Robelot, Denis，19

艾伦·洛克　Rocke, Alan，189

洛克菲勒基金会　Rockefeller Foundation，199，254

莫里斯·罗莱·德莱尔　Rollet de l'Isle, Maurice，161

罗马　Rome，27–36

康拉德·伦琴　Röntgen, Konrad，193

西奥多·罗斯福　Roosevelt, Theodore，202

格里戈里·罗斯金　Roskin, Grigorii, Iosifovich 246

摩拉维亚的罗斯蒂斯拉夫　Rostislav of Moravia，91

伦敦皇家学会　Royal Society of London，43，83

俄语：冷战与俄语，232，298–302；人工语言与俄语，132–135；西里尔字母和俄语，87，190，331 俄语的发展，8，90–95，116；外语对俄语的影响，93–102；德国受众与俄语，58–70，146，188–189，198；俄语的语法特征，57，59，86–89，103；机器翻译与

› 463

俄语，234–241；战后德国与俄语，291–293；俄语出版和俄语出版物，55–56，70–85，270–273；科学俄语与俄语，247–251；以俄语发表的科学作品，4，57–70，103，106–107；苏联的语言多样性与俄语，242–247；翻译作品与俄语，71–73，273–286，287–289，341；美国的俄语教育 247–251.

俄国化学学会 Russian Chemical Society，60，75，77–78，82–84，98，103，106-107，188

伯恩哈德·拉斯特 Rust, Bernhard，219，221

S

卡尔·萨根 Sagan, Carl, 350

梵语 Sanskrit, 4, 40–41, 53

爱德华·萨皮尔 Sapir, Edward, 341–342, 348–349, 360n26

费多尔·萨夫琴科夫 Savchenkov, Fedor, 106

格奥尔格·库尔特·肖尔 Schauer, Georg Kurt, 304

朱利叶斯·沙克瑟 Schaxel, Julius, 223

约翰·马丁·施莱尔 Schleyer, Johann Martin, 125–129, 131–132, 146, 159

卡尔·施密特 Schmidt, Karl, 109

弗里德里希·施密特－奥特 Schmidt-Ott, Friedrich, 197, 219

弗里德里希·施尼伯格 Schneeberger, Friedrich, 155

学院拉丁语 Scholastic Latin, 38

雨果·舒哈特 Schuchardt, Hugo, 150

《化学学校》（斯托克哈特）*Schule der Chemie*（Stöckhardt），108

约翰·巴尔塔萨·舒普 Schupp, Johann Balthasar, 183

伊赛·舒尔 Schur, Issai, 224

亚瑟·舒斯特 Schuster, Arthur, 196

约翰·克里斯托夫·施瓦布 Schwab, Johann Christoph, 18

弗兰兹·艾克塞瓦·施韦迪奥尔 Schwediauer, Franz Xaver, 50–51

《矿物界大观》（贝格曼）*Sciagraphia Regni Mineralis*（Bergman），52

《科学》（期刊）*Science*（journal），139，172，199

《科学与假设》（庞加莱）*Science and Hypothesis*（Poincaré），139

科学：联合抵制与科学，191–205；人工语言与科学，138–149，165–173；科学的定义，3，301；科学教材，338；科学中的国际主义运动，191–194；科学在词汇方面遇到的挑战，87–89；科学的数学化，12，218，338；元语言假设与科学，11–12，342，349；民族主义与科学，191–205，231–233，244–247；纳粹德国与科学，206–231；战后德国与科学，292–296，306–313；科学中的优先权问题，55–70，81–85，108–114；科学的专业语言，30–45，247–251，322–330；媒介语言与科学，32–39，342–346；地方语言与科学，45–53；"一战"与科学，180–191. 也可参见："语言"；"出版物"；"翻译"

| 索引 |

《科学：无尽的前沿》（范内瓦·布什） *Science: The Endless Frontier*（Bush），289

《国际科学》 *Scientia International*，241

《科学俄语》（詹姆斯·佩里） *Scientific Russian*（Perry），251

伊波利特·塞博特 Sébert, Hippolyte，141，161

伊万·谢切诺夫 Sechenov, Ivan，98

德国统一社会党 SED（Socialist Unity Party），297

尤金·塞德尔 Seidel, Eugen，216

英格伯恩·塞德尔·斯洛蒂 Seidel-Slotty, Ingeborn，216

尼古拉·谢苗诺夫 Semenov, Nikolai，330

塞尔维亚-克罗地亚语 Serbo-Croatian，90

伊万·亚历山德罗维奇·谢罗夫 Serov, Ivan Alexandrovich.，291

"搜寻地外文明计划" SETI（Search for Extra-Terrestrial Intelligence），348–349

卡尔·苏伯特 Seubert, Karl，62，83

威廉·莎士比亚 Shakespeare, William，26，319

威廉·夏特纳 Shatner, William，131

彼得·谢里丹 Sheridan, Peter，235，258

约瑟夫·什克洛夫斯基 Shklovskii, Iosif，350

曼内·西格巴恩 Siegbahn, Manne，228

拉尔斯·古纳·西莱恩 Sillén, Lars Gunnar，330

延斯·克里斯蒂安·斯科 Skou, Jens Christian，328

萨宾·斯库德利克 Skudlik, Sabine，334，339

（美国）专业图书馆协会 SLA（Special Libraries Association），274

斯拉夫语 Slavic languages，35，70，85，87，90，91，92，93，97

彼得·斯米尔诺夫·特罗扬斯基 Smirnov-Troianskii, Petr，413n75

巴黎语言学会 Société de Linguistique，123

世界语传播协会 *Société pour la propagation d'Esperanto*，135

尼古拉·索科洛夫 Sokolov, Nikolai N.，71–72

瓦西里·丹尼洛维奇·索科洛夫斯基 Sokolovskii, Vasily Danilovich.，291

索里努斯 Solinus，35

索来索语（语言） Solresol（language），124

《苏联航空》 *Soviet Aeronautics*，282

《苏联物理学——实验与理论物理学杂志》 *Soviet Physics JETP*，279–280，282，287

西班牙语 Spanish，133

《分子光谱学》 *Spectroscopia Molecular*，241

卡尔·路德维希·斯皮策 Spitzer, Karl Ludwig，151

约瑟夫·斯大林 Stalin, Joseph，131，243–246，248，269–271，281，297

› 465

约翰内斯·斯塔克　Stark, Johannes, 218–221

威廉·托马斯·斯特德　Stead, William Thomas, 150

斯捷克洛夫研究所　Steklov Institute, 262

弗里茨·斯特恩　Stern, Fritz, 204

朱利叶斯·阿道夫·斯托克哈特　Stöckhardt, Julius Adolph, 108

大卫·斯通纳　Stoner, David, 151

弗里茨·斯特拉斯曼　Strassmann, Fritz, 228

结构理论（化学）　structure theory, 73, 107, 109, 112

弗朗索瓦·苏德雷　Sudre, François, 124

劳伦斯·萨默斯　Summers, Lawrence, 347

乔治·萨瑟兰　Sutherland, George, 203

驻德苏联军事管理委员会　SVAG（Soviet Military Administration of Germany）, 291–292, 297–299, 304

瑞典语　Swedish, 4–5, 48–51, 53, 75, 90, 98, 118, 135, 228, 301, 341

瑞典科学院　Swedish Academy of Sciences, 177–78

叙利亚语　Syriac, 4, 36

机器翻译系统"SYSTRAN"　SYSTRAN, 284

T

马克斯·塔尔梅　Talmey, Max, 330

田中耕一　Tanaka, Koichi, 328

《技术学报》（圣彼得堡科学院）　*Technical Journal*（St. Petersburg Academy）, 70

《科技评论》（MIT）　*Technology Review*, 15

狄奥多西　Theodosius, 34

奥古斯丁·蒂埃里　Thierry, Augustin, 71

埃里希·蒂洛　Thilo, Erich, 305

克里斯蒂安·托马西乌斯　Thomasius, Christian, 183

《蒂迈欧篇》（柏拉图）　*Timaeus*（Plato）, 35

尼科·廷伯根　Tinbergen, Niko, 232

洛塔尔·蒂拉拉　Tirala, Lothar, 218

托尔平　Tolpin, J. G., 274

列夫·托尔斯泰　Tolstoy, Leo, 134

翻译：摘要与翻译，71–80, 240–246, 268–274；本书作者自己的翻译，2；冷战与翻译，273–283；英语的主导地位与翻译，334–339；翻译中的错误，60–70；机器翻译与翻译，234–238, 253–260, 283–287

科学的客观性与翻译，35–39, 341–345；教科书与翻译，108–114

维尔纳·特拉克塞尔 Traxel, Werner, 325, 336
《胡贝图斯堡条约》 Treaty of Hubertusburg, 18
《拉斯塔特条约》 Treaty of Rastatt, 18
《凡尔赛和约》 Treaty of Versailles, 180, 195, 202, 207
（语言的）三巨头/三足鼎立 triumvirate (of languages). *See* English; French; German, 8, 23, 47, 54, 59, 85, 116–118, 317, 322, 330, 346
角田実 Tsunoda, Minoru, 8
（奥斯曼）土耳其语 Turkish (Ottoman), 4, 116
类型理论（化学） type theory, 112

U

国际世界语协会 UEA (Universala Esperanta Asocio), 174
乌克兰语 Ukrainian, 90, 135
联合国教科文组织 UNESCO (United Nations Educational, Scientific, and Cultural Organization), 239, 293, 312
国际语言之友联盟 Uniono di l'Amiki di la Lingva Internaciona, 164, 168
德国化学家协会 Union of German Chemists, 210
美国：冷战与美国，262–270，273–283；英语的主导地位与美国，322–334；外语教育与美国，200–203；
战后德国与美国，294–296；俄语教育与美国，247–251；"一战"与美国，180；"二战"移民与美国，209–231.

单义性 univocality, 156–157, 169–171
《第一本书》 *Unua Libro*, 132, 134–135, 137
美国国际开发署 the US Agency for International Development (USAID), 331

V

范·梅尔克贝克 Van Melckebeke, R., 140–142
斯普伦森 van Spronsen, J. W., 58
雅各布斯·范特霍夫 van't Hoff, Jacobus, 146, 167–169
约翰娜·范特霍夫 van't Hoff, Johanna, 169
马库斯·瓦罗 Varro, Marcus, 32–33
媒介语言（术语） vehicular languages (term), 5, 30, 39–40, 44, 51, 186, 200, 319, 329, 331–333, 338, 345–346.

乔瓦尼·维内罗尼　Veneroni, Giovanni, 319

迈克尔·文特里斯　Ventris, Michael, 342

全俄科技信息研究所　VINITI（All-Union Institute of Scientific and Technical Information），272-273

沃拉普克语（语言）　Volapük (language), 125-132, 134, 138, 146, 159, 167, 319, 384, 384n24, 385n34

雅各布·福尔哈德　Volhard, Jakob, 187, 189, 308, 372n9

伏尔泰　Voltaire, 51, 161, 185

维多·沃尔泰拉　Volterra, Vito, 196

阿道夫·冯·贝耶尔　von Baeyer, Adolf, 193

马克斯·冯·劳厄　von Laue, Max, 228-231, 296

阿瑟·冯·厄廷根　von Öttingen, Arthur, 147

W

保罗·瓦尔登　Walden, Paul, 113

瓦勒留斯　Wallerius, J. G., 48

华莱士·沃特福尔　Waterfall, Wallace, 287

艾伦·沃特曼　Waterman, Alan, 249

小托马斯·沃森　Watson, Thomas, Jr., 236, 253, 265

沃伦·韦弗　Weaver, Warren, 231, 254-256, 276

莱奥·魏斯格贝尔　Weisgerber, Leo, 214-216

世界德语　Weltdeutsch, 178-179, 205, 214

世界语言协会　*Weltsprach-Verein*, 134

安妮·惠特曼　Whitman, Anne, 13

本杰明·李·沃尔夫　Whorf, Benjamin Lee, 15

沃尔夫假说　Whorfian hypothesis, 15, 339, 334n7, 360n26

莱奥·维纳　Wiener, Leo, 247, 254

诺伯特·维纳　Wiener, Norbert, 253-254, 262

约翰·威尔金斯　Wilkins, John, 43-46, 123

里夏德·维尔施泰特　Willstätter, Richard, 193

埃德温·比德韦尔·威尔逊　Wilson, Edwin Bidwell, 199

伍德罗·威尔逊　Wilson, Woodrow, 195, 201

克里斯蒂安·沃尔夫　Wolff, Christian, 184

《世界英语》（贝尔）　*World-English* (Bell), 319

费利克斯·维登　Wreden, Felix, 65

查尔斯-阿道夫·伍尔茨　Wurtz, Charles Adolphe, 66-69, 110, 187-189, 190

Y

意第绪语　Yiddish，135，214，248
维克特·英格夫　Yngve, Victor，261，268-269

Z

亚科夫·扎哈罗夫　Zakharov, Iakov，106
路德维克·拉扎尔·柴门霍夫　Zamenhof, Ludwik Lejzer，131-132，134，136-137，139，142，144，146-147，151，153，156，158-159，160-162，164，168
迈克尔·扎雷纳克　Zarechnak, Michael，413n70
《化学杂志》（德国）　*Zeitschrift für Chemie*，61-63，68-69，73-77，79，80，82，111-112，188，307. 也可参见："《埃伦迈尔杂志》"
《整体自然科学杂志》　*Zeitschrift für die gesamte Naturwissenschaft*，220
《自然研究杂志》　*Zeitschrift für Naturforschung*，296
《物理学杂志》　*Zeitschrift für Physik*，224-225，296
《物理化学杂志》（德国）　*Zeitschrift für physikalische Chemie*，168，170
艾哈迈德·泽维尔　Zewail, Ahmed H.，329
安德烈·日丹诺夫　Zhdanov, Andrei，246
格奥尔吉·朱可夫　Zhukov, Georgii，291
乔治·兹纳明斯基　Znamensky, George，249-250

译者后记

你一定想过,为什么一定要用英文发表科学论文?(一个更为普遍的问题是:为什么我们今天一定要学英语?)英语从何时开始在科学领域,甚至在所有领域都占据了今天这样绝对主导的地位?一直以来都是如此吗?拉丁语、法语、德语、俄语,以及在今天的人们心中地位不那么突出的小语种在科学语言的历史中曾扮演了怎样的角色?未来的科学将以何种语言书写?这些问题的答案都可以在戈尔金教授的这本《科学巴别塔》中找到答案,而这些问题也是当初吸引着我去阅读本书并将其译介给国内读者的动力。

严格来讲,这是一部关于西方科学语言史的书,戈尔金教授自21世纪初起开始关注科学语言史主题的研究,这本书的资料收集和写作长达15年之久。我们从史料的多样(特别是语言方面)和丰富可以看出本书的厚重,从这个角度而言,本书对于科学史和语言学方面的专业读者来说是一本极为珍贵的学术参考书。

本书的翻译并不是一件非常容易的事。它的翻译有两个主要的难点。一是语种的多样性,作者不仅引用了多种语言的历史材料,而且在文中也经常掺杂多语种的叙述,这些叙述大多像汉语里的谚语;二是作者并没有就语言谈语言,而是认为科学语言问题的背后涉及的是文化问题,因此经常使用一些西方读者较容易理解的西方文化和意象来作为"文化参照",这

| 译者后记 |

从本书的章节标题中可见一斑，而这些意向的翻译如何让读者理解，又不失其原有的文化意涵和趣味，对于译者而言是一个很大的考验。我们在翻译的过程中时刻谨记要努力做到对两者的兼顾。

由于作者引用了多种语言的文献，而翻译的错误容易导致"摩擦"，所以应戈尔金教授的要求，将外文引文的原文（除英文以外）以脚注的形式附在引文所在页的下方，以供读者参考。另外，我们添加了大量的"译者注"，同样以脚注的形式给出，这一方面是为了方便读者对原文的理解，另一方面是对原文资料的补充，希望对科学史和语言学的专业读者会有所助益。为了保证全文用语和风格上的准确和一致性，我们对全书进行了细致的审阅和修订。

最后，感谢我的合作伙伴张立和，他的付出和负责让我们得以在更短的时间内完成这项艰巨的任务。感谢戈尔金教授与我就科学语言问题所做的讨论，以及在翻译过程中耐心地对我的问题做出解答；感谢清华大学科学史系杨舰教授、陆伊骊副教授与我分享他们对本书的理解，以及对我咨询的问题提供解答，感谢中国科学技术出版社的郭秋霞老师、李惠兴老师为本书的编辑出版所做的大量工作。感谢你们！

闫欣芳于清华园

2021 年 11 月